方尖碑
OBELISK

探知新视界

战败者

THE VANQUISHED

1917—1923年
欧洲的
革命与暴力

Why the
First World War Failed to End
1917—1923

[德国]罗伯特·格瓦特 _____ 著　　朱任东_____译

译林出版社

图书在版编目（CIP）数据

　　战败者：1917—1923年欧洲的革命与暴力／（德）罗伯特·格瓦特（Robert Gerwarth）著；
朱任东译. —南京：译林出版社，2024.4
　　书名原文：The Vanquished: Why the First World War Failed to End 1917—1923
　　ISBN 978-7-5753-0056-8

　　Ⅰ.①战…　Ⅱ.①罗…　②朱…　Ⅲ.①第一次世界大战－历史　Ⅳ.①K143

中国国家版本馆 CIP 数据核字（2024）第 044115 号

The Vanquished: Why the First World War Failed to End 1917—1923
Copyright © 2016 by Robert Gerwarth
Simplified Chinese translation copyright © 2024 by Yilin Press, Ltd
All rights reserved.

著作权合同登记号　图字：10-2023-420 号

战败者：1917—1923年欧洲的革命与暴力　　[德国] 罗伯特·格瓦特／著　朱任东／译

责任编辑　陈　锐
装帧设计　韦　枫
校　　对　梅　娟
责任印制　董　虎

原文出版　Allen Lane, 2016
出版发行　译林出版社
地　　址　南京市湖南路 1 号 A 楼
邮　　箱　yilin@yilin.com
网　　址　www.yilin.com
市场热线　025-86633278
排　　版　南京展望文化发展有限公司
印　　刷　江苏凤凰新华印务集团有限公司
开　　本　652 毫米 ×960 毫米　1/16
印　　张　23
插　　页　4
版　　次　2024 年 4 月第 1 版
印　　次　2024 年 4 月第 1 次印刷
书　　号　ISBN 978-7-5753-0056-8
定　　价　98.00 元

版权所有 · 侵权必究

译林版图书若有印装错误可向出版社调换。质量热线：025-83658316

献给奥斯卡和卢西恩

1918—1923年中欧和东欧的新边界

莫斯科

乌拉尔河

苏维埃社会主义共和国联盟

顿河

哈尔科夫

伏尔加河

第聂伯河

里　海

克里米亚

黑　海

幼发拉底河

土耳其

底格里斯河

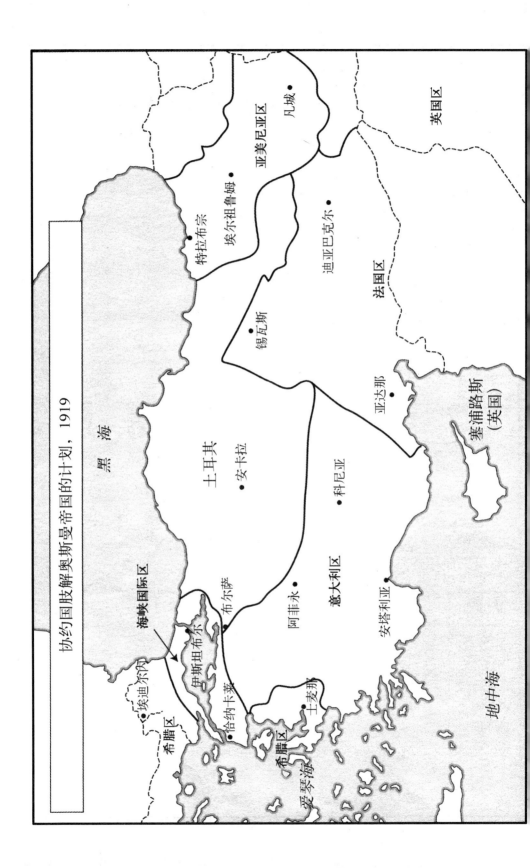

协约国肢解奥斯曼帝国的计划, 1919

黑 海

地中海

爱琴海

塞浦路斯
(英国)

英国区

亚美尼亚区
凡城 •

特拉布宗 •
埃尔祖鲁姆 •

迪亚巴克尔 •

锡瓦斯 •

法国区

土耳其
安卡拉 •

亚达那 •

海峡国际区

伊斯坦布尔
布尔萨 •

恰纳卡莱 •

埃迪尔内
希腊区

希腊区
土麦那 •

阿菲永 •

科尼亚 •

意大利区

安塔利亚 •

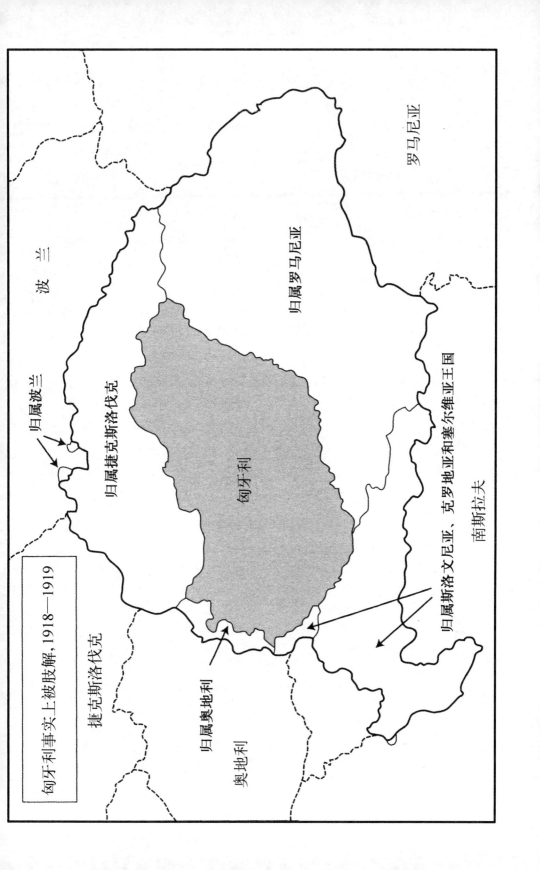

波　兰

罗马尼亚

匈牙利事实上被肢解，1918—1919

捷克斯洛伐克

归属波兰

归属捷克斯洛伐克

归属罗马尼亚

匈牙利

归属奥地利

奥地利

归属斯洛文尼亚、克罗地亚和塞尔维亚王国

南斯拉夫

目 录

致　谢

写这样一本以骇人听闻的大规模暴力为主要内容的书，会让人备感孤独和压抑。不过，尽管本书有着严肃的主题，但我的研究和写作过程却非常愉快，甚至可以说是享受，主要是因为有一群令人鼓舞的优秀同事和朋友与我共同完成了这本书，他们都在不同方面促成了这件事。自十年前开始思考本书的基本主题起，我得到的帮助令我深感无以为报，我想，对于一路伴我走来的人们来说，最好的方式就是在这里公开致以谢意。

在过去的八年间，我有幸在都柏林生活和工作。对于第一次世界大战以及更为广泛的现代冲突的研究，这里可以说是世界上最为活跃的地方之一。我与都柏林的同事和朋友——特别是约翰·霍恩、威廉·马利根、艾伦·克莱默——之间的许多谈话对于我观点的去芜存菁有很大的帮助。2007年至2009年间，约翰·霍恩和我负责一个由爱尔兰研究委员会资助的有关1918年后准军事化冲突的项目，这为我提供了一个对第一次世界大战的结束时刻进行长时间反思的起点。紧接着，从2009年到2014年，我参与指导了由欧洲研究委员会资助的有关欧洲"战后"时期的研究工作，这是贯穿本书观点成形的主要时期。之所以能做到这一步，在某种程度上是因为我和都柏林大学战争研究中心的12位才华横溢的博士后学者的愉快合作。他们对于这一领域都很专业，之后都成为了杰出的学者，他们是托马斯·巴克利、朱丽娅·艾肯伯格、玛丽娅·法琳娜、马克·琼斯、马修·刘易斯、詹姆斯·马修斯、马特奥·米兰、约翰·保罗·纽曼、梅赛德斯·贝尼亚巴—索托里奥、加金德拉·辛格、德米特·塔西奇、乌乌尔·于米特·云格尔。如果没有这些学者对多个地理区域的研究，例如巴勒斯坦、波罗的海国家、波兰、德国、西班牙、意大利、爱尔兰、巴尔干、奥斯曼帝国，还有印度，我将不可能完成本书的写作。

除了从他们的工作中不断取得新鲜的实证材料外，在这一时期，我们还召开了双周专题系列研讨会，邀请了数十名欧洲史和世界史的国际专家参加。所有来宾都直接参加到我们的讨论中，与他们参加过的在都柏林大学或世界其他大学举行的有关"战后"时期的几次国际会议是一样的。在此，我要特别感谢两位主管克莉丝汀·格蕾丝勒和苏珊娜·达西的辛勤工作，她们全心全意投入到会议的组织中。还要感谢莫斯科的尼古拉斯·卡特、布宜诺斯艾利斯的玛丽娅·伊内斯·达多，以及珀斯（西澳大利亚）的马克·阿黛尔，他们作为主办方在当地举行的几次研讨会议中提供了慷慨的帮助。最近，鲁登道夫·库切拉热情地邀请我去参加在布拉格的捷克科学院举行的一个会议开幕式，并作了关于"战后"暴力的主题演讲，随后还进行了深入的探讨。

我同样感谢哈利·弗兰克·古根海姆基金会和欧洲研究委员会，他们资助了一大批优秀的研究助理，为我提供了源源不断的第一手材料，许多新近出版的著作也都翻译成了我读得懂的语言。任何一位作者想要厘清第一次世界大战结束后有关战败国的问题都要面临一项挑战，那就是居住在那片广袤土地上的人民所操的语种数量之多，已经超过了单个学者所能掌握的范围：从俄语到匈牙利语，从保加利亚语到德语，从乌克兰语到土耳其语。如果还要加入那些名义上赢得战争，但实际上已失去和平的国家，这份名单还会变得更长。我已经竭尽所能把那些来自不同语言的知识融会贯通——如果没有这批人把重要的学术著作翻译成我能读懂的文字，或是把他们自己的成果直接与我分享，这是一个绝无可能完成的任务。

　　我特别要感谢柏林的扬·巴克曼、贝尔格莱德的德米特·塔西奇、索菲亚的尼古拉·尤科夫、雅典的斯派罗斯·卡库里奥提斯所提供的帮助。同样还要感谢厄休拉·法尔希，他在因斯布鲁克、维也纳和林茨的档案馆里校对整理了大量文件，以及埃里克·韦弗（在布达佩斯）和马泰奥·帕赛迪（提供了专业的建议和重要意大利语文本的翻译）。在莫斯科的德国史研究所，鲁道夫·马克和卡佳·布鲁伊斯克帮助鉴定了重要的俄语文本和图像资料。瑞安·金吉洛斯和乌乌尔·于米特·云格尔是目前研究奥斯曼帝国晚期史最优秀的学者，和他们多年的密切合作令我受益匪浅。在伊斯坦布尔，艾罕·阿克塔很高兴地给予我有关希腊—土耳其"人口交换"的文献和额外的建议。彼得·贾德森慷慨地把一本尚未出版的有关哈布斯堡帝国的最新手稿给了我，罗纳德·萨尼也给了我很多他已出版和待出版的著作。

　　本书早期的一些概括性工作是在普林斯顿高等研究院完成的，它是一个所有学人的天堂。在那里，我很幸运地和穆斯塔法·阿克萨卡尔、威廉·哈根结下了友谊，在我们共同感兴趣的有关晚期欧洲陆地帝国的问题上，他们两位都给了我富有启发性的意见。2014年，一些初步的写作在欧洲大学学院完成，我有幸作为"费尔南·布罗代尔研究员"在那里度过了几个月，与德克·摩西、彼得·贾德森、露西·莱尔、塔拉·萨拉充满智慧的聚会令我获益良多。对于他们所有人的热情接待和批评指正，我表示诚挚的谢意。

还有一些同事和朋友在百忙之中安排时间审阅了我的手稿，他们是贝拉·博德、约亨·伯勒、尼古拉斯·多明纳斯、罗伊·福斯特、约翰·霍恩、斯蒂芬·马林诺夫斯基、哈特穆特·博格·冯·斯坦曼、菲利克斯·斯内；还有伦纳德·史密斯，他针对早期草稿给了我广泛的反馈，帮我清除错误并强化了某些观点。当然，本书所有尚存的史实和观点错误都应归咎于我个人。

本书的研究工作把我带进了欧洲各个档案馆，我感谢那里所有的员工。我特别感谢施塔尔亨贝格家族允许我不受限制地查阅存放在上奥地利州档案馆的有关恩斯特·吕迪格·施塔尔亨贝格的私人档案。在马堡大学的赫尔德研究所，我做了一个学期的"亚历山大·冯·洪堡高级研究员"，多萝茜·格策和彼得·沃斯特就该所对第一次世界大战后波罗的海国家战争所作的广泛研究提供了很好的介绍。我衷心感谢他们和那里热情的主人——研究所主任彼得·哈斯林格。

我有幸和世界上最好的出版经纪安德鲁·怀利公司合作。本书能够找到理想的出版商，发行范围扩展到英语世界之外，要完全归功于该公司伦敦分部的员工，尤其是斯蒂芬妮·达比希尔。在伦敦，西蒙·温德尔审阅了最初的手稿，并为进一步的完善提出了大量出色的建议。我感激他和他在企鹅出版公司的同事，让我看到了手稿以这样一种高效和有趣的方式被印刷出来。在纽约，埃里克·岑斯基和他在FSG（法劳·斯特劳斯·吉罗）出版公司的同事自始至终给了我宝贵的投入和支持。他们是我能找到的最好的编辑了。

我最后的感谢当然要致我的家人。我频繁地去柏林，我的父母亲给予了我一切帮助。在都柏林，我的妻子布莎不仅容忍了我对欧洲战后暴力的长期痴迷，还积极影响了我的思考和写作。尽管她自己也很忙，但还是抽出时间对我的书给予批评和反馈，在文体上提出各种意见。我不在写字台前的快乐时光通常是在她和两个儿子的陪伴下度过的，奥斯卡和卢西恩这两个小家伙几乎从出生起就和这本书一起长大，在整个写作过程中给了我精彩丰富的闲暇时光。这五年间充满了爱的回忆，这本书是献给他们的。

罗伯特·格瓦特
2016年夏于都柏林

导　言

　　无论是战胜者还是战败者，双方都毁灭了。所有的皇帝及其继承人都被杀死或废黜了……所有人都是战败者；所有人都遭了殃；他们所给的一切都属徒劳。没有人能得到什么……那些从战场上数不清的日日夜夜中幸存下来的老兵们，归来时无论是带着胜利的桂冠还是失败的噩耗，他们的家园都已被战祸吞噬。

　　　　　　　　　　　——温斯顿·丘吉尔《不为人知的战争》（1931）

　　这场战争是暴力的开始而非结束。在这个熔炉里，世界被锻造出新的边界和社会。新的铸模想要被鲜血灌满，而权力则被铁拳掌握。

　　　　　　　　　　　——恩斯特·荣格《作为内在经历的斗争》（1928）

　　1922年9月9日，由一场长达十年的战争而引起的仇恨降临到士麦那城。当土耳其骑兵开进这座奥斯曼帝国曾经最为繁华的国际化都市时，占居民人口大多数的基督徒都在惴惴不安地等待着。几个世纪以来，穆斯林、犹太人、亚美尼亚人和希腊东正教基督徒一直在士麦那和平共处，但近十年的战争改变了这种民族关系。奥斯曼帝国在1912年至1913年巴尔干战争中丧失了几乎所有的欧洲领土，1914年8月它作为德国的盟友参加了第一次世界大战，结果发现自己又一次沦为战败国。在被剥夺了阿拉伯地区（这一地区后来被称为"中东"）的领土后，战败的奥斯曼帝国及其羞愧万分的土耳其穆斯林很快又面临新的威胁：在英国首相劳合·乔治的鼓动下，一支希腊侵略军于1919年在士麦那登陆，他们决心要在小亚细亚半岛基督徒居民的稠密区为自己开辟出一个新帝国。[1]

三年的残酷冲突给穆斯林和基督徒都造成了惨重伤亡，而今战争已经明显不利于希腊。希腊军队被富有才干的土耳其民族主义领袖穆斯塔法·凯末尔（他将来有个更为人熟知的敬称——"土耳其之父"）引诱进了安纳托利亚中部，他们战线过长，指挥无能，在凯末尔1922年夏季发动的大规模反攻下被击溃了。仓皇撤退的希腊人对安纳托利亚西部的穆斯林居民一路烧杀抢掠，这使得在士麦那的基督徒有充分的理由担心会遭到报复。但是，这座城市的希腊占领当局的虚假保证，以及停泊在港口的至少21艘协约国船只给了希腊人和亚美尼亚人错误的安全感。既然当初是西方协约国——特别是英国——鼓励雅典政府出兵占领士麦那的，那么在穆斯林打算报复的时候，他们肯定会出手保护基督徒吧？

随着这座城市悲剧大幕的开启，这种想法很快就被证明是错误的。土耳其军队攻占士麦那不久，士兵们就逮捕了希腊入侵的坚定支持者东正教大主教克里索斯托莫斯，把他送到少将指挥官萨卡里·努尔丁帕夏那里。少将把克里索斯托莫斯扔给了住所外面聚集的一群土耳其暴徒，他们叫嚣着要取大主教的人头。一个旁观的法国水手回忆道："人群尖叫着扑向克里索斯托莫斯，把他沿着街道拖到一个理发店，理发店的犹太老板伊斯梅尔从门口紧张地张望着。有人把理发师推到一边,抓了一块白布勒在克里索斯托莫斯的脖子上,叫道:'给他刮个脸!'他们扯下主教的胡子,用刀挖出了他的眼睛,砍掉了他的耳朵、鼻子和手。"没有人来管这些事,饱受折磨的克里索斯托莫斯被拖进一条背街小巷,扔在一个角落里直至死去。[2]

士麦那东正教大主教的惨死,只不过是暴力狂欢节的前夜序曲,这令人想起了17世纪欧洲宗教战争时期对敌人城镇的洗劫。在接下来的两周内,估计有3万名希腊人和亚美尼亚人被屠杀,还有很多人被土耳其士兵、准军事部队或是当地的青少年团伙抢劫、殴打和强奸。[3]

9月13日傍晚,第一座被点燃的房屋是在这座城市的亚美尼亚街区。到了次日上午,大部分基督徒的房屋都起火了。几个小时之内,成千上万的男女老幼逃到海边码头避难。英国记者乔治·沃德·普莱斯在港口停泊的一艘战舰上目睹了屠杀,记录下了这"令人无法形容"的场面:

> 我站在"钢铁卫士"号上看到的是一道连绵不绝的火墙,足有两英里长,锯齿状排列的20多处熊熊烈焰如火山爆发般喷吐而出,火舌扭动着蹿向100多英尺的空中……海水被映成深深的红铜色,最糟糕的是,成千上万的难民拥挤在狭窄的码头上,身后是不断进逼的烈火,面前是深不见底的海水,从那里不断传来恐怖绝望的疯狂尖叫声,几英里外都能听到。[4]

当土耳其军队封锁码头时,许多铤而走险的难民试图逃到盟国停泊在码头的船只上去。越来越清楚的是,协约国不打算介入或是尝试用船只来搭救难民。很多恐惧至极的希腊人跳海自尽了,还有一些则拼命游到某条协约国的船上。老人和孩子惨遭被热浪从建筑物里驱赶出来的疯狂人流践踏，牛马在无法撤离的情况下折断前腿被推进海里淹死——这是短篇小说《在士麦那码头上》中的经典场景，作者是当时尚未成名的《多伦多星报》记者欧内斯特·海明威。[5]

海明威只是记录士麦那之劫的许多西方记者中的一个，这座城市的可怕遭遇占据了好几天世界各地新闻的头条。英国的殖民地大臣温斯顿·丘吉尔写信给加拿大总理谴责这一暴行，称这是一场"人类罪行史上罕见的地狱狂欢"[6]。

士麦那基督徒的残酷命运，以及前述土耳其穆斯林进行的屠杀，无情地告诉人们，第一次世界大战的结束并没有立即带来和平。实际上，丘吉尔有关暴行罕见的说法是错误的，恰恰相反，与在安纳托利亚西部发生的同样悲惨的事件，在"两次世界大战之间"的年代绝非罕见。"两次世界大战之间"是一个界限明确的时间段，通常认为始自1918年11月11日停战协定的签署，迄于1939年9月1日希特勒进攻波兰。然而，这个时间段只是对主要的战胜国，即英国（爱尔兰独立战争算是一个明显的例外）和法国才有意义，它们在西线停止了敌对活动，的确意味着战后时代的开始。

然而，对于生活在里加、基辅、士麦那，以及中欧、东欧和东南欧许多地方的人们来说，1919年没有和平，只有连绵不绝的战乱。俄国的哲人和学者彼得·斯特鲁韦，在俄国内战期间从布尔什维克转向了白卫运动，这使得他能从当时公共知识分子更为有利的角度观察："第一次世界大战随着停战协定而正式结束了。然而实际上，从那一时刻开始，我们所经历的和正要经历的，都是这场大战的延续和转型。"[7]

不需要看很多就可以证明斯特鲁韦的话：大大小小抱有各种政治目的的武装力量，在整个东欧和中欧到处厮杀，暴力无处不在，新政权的更迭充满了血腥。仅在1917年至1920年间，欧洲就经历了至少27次以暴力方式进行的改朝换代，许多都伴随着可能或已经爆发的内战。[8]最极端的情况当然就是俄国本身，1917年10月列宁的布尔什维克政变的支持者和反对者之间的冲突，迅速升级为一场史无前例的内战，最终导致300多万人丧生。

即便是在其他较为平静的地区，很多同时代的人也都有着和斯特鲁韦相同的观念，那就是，第一次世界大战的结束并未带来稳定，局面反而高度动荡，和平就算不是完全虚幻，也危如累卵。在革命后的奥地利——现如今已不再是那个欧洲最大内陆帝国的中心，而只是阿尔卑斯山中一个弱小的共和国—— 一份发行很广的保守派报纸在1919年5月的一篇社论中，以"和平时代的战争"为标题发表了同样的看法。针对战败的奥匈帝国土地上频繁发生的大规模暴力事件，它看到战后的冲突已经延伸成为一道从芬兰到波罗的海国家，穿过俄罗斯和乌克兰、奥地利、匈牙利、德国，一直通过巴尔干半岛到达安纳托利亚和高加索的弧形。[9]

奇怪的是，这篇文章并未提到爱尔兰。这个西欧新兴国家有着和1918年至1922年间的中东欧国家相似的历史进程，至少在爱尔兰独立战争（1919—1921）和随后的内战（1922—1923）期间是这样的。[10]这种相似性没有逃过当时都柏林的精明观察家的眼睛，他们认为，爱尔兰的战乱是一场更为广阔的欧洲动荡的一部分，这场持续的动荡源自1914年至1918年的世界危机，而后又有所不同。就像诺贝尔奖得主叶芝在其最著名的诗歌之一《基督重临》中所描写的那样：

　　万物分崩离析；中心难以维系；
　　世界上到处弥漫着混乱，

血色迷糊的潮流奔腾汹涌……

何等粗野的猛兽，它的时辰已至，

正慵懒地走向伯利恒往生？ [11]

    欧洲从第一次世界大战到混乱"和平"的充满暴力的过渡，是本书的主题。它不谈我们较为熟悉的英国和法国，或是1918年西线的和平，其目的是重现那些当时生活在战败国的人们的经历：哈布斯堡、罗曼诺夫、霍亨索伦和奥斯曼帝国（及其继任者）以及保加利亚，不过，那些失败者的历史还必须包括希腊和意大利。这两个国家在1918年秋都是战胜国，但国运很快就开始衰败。对于雅典来说，希土战争把胜利变成了1922年的"大灾难"。与此同时，很多意大利人感到，1918年对哈布斯堡帝国军队来之不易的胜利并未获得相应的回报，六十余万人伤亡的代价令他们耿耿于怀——最有力的表达是当时流行的概念"残缺的胜利"——由此滋生了激进的民族主义，此时严重的工农骚乱让很多人相信，意大利的布尔什维克革命已迫在眉睫。在很多方面，意大利在战后的经历相较于英、法两国更类似于中东欧的战败国，其高潮便是1922年首位法西斯总理贝尼托·墨索里尼的上台。

    通过聚焦于那些战败的欧洲内陆帝国，以及它们在第一次世界大战后的形态，本书将要厘清不是被战时宣传所歪曲，就是被1918年成王败寇式观点所左右的情况，那时新成立的中东欧单一民族国家为了自身合法性的需要，都对它们所脱离的那个帝国进行妖魔化。这种解读使某些西方历史学家把第一次世界大战描绘为民主的协约国和专制的同盟国之间一场史诗般的战斗（然而忽略了一个事实，即最为专制的俄罗斯帝国正是协约国的一分子）。但是近年来，越来越多对于奥斯曼、哈布斯堡和霍亨索伦帝国晚期的学术研究，都对同盟国仅仅是流氓国家和抱残守缺的"民族监狱"这些黑色传奇提出了不同意见。这种重新评价对于德意志帝国和哈布斯堡帝国来说都很重要，在今天的历史学者看来，它们比之1918年后的八十年带有更多仁慈的光芒（起码是具有更多的两面性）。[12]甚至对于奥斯曼帝国来说，尽管战时对亚美尼亚人的种族灭绝似乎确定了这个压迫少数民族的国家的凶恶本质，但更为复杂的图景正在逐渐显现。最近有些历史学家指出，直到1911年至1912年，奥斯曼的未来仍然存在着某种可能，即生活在帝国的各民族和宗教团体享有平等的权利和公民权。[13]而秉持民族主义的统一与进步委员会（CUP），在通过1908年革命取得政权之后，与奥斯曼帝国更加包容的公民民族主义形成了鲜明对比，到了1911年，统一与进步委员会已经失去了大量民众的支持。[14]1911年意大利对奥斯曼帝国的黎波里塔尼亚省（利比亚北部的一个地区）的入侵，以及1912年的第一次巴尔干战争，使得统一与进步委员会建立了独裁统治，并深刻改变了各民族之间的关系，有高达30万的穆斯林，包括一些统一与进步委员会领导人的家庭，被粗暴地从巴尔干半岛上的家园连根拔起，从而在伊斯坦布尔引发了一场难民危机和政治风潮。[15]

即便有人认为，近来学术上对于战前帝国的"修正主义"观点是夸大的或过度的，也很难想象后帝国时期的欧洲比起1914年是一个更好、更安全的地方。自从17世纪的"三十年战争"以来，欧洲还没有像1917年至1918年之后数年那样发生过一连串绵延而血腥的、互相牵连的战争和内战。内战交织着革命与反革命，以及新兴国家之间的边界冲突，它们还没有明确界定的国界或得到国际承认的政府；在1918年第一次世界大战正式结束至1923年7月《洛桑条约》签署之间的"战后"欧洲，是地球上最为混乱的地区。即便我们排除1918年至1920年间死于西班牙流感的上百万人，以及从贝鲁特到柏林成千上万因协约国的战后经济封锁而死于饥饿的人们，仍然有超过400万人死于战后欧洲的武装冲突——这一数字已经超过了英国、法国和美国在第一次世界大战中的伤亡人数之和。此外，还有无数来自中欧、东欧和南欧的陷入贫困的难民，游荡在饱受战争摧残的西欧乡村以寻求安全和更好的生活。[16] 所以，一些东欧的历史学家把1918年之后数年称为"欧洲内战的延伸"是很有道理的。[17]

尽管"战后"欧洲的大部分地方都发生了恐怖的事件，但并未像之前四年中的西线那样得到足够的关注。当时像温斯顿·丘吉尔那样的英国观察家，就把战后的冲突蔑称为后人所熟知的"侏儒族的战争"——这是一种居高临下的评论，反映了在战后十年盛行的西欧对于东欧的优越感（殖民主义心态不言而喻）。[18] 由此还引发了一种思潮，那就是东欧有着莫名的暴力"天性"，反对西欧的文明与和平，这在很大程度上源于从大东方危机（1875—1878）到两次巴尔干战争（1912—1913）的若干年。这些狭隘的假定和1914年至1918年间沟通的普遍不足，使得英、法两国的政治家们对于东欧呈现出来的灾难表现出惊人的近视。而在第一次世界大战前的很多年，那里一直是守法有礼、文质彬彬的和平地区。

欧洲从战争到和平的过渡时期，留给西欧读者的记忆要少于第一次世界大战本身，而1917年至1923年的峥嵘岁月，留给中欧、东欧和南欧人民的集体记忆却非常丰富，对于爱尔兰和中东地区也是如此。在这些地方，第一次世界大战的回忆即便没有被1918年前后的独立斗争、民族解放以及革命性的变化完全掩盖，也是模糊不清的。[19] 举个例子，在俄国，1917年列宁领导的布尔什维克革命——而非之前的"帝国主义战争"——在数十年中一直是史学上的核心节点。在今天的乌克兰，1918年的民族独立（尽管是短暂的）始终存在于有关普京的俄罗斯所施加的地缘政治威胁的政治辩论中。对于一些"后帝国"国家,尤其是波兰、捷克斯洛伐克,以及塞尔维亚、克罗地亚和斯洛文尼亚王国(后来的南斯拉夫),举行纪念1918年民族国家诞生(或是重建)的庆祝活动,就能让本国人民很方便地"忘记"曾有上百万同胞在战败的同盟国军队中服役。

在其他地方,1917年至1918年之后数年之所以会留下鲜明的集体记忆,是因为它们经历了历史上极为动荡的时期:芬兰并未参加第一次世界大战,但1918年极为血腥的内战在不到六个月的时间内导致全国超过1%的人口死亡,这在芬兰的政治生活中至今阴魂不散。1922年至1923年的爱尔兰内战所造成的牵绊和困扰,到今天还影响着这个国家的政党政治体系。在中东也是如此,第一次世界大战只是一个无人问津的话题,而更为重要的是此后协约国"发明的国家"(比如伊拉克和约旦)、国际联盟所强加的托管制,以及至今冲突不断的巴勒斯坦。在很多阿拉伯人的眼中,这一冲突肇始于1917年英国外交大臣亚瑟·贝尔福爵士的保证,即英国将支持"在巴勒斯坦建立一个犹太人的民族之家",也就是后人所熟知的《贝尔福宣言》[20]。

第一次世界大战以来欧洲所呈现出的复杂图景,一场导致近1000万人丧生、2000多万人受伤的冲突,已经无法用任何暴力冲突的简单分类或定义去界定它。不过,尽管存在简单化的风险,但在随后发生的"欧洲内战"之中还是可以界定出至少三种不同的但相辅相成并有所重叠的冲突类型。第一种类型是,欧洲的"战后"时期经历了旧有或新兴国家之间爆发的战争,如苏波战争、希土冲突,或是罗马尼亚入侵匈牙利。这些国家间的冲突使用的是第一次世界大战遗留下来的武器,集中爆发于哈布斯堡、罗曼诺夫、霍亨索伦以及奥斯曼帝国统治分崩离析的地区。在那里,那些蠢蠢欲动、试图用武力来巩固和扩大领土的新兴单一民族国家得到了表现的空间。比如像1919年至1921年的苏俄与波兰的战争，造成了25万人死亡和失踪，而1919年至1922年的希土战争，伤亡人数可能高达20万。[21]

第二种情况是，在1917年至1923年的短暂时间内涌现出大量的内战，除了俄国和芬兰外，还有匈牙利、爱尔兰和德国的部分地区。在罗曼诺夫帝国的前领土上，频繁发生的国与国之间的战争和内战通常很难区别，所有这些冲突都是相互关联和相互激化的。红军参与了对波兰的战争，镇压了在西部边疆和高加索试图独立的共和国，但列宁同样希望能战胜白卫分子和各种真实的或想象出来的敌人——那些被怀疑试图颠覆布尔什维克革命的富农、无政府主义者和孟什维克。俄国的形势还因为国门之外的干涉而变得更为复杂，包括协约国援助白卫分子的干涉部队，以及1918年后游荡在波罗的海地区的上万名德国士兵，他们曾和追求土地、荣耀和冒险的拉脱维亚、爱沙尼亚的民族主义者并肩战斗（后来又反目成仇）。

这一时期困扰欧洲的内战，则普遍是因为第三种类型的政治暴力所引起的，即集中在1917年至1923年间的社会和民族革命。在第一次世界大战末期，很多参战国都经历了因物资匮乏和厌战情绪而引起的怠工和罢工，在欧洲所有的战败国，与停战相伴随的是彻底的革命和政权的暴力更迭。1917年至1923年间爆发的革命可能是社会政治性质的，换句话说，就是追求权力、土地和财富的再分配，就像在俄罗斯、匈牙利、保加利亚、德国发生的那样；也可能是"民族主义"的革命，就像在战败的哈布斯堡、罗曼诺夫、霍亨索伦以及奥斯曼帝国统治崩溃的地带，那些被民族自决思想激发而新兴或重建的国家。[22]这两种革命潮流同时涌动，相互交织，成为1917年至1923年间的奇特之处之一。

在1914年，几乎没有人可以预测到大战要打多久、有多么血腥，以及随之而来的剧烈革命。也没有人可以预见，革命意识形态中两个特别激进的变种，即布尔什维克主义和法西斯主义，到1923年已在俄国和意大利大行其道。别忘了，很多西欧人还指望第一次世界大战可以"消弭所有的战争"，确保"民主的安全"。[23]结果恰恰相反，突显的问题不仅没有因战争或1919年至1920年的和会而得以解决，权力的不平衡反而比1914年以前更为严重了。欧洲在大战前建立起来的秩序，至少在事后看来是相当稳定的。支配欧洲大陆和中东的陆地帝国虽然并非样样都好（发生过像1894年至1896年对亚美尼亚人的屠杀，或是俄国镇压1905年革命那样的典型事件），但在1914年8月第一次世界大战爆发的时候，谁也想不到竟会发生革命性的政权更迭和帝国的彻底崩溃。尽管在1918年后这些欧陆帝国的衰亡通常被描绘为历史的必然，但在战前，这些王朝的统治看上去根深蒂固，对帝国的绝大多数疆域有着完全的控制。[24]

在1914年以前，欧洲呈现出大体和平的景象，经济在蒸蒸日上，但巴尔干和奥斯曼帝国并非如此。在东南欧和地中海的战争不是在1914年，而是早在1911年就开始了，意大利当年夺取了之前属于奥斯曼帝国的的黎波里塔尼亚省（利比亚北部的一个地区）和多德卡尼斯群岛。第二年，巴尔干国家联盟把土耳其人从奥斯曼帝国除色雷斯东部一个小据点外所有的欧洲领土上赶了出去，并引发了对该地区穆斯林居民包括屠杀、强迫改变信仰和驱逐的暴力狂潮。[25]

虽然巴尔干战争预示的战乱将在下一个十年横扫欧洲，但在西欧或中欧却没有类似升级的暴力出现。在这里，是1914年8月大战的爆发——用乔治·凯南经常用的话来说就是"20世纪灾难性的源头"——突然终结了欧洲历史上难得的长期和平。[26]

就像凯南和其他历史学家所认为的那样，第一次世界大战标志着

"极端的年代"（艾瑞克·霍布斯鲍姆语）和数十年离乱的开始。1939
年后较之第一次世界大战逐步升级的更具毁灭性的冲突，也提出了一
个问题：斯大林、希特勒、墨索里尼所建立的侵略性独裁政权是否可以
溯源至1914年至1918年间的事件？许多人深信，1919年至1920年的
《凡尔赛条约》未能平息第一次世界大战所引起的愤怒。这一"野性
论"是由乔治·莫斯在其著作《阵亡的士兵们》中根据德国的情况提
出来的（由此扩展到了整个欧洲），实质上就是认为，堑壕战的经验把
人们对暴力的认同度提高到了一个前所未有的新水平，无论是在战场
上还是社会中都形成了一种野蛮性。这给第二次世界大战的恐怖作
好了铺垫，而且其恐怖竟有过之而无不及，其间平民的死亡人数超过了
士兵。[27]

然而，最近历史学家已经对"野性论"的价值表示了怀疑，特别是
战争经验本身不能解释为何政治和社会的野蛮化只发生在前述的某些
国家，而不是其他国家，毕竟协约国和同盟国士兵在战争经验方面并无
本质区别——只是结果不同而已。其他批评者指出，大量为同盟国服
役的军人在1918年以后回归了平静的市民生活。不是每个参加了第一
次世界大战的人都会变成法西斯或布尔什维克，渴望在1918年11月大
战正式结束后继续战斗。[28]

然而很明显，假如离开了第一次世界大战这一参照点，也就无法解
释战后暴力的任何一个。第一次世界大战更应被看作一场无意间推动
了社会或民族革命，并塑造了今后数十年欧洲政治、社会和文化进程的
冲突。特别是在最后阶段，从1917年开始，大战从本质上发生了变化。
1917年的布尔什维克革命使俄国退出了战争，同时美国的参战使西方
协约国增强了把肢解欧洲内陆帝国作为战争目标的决心。俄国的事件
还有着双重的影响：彼得格勒承认战败，使得同盟国似乎一下子看到了

胜利的曙光，也同时向饱受战争蹂躏的欧洲大陆注入了一剂猛药，为四年大战后的革命作好了准备。

在这一时期，一场伤亡极其惨重但终归是常规冲突的国家间战争——第一次世界大战——让位于一系列相互关联的，无论逻辑还是目的都更为危险的冲突。与像第一次世界大战那样的以迫使敌人接受和谈条件（无论有多么严苛）为目的的战争相比，1917年至1918年之后的冲突要肆无忌惮得多。它们是你死我活，以全部消灭敌人为目的的战争，无论这些是民族的还是阶级的敌人——集体屠杀的逻辑随后在1939年至1945年间主宰了中欧和东欧。

关于1917年至1918年后发生的冲突，还有值得关注的地方。在它们爆发前的一个世纪里，欧洲国家已经或多或少地实现了国家对合法暴力的垄断，军队国家化已经成为常态，战斗和非战斗人员之间的根本性重要区别已经写进了公法（尽管在实际中经常被违反），然而战后的冲突扭转了这些趋势。在那些欧洲前帝国领土上行政功能缺失的国家里，各种政治派系的民兵为自己的利益承担起了国家军队的角色，朋友和敌人、战士和平民间的界限变成了可怕的模糊不清。[29]

与莫斯包容却带有误导性的"野性论"相比，本书提出了一些有关欧洲从战争过渡到和平的不同观点。它认为，为了理解欧洲——包括俄国和前奥斯曼帝国在中东的领土——20世纪暴力活动的轨迹，与其在1914年至1917年间的大战经历上花太多精力，不如去探寻第一次世界大战的战败国的战争结束之路：战败、帝国崩溃以及革命风暴。

尽管对于其中的一个因素——革命——尤其是对俄国和德国这样的个别国家已经作了较多的研究，但这些著作显然都是以国家为中心的，仿佛这些从1917年至1920年初震动欧洲的革命事件之间是互不相关的。[30]两次世界大战之间德国的"战败文化"，已经成为历史研究的一个主题，但还没有一部以任何一种语言写成的囊括所有欧洲战败国的著作。[31] 这看上去很奇怪，因为其中对战后暴力逐步升级的一个显而易见的解释，就是1918年战败动员起来的力量（或者像意大利，感知一种"残缺的胜利"）。[32] 在欧洲的战胜国（除了意大利，以及需要再次强调的联合王国的爱尔兰部分），1918年后并未出现实质性的政治暴力升级，部分是因为军事上的胜利证明了在战时作出牺牲的正确性，强化了以胜利姿态出现的国家的合法性。[33] 然而，战败国却不可与之同日而语，没有任何一个战败国可以回到战前那种国内稳定与国际和平的状态。

1918年后暴力风起云涌的另一个重要因素，是欧洲内陆帝国的突然解体，以及后续国家的艰难诞生。《凡尔赛条约》把数百万人——特别是那些少数民族，如在捷克斯洛伐克、意大利和波兰的德意志人，在捷克斯洛伐克、南斯拉夫和罗马尼亚的匈牙利人，在罗马尼亚、希腊的保加利亚人——分配到了各个新成立的国家，它们面临的根本性困境在于：尽管它们想建立一个单一民族国家，但波兰、南斯拉夫、捷克斯洛伐克等国仍然都是些小型的多民族帝国，它们和哈布斯堡帝国时代相比，最大的不同并非是建立了单一民族的国家，而仅仅是疆域缩小和民族层次结构翻转了而已。[34]

在接下来的数十年中，欧洲领土修正主义尝试的重心位于旧的多民族帝国土地上并非偶然，这些帝国的解体创造出了新的"暴力边界"。[35] 直到第二次世界大战结束，有的地方甚至到1945年以后，收复"历史上的"领土和恢复1918年损失的人口，在中东欧的内政外交政策上仍然扮演了关键性的角色，例如匈牙利、保加利亚和德国。这对于苏联来说也同样重要，它发现自己被剥夺的不仅有第一次世界大战中征服的土地，还有俄罗斯帝国的西部边疆。莫斯科企图重新夺回那些"失去"的领土，并把自己的影响力更为普遍地在中东欧建立起来，这种努力在难以想象的暴力环境下一直延续到20世纪40年代以后。

革命、同盟国的战败，以及对战前帝国领土的重新划分，为新的持续冲突提供了良好的温床——然而，任何对于冲突扩大的解释，都不能忘记当地传统和环境的重要性，其源头常常存在于更久远的冲突之中，从而形成了战后突显的暴力行为，比如巴尔干游击战中的切特尼克传统，爱尔兰共和党在1914年前的激进主义，以及俄国在第一次世界大战前紧张的革命气氛，都是很好的例子。[36]总体来说，前面所说的这些因素——革命、战败和民族国家在帝国碎片上的"重生"——是在欧洲某些地方掀起跨国武装冲突浪潮最为重要的原因，这一浪潮直到1923年才得以平息。这一暂时的终点是《洛桑条约》的签署，它通过一场大规模的强制性人口交换确定了新生的土耳其共和国的领土，终结了希腊对小亚细亚的野心。

尽管欧洲经历了1924年至1929年间短暂的稳定，但1917年至1923年间没能解决的核心问题，在1929年大萧条之后被十分迫切地摆上了内政外交的议事日程。因此，想要理解20世纪欧洲大陆暴力循环这一特点，1917年至1923年间的故事是十分关键的。这一故事的起点必然是1917年初在俄国发生的灾难性事件，这个第一次世界大战中人口最多的参战国，第一个跌入革命和战败的无底深渊。

第一部分　战　败

与俄国的停战……和这两天对英国的重大胜利,像是两只巨大的响锤震撼着所有德国人的心灵……那些胆怯地怀疑或是从没相信过德国将会获胜的人们,正在目睹这种可能成为现实,他们必将向胜利的意志低头。

　　——阿尔弗雷德·胡根贝格给保罗·冯·兴登堡的电报,1918年3月26日

在战争中获胜是不会引起革命的,哪怕及时达成一项和平协议也可以避免。然而今天,我们都将承受战败的后果。

　　——海因里希·曼,"革命的意义和理想",《慕尼黑最新新闻》,1918年12月1日

1

一次春天的火车之旅

在1917年的复活节，布尔什维克主义的"胜利进行曲"从一次火车之旅开始奏响。4月9日傍晚，俄国的布尔什维克弗拉基米尔·伊里奇·乌里扬诺夫，带着他的妻子和追随者娜佳，还有他的三十名同志，登上了一列从苏黎世车站出发的德国火车。[1]

柏林当局在这个人身上寄予了厚望，批准了这次从中立国瑞士穿过德国领土的秘密之旅，并为他们前往俄国的旅程提供了物资准备。当时除了第二国际以外，知道他的人寥寥无几。他只是以"列宁"的笔名在小范围发行的左派外围刊物上发表一些时事文章。在大量资金的接济下，列宁夺取了他的祖国弱小的布尔什维克运动的领导权，在当年促成了推翻沙皇统治的"二月革命"，并和同盟国达成了停战。[2]

自1914年战争爆发以来，德国外交部一直在秘密支持协约国后方不同政见者的革命活动：爱尔兰共和党力求与伦敦断绝关系，英国和法国有圣战分子，俄国革命者则在彼得格勒密谋反对沙皇。[3]柏林并不关心这些革命者各自的政治目的，只是把他们看作可以从内部削弱协约国力量的战略同伙。[4]然而令柏林的战略家们遗憾的是，这种努力似乎没有收到预期的成效。大约3000名穆斯林战俘被集中在柏林附近措森的一座"半月营"，他们将被派往美索不达米亚和波斯去进行宣传鼓动，然而他们并未动员起多少圣战分子来。1916年春，柏林又吃了当头一棒。德国支持的复活节起义没有在爱尔兰掀起大革命，而在大战头两年一直忙于从德国囚禁的战俘中建立"爱尔兰旅"的罗杰·凯斯门特，却在4月乘坐一艘德国U型潜水艇从凯利上岸后不久即被捕，并在8月以叛国罪遭到处决。[5]

不到一年之后的1917年2月，沙皇倒台，柏林决定恢复向敌国走私革命者的计划。为了配合柏林在协约国内部煽动革命的战略野心，早在1914年，在中立国的德国外交官就已着手草拟俄国革命激进流亡者的名单。列宁的名字第一次出现在这些名单中是在1915年。沙皇退位后，德国外交部通知政府和陆军司令部，他们已经注意到一群在中立国瑞士的激进的马克思主义者，如果他们返回彼得格勒，将会加强俄国极左派中反战的布尔什维克的力量。柏林的军政首脑批准了这一计划。[6]

当列宁1917年4月踏上火车之旅时，他已经四十六岁，并可以回顾一下自己几十年的革命生涯。最初他生活在伏尔加河畔的辛比尔斯克（今乌里扬诺夫斯克），父亲是世袭贵族和省教育总监，1886年死于脑溢血。随后他和家人迁居到喀山母亲的家乡。灾难在下一年接踵而至，哥哥亚历山大因参加刺杀沙皇亚历山大三世的行动而被捕处死。他因为哥哥的死而更加卷入马克思主义者的圈子。在因参加反对沙皇的示威而遭到喀山大学开除后，他继续保持着政治兴趣，在俄国的首都学习法律。考试结束后，他以律师的身份积极投入到革命运动当中，逐渐开始接触俄国社会民主党人。1897年2月，他从欧洲返俄后被作为政治犯流放到西伯利亚。[7]在流放的三年中，他进行了广泛的革命实践，并开始使用"列宁"——很可能是位于西伯利亚的勒拿河（Lena）的谐音——这个化名来迷惑沙皇警察。[8]

从1900年起，列宁到西欧居住，起初在瑞士，后来到了慕尼黑。在那里，他创办了《火星报》，在上面刊登了纲领性的文件《怎么办？》（1902）。列宁的思想虽然深深植根于卡尔·马克思对资本主义的分析，但在创建共产主义的方式上至少有一处重要的不同。马克思认为，在资本主义社会的最后阶段，资本主义经济秩序最后将因阶级对立而引起自发的人民起义。相比之下，列宁并不想等待这一自发的革命时刻。因为它要基于一个先进的工业社会，以及一种在产业工人中同样发达的阶级意识，这两样在俄国都不存在。相反，他计划由一批坚毅果敢、组织严密的职业革命家作为先驱，通过一场军事政变以暴力的方式夺取政权。[9]1905年革命期间，苏维埃（或工人委员会）等组织在俄罗斯帝国的许多大城市自发地成长起来，准备取代旧有的权力结构，并促进阶级意识在俄国大批目不识丁的工人和农民中的传播。[10]

由于1905年的革命风潮和沙皇随后颁布的《十月诏书》，列宁回到了俄罗斯，但很快在当年12月被迫再次流亡，并持续了十二年之久。那段时间，他在欧洲的许多城市——日内瓦、巴黎、伦敦、克拉科夫——生活过，直到1914年以后，他生活在苏黎世。这座瑞士最大的城市在当时是一个特别有吸引力的避难所，它是少数没有卷入欧战的地方之一，交通和通讯却四通八达，并且还有着庇护不同政见者的传统。苏黎世不仅是以伏尔泰酒馆的雨果·鲍尔和特里斯坦·查拉为核心的前卫的达达主义文艺运动的发源地，也是大批盼望革命的欧洲左翼激进分子的临时栖息地，他们常常在如何实现这一目的上产生分歧。[11]

社会主义左翼之间的纠纷由来已久。自从1889年7月社会主义第二国际成立以来，不同派别就对如何实现无产阶级的乌托邦争论不休。到20世纪初，主张改良和坚持革命的人们之间分歧越来越深。就俄国社会民主党人而言，这种无法调和的矛盾主要产生于两个重要派别之间——列宁激进的布尔什维克和较为温和的孟什维克（与马克思主义理论相一致），后者主张在俄国的无产阶级革命发生前先进行资产阶级民主改革——并在1903年导致了党的彻底分裂。[12]

1914年第一次世界大战的爆发加深了欧洲工人运动的裂痕。大多数国家的社会民主党通过了本国的战争预算，于是把对国家的忠诚置于国际阶级团结之上。[13]列宁是对左翼改良派不妥协的批评家和激进革命的热情倡导者，在柏林看来，他是进一步破坏俄国国内稳定的理想候选人。[14]

列宁自己正生活在平静的环境中，他把大部分时间用于在苏黎世公共图书馆里写作。当反对罗曼诺夫王朝的"二月革命"在彼得格勒爆发时，他十分惊讶。在苏黎世的移民完全依靠报纸来了解俄国的情况，直到1917年3月初列宁才得知这一消息。在杜马代表团和高级将领的强烈要求下，沙皇退位，他的弟弟米哈伊尔也宣布放弃皇位。尽管革命的确切结果是完全公开的，但列宁仍然发现了他的机会。不能再像1905年那样错过影响革命的机会，这次他再也不想浪费任何时间，而是要尽快回到俄国，以便实实在在地加入进去。[15]

列宁很清楚，要穿过战火连天的欧洲，需要得到德国的支持，协约国不可能支持任何使俄国退出大战的行动，德国却一直在试图从内部削弱他们的对手。当列宁意识到被德国人利用之后，他觉得为了使俄国的布尔什维克革命获得成功，这一手段是可以接受的。在和德国代表的谈判中，他要求自己和随从1917年4月乘坐的车厢享有治外法权；他用一支粉笔，将"俄国领土"划出了"德国领土"，并且成功地坚持了随行的德国军官不得牵涉进俄国革命的意见。[16]

列车很快进入德国境内，这些从中立国瑞士来的旅客，以前只是通过报纸了解一些大战的二手消息，在法兰克福和柏林的火车站，他们第一次看到了瘦弱憔悴的士兵和筋疲力尽的居民，这使得列宁更加期盼战争也会很快引起德国的革命。在德国位于波罗的海的吕根岛，列宁和他的同志们坐上一艘开往哥本哈根的船，然后继续前往斯德哥尔摩，在那里登上另一列开往俄国首都的列车。与列宁的担心相反，他和同伴们在进入俄国领土时没有遇到麻烦。1917年4月16日——经过十二年的流亡——列宁抵达俄国首都，在那里受到布尔什维克支持者们的热烈欢迎，当列车抵达彼得格勒的芬兰火车站时，他们唱着《马赛曲》，挥舞着红旗并献上鲜花。[17]列宁回家了。

2

俄国革命

　　当列宁回到彼得格勒时，俄国已经和他1905年离开时大不相同。俄罗斯帝国可以说既是世纪之交最为专制的欧洲国家，也是一个存在着巨大矛盾的国家。在19世纪解放农奴之后，俄国仍然是一个以农业为主的半封建国家，但它实现了很高的工业增长率，尽管基数比较低。特别是在石油和钢铁行业上，俄国这一后起之秀以"跨越式"的发展迈向了现代化，增速超过了世纪之交的美国、德国和英国。[1]

　　可以肯定的是，在帝国从西部的东波兰直到西伯利亚东海岸的广袤土地上，发展是不平衡的，俄国社会的大部分地区没有从快速的经济增长中受益。帝国的社会构成"类似于一座有着巨大地基的金字塔"，主要成分是农民和城市中不断壮大的产业工人，"逐渐收缩到一个狭窄的尖端"，[2] 在塔尖的是沙皇尼古拉二世。他致力于追随其父亚历山大三世，把沙皇按照古代俄罗斯的传统恢复成子民的"仁慈的父亲"。俄国的社会精英主要是贵族，但是俄国贵族——在第一次世界大战前夕大约有190万人——并未形成一个有着相同政治观念的整齐划一的社会阶层。[3]

在1914年大战爆发前的几十年中，很多拥有土地的贵族都有一种危机感，认为经济现代化的力量将会深刻地改变贵族们的生活方式。这种危机感绝不仅仅体现在安东·契诃夫的名剧《樱桃园》（1905）中，悲剧的主人公柳博芙·安德烈耶夫娜·朗涅夫斯卡娅因拒绝把她的樱桃园变成度假区而失去了家产。[4] 俄国第一位赢得诺贝尔文学奖的作家伊凡·蒲宁，也深刻地描写了战前贵族们对未来的焦虑和对衰败的觉察，他是一位富裕的旧贵族家庭的后代，酗酒的父亲输掉了大部分的家庭财产。蒲宁在1911年写成的小说《苏霍多尔》（又名《干热河谷》）中提出了黑暗的预言，小说围绕着一个曾经富裕的赫鲁晓夫家族展开，但到了故事结尾，它已消逝得无迹可寻。[5]

尽管贵族们感到日薄西山，但他们的生活仍比在社会底层的俄国农民要好很多。虽然在1861年已经废除了农奴制，但并不彻底。贫困迫使农民到城市来寻找工作，在那里，新的工厂需要越来越多的产业工人。工人的工作条件是严苛的，工资很低，再加上物价飞涨，很多劳动家庭挣扎在恶劣的环境中。[6] 在他们拥挤的公寓里，到处是犯罪和卖淫，没有合适的卫生设备，工人和他们的家属很容易染上伤寒、霍乱和肺结核。[7]

20世纪初叶，国家无力解决社会的不平等，沙皇也不愿意回应公众政治改革的呼声，使得日常的暴力事件愈发严重。最终，远东日俄战争的失败和其他一大堆国内矛盾——从劳资纠纷到政治斗争，以及在西部边境和高加索的民族矛盾——导致了1905年革命的爆发。[8] 沙皇作出让步之后——包括建立议会（国家杜马）和通过宪法——国内局势稳定了一些，但无论沙皇的警察如何疲于奔命，也无法减少持续的暴力革命。[9] 仅仅从1908年1月至1910年5月，就有超过700名政府官员和3000名普通公民被打死，另有4000人受伤。[10] 两年之后，在1912年春，西伯利亚东南部的勒拿金矿发生了大罢工，遭到了政府军队的残酷镇压，造成500多人伤亡，从而进一步引起了整个帝国范围的团结一致的罢工。[11]

然而，如果第一次世界大战没有爆发，社会和政治动荡，或是与国家进行暴力对抗，都不太可能导致沙皇政权的彻底崩溃。[12]可以说，大战前夕的罗曼诺夫政权似乎比前几年还要稳定些。[13]1913年，沙皇尼古拉举行了盛大的庆典，以庆祝罗曼诺夫王朝统治俄国三百周年，纪念他的家族所作的贡献，把俄国从东欧一个中等的公国扩张为现在占据地球上六分之一陆地的伟大帝国。[14]

1914年爆发的战争应该说巩固了俄国在列强中的地位，爱国主义的浪潮——类似于其他的参战国家——暂时掩盖了帝国内部深刻的社会和政治紧张。然而，这种战争引发的兴奋，没有别的国家比俄国消退得更快。在最初成功攻入东普鲁士和击败进攻高加索的奥斯曼帝国军队之后，战局开始变得对俄国不利。俄军在1914年至1915年败于德军之手，导致俄军在西部边境的"大撤退"，引起了国内的动荡不安。这件事和社会政治生活中的不满情绪，共同导致了纺织和冶金行业的大罢工，1916年还因征兵在中部引起严重的暴乱。[15]沙皇尼古拉决定亲自担任俄军的最高统帅，不过并未改善国内的形势，由于他频繁地离开首都，群众中流传着政权已被在德国出生的皇后亚历山德拉·费奥多罗芙娜及其小圈子控制的说法，特别是其中来自西伯利亚的僧侣格利高里·拉斯普京。他对皇后的影响越来越大，激起了两名贵族和一名杜马右翼成员的愤怒，最后他们决定采取行动：在1916年12月30日残忍杀死了这名僧侣。暴力行为清楚地表明，即便在俄国上层社会，对沙皇及其政权的支持也在减弱。[16]

此时，军事形势正持续恶化。虽然1916年的勃鲁西洛夫攻势在加里西亚给予奥匈帝国军队措手不及的重大打击,有效地迫使德国从凡尔登抽调大量部队来稳定东线,但同样使俄国付出了极为高昂的代价:在战役中有近100万名俄军士兵伤亡。到1917年初,俄军伤亡总人数达到了270万,此外还有四五百万人被敌军俘虏。[17]

军事情况的不断恶化,使军营里充满了极端不满的情绪,有230万名新兵经常是被迫在巨大的压力下服役,遇到的都是幻想破灭和日益政治化的老兵。尤其是在彼得格勒(1914年9月圣彼得堡被改为这个更为爱国的去德国化的名称)的卫戍部队,将在接下来几个月的革命活动中成为特别的焦点。[18]

虽然俄国在军事上的乏善可陈催生了普遍的厌战情绪,加剧了国内的紧张局势,但1917年革命的主要原因仍在于经济。尽管俄国有着主要粮食出口国的名声,但在战前,俄国的农业生产力是欧洲最落后的。大战消耗着劳动力和牲畜,进一步增加了饥荒的威胁。被动员的1800万俄国人大部分是农民;200万匹马被征用。战争持续的时间愈长,食物供应就愈恶化,1916年后,俄国大城市的人口长期生活在营养不良和饥馑的阴影之下。[19]1916年末,一份来自沙皇秘密警察组织"奥科瑞纳"的报告警告说,俄国的大后方即将崩溃,并总结说,严重的食物短缺将会带来革命的威胁,一场和饥饿迫在眉睫的斗争很可能将伴随着"最野蛮的暴行"。[20]

食物危机加剧了社会的紧张局势,引发了最终在1917年春推翻沙皇统治的革命事件。直接的导火索是俄国首都由于面包短缺而引发的抗议。彼得格勒是当时欧洲的第五大城市,一个革命活动的理想温床。70%的城市工人在大型工厂工作,工人家庭的收入和居住条件都很差,大约有一半住房没有供水和排水系统。维堡的工厂区与涅瓦河对岸的涅瓦大街富人区形成了更为强烈的对比。更为糟糕的是,随着战争的持续，食物变得越来越稀缺和昂贵。[21]

1917年3月8日（旧的儒略历2月23日，后来布尔什维克在1918年2月采用了西方的公历，即格里高利历），星期四的清晨，维堡区有超过7000名纺织女工进行罢工以抗议食物配给短缺。1917年初，食物的匮乏和不断上涨的价格使得城市工人受到沉重的打击，他们只感到饥饿、寒冷和绝望。面临这样的危机，这一年的头两个月，首都和整个帝国的城市中罢工和抗议激增。当3月8日她们走上街头时，从附近工厂中拥出的人流加入到队伍当中，到中午已有5万多名示威者游行，当天游行的人数增加到8万至12万人。[22]

刚开始，彼得格勒当局对此漫不经心，甚至没有报告远在南方800公里之外的莫吉列夫司令部的沙皇。然而在次日早晨，穿过彼得格勒富裕城区的示威人数已经比前一天增加了一倍，并且还在不断增长。到了3月10日星期六，约有30万名工人走上街头。[23]更糟糕的是，以抗议食物短缺开始的游行很快就政治化了，人们要求民主，要求结束战争，并批评沙皇政权和尼古拉二世本人的无能。[24]

当天晚上，沙皇终于得知了他的首都已经陷于混乱。他对要求面包与和平的人民冷漠无情，命令彼得格勒卫戍司令谢尔盖·巴哈洛夫在必要时使用武力平息抗议。毕竟，彼得格勒是一座巨大的军事要塞，有超过30万名士兵驻扎在这座城市及近郊。[25]3月11日，星期天的上午，忠于沙皇的部队按照命令向示威者开枪，打死了数十人，这被证明是一个致命的错误。经过那一整天，越来越多的部队拒绝开枪射击手无寸铁的示威者，不再效忠沙皇政权。[26]

翌日，局势进一步升级，反叛的士兵和工人冲入城市的监狱，释放了犯人，袭击了警察局、内政部和"奥科瑞纳"总部。当巴哈洛夫将军告诉沙皇首都的局势已经无法控制时，尼古拉还曾想过要把效忠自己的部队调进城来，[27]但为时已晚。在彼得格勒的大臣们四散而逃，在莫吉列夫的沙皇最终被劝说让位给他的弟弟米哈伊尔·亚历山德罗维奇大公，大公出于对自身安危的恐惧而立刻拒绝了。[28]

随着尼古拉的退位，罗曼诺夫王朝和俄国延续千年的君主制结束了。这种制度变化的深刻影响远不止于俄国。"二月革命"在饱经战火摧残的欧洲引入了一种重要的新动力，并在一个又一个国家提出了有关政治合法化未来性质的意义深远的问题。虽然还不知道革命将走向何方，但1917年3月的事件标志着，欧洲自1789年以来第一次成功推翻了一个主要的独裁政权。

旧秩序崩溃了，在彼得格勒、莫斯科以及帝国的其他城市举行了欢乐的庆祝活动，国家杜马的成员组成了新的所谓临时政府，开明的王公格奥尔基·叶夫根耶维奇·里沃夫担任总理，新政府的其他重要成员包括杜马主席米哈伊尔·罗坚科、立宪民主党领袖历史学家帕维尔·米留科夫和副主席社会主义者亚历山大·克伦斯基律师。[29]

临时政府开始运作的同时，一个以地方苏维埃形式的竞争性政权出现了，它是按照1905年革命时的模式组织的，是为了表达在街上游行的人们的意见和声音而建立起来的。[30]在其中最为重要的彼得格勒苏维埃中，士兵的数量超过了工人。它的执行委员会由社会主义知识分子组成，主要包括孟什维克、布尔什维克和社会革命党人。苏维埃的建立标志着一段被称为"双重政权"时期的开始，它将持续到进行民主选举，成立可以决定国家政治未来的制宪大会为止。就这样，临时政府和彼得格勒苏维埃开始了一段紧张的非正式合作关系，它们对革命的性质和终极目标都有着各自完全不同的理解。[31]为获得苏维埃的有条件支持，临时政府必须同意八个条件，包括大赦所有政治犯，言论、出版和集会自由，以及取消所有基于阶级、宗教和国籍的限制。正是在这样的背景下，列宁称革命后的俄国是"世界上最自由的国家"。[32]

临时政府还同意立即废除"奥科瑞纳"和宪兵部队，连同沙皇时期各省机构一并取消。这一步骤带来了严重的后果，由于没有新的机构可以代替它们，临时政府在局势越来越混乱的非常时刻无法对国家进行有效的监督和治理。[33]

然而，俄国在"二月革命"后的问题并不仅仅是由于缺少一个专政政权，或者两个竞争性政权共存造成的。这场民主革命的命运也与俄国加入第一次世界大战有着千丝万缕的联系。临时政府向协约国伙伴保证彼得格勒会信守承诺，这无疑意味着可怕的战争得继续进行下去。革命已经激起了民众立即停止战争和进行土地分配的愿望，现在却无法实现了，社会大众的失望损害了新政权的声誉和权威。临时政府对继续战争的承诺使得士兵们对新政权开始疏远，农民更无法原谅它把土地改革的许诺推迟到大战结束以后。[34]

政权更迭业已发生，但事实上新政权无法满足人们对于变革的期待与希望，这对于4月初返回俄国的列宁来说再好不过了。当临时政府部分出于协约国的压力而决定继续进行战争时，列宁抓住机会，将议程向更为激进的方向推进，在其著名的《四月提纲》中，他第一次宣称第一次世界大战"无疑是一场掠夺性的帝国主义战争"，必须立即退出。[35]

与此同时，在1917年夏天，亚历山大·克伦斯基被临时政府任命为战争部长，希望军队能够利用革命的能量来发动一场新攻势。从7月1日开始，俄军攻击了加里西亚的奥匈帝国和德国的军队，并向伦贝格推进。占领伦贝格并迫使奥匈帝国退出战争的努力，类似于前一年的勃鲁西洛夫攻势。俄国人在1917年7月取得的初步胜利，缘于其强大的炮火准备，以及紧随其后的步兵攻击，在此过程中部署了庞大的突击部队。然而，敌人——特别是德国人——的顽强抵抗阻止了决定性的突破,并给俄军造成大量伤亡。[36]

急剧升高的伤亡率打击了部队仅剩的士气,第七军和第十一军的步兵在突破敌人第一道防线后就拒绝前进了。士兵们组织了委员会来讨论下一步该怎么做。即便还没有到一个师完全抗命的地步,但任何命令不通过师士兵委员会的初步讨论就无法执行。在7月的前两周,由于恶劣天气和食物供应短缺,攻势停顿下来了。[37]

7月中旬,俄军的攻势在反击下完全瓦解。德国和奥匈帝国的军队很快穿过了加里西亚、乌克兰和波罗的海诸国,一路上只遇到微弱的抵抗。几天之内,俄国人就败退了240公里。8月,帝国的第二大港口城市里加向德军投降。[38]随着同盟国军队的推进,俄罗斯帝国军队解体了。建制消失,互相攻击,洗劫城镇,焚毁庄园,抑或是四散回家。到1917年底,逃兵的数量达到37万人之多。[39]

对于临时政府来说,有超过百万驻扎在内地和要塞的卫戍部队,他们比逃兵更成问题。春季以来,越来越多的部队拒绝上前线。在大城市的驻军本身就成了政治要素。他们通常站在苏维埃一边,越来越支持布尔什维克和社会革命党左派,拒绝支持政府的地方代表。这种基调是由彼得格勒卫戍部队决定的,他们将自己视为革命的守卫者,很难说服他们走上前线。[40]

军事上的失败不仅使得军队本身分崩离析,还促使它企图从内部推翻临时政府。7月中旬,布尔什维克赤卫队员、彼得格勒卫戍部队的士兵和喀琅施塔得海军基地的水兵企图在首都发动政变,布尔什维克支持者和忠于政府的军队之间发生了战斗,400多人被打死,政府军攻占了彼得格勒苏维埃所在地塔夫利达宫。尽管政变被粉碎,列宁和他的亲密同伴季诺维也夫暂时流亡芬兰,但仅仅在几个月之后,布尔什维克就进行了第二次成功的政变。[41]

这一次的情况更为有利。克伦斯基在7月布尔什维克政变失败后就任总理，夏季攻势失败以后，他已经失去了所有军队的支持。德军攻占里加后的第六天，俄军总司令拉夫尔·科尔尼洛夫试图发动对临时政府的叛乱。但彼得格勒和莫斯科苏维埃武装了起来，铁路和电报工人也进行了怠工，叛乱很快被平息了，科尔尼洛夫和其他几个将领被逮捕。[42]

科尔尼洛夫事件的主要受益者是布尔什维克。克伦斯基请他们来帮忙从科尔尼洛夫手中"拯救"革命。他没有束缚他们的手脚，从监狱释放了他们的领导人（列宁本人在芬兰），并给他们提供了枪支和弹药，以抵御所谓的反革命威胁。布尔什维克意外地发现，他们的好运又来了，而克伦斯基失去了所有保守派、自由派、军队将领，甚至温和左派的支持。[43]

布尔什维克还受益于一位极富才华的组织者，从美国流亡归来的列昂·托洛茨基。他出生时的名字叫列夫·达维多维奇·布隆施泰因，是亚诺夫卡村一个比较富裕的犹太农民的儿子。他和列宁一样，曾经流亡过几年，最早是在西伯利亚——在那里，他偷了一个狱卒的证件并用其名字作化名逃脱了——然后去了国外。他曾是一名左翼孟什维克，在纽约度过的那几年，他和另一名杰出的共产主义者、后来的共产国际执行委员会秘书长尼古拉·布哈林一起编辑一份移民报纸。随着后来逐渐转向布尔什维克主义，他的才华和组织能力，以及对布尔什维克主义的敌人冷酷无情和极度暴力的镇压得到了列宁的欣赏。托洛茨基的"不断革命"的理论自1905年后得到发展，从而强化了列宁关于革命可以在俄国这样一个相对落后的国家发生，然后再向外"输出"的学说。托洛茨基从流亡地回到彼得格勒后，成为布尔什维克组建准军事部队——赤卫队——的关键人物，他们将在几个月后的政变中发挥决定性的作用。[44]

列宁此时仍然在芬兰，撰写他的纲领性文章《国家与革命》（1917），批判社会民主党和孟什维克的妥协态度。他引用马克思关于建立无产阶级专政并最终实现无阶级社会的话，号召革命"先锋"要更为彻底地打碎国家机器。[45]

回到彼得格勒，克伦斯基在8月下旬宣布一拖再拖的制宪会议将在11月25日举行，但这依然无法平复这个国家中的情绪。到了夏秋之交，面对前帝国西部边境和中亚地区的自治主张，处于愈加动荡中的俄国发现自己已无法在广阔的领土上实现"专制统治"。[46]不愿意等待制宪会议来解决土地问题的农民开始自发行动抢夺土地，[47]最大规模的农民暴动发生在一直不稳定的伏尔加河地区，尤其是在萨拉托夫、萨马拉、奔萨和辛比尔斯克等省区。[48]

与农民的暴力事件相比，布尔什维克最终在10月25—26日（格里高利历11月7—8日）的夺权基本上没有流血，并未发生像谢尔盖·爱森斯坦的著名电影《十月》（1928）里那样的大规模人民起义。它是通过一次大胆而小规模的政变推翻了临时政府，支持者们控制了彼得格勒驻军，占领了首都的一些重要据点，包括发电站、邮政总局、国家银行和电报中心，以及重要的桥梁和火车站。"十月革命"这种革命模式，很快就令人忧虑地遍布欧洲战败国的各个地方。在"阿芙乐尔"号巡洋舰水兵的支援下，布尔什维克的队伍占领了完全孤立的临时政府所在地冬宫。克伦斯基化装成一个水兵，设法逃到美国大使馆，然后与美国人一起离开了俄国。[49]

次日清晨，列宁发表了著名的《告俄国公民书》：

> 临时政府已被推翻。国家政权业已转到彼得格勒苏维埃的机关手中……立即提出民主的和约，废除地主土地所有制，实行工人

> 监督生产，成立苏维埃政府，人民为之奋斗的这一切事业都有了保
> 证。工人、士兵、农民的革命万岁！[50]

与随之而来的内战相比，这是一场近乎和平的革命。攻占冬宫只造成六人死亡——这是"十月革命"在俄国首都仅有的伤亡。莫斯科的情况有所不同，士官生抵抗了布尔什维克整整一个星期。与其他革命相比，布尔什维克的首次掌权显然并不血腥。[51]不过，列宁清楚地知道，布尔什维克掌握的权力是脆弱的，必须在整个前帝国疆域内巩固他的政权。这涉及广阔的土地和大量的人口，不是一件容易完成的任务。此时，尽管布尔什维克党的支持者正在急剧增长，但其核心党员大概不超过1.5万人。列宁为了给他的党争取时间，同意在1917年11月举行制宪会议普选。然而，当更为温和的社会革命党以41%的得票率获胜（布尔什维克只有23.5%）时，他毫不犹豫地在次日解散了彼得格勒的制宪会议。[52]

列宁试图重申他的一些最受欢迎的承诺，以此掩饰俄国短暂民主的终结：立即停战，军队彻底民主化，所有人民和民族拥有自决权，工人成为工厂的主人，把所有原属贵族、资产阶级、教会和政府的土地交到人民手中。在彼得格勒召开的苏维埃第二次代表大会上，社会革命党和孟什维克无奈地退出会议，以抗议布尔什维克的政策，列宁的宣言立即被通过了。[53]

列宁的政权很快通过立法来兑现承诺，特别是关于土地和财产的改革。1917年11月8日，大会通过了《土地法令》，这是关键的第一步，因为它废除了土地私有制。被剥夺者没有获得相应的补偿。唯一例外的是农民的自耕地，它们将被允许保留。[54]《土地法令》主要是为了响应越来越激烈的农民运动，各地主动没收私有土地并交给贫农，《土地

法令》只是承认了地方业已发生的事情。到了1918年2月，俄国75%的地产都被没收了。[55]受害者不仅是贵族地主，"富裕"农民的财产也在再分配之列。[56]布尔什维克还把东正教会拥有的土地收归国有，包括一千余座修道院。此外，从1917年11月中旬到1918年3月初，列宁一共签发了关于企业、工厂和银行国有化的约三十项法令。[57]

列宁的第二个同样受欢迎的承诺是停止战争。他和以前一样冷静地看到，现阶段俄国在军事上的失败已不可避免，但同时也看到在失败中蕴含着巨大的机会：不仅当初俄军的失败使布尔什维克得以夺取政权，现在完全退出战争也是拯救布尔什维克革命唯一的选择。把俄国带出战争的泥潭，可以使他集中精力对付大量的内部敌人。他还盼望，厌战情绪和物资匮乏会导致中欧和西欧其他参战国也爆发革命，从而为布尔什维克主义在全球，至少是在整个欧洲的胜利铺平道路。1917年12月15日，列宁的代表和同盟国签署了停战协定。

3

布列斯特—立托夫斯克

俄国和同盟国之间的停战协定生效几天之后,一场和平会议在德军的东线司令部布列斯特—立托夫斯克要塞开始了。这是苏俄政权的首次露面,为了进行布尔什维克宣传,揭露德国的帝国主义政策,苏俄坚持了和平会议必须公开举行。[1]

这次和平会议在其复杂的成分上也是独一无二的,体现了旧帝国势力和新兴革命国家之间的冲突。同盟国的14位代表(德国5人,奥匈帝国4人,土耳其3人,保加利亚2人),既有代表了旧制度的辉煌与荣耀的人,就像神经过敏、不停抱怨布尔什维克们餐桌礼仪的奥匈帝国外长奥托卡尔·切尔宁伯爵,也有极端的民族主义者,就像在幕后推动亚美尼亚种族灭绝的塔拉特帕夏。在布列斯特—立托夫斯克的苏俄代表团起初由阿道夫·越飞率领,后来改为新任命的外交人民委员列昂·托洛茨基,他们显然是代表了完全不同的另一方:托洛茨基代表团的组成反映了是谁支持布尔什维克取得了政权,他们共28人,包括穿着随便的工人、士兵、水手、妇女和一个农民。德国人及其盟友从未在正式的外交场合见过这样的阵势。[2]

以德国外交部国务秘书理查德·冯·屈尔曼为首的同盟国代表团，试图在东线尽快实现停战，同时希望能在中东欧成立一个松散的帝国，由从俄国西部领土上新独立出来的单一民族国家组成，从而将来能受德国控制。柏林和维也纳都盼望乌克兰获得独立，这样就可以为同盟国的其他战线提供谷物和矿砂。[3]当东线德军参谋长马克斯·霍夫曼表达了柏林对波兰、立陶宛和库尔兰民族自决权的支持时，托洛茨基将其视为帝国主义的虚伪，深感愤怒并以中断谈判相威胁，代表团借机回到彼得格勒与政府进行了商讨，会谈在十天之后恢复。[4]

布尔什维克的领导者们，对下一步应当怎么办有不同意见。列宁对局势有务实的估计，为了巩固布尔什维克在俄国的地位，保障革命的胜利果实，他倾向于不惜一切代价签署和平协议。与之相反的是托洛茨基等其他布尔什维克领袖，他们相信欧洲其他地方爆发革命不过是数周之内的事，与同盟国的谈判应当拖到那时再说。当托洛茨基从彼得格勒返回布列斯特后，他就开始拖延时间。他发表慷慨激昂的演说，反对同盟国的吞并计划，迎合德国人民对和平的渴望。这些无疑产生了影响：1918年1月14日，奥地利社会民主党呼吁举行大规模示威，罢工迅速蔓延到布达佩斯和柏林，有超过50万名工人参加了罢工。[5]

1月在柏林、维也纳及其他城市的大罢工鼓励了托洛茨基，他进一步认为，布尔什维克革命将很快向西传播。然而，屈尔曼和同盟国在布列斯特—立托夫斯克的其他代表可不答应。他们已经失去了耐心，于2月9日和乌克兰单独签署了一份条约。在这份所谓"面包换和平"的协议中，乌克兰承诺每年向德、奥两国提供100万吨面包，以此换取他们承认刚刚宣布从俄国独立的"乌克兰人民共和国"。[6]

托洛茨基听到这个单独的和平条约后大发雷霆，他离开会场，拒绝继续讨论。同盟国的回应就是重燃战火。从2月18日起，100万德、奥两国的军队开始向东推进。他们迅速前进并取得了巨大胜利，几乎没有遇到什么抵抗就拿下了多帕特（塔尔图）、雷瓦尔（塔林）和纳尔瓦，拉脱维亚、利沃尼亚、爱沙尼亚和白俄罗斯全境沦陷，3月1日，乌克兰的首府基辅被占领。[7]

这场攻势为彼得格勒送去了新的没有商量余地的和平条款。基辅被攻占后不久，列宁威胁说，如果政府还拒绝不惜代价接受这些条款，他就要辞去党的领导人和人民委员会主席的职务。3月3日，布尔什维克签署了《布列斯特—立托夫斯克条约》。这份条约使德国比1914年以来的任何时候都更为接近最初的战争目标，即成为欧洲的主宰者。对于同盟国来说，这是一个非同寻常的胜利时刻。

当德国人明白布尔什维克没钱支付赔款后，他们决定用割让领土的方式来狠宰俄国一刀，其苛刻程度即便是后来的《凡尔赛条约》也相形见绌。德国要求彼得格勒允许有重要自然资源的大片原沙俄领土实现"独立"（独立的形式多种多样，包括由强大的德国军队占领），包括芬兰、俄占波兰、爱沙尼亚、利沃尼亚、库尔兰、立陶宛、乌克兰和比萨拉比亚。此外，布尔什维克还得把1877年至1878年俄土战争中获得的阿尔达罕、卡尔斯和巴统省交还给土耳其。因此，苏维埃俄国几乎被剥夺了前罗曼诺夫帝国西部所有非俄罗斯民族居住的领土：160万平方公里的土地，这是德国面积的两倍，以及战前人口的三分之一。俄国的铁矿失去了73%，煤矿的损失达到了惊人的89%，主要的工业区也一并丧失掉了。[8]俄国成了第一次世界大战中第一个被征服的国家，尽管布尔什维克一直乐此不疲地强调是沙皇和临时政府输掉了战争。

虽然反对《布列斯特—立托夫斯克条约》苛刻条款的人很多，在布尔什维克运动内部也是如此，但列宁明白，政权的生存取决于外部的和平——只有和平才能为巩固无产阶级专政、镇压内部敌人争取时间。

除了兑现他有关停止战争的承诺外,《布列斯特—立托夫斯克条约》还完全暴露了德国庞大的帝国主义战争野心,从俄国释放的同盟国战俘只会有助于加快预期的中欧革命进程。

列宁的大部分设想很快被证明是正确的,成千上万名战俘的释放,特别是来自奥匈帝国的战俘,回家之后产生了非常激进的影响。[9]在这些被释放的士兵中有很多人已经受到布尔什维克思想的影响,之后成为中欧和东南欧国家的左翼领导人,如奥地利的社会主义者奥托·鲍尔,匈牙利的库恩·贝拉,以及克罗地亚的军士长约瑟普·布罗兹,他在未来成为共产主义者后更为人所熟悉的名字是铁托。[10]

4

胜利的滋味

到了1917年末，俄国的战败并非同盟国军事领导层乐观的唯一原因。尽管在圣诞节前奥斯曼帝国把耶路撒冷输给了英国，但列宁使俄国退出战争的决定，让伊斯坦布尔的军队重新夺回了安纳托利亚东部的控制权，其军队首领甚至还想重振入侵高加索的计划。"俄国革命，"一份土耳其报纸宣称，"把我们从一场迫在眉睫的危险中拯救出来。只要不忘记在俄国发生的事件对于我们的重要性，并且聚精会神地加以注意，现在就可以好好喘口气。"[1]

尽管美国已分别于1917年4月和12月向德国和奥匈帝国宣战，但此时只有不到17.5万名美国士兵抵达欧洲，而且其中的大部分都没有作战经验。[2]相反，有足够的理由可以相信，同盟国正握有战略的主动权——至少在西线协约国得到美军的补充之前是如此。此外，俄国退出战争还扔下一个孤零零的协约国伙伴罗马尼亚，使其处于强大的德国、奥匈帝国和保加利亚军队的包围之中。1917年12月9日，布加勒斯特接受新的现实，签订了条件苛刻的《福克沙尼停战协定》。[3]

然而，更为重要的是南线沿伊松佐河的阿尔卑斯山麓的进展。整个1916年和1917年，哈布斯堡帝国的军队和他们的主要对手意大利在此进行着有气无力的拉锯战。[4]自1914年"七月危机"期间哈布斯堡帝国在逐步升级的冲突中扮演主要角色以来，战局对其一直不是很有利，数年间，维也纳在几条战线上经历了灾难性的挫折。战争初期，奥匈帝国企图入侵实力很弱的塞尔维亚，却被打得狼狈不堪，次年在德国和保加利亚的帮助下才攻占了贝尔格莱德。此外，俄国军队曾两次成功侵入哈布斯堡帝国的加里西亚，第一次是在战争爆发初期，第二次是在1916年声势浩大的勃鲁西洛夫攻势中。[5]

不过，在1917年10月伊松佐河的第十二次交战中，哈布斯堡帝国的军队对意大利取得了出人意料的大捷，这场战役以附近的小镇卡波雷托闻名。在六个德国师的协助下（其中有一位年轻的步兵军官名叫埃尔温·隆美尔），进攻方凭借大雾展开攻势，意大利人完全被打了个措手不及。在重炮轰击下，联军迅速突破了意大利第二集团军的防线，在当天结束时，先头部队已经前进了25公里之多。进攻打垮了意大利人，他们在混乱中撤退，直至在威尼斯北部建立起一条新的防线：3万名士兵伤亡，26.5万人成了俘虏。卡波雷托的失败导致意大利总参谋长路易吉·卡多尔纳被解职，总理保洛·博塞利下台，但意大利军队并未完全崩溃。从表面看上去，在1917年11月时，罗马所能期待的最好结果，就是签署一个免于割让领土的体面的和平协定。[6]

1917年11月11日，正好是后来西线停战日的整整一年前，德国的高级军事战略家、军需总监埃里希·鲁登道夫表达了对前景的乐观，认为可以通过在西线一决胜负来结束战争：

> 俄国和意大利的局面使得在新的一年里在西线战场给予致命
> 一击成为可能。力量平衡大致相等，大约有35个师和1000门重炮

可用于进攻……总的形势要求我们越快进攻越好，最好是在2月下旬或3月初，赶在美国把有生力量投入进来之前。[7]

他的一位参谋军官阿尔布雷希特·冯·泰伊尔上校也持有同样的乐观，他在1917年除夕夜的日记中这样写道：

> 我们的形势从来没有这样好过，军事巨人俄国彻底完结，乞求和平；罗马尼亚亦是如此。塞尔维亚和黑山已经不复存在。意大利靠着英国和法国在苦苦支撑，我们已经占领了它最好的省份。英、法两国还在准备战斗，但都已筋疲力尽（尤其是法国），英国人承受的来自U型潜艇的压力非常之大。[8]

可以肯定的是，德国最高指挥官很清楚必须迅速取得胜利。[9]厌战情绪和纪律涣散在所有参战国中蔓延，也包括同盟国。在1917年末和1918年初，民众已经显示出越来越多极度疲惫和政治背离的迹象，并最终导致了柏林、布达佩斯和维也纳的大罢工。然而此时，德国恰好能够把位于东线的48个师部署到西线，去对付疲惫的协约国士兵。[10]

并非只有德国军事机关有这样的机会意识。在《布列斯特—立托夫斯克条约》签署之前，伊斯坦布尔就命令奥斯曼第三集团军开始进攻，目标是征服整个安纳托利亚东部，并对短命的外高加索联邦采取军事行动。外高加索联邦是一个由亚美尼亚、格鲁吉亚和阿塞拜疆的分离主义者建立的国家，他们把1917年布尔什维克的"十月革命"视为一个独立的难得历史机遇。随着俄国战败，奥斯曼帝国入侵高加索的危险增大了，但联邦在第比利斯（在今格鲁吉亚）的政府不接受列宁在《布列斯特—立托夫斯克条约》中对奥斯曼帝国的领土让步，相反，它声明将坚决抵抗帝国向联邦边境的任何进攻。[11]

尽管遭到激烈的抵抗，奥斯曼帝国的军队仍然踏上了联邦的土地。1918 年 3 月初，他们到达埃尔祖鲁姆的门户，而后逼近黑海港口特拉布宗。攻占特拉布宗并没有发生多少战斗，在埃尔祖鲁姆却发生了可怕的屠杀。亚美尼亚军队撤出埃尔祖鲁姆时杀害了大约 4 万名当地的穆斯林居民，这使得奥斯曼军队在沿着 1877 年前的奥斯曼边境继续前进时，对所到村镇进行了报复性的肆意屠杀。1918 年 4 月，他们占领亚美尼亚的重要据点卡尔斯时使用了相当残酷的暴力。[12]

受到这些胜利的鼓舞，奥斯曼帝国的将军们和执政的民族主义者统一与进步委员会，再次重申了帝国要向高加索扩张的承诺。战争部部长恩维尔帕夏和最高指挥部显然很有自信，认为不必把所有力量都投入到美索不达米亚前线，在反英战争中，同时向高加索进军也足以应付裕如。大概他们认为，胜利的天平正向同盟国一侧倾斜。"现在，"奥斯曼帝国一位部长宣称，"我们只管前进。"[13]

在大战的最后一年，同盟国首都的人们充满了错误的乐观和对速胜的高度期待。虽然速胜的可能性提高了军队的士气，但更高的期待也就意味着更大的赌注，存在着极度失望和随后士气全面崩溃的风险。[14]

现在一切都取决于 1918 年春季攻势的成败了。鲁登道夫很清楚，这可能是一场异常昂贵的赌博。过去三年半的战争已经清楚地表明，机械化的火力赋予了防御一方决定性的优势，而进攻战要承受人员大量损失的风险。但是，保罗·冯·兴登堡元帅和鲁登道夫别无选择。他们的军队也许可以躲在坚固设防的阵地中，给那些新来的没有经验的美国士兵以重大杀伤，但毫无疑问，所有同盟国的大后方都无法忍受战争继续拖延下去了。[15]

鲁登道夫春季攻势的目标是先把英国远征军压迫到海峡边，待他们从那里撤退后再给予法国决定性的打击以迅速结束战争。这次进攻代号是"米迦勒"，突破口位于索姆—阿拉斯地区的英军防线上，德军在人数上占有二比一的优势。[16]

1918年3月21日凌晨，惊人的攻势在前所未有的猛烈炮击下拉开序幕。德军进行了五个小时的不间断轰击，超过100万发炮弹落在英军前线。当时还是步兵中尉的恩斯特·荣格在日记中写道（随后在1920年作为国际畅销书《钢铁风暴》出版），在猛烈的炮轰下，"飓风般的"大火是"如此可怕，就算是我们身处这样巨大的战役，看上去也不过是小孩子们的打仗游戏"。接下来，步兵奉命向敌人防线进攻，"伟大的时刻到来了，一条蜿蜒的枪焰火光在战壕间滚过，我们持续前进"。[17]

32个德国师迅速突破了南面的战线，仅仅在第一天，德国的三个集团军就俘虏了2.1万人，毙伤敌军1.75万人。[18]协约国大为恐慌，至少暂时是这样。3月24日，道格拉斯·黑格元帅向法军总司令菲利普·贝当表示，英国的战线已经无法继续坚守下去，他将不得不放弃亚眠的防御。次日，他果真下令英军撤退到1916年的旧阵地上。[19]在混乱的撤退中，英军制订了从法国沿海峡的港口撤退的计划，就像鲁登道夫所希望的那样。这是英国在整个第一次世界大战中所遭受的最大挫折。为了克服内部的不团结，协约国不得不在4月3日建立了一个由费迪南·福煦将军领导的联合最高司令部。[20]

德国初步的胜利似乎证实了最高指挥部的希望，一切好像都在按计划进行。早在3月23日，德皇威廉二世就已经坚信"战役已经获胜"，"英国人已被完全击败了"。[21]胜利即将到来的乐观情绪也笼罩着德国的大后方，大后方是德国人后来解释其失败的一个关键之处。3月26日，克虏伯公司董事长阿尔弗雷德·胡根贝格给兴登堡发来贺电称："与俄国的停战……和这两天对英国的重大胜利，像是两只巨大的响锤震撼着所有德国人的心灵……那些胆怯地怀疑或是从没相信过德国将会获胜的人们，正在目睹这种可能成为现实，他们必将向胜利的意志低头。"[22]

然而实际上，德军在"米迦勒"行动中的进军——虽然令人印象深刻——却并未得到任何决定性的胜利。当行动于4月5日结束时，德国第十八集团军已经深入敌境50多公里——这一战果超过了1914年以来的任何一场战役，9万名协约国士兵投降，缴获大炮1300门。[23]但它在战略上的收获是微不足道的，英国受了伤，但没有崩溃。德国人虽然占领了大片土地，但那都是饱经战火蹂躏而毫无价值的荒地，还不得不拉长本来已经很紧张的后勤补给线。[24]更糟糕的是，德军在进攻中损失了约24万人，特别是不可替代的精英突击部队伤亡极为惨重。[25]相比之下，英军立刻就补充了大部分损失，新招募的士兵已经渡过海峡——其中10万人已在4月末抵达法国港口。[26]

就在这个节骨眼上，鲁登道夫在孤注一掷的春季攻势后必须胜利的压力之下，开始犯下奇怪的错误。当他看到"米迦勒"行动没有达到击溃英国人的目的后，他决定在前线的另一个地区碰碰运气。他在1917年末策划春季攻势时，起初曾把主攻方向选在弗兰德斯，代号为"乔治"，后来被"米迦勒"行动所替代。随着"米迦勒"行动的失败，"乔治"又被重新摆上了桌面。这个计划有了一个新名字"乔吉特"，反映出这是一次规模较小的作战行动。两个德国集团军奉命向九个协约国师发起进攻——其中八个是英国师，还有一个是葡萄牙师——他们位于德军的战线与具有战略意义的重要铁路枢纽阿兹布鲁克之间，控制着协约国的补给线。进攻在4月9日凌晨开始，重炮的射击似乎是相当成功的。德军突破了葡萄牙人的防线，在夜幕降临时前进了约十公里。之后进攻持续了几天，但最终在离阿兹布鲁克只有几公里的地方戛然而止。鲁登道夫的失败，一方面是由于英军的顽强抵抗，另一方面也是由于德军已普遍疲惫不堪，许多人已参加过"米迦勒"行动。[27]

随着"乔吉特"行动的失败，德国的进攻开始变得越来越支离破碎和疯狂。在放弃了对英军的进一步行动之后，鲁登道夫把进攻矛头又指向另一地区。5月下旬，针对法国的埃纳河攻势开始，德国炮兵做了大战中最为努力的一次表现，四个半小时倾泻了200万发炮弹。这是德国夺取胜利的最后一次尝试，也是在西线取得的最大一次进展。在攻占了马恩河上的蒂埃里城堡之后，德国的军队再一次——就像1914年那样——逼近法国的首都，部署在那里的远程火炮炸死了约900名巴黎人。[28]

5

命运逆转

德军在1918年春天和夏初的攻势是得不偿失的。通讯和后勤线被拉得更长，储备很难送到前线。在敌人匆忙放弃的战壕中，他们发现了协约国的补给物资，有白面包、咸牛肉、饼干、酒，这的确让一无所有的德军官兵明白了敌人的经济优势。此外，除了战争的头两个月外，人员损失从未如此惨重：到1918年底已经损失了91.5万名士兵。鲁登道夫孤注一掷的豪赌没有获得相应的成功。德国人失去的往往是最好和最有经验的战士，这是难以靠新兵来补充的，而协约国的力量却在增强，每个月都有25万名美国士兵抵达欧洲。[1]

在军事损失达到巅峰的同时，第一波"西班牙流感"也来到了德军前线。这是一种极具威胁的传染病，最终造成全世界超过5000万人丧生。起初，病毒也影响协约国部队，但没有德军那样严重。[2]这种流感通常由一种最易感染老人和孩子的病毒引起，影响各年龄段和不同身体素质的士兵，包括精锐的突击部队。[3]7月上半月，仅在阿尔萨斯的第六集团军每天报告的新感染人数就达1万人。1918年5月至7月，总共有超过100万德军士兵染病。相比之下，在6、7月间，英军的流感病例只有5万。[4]其他疾病——如肺炎、痢疾，甚至疟疾——也进一步削弱了德国军队的力量。[5]

从盛夏开始，已被之前的进攻和各种疾病削弱的德国军队，面临着协约国持续的反击。法军的反攻始自1918年7月的第二次马恩河战役，英军于8月8日在亚眠外围发动攻势，说明胜利的天平已开始向协约国倾斜。反攻中，德军有16个师被消灭，虽然避免了彻底崩溃，但普遍士气低落，疲惫不堪，他们发现自己身处可怕的境地，对指挥的不满与日俱增。[6]例如第六集团军邮件审查办公室报告说，越来越多的士兵公开反对"普鲁士军国主义"和"嗜血的皇帝"本人。[7]

补给缺乏，疲惫不堪，又被进攻的惨重损失和疾病削弱，德军无法有效抵抗协约国的进攻，在夏季攻势中得到的土地很快又全部丢失了。在8月8日遭到敌人沉重打击的一周以后（德军"黑色的一天"），鲁登道夫告诉德皇，德国应该通过谈判寻求和平——这是他在整个战争期间从未有过的姿态。[8]

鲁登道夫此时已被折磨得不成样子。1914年后，他在把俄军从东普鲁士驱逐出去的坦能堡之战（1914）和第一次马祖里湖会战（1915）中发挥了核心作用，因而在德国总参谋部青云直上，尽管当时出面接受荣誉的是他的上司、普法战争的退伍军人保罗·冯·兴登堡。兴登堡很聪明，在1916年就任总参谋长时把天才的鲁登道夫擢为军需总监。在接下来的两年中，兴登堡和鲁登道夫建立了有效的军事独裁，但实际经营整个德国战争的是鲁登道夫。如果说1917年俄国和罗马尼亚的战败给他打足了气，那么随之而来的1918年春夏攻势的失败彻底摧毁了他的信心。[9]虽然长久以来关于鲁登道夫精神完全崩溃的说法未免言过其实，但他显然背负了巨大的压力。[10]

1918年夏秋之交，同盟国的形势在其他各条战线上都不太好。在马其顿前线，协约国军队于9月14日发起进攻并击败了保加利亚军队，迫使其在两周内寻求停战。这一突如其来的崩溃让很多人大吃一惊。自1915年保加利亚参战以来，它的军队曾奋勇作战，在初期取得过重大胜利，如1915年在尼什、奥维智、科索沃、克里沃拉克，1916年在莱林、切根、比托拉、鲁米察、切尔纳河、图特拉坎、多布里奇、科巴丁和布加勒斯特。1918年前，保加利亚人在战争中从未输掉任何重大战役，在马其顿的一个小城镇多伊兰，保加利亚军队曾坚守一条坚固的防线，击退了英国、法国和俄国军队的轮番攻击。[11]

不过，协约国最终还是在保加利亚的西南战线找到一个突破口。1918年夏，协约国军队在萨洛尼卡以北的马其顿战线上集结了31个师、超过65万人。9月14日，由法国和塞尔维亚军队发动的进攻完全压垮了保加利亚人，在多布罗突破了防线，英国和希腊军队则在多伊兰湖取得胜利。几天之内，大部分保加利亚军队都溃散了，政府决定向协约国乞求停战。[12]

仅仅四天之后，保加利亚在萨洛尼卡签署了停战协定，这个最后加入同盟国的国家，成为第一个退出战争的德国盟友。在协议中，保加利亚同意复员全部军队（只为防御和土耳其的边界以及铁路线留下少量部队）；几处重要的战略要地由协约国军队把守；军事装备向协约国移交；对于索菲亚政府来说，最有争议的是完全撤出在战争中占领的希腊和塞尔维亚领土，包括曾在19世纪末独立、后来保加利亚声称拥有其主权的马其顿。停战协定还包括秘密条款，预想了协约国进行临时占领的可能，以此作为保加利亚退出战争的保证。另一个严重的打击是，为了确保索菲亚政府"表现良好"，大批保加利亚士兵（约有8.6万至11.2万人）被作为战俘遥遥无期地拘押起来。[13]

对于保加利亚来说，这场在1918年底结束的战争，实质上是从六年前的1912年10月开始的。当时，保加利亚、塞尔维亚、希腊和黑山共和国对奥斯曼帝国群起而攻之，它们的共同意愿就是一劳永逸地终结伊斯坦布尔对东南欧的统治。[14]保加利亚在1878年获得了自治，但从14世纪起它就一直处于奥斯曼帝国的实际控制下，现在它要求得到奥斯曼帝国的马其顿和色雷斯。这场不久以后便以"第一次巴尔干战争"命名的冲突于1913年5月结束，奥斯曼帝国被迅速击败，随之而来的是种族清洗的浪潮，成千上万的穆斯林平民被杀害或是驱逐。[15]然而过了几周，6月下旬，胜利的巴尔干联盟成员因为对胜利果实的分配发生争吵而再次奔赴战场。这一次，保加利亚是输家，希腊、塞尔维亚和罗马尼亚都从保加利亚割占了土地，而奥斯曼帝国设法收复了东色雷斯。[16]

伊斯坦布尔当局执行强制驱逐的政策，以报复1912年至1913年间巴尔干穆斯林遭受的屠杀，出于害怕报复，大批作为少数民族的保加利亚人在1913年试图逃离东色雷斯。从卡内基委员会根据巴尔干战争期间所犯战争罪行的调查提起的指控来看，有超过5万人——其中约20%是在色雷斯的保加利亚人——在这一过程中惨遭杀害。[17]

第二次巴尔干战争的结束，是保加利亚在20世纪所遭受的几次"国家灾难"中的第一次，暂时终结了索菲亚政府统一所有"大保加利亚"国土的美梦。1913年的民族屈辱和绝望，有助于理解保加利亚在1914年8月第一次世界大战爆发时所持的立场。尽管依然梦想恢复失去的土地，保加利亚政府在当年夏天还是保持了最初的中立。国王斐迪南是出生在维也纳的萨克森—科堡—哥达公爵家族的王子，和首相瓦西里·拉多斯拉沃夫一样倾向于站在同盟国一边，而许多保加利亚人却怀着亲俄的感情，一些保加利亚军官，包括11名将军，实际上是在俄国军队中志愿服役的。[18]

不过，保加利亚的政治首脑们感到，废除1913年8月《布加勒斯特条约》中那些祸国条款的机会来了，但直等到1915年10月初可以看出胜利的端倪时，他们才决定倒向哪一边。保加利亚人和大战双方讨价还价到1915年的夏天，无论是同盟国还是协约国都明白，让保加利亚参战的条件至少是归还两处在第二次巴尔干战争中失去的土地——马其顿和东色雷斯——给予索菲亚政府的不仅是对爱琴海沿岸的控制权，还有联结中欧与南欧以及远东的铁路网络。协约国所能提供的最好条件不过是归还东色雷斯（其时还在奥斯曼帝国手中），因为塞尔维亚决不会同意放弃马其顿的寸土。由于受到协约国在加里西亚和加里波利失败的鼓舞，在权衡利弊之后，斐迪南和他的政府认为加入同盟国一边是更好的选择。1915年秋，保加利亚军队协助奥古斯特·冯·马肯森将军指挥下的德奥军队进攻塞尔维亚，侵入了马其顿和科索沃。[19]德国的进攻很快打败了塞尔维亚，但在法国盟友的帮助下，15万塞族人翻越阿尔巴尼亚山脉撤退到亚得里亚海。

1916年春，大概是由于希腊政府的亲协约国态度，德国希望保加利亚出兵进军希腊，并答应提供军事援助。保加利亚军队攻占了萨洛尼卡东北斯特鲁马河沿岸的鲁佩尔要塞以及希腊北部的部分国土。[20]同年8月，在罗马尼亚对奥匈帝国宣战后，保加利亚和其他同盟国军队一道向罗马尼亚发起了进攻。在第二次巴尔干战争中，这个国家在打败保加利亚时出力不少，现在报仇的机会来了：9月初，保加利亚军队进入多布鲁甲地区，给予对手数次沉重的打击，特别是图特拉坎战役——被称为"罗马尼亚的凡尔登"。为保卫那里的要塞，超过8000名罗马尼亚士兵在这场败仗中战死，这极大恶化了他们国家的战略态势。[21]

尽管保加利亚取得了军事上的胜利，但漫长的战争开始显现出严重的影响。维持后方经济所需的装备和人力资源愈加匮乏，意味着有越来越多的人开始厌倦战争。到1917年时，食物危机已开始困扰城市和军队。即便在这样的危机中，紧缺的食物和原材料仍被运往德国以维持柏林当局的战争，导致更多的人严重营养不良，这让许多保加利亚人深感愤怒。[22]

6月中旬，保加利亚最为资深的将军尼古拉·哲科夫，向斐迪南国王送去一份关于前线状况的令人担忧的报告，明确指出，部队面临的困境在于管理和组织不善："战士们每天都在为生存挣扎……每周只能吃一次肉。军服的情况更糟，士兵们穿得很差，没有鞋子，必须光着脚在岩石上跑以对付敌人。他们戴的不是军帽，只是用破沙袋做成的头巾。冬天就要来了……是现任政府造成了这样的局面。"[23]接到报告后不久，斐迪南就撤换了总理拉多斯拉沃夫，代之以亚历山大·马里诺夫。[24]

保加利亚在1918年9月的失败，使得同盟国的首脑们更加相信已经输掉了战争。这一失败不仅导致奥斯曼帝国和其他同盟国之间陆路联系的中断，同时也为协约国铺平了从西面进攻伊斯坦布尔、从东面进攻哈布斯堡帝国所占塞尔维亚的道路。[25]同盟国就是拿不出兵力来防范这一致命的威胁。

同时，在意大利前线，战争的风向开始逆转。6月15日，哈布斯堡军队在一条80公里宽的战线上展开了愚蠢而仓促的进攻，即所谓的第二次皮亚韦河战役。[26]进攻很快被意大利人的坚固防守击溃，其统帅是阿尔曼杜·迪亚斯将军，去年卡波雷托惨败后被任命为意大利的最高指挥官。[27]

令许多观察家感到惊讶的是，意大利军队已经从卡波雷托的失败中恢复了元气，尤其是在军事和政治领导方面发生了根本性的变化。著名法学教授出身的新首相维托里奥·埃曼努尔·奥兰多在1914年时最初是鼓吹中立的，现在却忽然认为改变意大利的军事命运是其任内的头等大事，并且觉得自己能够做到。他是迎接这一挑战最合适的人，留任总理直到1919年以辞职抗议没有进展的巴黎和会为止。他在"神圣联盟"（有意和法国的"神圣联盟"相呼应）的口号下掀起了雄心勃勃的复兴运动，同时也提高了农业工人和复员军人的福利以提振士气。奥兰多的努力得到了回报。意大利政坛在1917年受到军队几近崩溃的刺激之后，新的能量开始注入战争。军队士气得以提高，随之而来的是宿命般地能为意大利带来领土扩张期盼的一场胜利。[28]

第二次皮亚韦河战役意味着哈布斯堡军队覆灭的开始，14.2万人死伤，2.5万人被协约国俘虏。[29]双元帝国再也无法弥补这样的损失，即便是长期担任总参谋长，后于1918年7月中旬被解职的康拉德·冯·赫岑多夫将军对此也毫无异议。[30]9月14日，奥地利皇帝卡尔一世发出了求和呼吁。然而，英、法两国的首脑却认为他的行动只是在试图分裂协约国，美国则回应说，它已经表明了自己的和平条件，因此其他的无需赘言。[31]

随着哈布斯堡军队因皮亚韦河的失败而被削弱，罗马政府试图利用已经恢复的战略优势来为自己在战后的谈判桌上争取更有利的地位。10月24日，意大利军队在格拉帕山，并渡过皮亚韦河在维托里奥威尼托发动了进攻。不到五天时间，哈布斯堡军队全面撤退，至少有30万名士兵和24名将军被俘虏。10月30日，意军占领了维托里奥威尼托。在这样的背景下，匈牙利政府决定在11月1日召回自己的军队，这加速了哈布斯堡军队余部的崩溃。[32]11月2日，奥地利最高指挥部请求停战。阿尔曼杜·迪亚斯向他的军队发出了充满喜悦的"捷报"："奥匈帝国军队已被击败……世界上最强大军队的残兵败将，正在绝望和混乱中退回他们曾满怀自负而来的山谷。"[33]

在11月4日奥匈帝国的停战协定生效前，同盟国的另一个关键角色奥斯曼帝国已经接受了失败。1918年10月30日，奥斯曼帝国签署了

《穆德洛斯停战协定》，对它来说，这场实际上从1911年9月开始的战争终于结束了。[34]那时，意大利——对奥斯曼帝国十分轻视——攻占了帝国的的黎波里和昔兰尼加，以及在地中海的多德卡尼斯群岛。[35]一年以后，即1912年10月上旬，和意大利的战争尚未结束，伊斯坦布尔政府又面临保加利亚、希腊、黑山和塞尔维亚联军的进攻。[36]尽管在1913年第二次巴尔干战争中奥斯曼帝国设法夺回了旧都埃迪尔内，但它已失去了几乎所有的欧洲领土。受巴尔干战争失败的刺激，1913年1月23日，一群少壮派军人在恩维尔·贝伊中校的率领下推翻了穆罕默德·卡米勒帕夏政府，大维齐尔在枪口的逼迫下辞职。[37]在这些年轻军官看来，俄国在东方和北方对帝国边界形成了威胁，英国在塞浦路斯和埃及构筑了重要的战略基地，从而使奥斯曼帝国的阿拉伯地区暴露于潜在的海陆进攻之下。[38]

面对这种威胁感，奥斯曼帝国的领导人试图和英国结盟，但被伦敦拒绝了。于是他们把目光转向德国，这是欧洲唯一一个在伊斯坦布尔政府控制的领土上没有既得利益的大国。统一与进步委员会领导人认为，德国会提供安全保障以对付英、俄帝国主义，与德国结盟将为奥斯曼帝国的安内攘外提供稳固的环境。[39]奥斯曼的领导人决定继续进攻，于1914年10月29日向俄国不宣而战，在一场壮观的夜战中击沉了黑海上的俄国舰只，并炮击了塞瓦斯托波尔和敖德萨的港口。[40]

尽管奥斯曼帝国被普遍认为是个弱国，但它要在第一次世界大战中证明自己是一个强大的对手。1912年至1913年，在第一次巴尔干战争中被击败后的短暂时间内，奥斯曼帝国政府在统一与进步委员会的领导下已经对其武装力量进行了彻底改革。有德国军事顾问的帮助和新一代年轻有为的军官，奥斯曼军队的战斗力大大加强。[41]虽然初期对高加索的进攻惨遭失败，但重组后的奥斯曼军队在各条战线上表现良好，从安纳托利亚东部到西奈半岛，从巴格达到达达尼尔海峡都扛住了敌人的进攻。西方协约国明白了去加里波利绝非坦途，中东地区的其他战役亦是如此，包括1916年4月在库特，奥斯曼还击败了印度军队，这位"欧洲病夫"元气尚存。[42]1916年1月，协约国从加里波利灰溜溜地撤退，1.6万名英国和印度的士兵在巴格达东南160公里的库特投降，给在伦敦的阿斯奎斯政府带来了巨大的压力。[43]

然而随着战争的继续，奥斯曼帝国逐渐无法在资源和人力上与协约国相抗衡。虽然得益于1917年的俄国革命，奥斯曼帝国重占了之前失去的领土，但是战局终究在朝着不利于它的方向逆转。英军在1917年3月和12月分别占领了巴格达和耶路撒冷，此时伊斯坦布尔政府也许尚能应付，但英军在1918年9月19日在巴勒斯坦前线发动了进一步的攻势，突破了耶路撒冷东北部的防线，十二天内就击溃了奥斯曼三个集团军，局势终于全面崩溃。奥斯曼军队成群地投降和开小差，在完全的惊慌失措中撤退。10月1日，协约国军队开进了大马士革。10月26日，英印联军在一支从汉志省来的阿拉伯反抗军（领导人是圣城麦加和麦地那的监管人侯赛因·本·阿里）协助下占领了叙利亚北部的阿勒颇。[44]

另一支英军在突破了萨洛尼卡的保加利亚防线后，从北方向奥斯曼帝国的首都挺进。在大量的逃跑和伤亡之下，奥斯曼军队精疲力竭，奥斯曼的领导人已经无法在另一个方向再战。把奥斯曼拖进战争的统一与进步委员会领导人在10月的第一个星期辞职，逃上了德国军舰。穆罕默德六世苏丹迅速任命了一个新的自由政府向英国发出和平乞求。新上任的海军大臣、曾经作为帝国代表出席布列斯特—立托夫斯克和会的老英雄侯赛因·拉乌夫·奥尔贝与英国代表在爱琴海的利姆诺斯岛进行了会谈。经过在"阿伽门农"号上四天的谈判，1918年10

月30日，拉乌夫·奥尔贝和英军指挥官亚瑟·卡尔索普上将签署了著名的《穆德洛斯停战协定》。[45]

《穆德洛斯停战协定》加深了奥斯曼帝国自开战之日起就怀有的对未来最为可怕的忧虑，当时英国首相赫伯特·阿斯奎斯曾宣称，战争将导致奥斯曼帝国统治的灭亡。1917年11月，俄国布尔什维克欣然揭露了秘密的《赛克斯—皮科—萨佐诺夫协定》（1916），其中提出在战争胜利后把阿拉伯地区划分为几个受协约国控制的利益带，这进一步证实了奥斯曼帝国的恐惧感。大约在同一时间，英国外交大臣亚瑟·贝尔福承诺他的政府支持"在巴勒斯坦建立一个犹太人的民族之家"（《贝尔福宣言》），而美国总统伍德罗·威尔逊则呼吁沿着民族分界线肢解奥斯曼帝国（作为"十四点"建议的一部分）。[46]

到签署停战协定时，奥斯曼帝国的阿拉伯省份——从美索不达米亚（英国人用以泛指之前奥斯曼帝国的摩苏尔、巴格达和巴士拉行省）到巴勒斯坦，从叙利亚以下至阿拉伯半岛——已经不复存在了。在东边，亚美尼亚在1918年5月宣布成立一个独立的民主共和国，库尔德人也要求建立自己的国家。伊斯坦布尔的新当政者原以为，威尔逊的自决原则无论如何也会应用到操土耳其语的安纳托利亚中心地带和东色雷斯，但事情的发展证实了某些战胜的协约国还有其他想法。

在停战协定的条款中，苏丹政府同意军队全体复员，并从高加索和阿拉伯撤出所有剩余的部队。协约国还保留可以任意占领安纳托利亚地区战略要点的权力，包括道路、电报局、铁路线和海峡。虽然首都伊斯坦布尔一开始并未被正式占领，但协约国的军舰在停战不到一个月就驶入了博斯普鲁斯海峡。[47]

奥斯曼帝国在停战协定上的签字人拉乌夫·奥尔贝后来回忆，当他意识到停战协定无法带来体面的和平时，他充满了一种背叛感："当时在我们国家，普遍认为英、法两国不仅会诚实履行书面协定，也会诚实履行口头承诺，我也怀有这样的信念。令人羞愧的是，我们的信仰和观念都是错误的！"[48] 在离他很远的靠近叙利亚边境的南方，拉乌夫的一位朋友、三十七岁的陆军准将穆斯塔法·凯末尔向政府发出了严厉的警告，反对仓促复员军队："这是我真诚和坦率的意见，如果我们不采取措施终止对停战协定的误解和虚伪的解释就复员自己的军队，并听任英国予取予求，我们就没有任何办法来给英国的贪欲踩刹车。"[49]

凯末尔当时正在巴勒斯坦前线，在那里指挥了对协约国的最后一次进攻。他很快回到伊斯坦布尔，看到1918年末这座城市正遭受着严重的海上封锁。煤和食物紧缺，悲伤的孤儿寡母和跛腿的退伍军人在街上游荡，残废的士兵在街角乞讨，数以万计的难民——逃离布尔什维克的俄国人，离开中东和欧洲的土耳其人——露宿街头。凯末尔发现身边到处都是非穆斯林居民，主要是希腊人和从大屠杀中幸免的亚美尼亚人，他们对奥斯曼的失败感到欢欣鼓舞，挥动着希腊和协约国的旗帜欢迎逼近伊斯坦布尔的协约国军舰。[50]

停战协定不仅标志着奥斯曼帝国退出了第一次世界大战，也在事实上意味着有史以来延续最久的帝国灭亡。奥斯曼家族从1299年开始统治这个帝国，14世纪时扩张到东南欧，16世纪时征服了阿拉伯的东部，此时奥斯曼苏丹还取得了哈里发的称号，成为伊斯兰先知穆罕默德政治和宗教上的继承人，伊斯兰世界的领袖。然而到了1922年11月17日，末代苏丹穆罕默德六世只能从伊斯坦布尔流亡，他的帝国则早已崩溃。奥斯曼帝国在长达半个多世纪的时间里被它的敌人谴责为一个腐朽的、压抑的历史陈迹，与哈布斯堡君主制一样都是"各民族的监狱"。大概在很多西方人看来，如今奥斯曼帝国在第一次世界大战中的失败，"解放"了那些据称是被其压迫了一个世纪的基督徒和阿拉伯人。[51]

　　到11月初，最后一个仍在作战的同盟国是德国。值得注意的是，尽管军事形势越来越绝望，但在保加利亚盟友崩溃后，西线的德国军队仍然把一条长达400公里的战线维持了近一个半月。尽管如此，已经很少有人还会对战争的结果有所怀疑。保加利亚的失败给了鲁登道夫一个可以结束战争并且不必为此承担责任的好借口。在9月29日保加利亚停战当天，鲁登道夫和兴登堡向德皇威廉二世提交了对军事形势及其政治后果的估计。"我已请求陛下把那些令我们陷于如此境地的政客纳入到政府之中。"鲁登道夫在10月1日对最高司令部的高级军官们这样说。他坦承德军的抵抗意志已被击垮，坚称"对军队已不能再寄予任何期望"。[52] 然而，鲁登道夫同样认为，德国"不可避免且迫在眉睫"的失败，应该归咎于国会中的左派政党代表而非军队的领导层。"我已经建议陛下把这些政客们纳入政府之中，要感谢他们让事情到了这步田地。现在我们来看着这些先生们搬进国家的各部，让他们来达成现在必需的和平，让他们来尝尝自己亲手做的肉汤。"[53] 除了最高司令部可以推卸责任以外，这种实行"上层革命"的建议还有一个好处：威尔逊总统更倾向于和一个在柏林的民主政府来缔结基于"十四点"原则的和平协定。[54]

　　威廉二世听从了最高司令部的建议，在9月30日公开宣布"那些对人民抱有信心的人应当广泛地分享政府的权力和义务"。[55] 他以这道诏令开始了充满讽刺意味的民主进程，其目的是缓和德国潜在的革命形势，就如同那场在俄国摧毁了沙皇政权的革命一样。

　　这场突如其来的改革的第一个成果，就是总理格奥尔格·冯·赫特林的下台——他是改革的激烈反对者——代之以五十一岁的马克西米利安·冯·巴登。这位王储是一个来自德国南部的自由主义知识分子，与他的前任不同，他的政府受到了政党的广泛支持。[56] 他的支持者包括进步人民党、国家自由党、天主教中央党，以及在议会中占有压倒性多数的社会民主党。在1917年7月，这些政党宣称他们愿意接受和平谈判，前提是不能向敌人割让领土，在政治、经济和金融领域不受侵犯。1918年军事命运的逆转给他们带来了权力，10月28日，国会正式修改了1871年宪法，德国终于由立宪君主制转为议会民主制。[57]

那时，新政府已经和华盛顿就停战的可能性进行了几周谈判。在鲁登道夫坚持必须"以可能的最快速度"结束敌对状态的催促之下，冯·巴登在被任命为总理的当天就开始了和威尔逊政府的接触，要求在"十四点"原则的基础上立即停战。[58]然而，意见的交换并非像冯·巴登和他的政府所希望的那样简单。起初，威尔逊10月8日的答复表示了谨慎乐观的态度，他试图澄清德国的现政府是否能够代表人民的意志，以及是否愿意接受"十四点"原则。但随着10月10日英国客轮"伦斯特"号在都柏林附近的爱尔兰海岸被德国U型潜艇击沉，威尔逊发出了第二条声明，强烈谴责德国正在继续进行"违法和不人道的"战争。他还提出，在他看来德国仍然是被"强权"所统治的国家——大概指的就是德皇和最高司令部。虽然柏林在10月20日暂停了潜艇战，并加快了德国宪法的民主化，但美国总统10月23日的第三条声明毫无疑问地表明，他认为柏林的改革是不彻底的。威尔逊坚称："美国只能和德国人民的真正代表合作……如果必须要面对德国的军事寡头和专制君主，那么我们要求的不是和平谈判，而是投降。"[59]

德国的最高司令部毫不客气地拒绝了威尔逊的声明，命令部队准备好"战至血腥的结束"以避免可耻的投降。但马克西米利安·冯·巴登已决定不惜一切代价结束战争。德皇威廉面对日益高涨的要求他退位以确保德国获得更好和平条款的呼声，现在准备支持他的新总理以对抗最高司令部。[60]10月26日早晨，兴登堡和鲁登道夫被传至柏林的贝尔维尤宫，威廉二世召见了他们。鲁登道夫被解职，兴登堡则因为政府担心他的离职会进一步打击军队的士气而奉命留任，但他在最高司令部已经靠边站了，实权掌握在新任命的军需总监威廉·格勒纳手里。[61]

然而，这些上层的变化来得太迟了。战争的颓势已如此明显，民众和军队的士气已经一落千丈。正如前一年的俄国，军事上的惨败和普遍的厌战为革命创造了条件，而并非像接下来几年民族主义者所声称的那样是革命导致了失败。和俄国一样，德国的革命是由物资匮乏、产业工人罢工和士兵的不满引发的。这场战争削弱了帝国政权及其在大战最后两年变为"幕后"军事独裁的合法性——这个政权既不能减轻平民百姓的苦难，也不能给战争带来胜利的结局。[62] 随着1918年秋的军事总崩溃，最后一丁点儿对帝国的支持也烟消云散了。军纪的涣散、专制统治的摇摇欲坠、来自协约国的外部压力（特别是威尔逊提出的"十四点"原则），再加上国内极端的厌战情绪以及来自俄国的榜样（德国的工人和士兵委员会出现于1918年末）——所有这些叠加在一起，形成了对现政权合法性的颠覆性危机。[63]

德国革命本身是由驻扎在本土的水手和士兵起义开始的。起义的导火线是1918年10月28日帝国海军最高司令部莱因哈特·舍尔海军上将发布的一道命令，要派出舰队与英国皇家海军进行最后的决战。"尽管不指望它能给整个局势进程带来决定性的逆转，"一份10月16日的海军部署文件指出，"但从道德的角度来看，在最后一战中尽到自己的最大努力，事关海军的荣誉和证明自己尚存。"[64]

恢复"荣誉"似乎对帝国海军最高司令部特别重要，这是因为德国的舰队及其昂贵的舰只在战争期间的表现很不成功，它过于弱小以至于无法在决战中击败英国皇家海军，也无法打破英国海军旨在让德国挨饿的封锁战。在1916年5月31日至6月1日的日德兰大海战后,德国海军的活动就仅限于潜艇战了。[65]现在战争临近尾声,失败已不可避免,将军们觉得发动一次惊人的行动——对他们的英国对手进行全力一击——是必要的,即便这意味着德国公海舰队的覆灭。[66]

但水兵们的意见完全不同,他们拒绝执行命令,一些停泊在威廉港的舰只叛变。海军司令部采取了严厉的对策,但只是激化了抗议行动。叛乱蔓延到了基尔,那里的船厂工人也加入了进来。对于那个“自杀式任务”的抗命,已经转变为明确的政治诉求,即要求不惜一切代价的和平,以及德皇的立即退位——这些要求听上去与1917年初彼得格勒的俄国抗议者们有着令人不安的相似。[67]

此时与协约国的谈判还在进行中,为了恢复秩序,总理冯·巴登派遣他的朋友、自由进步党的国会代表康拉德·豪斯曼,以及前制篮商、社会民主党的重要人物古斯塔夫·诺斯克前去进行调查,并要求他们使局势平静下来。他们到达基尔后,很快意识到这样的叛乱是很难遏制的。在车站,他们遇到了一大群重申诉求的示威者,诺斯克发表了讲话,承诺赦免参与叛乱的人,还宣布停战协定将在几天内签署。晚间,他向柏林的内阁报告当地的情况,称叛乱者要求立即停战、德皇退位——他们还选举他(诺斯克)成为该地区的长官。[68]

控制基尔叛乱的希望完全破灭了。几天之内,它就发展为一场成熟的革命,并波及不来梅、吕贝克、维斯马、库克斯、汉堡、提尔斯特尔等港口城市。[69]11月7日,革命向内陆转移,在慕尼黑,成千上万的人聚集到一场社会主义者的示威游行当中。次日上午,独立社会民主党人库尔特·艾斯纳宣布成立巴伐利亚社会主义共和国。起义的水手和士兵被称为革命的传教士,工人和士兵委员会也建立起来了。[70]萨克森王国的首府德累斯顿发生了数日大规模游行,国王退位了,韦廷家族在萨克森的统治就此结束。在柏林，拥护共和政体的前外交官哈利·凯斯勒伯爵记录道："每一列从汉堡开往柏林的火车都是赤色的，看来今晚将会有一场起义。"[71]

革命的第一批牺牲者是德国的王室家族，他们已经统治了德国各州很长时间。从年老的路德维希三世开始（他的维特尔斯巴赫家族已经统治了巴伐利亚一千多年），德国有22位国王、王储和大公被毫无阻力地废黜了。到11月9日中午，只剩下普鲁士国王、德国皇帝威廉二世一人在位。[72]

此时政府正设法应对革命，起码要使其不至于进一步激化。弗里德里希·埃伯特和菲利普·沙伊德曼为社会民主党（SPD）的联合主席，埃伯特对革命的惧怕并不亚于总理，但他的结论也是革命者的主要要求必须得到满足。11月7日，埃伯特警告冯·巴登："如果皇帝不退位，社会革命将不可避免。"当天晚些时候，政府收到最后通牒，要求皇帝和皇储必须在次日午前退位。然而，威廉二世却想逆流而动，他在11月8日晚和巴登亲王的通话中说，他打算回到柏林，在忠于他的军队支持下重新恢复秩序。[73]

但此刻威廉已经无法主宰自己的政治命运了。11月9日，格勒纳将军召集西线39名前线中级军官开会，表示如果皇帝决定向柏林进军，他们恕难从命。[74]同时在首都，独立社会民主党（USPD）已经呼吁要在次日进行大规模群众示威，多数社会民主党（MSPD）也加大了对巴登亲王的施压。中午，他在没有得到皇帝授权的情况下宣布威廉退位，然后邀请埃伯特接替总理职位。此时，柏林街头已有上万人集会示威，要求德皇退位并建立共和国。[75]

与埃伯特同为多数社会民主党主席的菲利普·沙伊德曼响应这些要求，当天下午在国会大厦的阳台上正式宣告了共和国的成立。尽管沙伊德曼主要是为了抢在更激进的社会主义者之前发布相似的声明，但他还是向狂喜的人群保证，新政府将由这两个德国的社会主义政党共同组成。他演讲的高潮部分把共和国的诞生比喻为凤凰涅槃："德国人民是战无不胜的，腐朽的旧政权已经完蛋，军国主义结束了！"[76]

11月9日晚，旧政权已经垮台，次日早晨皇帝流亡荷兰。柏林的议会选举了共和国临时政府。在革命的"人民委员会"的招牌下，这个委员会由六位委员组成：三位多数社会民主党人（埃伯特、沙伊德曼和奥托·兰斯贝格）和三位独立社会民主党人（胡戈·哈塞、威廉·迪特曼和埃米尔·巴特），埃伯特将领导政府。[77]

埃伯特的主要目标是尽快结束战争，让士兵回家，同时避免内战。1918年11月11日清晨，以中央党议员马蒂亚斯·埃茨贝格尔为首的德国代表团在贡比涅森林的一节火车车厢里签署了停战协定。[78]仅仅几个月前，德国还以为四年代价巨大的战争即将换来胜利，对于它来说，停战的条件的确令人难以接受：德国军队必须撤出在西线占领的所有土地；缴出大量的武器装备，包括公海舰队；阿尔萨斯—洛林将交还法国，法军还将占领莱茵河左岸。为了确保德国表现良好，英国将继续实施封锁，大批德国平民将陷于饥饿的威胁中。柏林的代表团提出警告，认为停战的条件将导致德国陷于混乱。尽管进行了抗议，埃茨贝格尔还是签署了协定。仅仅六个小时后，上午11时，停战协定开始生效，西线的枪炮声终于沉寂下来。[79]

第二部分　革命与反革命

当他们告诉我们战争已经结束时,我们笑了,因为我们就是战争。它的火焰在我们当中继续燃烧,它被炽热而可怖的毁灭之光环绕着,依然存在于我们的行动中。我们遵从内心的召唤,踏上战后的战场……

——弗里德里希·威廉·海因茨《爆炸》(1930)

我们被危险的规则和疯狂所包围……浓密的乌云聚集在我们上方,一个巨大的黑色深渊在我们面前打开。

——所罗门·格里高列维奇·古列维奇《斯摩棱斯克》(1917)

1789年的资产阶级革命——把革命和战争合二为一了——打开了资产阶级通往世界的大门……现在的革命,也是一场战争,看来是为大众打开了未来的大门……

——贝尼托·墨索里尼在博洛尼亚的演说,1918年5月19日

6

战争没有结束

1918年11月11日，西线战事结束后两天，苏俄红军就在拉脱维亚布尔什维克的支援下，沿着原沙俄帝国的西部边境开始大举进攻。其目标是抓住德国战败的机会，夺回在《布列斯特—立托夫斯克条约》中失去的领土。同时，在柏林、慕尼黑、维也纳和布达佩斯爆发的革命鼓励了列宁，他认为布尔什维克主义还有向西方输出的可能。当前的形势对他很有利：反叛和士气低落的德国士兵正从东欧的驻地返回德国，而新国家刚刚建立的军队还很弱小。红军不费吹灰之力就占领了独立不久的爱沙尼亚和拉脱维亚，于1919年1月3日夺回了里加，五天后推进到立陶宛，占领了维尔纽斯。[1]

列宁在新征服的土地上推进革命时没有浪费一点时间。当初，他是迫于同盟国的军事压力才签署了《布列斯特—立托夫斯克条约》，以便集中精力稳固俄国的社会主义革命成果。现在，德国及其盟友已被击败了，他可以回过头来重新推动在全世界实现布尔什维克革命的终极目标。布尔什维克支持下的拉脱维亚和立陶宛苏维埃共和国，以及更小的爱沙尼亚劳动人民公社——总部设在纳尔瓦，立刻开始推进激进的社会变革，包括征收中产阶级的财产和土地国有化，同时毫不留情地镇压因饥饿而反抗的群众。[2]

　　然而，这些波罗的海苏维埃共和国全都是短命的。几周之后，纳尔瓦的公社就被反革命的爱沙尼亚人民军打垮了，但要推翻拉脱维亚和立陶宛的苏维埃政权只有获得足够的外援才能办到。面对形势的快速发展，西方协约国试探性地要求德国的弗里德里希·埃伯特政府停止从波罗的海撤出军队，因为伦敦和巴黎在那里都没有什么可用的力量。就在1918年12月29日里加陷落前不久，拉脱维亚政府在英国的默许下，召集成立了一支波罗的海德意志人的反布尔什维克自卫武装"波罗的海防卫军"，由当地德意志民族志愿者和来自德国的援兵组成。留在波罗的海地区的德国第八集团军残部和来自德国的志愿者共同组建了"钢铁师团"，兵员超过1.6万人，有着相当可观的战斗力。"钢铁师团"的领导是充满魅力、勋章无数的约瑟夫·比朔夫将军，他有着漫长而又曲折的军旅生涯，包括直接参与了1904年至1906年在德属西南非洲对赫雷罗人和纳马人的种族灭绝，以及第一次世界大战的几乎每一条战线。[3]

　　为了说服更多的德国志愿者加入新的共和国，拉脱维亚政府宣布只要参加反抗布尔什维克四周时间，就可以获准在乡村定居下来。对于退伍军人来说，面临失业和德国战后不确定的暗淡未来，安置和拨给土地的承诺是个很有吸引力的招牌，而且和德国人长久以来东扩的梦想不谋而合。[4]当拉脱维亚政府于1919年1月9日在德国发布招募消息后，吸引了来自柏林及其他德国城市成千上万的志愿者。[5]

　　但是，生存空间和耕地的许诺，只是有那么多德国人自愿前往东方国家的原因之一。有的人是被波罗的海国家的法律和秩序业已崩溃所吸引，他们把自己比作近代早期的海盗或强盗，留着大胡子，靠山吃山，在不法横行的地区繁荣生长。有的人渴望延续他们的军人传统，尤其是在一场反对布尔什维克的战争中，认为在拉脱维亚的战斗可以提供一个基地，在那里可以作出洗刷战后失败和耻辱的最后努力。志愿者自称为"自由军团"并不是偶然的，这个名字创造于反抗拿破仑的"解放战争"期间（1813—1815），当时许多德国的志愿者深感普鲁士败于法国之耻，为最后击败拿破仑作出了重大贡献。

1919年2月，大批"自由军团"士兵在保护波罗的海地区和欧洲免遭布尔什维克化的名义下抵达目的地。"波罗的海防卫军"和"钢铁师团"被置于吕迪格·冯·德尔·戈尔茨将军的统一指挥下，他是一位前陆军将军，曾帮助芬兰的"白军"在1918年春季的内战中战胜左翼的敌人。德国军队——据戈尔茨称有3万到4万人——从2月中旬开始全力与红军作战。[6]戈尔茨在拉脱维亚的进攻，其最初的目标是占领库尔迪加、文茨皮尔斯、叶尔加瓦等德意志人的城镇，从而可以沿海岸线抵御布尔什维克的入侵。当然，他的主要目标是拿下拉脱维亚的首都和人口最多的城市里加。[7]

这几周的军事行动和之前四年中发生的战斗有着明显的不同，特别是这场冲突大体上没有界限分明的战线，也没有易于识别的士兵。[8]站在布尔什维克一边的有俄罗斯人、拉脱维亚人，甚至还有之前大战的德国战俘，他们经常穿着随意的制服或者化装成平民，这些都强化了德国军队的意识，即这是一场游击战争，必须和对手进行残酷的斗争和毫不留情的杀戮。作为德国志愿者之一的阿尔弗雷德·冯·萨姆森—希默尔斯特谢纳回忆道："没有人能活着离开。"[9]

在众多描写波罗的海战斗的自传书籍中，对大规模暴力的记载都显得十分醒目。鲁道夫·胡斯——未来奥斯维辛集中营的指挥官——1918年后曾在拉脱维亚当过志愿者："在波罗的海国家的战争比我以前经历过的更为残忍和邪恶，那里没有前线，到处都是敌人。敌人出现在哪里，哪里就会有一场屠杀，直到无人幸免。"[10]

胡斯的记述写于1947年他因在德占波兰犯下的罪行而被处决前，这当然需要认真的阅读，因为他解释了自己的兽性是怎样在一段战乱和野蛮的时期萌生的。毫无疑问，德军在波罗的海国家进行的战争极为暴力，并蓄意针对被怀疑是布尔什维克同情者的平民。仅在叶尔加瓦一地，"自由军团"士兵就处决了约500名平民，据称是因为他们协助和支持布尔什维克；在小镇图库姆斯和道加夫日瓦，又处决了325人。[11]虽然在过去四年中针对平民的暴行并不少见，尤其在东线战场，但在一场由身着制服的士兵进行的一般意义上的大规模战争中，这样的情形仍然是异常的。自1918年以后，军队针对"有嫌疑"平民的行为就不再受到传统军法和纪律的约束了。

四处劫掠的德国军队常常为自己不分青红皂白的暴行寻找理由，强调是敌人在他们身上施加了没有节制的暴行。一名德国志愿兵埃里克·巴拉生动地描述了他在1919年初占领一个拉脱维亚村庄后的经历。在搜索一处有两名拉脱维亚妇女的房屋时，巴拉和他的战友发现了"五具惨遭肢解的德国士兵的尸体，他们的眼睛、鼻子、舌头和下体都被割掉了"。[12]发现死者的恐惧很快就转为愤怒，"有两三个人不约而同地冲上楼去。可以隐约听到有枪托敲击声传来，两个女人都倒在地板上死了"。[13]

德国志愿军和拉脱维亚政府之间的同盟原本就不太牢靠，由于"自由军团"对拉脱维亚平民的暴行，这种关系变得更为紧张了。在主要的目标——赶走苏俄红军——已经在1919年3月底接近完成后，同盟就分崩离析了。拉脱维亚人民委员会已于1918年11月宣布从俄国独立。如果受过美式教育的委员会领导人卡尔利斯·乌尔马尼斯能够允许德国士兵在红军走后成为拉脱维亚的农夫，那么戈尔茨和他的士兵或许会另有打算。但当乌尔马尼斯政府要求德国军队撤离时，他们发动了叛变。1919年4月16日，"自由军团"士兵以一个傀儡政权取代了原政府，戈尔茨认为这个傀儡政权的首脑帕斯特·安德烈亚斯·尼德拉符合德国的利益。[14]政变刺激了西方协约国，要求德国立刻召回"自由军团"。柏林的埃伯特政府回应称，撤军将不可避免地导致布尔什维克主义在波罗的海国家的胜利，除非伦敦和巴黎政府能够派出自己的军队。[15]

1919年5月底，德国在波罗的海国家的战事以里加战役为终点画上了句号。这座城市在前几年已经遭受了巨大的损失。在战前，里加是俄国的第四大城市，是一个有着多元文化的波罗的海海滨城市，居民超过100万人，其中包括许多德意志人。[16]1915年，当俄军从西部"大撤退"时，由于强迫疏散军工厂的工人及其家属，里加已经损失了大量的人口。[17]1917年9月，德国人进入了这座城市，但随着1918年秋天的战败，他们又将其放弃。1919年1月，里加又被拉脱维亚和俄国的布尔什维克占领。在这几年的动荡中，里加减少了一半的人口。[18]

德国于1919年5月底向该城的进攻，情况也好不了多少。他们刚刚占领里加，就开始直接针对共产主义的支持者进行不分男女的猛烈报复，这些人据称在与德军的作战中都充当了狙击手。特别的仇恨留给了支持共产主义的"女步枪手"，她们在埃里克·巴拉——参加过这场战役的"自由军团"士兵——的回忆录中留下了鲜明的记述：

> ［在波罗的海的德国人］现在在里加的街道上肆意发泄他们的愤怒。承认这一点很可怕，那主要是针对十六至二十岁之间的年轻女人的。她们就是所谓的"女步枪手"，大多数都很漂亮……她

们晚上纵情声色，白天杀戮无数……德国人没有表现出任何怜悯，没有在意她们的青春魅力，无论她们表现出什么，德国人在殴打、枪决和刺杀时看到的都只是魔鬼的面孔。1919 年 5 月 22 日，400 名"女步枪手"倒在里加街头的血泊之中，德国志愿兵的钉靴无情地踏过她们的尸体前进。[19]

对妇女的暴力，包括杀戮和强奸，在这场冲突中十分普遍。它是如此常见，以至于成了最著名的战争小说之一——玛格丽特·尤瑟纳尔的《一弹解千愁》（1939）的重要主题。德裔拉脱维亚人、共产党员索菲·冯·雷瓦尔背叛了她从前的情人，也就是小说的叙述者，一位名叫埃里克·冯·洛蒙德的军官，之后她被抓住并送到他面前进行判决：

> 我掏出自己的枪，下意识地向前迈了一步……她什么也没说，漫不经心地开始解开衣领上的扣子，仿佛要我将枪口贴在她的心脏处。必须承认，我当时曾想到过这充满活力和热血的躯体……某种遗憾之情压得我喘不过气来：她本来是会在世上留下几个孩子的，而这些孩子定会秉承她的勇气和那双媚眼。我扭过头开了一枪，就像在圣诞节之夜胆小的儿童点燃鞭炮那样。第一枪把她的脸崩得血肉模糊……第二枪响过，一切都结束了。[20]

现实较之尤瑟纳尔的虚构有过之而无不及，暴力的受害者是不分男女的。在里加被占领后，大约有 3000 人在反布尔什维克恐怖中被杀害。[21]在这次失败之后，布尔什维克退出了波罗的海国家。德国军队得意忘形，打算入侵爱沙尼亚，对英国关于撤回"自由军团"的要求置若罔闻。然而正是在这一点上，德国入侵者的胜利变成了悲剧。6 月

23 日，在爱沙尼亚军队的支援下，拉脱维亚军队在温登战役中给予"自由军团"沉重打击，并在 7 月 3 日前的一系列战斗中把他们赶了回去。冯·德尔·戈尔茨被迫签订了《斯特拉斯杜摩萨条约》，带着残余部队撤出了里加，1919 年 4 月在政变中被赶下台的乌尔马尼斯重新就任首相。[22]

在德军撤退途中，由于对转胜为败的愤恨，以及受到德国政府决定于 1919 年 6 月底在《凡尔赛条约》上签字的刺激，"自由军团"开始哗变，拒绝返回德国。[23] 1.4 万名全副武装的士兵留在拉脱维亚，参加了脾气古怪的保尔·贝尔蒙特—阿瓦洛夫指挥的西线俄国白军。[24] 他们与贝尔蒙特—阿瓦洛夫的军队一道和拉脱维亚人打了几个月仗，失去了来自柏林的物资援助，他们越来越依赖当地的资源，从已经饿得半死的农民那里征收粮食。这使得拉脱维亚人的斗志更加坚决，最终成功地迫使德军撤退到立陶宛，在那里他们还要遭受进一步的失败。[25]

撤退的德国士兵认为，是他们把波罗的海国家人民从布尔什维克那里"解放"出来的，而现在却遭到了背叛，因此在撤退途中留下了一连串悲剧。农场和小木房被夷为平地，农夫惨遭杀害。正如一名德国志愿兵此后回忆道："我们的拳头带着毁灭的欲望砸了下去……是的，我们的成就即毁灭。"[26] 另一名志愿兵恩斯特·冯·萨洛蒙骄傲地回忆起撤退途中司空见惯的暴行：

我们向惊慌的人群开枪，我们疯狂了，射击并猎杀着。我们在田野上像追逐兔子一样猎杀拉脱维亚人，我们烧毁每一座房屋，破坏每一座桥梁和每一根电线杆。我们把许多尸体扔进喷泉池，在上面扔手榴弹。任何落入我们手里的人都会被屠杀；任何能点着的东西都会被烧掉……在我们的心中没有人类的感情……巨大的

> 烟柱是我们的路标，我们点燃了火刑柱，那里焚烧的是……法律和
> 文明世界的价值观。[27]

残存的"自由军团"总算在1919年底平安回到了德国。其中的一些人在地下极右组织里继续他们的暴力生涯，直接参与了1921年对《凡尔赛条约》签字者马蒂亚斯·埃茨贝格尔，1922年对德国外交部长、犹太人瓦尔特·拉特瑙的刺杀。[28]其余的人重返家园，从几年不间断的战争中获得喘息。然而，对于生活在东方的人们来说，暴行仍在持续，没有减少。

7

俄国内战

当1919年底德国"自由军团"从波罗的海撤退时,前俄罗斯帝国的土地上已经完全陷于混乱。这段通常被称为"俄国内战"的历史,实际上是由一系列交叉重叠和相互激化的战斗所组成的:列宁的布尔什维克政府与它的反革命对手之间迅速扩大的武装冲突;前俄罗斯帝国的西部边疆几个地区彻底摆脱彼得格勒统治的尝试;以及农民反对共产主义者不顾一切地征收粮食而引起的暴动。这三种不同但又相互关联的冲突,因外部势力的干涉而变得更为复杂:直到1918年11月战败前,同盟国还控制着前罗曼诺夫帝国西部的大片土地;1917年10月列宁决心让俄国退出战争后,西方协约国也立刻派出军队——到1919年末约有18万人——占领了许多交通要点,如摩尔曼斯克、阿尔汉格尔斯克、海参崴和敖德萨。尽管协约国最初的目的是阻止同盟国控制上述战略要地,但此后不久其干预的目标就包括了为"白军"这一反共产主义力量的松散联盟提供军事援助,以支持其武力对抗"红色"的布尔什维克军队。[1]

在革命后的旧帝俄土地上混杂的暴力群体中,形成了两大主要阵营：红军——最初由旧军队中的士兵和水手、武装工人和新近释放的前奥匈帝国战俘组成——和它的更为鱼龙混杂的"白军"对手。[2]至少在理论上，布尔什维克军队努力实践着马列著作中的无产阶级乌托邦，而其对手的政治观念则是形形色色的，共同点是都强烈反对布尔什维克，反对"红色革命"。[3]然而，反布尔什维克群体的基础却完全不同，从保皇党到民族主义者。孟什维克和社会革命党人也反对列宁的统治，他们厌恶布尔什维克革命，是因为那让他们变得无足轻重了。

这些群体之间相互抵触、缺乏信任，这使得他们无法在全国统一的军事指挥下展开连贯的行动，结果是各个领导人几乎是完全孤立的：亚历山大·高尔察克上将在东面；尼古拉·尤登尼奇将军和保尔·贝尔蒙特—阿瓦洛夫上校在西北面；安东·邓尼金在北高加索和顿河地区；彼得·弗兰格尔在克里米亚；还有一些军阀或哥萨克头领如格里高利·谢苗诺夫、罗曼·冯·恩琴—斯滕伯格在西伯利亚和南俄。[4]

由于农村的混乱和无政府状态，地方上又兴起了声势浩大的"绿色"农民自卫运动，从而使红军和白军之间的武装冲突变得更为复杂。乌克兰是内战中战斗最为残酷的地方之一，1917年刚从沙皇监狱中释放出来的无政府主义农民涅斯托尔·马克诺，召集了一支大部队，屡次同时对抗红军和白军。[5]

布尔什维克在1917年秋刚刚夺取彼得格勒、莫斯科和俄国各主要城市政权时，未曾料到内战会达到300万人丧命的规模和烈度。当然，他们也觉察到在国内有潜在的很大阻力，最初反对列宁的地方包括白俄罗斯西南的莫吉列夫（帝俄军队的总部）、东俄和南俄的哥萨克地区，以及大片被德国占领的西部地区——尤其是乌克兰和波罗的海地区——在那里，布尔什维克军队遭到了民族独立运动的强烈抵抗。[6]然而在最初，当托洛茨基派军队前去占领乌克兰首府基辅和哥萨克地区时，却只遇到了零星和十分松散的抵抗，这使得列宁称革命后的头一个月是布尔什维克主义的"胜利大游行"。[7]

在这段时间里，俄国退出战争显然给列宁带来了明显的好处。虽然《布列斯特—立托夫斯克条约》对于俄国来说可能显得有点屈辱和代价高昂，但它使得列宁的党——1917年底，布尔什维克改名为共产党——得以集中精力和资源与国内的敌人战斗，而不是继续那场不得人心的战争。1918年初，列宁把首都从彼得格勒迁往更为纵深的莫斯科，新的战争人民委员托洛茨基花大力气把红军组织成一支善战的队伍，招聘前沙俄军官进行训练，并征集越来越多的农民成为义务兵。[8]

这两人都知道，他们的敌人众多，而且越来越执意以暴力对抗布尔什维克专政。[9]布尔什维克却缺乏广泛的群众支持，并被许多真实的或想象出来的敌人所包围，于是他们迅速诉诸恐怖来镇压大范围的对手。白军（及其外国支持者）、不愿意服从布尔什维克专政的温和社会主义者与无政府主义者、资产阶级，以及意义更为模糊的"富农"、"掠夺者"、"投机倒把分子"、"囤积商"、"黑市商人"和"破坏分子"，从现在起都被宣布为"人民的敌人"。[10]

布尔什维克的主要恐怖工具是"全俄肃清反革命及怠工非常委员会"，更为著名的是它的俄文缩写"契卡"，由列宁于1917年12月20日创立，首任领导人是波兰出生的革命家费利克斯·捷尔任斯基。捷尔任斯基像许多为契卡工作的人一样，在沙皇的秘密警察组织"奥科瑞纳"的监狱和劳改营里度过了人生的大半时间。在被监禁期间他遭到了毒打，以至于下颌和嘴永久性毁容。在1917年"二月革命"获释后约十个月，捷尔任斯基和他的那些被意识形态驱使的契卡同事，开始仿效之前拘禁他们的那些人，为自己所受的虐待展开可怕的报复。[11]

列宁发布了大量经济国有化的法令，强制征用资源，并禁止任何有组织的反抗，新国家需要契卡这样的工具来监管群众和维持治安。布尔什维克担心革命可能会被内部的敌人推翻——并非是因为制造了恐怖，而是因为制造的恐怖还不够多——这几乎成了一种强迫症。[12]早在1918年1月，也就是夺取政权两个月后，列宁抱怨布尔什维克对他们的阶级敌人太宽松了。"如果说我们犯了什么罪，"他说，"那就是我们对于资产阶级帝国主义世界的代理人及其丑恶的背叛行为太仁慈、太宽松了。"[13]

1918年夏，当新政权受到威胁时，这种情绪得到了进一步增强。当时，俄国社会革命党在莫斯科和俄国中部地区组织了一次未遂的起义，发生了一系列针对布尔什维克领导人的暗杀。首先是8月17日，一个名叫列昂尼德·卡涅吉赛尔的军校生不满于布尔什维克残暴对待前沙皇军官，刺杀了彼得格勒契卡的头子莫伊谢伊·乌里茨基；刺客后来被处决。8月30日，支持社会革命党的前无政府主义者法尼娅·卡普兰，在列宁离开一个莫斯科工人集会时开枪行刺。两颗子弹命中列宁，差点要了他的命。卡普兰曾因参加1906年在基辅的恐怖行动，在沙皇政权下的西伯利亚劳改营待了十一年，这次因刺杀列宁于9月3日被处决。[14]

暗杀使得布尔什维克掀起了愈演愈烈的"红色恐怖"高潮。在卡普兰刺杀列宁后的一周之内，彼得格勒的契卡枪决了512名人质，其中很多人是前沙皇高官。在喀琅施塔得，布尔什维克一夜之间就处决了400人。[15]然而，认为使用恐怖手段仅仅是为了报复，或是认为它完全荒谬则是错误的，布尔什维克是在战略层面上实行恐怖。它在实现共产主义乌托邦的道路上可以一举两得：既可以对已知的阶级敌人施以"外科手术"，同时还可以威慑潜在的敌人。[16]

当"红色恐怖"加剧时，越来越多的人被招募到契卡的麾下。在接下来的几年内，它的人数有惊人的增长，从1918年年中的2000人增加到内战结束时的14万人，还有一支10万人的边防部队支持契卡镇压反革命活动。虽然契卡还不如它的后继者内务人民委员会那样组织完善和高效，但已经迅速建立起了遍及全国的分支网络，目标是任何在经济和政治上破坏布尔什维克专政的嫌疑人。[17]

在1918年春末夏初，布尔什维克有意把阶级斗争引向农村，暴力随之进一步升级了。当初俄国革命是由于战争带来的食物匮乏而引起的，这种匮乏持续几年后，布尔什维克政府在1918年5月采取了决定性的步骤，即实行普遍的食物配给制。贫农委员会负责从"富农"手里征集余粮。列宁公开呼吁为了面包进行"讨伐"，宣布要和那些"藏匿盈余粮食"的人进行"无情和恐怖的战斗"。[18]武装的征粮大队和小队由布尔什维克积极分子、工人、退伍士兵组成，到1920年差不多有30万人之多，企图强行推行新政策，但收效有限。[19]

列宁用枪杆子强行征粮，立刻导致了大规模暴力的升级。敢于抗拒的村民受到严厉的惩罚。征粮队以死亡相威胁，把家庭成员作为人质，课以高额罚金，还有抄家，那些私藏粮食的村子将被毫不犹豫地焚毁。[20]

拒绝合作会遭到残酷地镇压，例如当1918年8月奔萨地区的农民反抗征粮时，列宁命令他在当地的追随者"无情地镇压"那些抗命的首领：

> 为了整个革命的利益要求这样做，因为现在和富农的"最后决战"正在到处进行，必须树立一个榜样：1. 绞死（为了让人们看到，必须绞死）不下一百个出名的富农、有钱人和吸血鬼；2. 公布他们的姓名；3. 没收其全部粮食；4. 指定人质……按照这样的方式去

做……人们就会看见、颤抖、知道并且叫喊："他们正在执行绞刑，那些吸血鬼富农将会被绞死。"[21]

那些生活在农村的人自然会愤而反抗，抗争有许多形式，从故意藏匿部分粮食到公开的武装斗争都有。[22]布尔什维克的回击，只会让面临饥饿威胁的村民反抗更为强烈。渴望获得粮食养活家人，以及对布尔什维克企图剥夺他们生路的义愤，使得起义的农民经常采用极为骇人——或者说是富有象征意义的——的暴力形式来向对手传达明确的信息。有的布尔什维克委员试图从愤怒的农民那里征收粮食，他们被当众剖腹，塞满食物的肚子显然证明了他们是粮食盗窃者。旧时对于偷盗的刑罚和处决的方式又复活了，如分尸和断肢。农民们缺少枪支，经常用刀或是平时下地用的农具来杀死他们的犯人。在其他情况下，征粮队成员的额头会被刻上布尔什维克的镰刀和锤子符号，有的公开持无神论的布尔什维克会被强加上基督的印记——被打上十字架的烙印，或者被钉死在十字架上。[23]"在坦波夫省，"高尔基（他仍是列宁的支持者）看到，"共产主义者们被铁路道钉钉住左手和左脚，挂在离地一米多高的树上。[农民]则对这些被蓄意用奇怪方式钉死的人的痛苦熟视无睹。"[24]

布尔什维克以牙还牙，采用不加限制的办法来折磨、残害和杀死那些被视为列宁敌人的人。红军和契卡不断地拿出战争手段——包括对村庄进行空中轰炸和施放毒气——来对付自己人，据估计有25万人在这场"面包战争"中死去。[25]

就在列宁刚刚开始向农村输出恐怖时，布尔什维克政权遇到了内战中另一个角色的挑战：1918年捷克斯洛伐克军团的叛乱。这个军团最早是由在俄国劳动的捷克人和斯洛伐克人组成的，他们一心要和哈布斯堡君主政体作战。该军团在吸收了奥匈帝国军队大量的逃兵和战俘后，实力大为扩充——共有两个独立师共四万余人——并且训练有素，装备精良。[26]在《布列斯特—立夫斯托克条约》签订之后，他们中的大部分人试图借道西伯利亚港口海参崴离开俄国，想要乘船到法国加入协约国军队，继续为一个独立的捷克斯洛伐克而战。开始时，苏维埃政府已经同意他们离开俄国，但军团的士兵们必须沿着西伯利亚铁路横穿整个国家到达海参崴，因此他们愈发怀疑如果自己拒绝再和红军一道作战，布尔什维克可能把他们交到德奥一方手里。他们还与新近释放的匈牙利战俘发生了冲突，有大约三万名匈牙利人加入了红军。5月份，因为害怕苏俄当局会解除他们的武装，也许还受到了西方协约国的鼓励，军团沿着从伏尔加河到远东的铁路系统发动了一场叛乱。他们的策略简单而有效，在像俄国这样大的国家里，在军事上调动人员和物资主要依靠铁路，因此他们接管了火车，夺取了一座又一座车站。[27]

在莫斯科的布尔什维克领导人深感震惊，告诉当地的支持者要把所有这些捷克人从火车上带下来，让他们要么加入红军要么进劳动营。控制车里雅宾斯克火车站的捷克士兵截获了这份电报，以及两天后托洛茨基亲自下达的解除他们武装的命令，那些敢于抗拒的人将被"就地枪决"。[28]

军团没有向布尔什维克投降，决定继续战斗下去，他们很快适应了这种不断升级的动荡环境。一名捷克老兵回忆起他在军团的岁月时说："我们把俄国人从他们的藏身之地赶出来。命令是：没有赦免，不留俘虏……我们像野兽一样扑向他们，用刺刀和军刀像杀死小鹅一样切开脖子。"[29]虽然20世纪二三十年代在前军团士兵中到处宣扬布尔什维克的种种残酷手段，但毫无疑问，在他们的叛乱中也有普遍的暴行存在。有一些证据确凿的关于军团士兵进行公开处决的事实，特别是在抓到布尔什维克，或是加入红军的德国和匈牙利志愿者之后。例如，1918年6月他们在撤离俄国西南部城镇萨马拉时，曾经把大批被俘的红军士兵绞死或活活烧死。[30]

捷克斯洛伐克军团的叛乱刺激了其他原本零星的反布尔什维克运动，现在他们活跃起来，迅速夺取了对伏尔加中心地区和西伯利亚的控制，并在伏尔加河东岸的萨马拉建立了自己的政府。[31]它被称为"制宪会议成员委员会"，由社会革命党领导。由于他们曾在后来遭到列宁解散的制宪会议选举中胜出，所以他们认为自己是俄国的唯一合法政府。[32]

1918年夏，谣传反布尔什维克的军队正朝位于乌拉尔地区的红色据点叶卡捷琳堡推进，沙皇及其家人已在那里被关了几个月。列宁尚未对皇室的未来作出决定，尽管沙皇被放出并交到保皇军手里的可能性微乎其微，但继续保全尼古拉二世对于布尔什维克事业来说已经成了一种负担。[33]

1918年7月16日，叶卡捷琳堡的契卡副主席雅科夫·尤洛夫斯基得到了莫斯科的授权，次日清晨，他带着一群布尔什维克叫醒了沙皇一家及其贴身仆人。尼古拉、亚历山德拉、他们的五个孩子和四个仆人被带到一个空荡荡的地下室，尤洛夫斯基在一群武装人员的环绕下宣布对皇室成员执行死刑，然后掏出左轮手枪向沙皇开枪。其他人都遭到枪决或刺杀，无人幸免。行刑完毕后，刽子手们用酸液处理了尸体并加以焚烧，随后又用炸药彻底销毁。[34]

处决皇室成员在西方国家和白军中引起一片惊恐，却并未改善布尔什维克的处境。事实上，布尔什维克的控制力在1918年的夏天被削弱了。8月，"制宪会议成员委员会"的军队在捷克斯洛伐克军团的支援下，占领了距离莫斯科800公里的喀山。俄国的西部边疆仍在德国的控制之中，土耳其则声称拥有高加索地区，西方干涉军在摩尔曼斯克和阿尔汉格尔斯克登陆，东部和南部的大片土地被形形色色的反共武装和军阀盘踞着。布尔什维克的前途似乎难以确定。[35]

但布尔什维克重新占了上风。托洛茨基通过出色的后勤工作、革命宣传以及对胆怯行为的严厉惩罚，使稚嫩的红军重整旗鼓。1918年至1919年在阿尔汉格尔斯克的英国指挥官戈登·芬利森将军向伦敦总参谋部报告称，托洛茨基已经成功地把红军转变为一支很有战斗力的军队："似乎在大不列颠有这样一种印象，那就是布尔什维克军队都是一大群用棍棒、石头和左轮手枪装备起来的，张着嗜血的起泡的嘴巴到处狼奔豕突，只要用一排准确的射击就可以让他们掉头就跑、溃不成军。"与此相反，芬利森发现红军"装备精良，组织严密，训练有素……"总之，这是一支完全有能力和对手一战的军队。[36]他的估计被证明是正确的。布尔什维克的反攻阻止了敌人前进到伏尔加地区，喀山于1918年9月被收复，捷克斯洛伐克军团和"制宪会议成员委员会"的部队穿过乌拉尔山撤退了。[37]

然而在其他地方，反抗仍在继续，尤其是在北高加索地区。1918年在哥萨克的传统聚居区之一的顿河平原，在德国人的扶持下成立了一个反布尔什维克的政权。[38]再往南一点的库班哥萨克地区，一支更为危险的俄罗斯民族主义势力正开始成形：主要是由前沙皇军官指挥的"志愿军"。米哈伊尔·阿列克谢耶夫将军是其形式上的政治领袖，他曾在1915年至1917年担任尼古拉二世的参谋总长。前总司令科尼洛夫则是"志愿军"的军事领袖，直到他在试图从红军手里夺回库班的首府叶卡捷琳诺达尔时阵亡为止。他的继任者是另一位沙皇军官安东·邓尼金将军。在整个1918年夏季，由于在乌克兰的德军使北面的苏维埃红军无法南下，"志愿军"得以稳固了自己在库班的防线。[39]

在1918年的夏末秋初——内战已经进行了近一年——形势之复杂让人极为困惑。列宁的军队控制着东至乌拉尔山脉的俄国中部地区。不过，在西部和南部边疆的芬兰、波罗的海地区、波兰、白俄罗斯、乌克兰和高加索，民族独立运动、地方军阀和其他反布尔什维克的军队正和红军对峙着。在东方，协约国支持前帝俄黑海舰队司令高尔察克上将建立了一个反布尔什维克政府，并于1918年11月推翻了社会革命党的"制宪会议成员委员会"，由于协约国希望白卫运动能够更为统一，高尔察克被封为"最高执政"。他把首府设在位于西南西伯利亚的鄂木斯克，在那里，他可以向从伏尔加河到贝加尔湖所有的反布尔什维克军队发号施令。[40]

11月，同盟国的彻底失败使形势顿时逆转，特别是在俄国的西部边境，德奥军队的撤退为内战的各方势力留下了权力真空。在1919年至1920年的大部分时间里，这一地区陷入一种三方角逐之中，他们是布尔什维克、白军，以及为红、白双方都不容的民族独立运动。协约国的干涉使得这一情形变得更为复杂。[41]

不过，协约国对内战结果的影响是有限的，他们并未积极参与任何重要的战斗，大部分提供给白军的物资都因腐败和低效而被浪费了。不上前线的官吏穿着为前线士兵准备的制服，他们的妻女穿着英国的护士裙。当邓尼金的卡车和坦克在冰天雪地里抛锚时，防冻液正作为白酒的替代品在酒吧出售。[42]

如果说干涉达到了什么目的，那就是使列宁和布尔什维克更加坚信，他们被国际上沆瀣一气的颠覆阴谋所威胁，这场对付内外敌人的战争可以采取一切手段去夺得胜利。自1917年"二月革命"以来，协约国的干涉还强化了一种用1789年法国大革命来进行类比的观念。如果说前临时政府的首脑克伦斯基曾被法国赞赏为俄国的丹东，因为他将国内的革命力量引向对德国的战争，那么布尔什维克就把自己比作更为激进的雅各宾派，把哥萨克地区比作法国大革命时保皇党叛乱的中心旺代。[43]

在1917年10月前，列宁就曾多次提到雅各宾主义的历史启迪。1917年7月，作为对批评人士把布尔什维克指责为当代"雅各宾派"的回应，他写道：

> 资产阶级历史学家视雅各宾主义为堕落，无产阶级历史学家则把雅各宾主义看作被压迫阶级进行解放斗争的最高峰……很自然，资产阶级是仇恨雅各宾主义的，小资产阶级是害怕它的。有阶级觉悟的工人和劳动群众普遍相信，把权力交给革命和被压迫阶级是摆脱当前危机的唯一途径，也是对经济混乱和战争的唯一补救措施，这正是雅各宾主义的本质。[44]

对历史经验的吸取，意味着列宁和布尔什维克不会让第二个"热月"发生——在这场1794年7月27日发生的政变中，马克西米利安·罗伯斯庇尔和他的公安委员会被推翻，雅各宾派的统治结束，取而代之的先是保守党人，之后是拿破仑。为防止这种情况在俄国重演，就需要更多的——而不是更少的——恐怖。[45]

在这样的逻辑之下，再加上粮食进一步短缺，内战变得越来越残酷而漫长。战争的命运不断改变，地方政权多次易手，以牙还牙的暴力无休无止，无论是白军还是红军都对自己的部队毫无约束。[46]相反，地方军阀和将军们还经常鼓励暴力的升级，比如那个臭名昭著的白军将领罗曼·冯·恩琴—斯滕伯格男爵。他1882年出生在来自塔林的一个古老的波罗的海德裔家族，其性格勇敢而鲁莽，反复无常，第一次世界大战期间俄国入侵东普鲁士时，他成为哥萨克军团的一名军官之后而名声大噪。[47]

恩琴—斯滕伯格狂热地反对布尔什维克和犹太人，在内战期间，他加入了西伯利亚的白军，采用各种骇人听闻的野蛮手段（包括活剥人皮）杀害布尔什维克的政委和"可疑"的平民。[48] 1920年2月高尔察克被红军击败并处决后，恩琴—斯滕伯格在形式上听命于哥萨克首领格里高利·谢苗诺夫，但在实际行动中他依然保持着独立性。他的麾下是一个主要由非俄罗斯裔的少数民族组成的骑兵师，包括鞑靼人、蒙古人、中国人和日本人。1920年夏，他穿过边境进入蒙古，并于1921年2月占领了当时属于中国的库伦（乌兰巴托）。虽然恩琴—斯滕伯格起初重新推行蒙古自治颇受当地人欢迎，但不久就因太过野蛮而招致憎恨。[49]

恩琴—斯滕伯格手下的一名军官回忆道，征服库伦时发生了前所未有的暴行，特别是他们"攻击犹太人并将其折磨致死。女人受到的羞辱是可怕的：我看到一名军官拿着剃刀片走进一所房子，建议一个女孩在他的手下折磨她之前自杀。女孩流着眼泪向他表示感谢，然后割开了自己的喉咙……噩梦持续了三天三夜"。[50]

恩琴在库伦的残暴统治是短暂的。1921年秋，面对进逼的布尔什维克军队，他下令向蒙古西部撤退，对他失去信心的军官叛变了。这位"白色男爵"被自己人抓了起来交给红军，在新西伯利亚经过审讯后立即被行刑队枪决。[51]

尽管恩琴极为野蛮，但他的观念和行为却不是独一无二的。特别是针对犹太人的屠杀，是许多内战波及的地方共同的特征，尤其是在西部边疆的城镇和犹太人村庄。[52]有煽动称，共产党领导人中有很多犹太人的代表，于是反布尔什维克运动很快就诬蔑"十月革命"是犹太人阴谋的结果。[53]例如海军上将高尔察克就给他的部队下发了以"犹太人杀死了沙皇"为题的手册,这一诱导呼应和增强了传统基督徒内心反犹主义的完整叙事:犹太人应对耶稣的死负责,他们残忍背叛的传统可以从现在追溯到几个世纪前。[54]

为了对付布尔什维克对新兵的动人许诺("土地、面包、解放"),在革命的心脏地带有一个犹太阴谋的说法,成了白军精心策划的反布尔什维克宣传的中心内容。[55]反犹太—布尔什维克的标牌,至少给了白军一种普遍的认同感,这迅速引发了前罗曼诺夫帝国疆域上的反犹暴力狂潮。在考纳斯和其他立陶宛城镇,以及拉脱维亚,犹太人都遭到了反革命势力的攻击,他们把犹太人和短暂存在于里加的布尔什维克专政联系到了一起。[56]在俄国西部和乌克兰,情况更为糟糕,犹太人成为反布尔什维克主义的主要受害者之一。仅在1918年6月至12月间就有10万名犹太人被邓尼金的志愿军及其他部队杀害。乌克兰和波兰的民族主义势力,还有各种各样的农民军,受到犹太人资敌或囤积粮食的谣言蛊惑,也参与到对犹太人的屠杀中来。屠杀经常发生在饮酒后,从1918年底到1920年,该地区约有一千多起这样的屠杀记录在案。[57]加里西亚的首府伦贝格(利沃夫)原来是奥匈帝国的第四大城市,现在波兰和乌克兰的民族主义者都声称他们的新国家拥有其主权,1918年11月下旬,当波兰军队把乌克兰人赶走时发生了可怕的大屠杀。波兰军队借口搜索掩护乌克兰军队撤离的狙击手,封锁了这座城市的犹太街区,之后派遣武装小分队进入了街区。士兵们在穿越街区时杀死役龄男子,暴力迅速升级,在持续三天的大屠杀中,这一街区73%的居民被杀,数百人受伤,商店被洗劫一空,建筑燃起了大火。[58]

可以肯定的是,乌克兰也没有更好地对待犹太人——而是恰恰相反。例如在1919年2月,为了建立乌克兰共和国而战的哥萨克,在普罗斯库罗夫进行了一场罄竹难书的大屠杀，2000多名犹太人被杀。在一场对布尔什维克战役的胜利后，根据哥萨克的指挥官塞莫森科手下一位军官的记载，塞莫森科曾宣称："乌克兰人民和哥萨克最坏的敌人是犹太人，他们必须被彻底清除，这样才可以拯救乌克兰和救赎他们自己。"[59]

次日，塞莫森科的手下袭击了当地的犹太人：

> 他们不仅用马刀，还用刺刀，只有在少数受害者试图逃跑时才开枪……有八个人来到克洛察克家，开始把所有的窗玻璃打碎。五个人进了屋子，三个人留在外面。进入房间的人抓住老克洛察克的胡子，把他拖到厨房的窗户前扔了出去，外面那三个人杀死了他。然后，他们杀死了老夫人和她的两个女儿。一个正来到屋里的女孩被抓住长发拖到另一个房间，从那里的窗户被扔到街上，在那里被杀死了。之后，哥萨克重新回到屋里，把一个十三岁男孩打伤了好几处，导致他变成了聋子。他的哥哥腹部和体侧受了九处伤，倒在他旁边母亲的尸体上。[60]

大屠杀只是在当地的一位基辅政府代表介入后才停止下来，但几天后在附近的小镇费希丁又发生了屠杀，目击者称有100人被杀。一位餐馆老板约瑟夫·奥普特曼回忆说："几乎所有的女孩都被强奸，然后被杀死——用的是马刀。街上血流成河……在莫尼克·布伦曼的家里有一位加里西亚的犹太人和他的妻子，他们被带到屋子外面，女人被剥光衣服强迫跳舞，然后四个强盗在她丈夫面前强奸了她，并逼他观看；然后两人都被砍成了碎块……"[61]

随着时间的推移，所谓布尔什维克和犹太人的密不可分，成了一种自我实现的预言。列宁有关解放的讲话，以及布尔什维克对反犹主义和大屠杀的谴责，显示了他们对于民族和宗教的"色盲"，这自然吸引了很多犹太人，同样还有其他生活在帝国中的少数民族，如格鲁吉亚人、亚美尼亚人、拉脱维亚人和波兰人。[62]在所有人群中，响应布尔什维克号召的犹太人占比是最高的，有大量的人员加入了红军、契卡和党。[63]但这并未杜绝有红军部队偶然会参与到对犹太人的屠杀中来。[64]

犹太人是内战受害者中特别突出的群体，但冲突影响的是所有人，不分男女、老幼和社会团体，由此推动了一场为生存而战的原始斗争和不断循环永无休止的暴力复仇。到1919年春，无论红军还是白军都无法取得决定性的胜利，[65]直到春夏之交，这一僵局才被暂时打破，白军发动了一场重大的攻势，以期能把他们分散各处的部队联合起来。在北方，3月初，高尔察克的军队开始从西伯利亚向阿尔汉格尔斯克前进，然后向乌拉尔山发动了第二次进攻。同时在南方，邓尼金的"南俄罗斯武装力量"向莫斯科发动了夏季攻势。4月中旬，高尔察克已经成功地联系上了一支在阿尔汉格尔斯克被围困的前卫部队，其他部队则从布尔什维克手里夺回了30万平方公里的土地。然而，高尔察克并未打破红军的顽强抵抗而取得决定性胜利，到了夏天，他的军队被赶回乌拉尔。在沿着西伯利亚铁路向东撤退的漫漫路途中，高尔察克的军队因寒冷、斑疹伤寒和不断袭扰的游击队而大量减员。[66]他的部下面对军事上的转胜为败和撤退途中的恶劣条件，变得愈发暴力。在向东撤退时，高尔察克命令枪决、绞死和活埋俘虏，仅在叶卡捷琳堡一地就处决了约2.5万人。[67]然而，在北方这些垂死挣扎的暴行，并不能改变高尔察克及其军队注定失败的事实。1919年11月，高尔察克的首府鄂木斯克陷落。他本人向东逃到伊尔库斯克，最终在那里被捕，审讯后被枪决。[68]

南方白军的情况也好不到哪里去。1919年夏秋，由志愿军和强大的哥萨克部队组成的邓尼金的"南俄罗斯武装力量"，已经推进到距离莫斯科只有400公里的奥廖尔，却被红军击退了。对奥廖尔的进攻失败后，在1919年11月至1920年1月间，邓尼金的部队就因志愿军和哥萨克的矛盾而溃退了。[69]

1920年初，红军即将取得胜利已经越来越明朗。当志愿军的残余来到克里米亚半岛的临时避难所时，邓尼金被彼得·弗兰格尔将军取代，他是一位出身于波罗的海德裔家族的前沙皇职业军官，在第一次世界大战期间曾指挥过多支骑兵部队。[70]白军的克里米亚避难所是易守难攻的，陆上仅有的通路是狭窄的皮里柯普地峡，但白军愈发虚弱，缺少足够的军事资源，国际上的支持也越来越少。英国认为白军的失败已经不可避免，拒绝提供进一步的援助。法国曾于1918年12月同希腊和波兰一起派遣军队在黑海港口敖德萨和塞瓦斯托波尔登陆，但在次年4月就因哗变的危险而撤走了，之后再也没有干涉的兴趣了。相反，1919年至1921年的苏波战争即将结束，红军得以在南线增兵。在1921年底，红军最终摧垮了在克里米亚的最后顽抗。[71]

弗兰格尔的失败实际上终结了俄国的内战，部分地区的农民抵抗一直持续到1922年。红军胜利的原因是多方面的，但其中最重要的是，在许多人看来，选择布尔什维克是两害相权取其轻，因为他们提出了一个更为令人信服和连贯的愿景，而那些白军除了推翻布尔什维克外在政治上几乎没有任何共识。可以肯定的是，红军在维持纪律和开小差方面也存在巨大的问题，但他们始终控制着彼得格勒和莫斯科这些俄国战时经济的核心地带，而他们的鱼龙混杂的对手们则散落在四周的边缘地带，所处的空间与政见一样相互隔绝。[72]

不论布尔什维克胜利的决定性原因是什么，列宁胜利的代价是惊人的高昂。经过两次革命和七年不间断的武装冲突，1921年的俄国已是一片废墟。除了第一次世界大战造成的约170万人死亡，超过300万人在内战中丧生，仅仅1921年至1922年因连年战乱和干旱引起的大饥荒就造成了200万人饿死。[73]总的来说，由于内战、驱逐、移民和饥荒，到1922年苏联正式成立时，其领土上的总人口数从1917年的1.42亿减为1.32亿，下降了约1000万。[74]

对于那些幸存的人来说，未来似乎是暗淡的，因为俄国的经济在第一次世界大战和内战期间几乎崩溃了。到1920年，工业生产较之1914年下降了约80%，战前的耕地仅剩60%没有抛荒。1921年，为了结束农民的反抗，使这个饱受战争创伤的国家重新站起来，列宁提出了"新经济政策"，但它对大多数人来说都来得太晚了。[75]在城市，粮食的严重短缺引起了大范围的饥饿。饥饿无所不在，老人和儿童尤其遭殃。知识分子也同样脆弱，他们不稳定的收入受到通货膨胀的影响而更不值钱。1923年的一份美国救济总署的报告认为，整个俄国知识界都快被饿死了：

> 死亡比活着更为显而易见。著名的语言学家费奥多·巴蒂尤什科夫在我眼前死去，他是被肮脏的无法下咽的白菜毒死的。另一个死于饥饿的是历史和文学教授S.本格罗夫，他带给俄国人民的是全本的莎士比亚、席勒和普希金……同一时期在莫斯科的哲学家V. V.罗萨诺夫也没能熬过饥饿，他在临死前最后一次上街徘徊是为了寻找烟蒂，只求能稍稍安抚他的饥饿感……[76]

内战结束后，俄国被彻底摧毁了。数以百万计的男人和女人死于战争和饥荒，估计有700万名孤儿无家可归，靠乞讨和卖身来生存。[77]

俄国陷入普遍绝望的程度，可以从大量的难民看出来，到1922年共有250万人离开了前帝俄领土。[78]第一次世界大战总共导致770万人流离失所，内战又掀起了新一轮的难民潮，特别是在（但不仅限于）东欧，大批难民离开被战火摧毁的家园去寻找更安定和更好的生活。[79]到1921年7月，共有55万名俄国人逃到了波兰。[80]另有5.5万人——包括以赛亚·伯林的家庭，他是20世纪的主流政治思想家之一——逃到了波罗的海诸国，不久又继续向西迁移。[81]

对于俄国难民来说，欧洲理想的目的地有伦敦、布拉格和尼斯，[82]但去的最多的是德国，其中包括难民社团的政治领袖。尽管德国刚刚输掉了战争，但比起其他大多数中欧国家来说，经济前景还是要更好些。到1920年秋，去德国的人数达到了56万。柏林——尤其是舍恩贝格、维尔默斯多夫和夏洛滕堡（由此得到了一个昵称"夏洛滕格勒"）这几个地区——成为安置俄国难民社团的中心区域，到1922年，他们在德国首都创办了大约72家俄文出版社。[83]

在大多数西部地区的难民设法去西欧时，中国东北的哈尔滨成为从西伯利亚离境的难民的主要聚集地。他们还建起了剧院和一所音乐学校，在那里诞生了未来的好莱坞明星尤尔·伯连纳。[84]此外，有12万到15万名在克里米亚战役中幸存的白俄分子及其家人被集中在伊斯坦布尔和加里波利附近的难民营里。[85]许多难民营人满为患，协约国只好让数千名羸弱的俄国难民羁留在马尔马拉海上的船只上。"'弗拉基米尔'号限载600人，但现在船上有7000人！"一位在伊斯坦布尔的国际红十字会成员报告说，"他们中的大多数人生活在露天甲板上，其他人住在货舱里，那里令人感到窒息。"[86]

国际联盟在看到这场人间悲剧的规模后，终于在1921年成立了一个难民特派使团，由富有传奇色彩的挪威探险家弗里乔夫·南森率领。

南森之所以有资格担任这一职务，和他在19世纪90年代中期所进行的广为人知的极地探险没有多大关系，主要是因为他在1918年后所做的遣返战俘的工作。他最有历史意义的成就，是在1922年创建了一种应对俄国难民危机的法律文件——南森护照，这使得失去国籍的人可以在国际联盟和特派使团的庇护下在海外迁徙和居住。[87]

尽管由于环境和运气，这200多万来自俄国的战争难民未来的命运天差地别，但他们中的许多人——自然而然地——因坚定的反布尔什维克观点而团结在一起。特别是柏林，成了一个俄国反布尔什维克流亡者进行宣传的温床。在从波罗的海国家来的德意志难民的协助下，俄国流亡者不遗余力地散布列宁及布尔什维克运动的恐怖故事，给德国新兴的极右翼势力注入了新的能量且影响深远。[88]

布尔什维克革命和随后席卷全国的内战，无论它是那些渴望以暴力进行社会经济和政治变革的人的航标灯，还是一幅政治化的群众即将夺取权力的噩梦般的景象，其结果是把相互作用的革命与反革命运动迅速传播开来。[89]马克思和恩格斯在1848年春所著的《共产党宣言》中那个"共产主义的幽灵"，在1917年的欧洲给所有人都带去了强烈的感受。1914年以前，马克思主义革命的暴力被局限在以个人暗杀来反对君主这样极左的地下活动，布尔什维克革命改变了这一切。这是自1789年以来，革命运动第一次接管了一个国家。

西方的保守派和自由主义政治家，甚至也包括社会民主党，都对发生在俄国的恐怖事件作出了反应，但很显然，报纸的报道集中在红色恐怖，而对白军犯下的暴行则视而不见。许多故事当然是从俄国难民那里听来的，他们失去了一切，因此形容布尔什维克的统治时极尽凄惨之能事。他们发现，在中欧和西欧有的是好听众——在1918年秋，保守党派经历了短暂的震惊和沉默之后——那儿的反共运动正蓄势待发，政治家和商人都担心俄国的革命会在自己的国家得到复制。[90]

在1918年接近尾声时，英国军需大臣温斯顿·丘吉尔在邓迪的一次竞选演说时告诉他的选民，在东方，被击败的邪恶的匈奴被一种新的道德沦丧的力量所取代，这个幽灵正威胁着自由世界的价值观。"俄国，"他宣称，"正由于布尔什维克而迅速沦为野蛮的动物世界……文明在广袤的区域被完全扑灭了，布尔什维克们就像成群的凶猛的狒狒，在城市的废墟和死难者的尸体上手舞足蹈。"[91]

1918年底之前，很少有西方的外交官和新闻记者留在俄国以核实谣言、厘清事实。尽管内战的事实不需要任何点缀就已经十分可怕，但各种有关列宁政权的幻想出来的故事还是在西方大行其道：社会秩序被颠倒了，以牙还牙的暴力循环没有尽头，欧洲在第一次世界大战时的道德沦丧又一次重现。有几家美国的报纸报道说，布尔什维克引入了一种电动切纸机，可以在一个小时内切下500名犯人的头。英国的各种出版物充斥着世界末日般的目击者报告，强调布尔什维克显然干得出那些无法无天的暴行，大致意思是：布尔什维克把中产和上层阶级的妇女都实行了"国有化"，可由无产阶级成员任意强奸，东正教堂变成了妓院，贵族妇女被迫向工人提供性服务。中国刽子手因其掌握的东方古老酷刑的知识而被布尔什维克招募，在臭名昭著的契卡监狱里，犯人的头被塞进装满饥饿老鼠的笼子进行逼供。[92]

此外，国际新闻报道了1918年秋沙皇及其家族被杀害的消息，唤起了1793年路易十六和王后玛丽·安托瓦内特被处决后法国大革命进一步升级的令人不快的回忆。自然而然的，基于这些从俄国传来的报道的性质，西方媒体竞相把布尔什维克领袖及其支持者描绘成阴险的模样。《纽约时报》称列宁及其追随者为"人渣"。在伦敦，保守党的《早报》称布尔什维克政权是"被释放的罪犯、疯狂的理想主义者、犹太国际主义者、所有思想古怪的人和大部分骗子,联手进行的一场激动和无理性的狂欢"。[93]德国的一家报纸发表长篇文章,称布尔什维克对一切被认为是"中产阶级"的东西都施以"无限制的暴行"。1918年7月德国大使威廉·冯·米尔巴赫伯爵在莫斯科的住所被社会革命党人雅科夫·布朗金刺杀后,报纸对俄国形势的批评变得更为尖锐。[94]世界末日突然有了一个新名字——"俄国状况",这是一个术语,通常用于描述和西方道德价值观完全颠倒的情况。右翼政治海报开始把布尔什维克塑造成一个牙齿间咬着流血匕首的鬼魂或骷髅,这张海报的各个版本不仅在法国和德国出现,还包括波兰和匈牙利。[95]

与18世纪后期欧洲惊恐的上层统治者惧怕雅各宾派的"末日"战争一样,1917年后许多欧洲人认为布尔什维克主义会"传染"到旧世界的其他地方,为了对抗这种假想的危险,由此引起了激烈的动员和行动。这种在欧洲被视为无处不在的危险的特征,就是它对现有秩序的威胁所具有的无面向的性质:从践踏资产阶级财产观念的无名群众,到犹太—布尔什维克的世界阴谋。这些抽象的恐惧在真实或虚构的有关布尔什维克暴行的刺激下,在西欧广泛地流传。当担忧布尔什维克主义西传的人们听到列宁或托洛茨基关于世界革命的演说,欧洲各国共产党成立的新闻,或是那些因布尔什维克而引发的暴动和内战时,他们的恐惧就得到了证实。[96]

第一次也是最为直接的"传染"——大体上是这样认为的——是在1918年的芬兰。因其地位是沙俄的一个自治大公国,故而没有参加第一次世界大战,只有大约1500名芬兰人作为志愿者在1914年至1918年间参加了德国或俄国一方作战。[97]尽管没有经过"残酷"的大战,芬兰却经历了20世纪相对而言最为血腥的内战:超过3.6万人(总人口的1%)死于三个月多一点的冲突及其余波之中。内战的前奏是1917

年11月中旬，受毗邻的俄国革命影响，芬兰的工会联合社会民主党和奥托·库西宁领导的芬兰布尔什维克，号召实行总罢工，武装赤卫队和芬兰独立的支持者在罢工期间发生了冲突。[98]

12月初，佩尔·埃温德·斯文胡伍德的中右翼政府宣布脱离革命后的俄国，仅仅过了七个星期，1918年1月27日，赤卫队就在彼得格勒的支援下推翻了赫尔辛基政府。斯文胡伍德乘坐一条破冰船渡过波罗的海逃走了，芬兰成立了新政府——人民代表委员会。这场暴动的剧本似乎与几个月前彼得格勒的布尔什维克革命如出一辙，尽管芬兰内战的双方自称"红军"和"白军"，但像同时代的人那样把这两次冲突混为一谈是错误的。事实上，这两场内战是非常不同的，经常被人指责的"俄国干涉"实际上是相当边缘化的，红军中只有不超过5%—10%的人是俄国志愿者。最重要的是，芬兰的红军并非布尔什维克，至少大多数人不是。即便说是受布尔什维克鼓动的赤卫队发动了赫尔辛基政变从而引发了内战，但较为温和的芬兰社会民主党人几乎立刻获得了对革命运动的控制权，在芬兰南部的城镇和工业中心暂时夺取了政权。[99]

同时，他们的对手——由保守党占主导地位的参议院——控制了国家中部和北部的乡村地区。1918年初，在德国军队的积极支持下，白军的总司令、前俄国将军卡尔·曼纳海姆在坦佩雷、维堡、赫尔辛基和拉赫蒂的决战中击败了对手。任何进一步的抵抗都遭到了极端暴力的镇压，这是一场典型的连当地同一社区的人们都在自相残杀的内战。例如在3月，曼纳海姆的反革命军队占领革命芬兰南方的"红色首都"坦佩雷后，立刻逮捕并处决了超过一万名红军士兵，其他人则在临时战俘营中因营养不良而死去。[100]

尽管芬兰的内战以白军的胜利告终，但西方观察家们的担心仍然存在。大体看来，"布尔什维克主义"并非俄国所特有，它显然正在向西方传播——这一印象在1918年至1919年中欧地区发生革命后得到了加强。同时代的人经常把布尔什维克革命感知或描绘为一个化脓的伤口，或是一种有传染性的疾病，这一观念在布尔什维克主义向西传播并于1919年春进入中欧的心脏地带后变得更为突出了。

8

民主的大胜

1918年11月10日，民主的德国诞生的次日，自由主义的报纸《柏林日报》总编西奥多·沃尔夫发表评论，热情讴歌了前一天导致德皇威廉二世退位的事件：

> 就像突然而来的暴风那样，这场最伟大的革命把帝国的政权连同它的一切机构掀了个底朝天。它可以被称为有史以来最伟大的革命，因为从未有过如此固若金汤的巴士底狱被一举拿下的……昨天上午，至少是在柏林，一切都还好好的。到了下午，一切都消失了。[1]

当然，不是每个人都有沃尔夫那样的热情，对于1918年11月在德国发生的事情，人们的反应往往是截然相反的。绝大多数在战争中幸存下来的德国士兵，一回到祖国就解甲归田了。其他一些人，特别是水兵和战争期间在后方服役的士兵，积极参加了推翻德国君主政体的革命。许多第一次世界大战的退伍士兵成为和平主义者，坚定地不希望任何人重复他们过去四年的经历。[2]

在战争极为艰难的最后几周一直保持着纪律的前线士兵和军官们，对革命的态度尤为敌视。当时二十九岁的阿道夫·希特勒也许是第一次世界大战中最著名的士兵了，他最初的反应体现了前线士兵们的特点。在战争的最后几个星期，他因毒气丧失了意识并暂时失明，到1918年11月12日醒来时，他躺在普鲁士小镇帕瑟瓦尔克军队医院的病床上，发现周围的世界已经变得不认识了。那个曾无比强大的德意志帝国军队——他曾在其中当过传令兵——已经溃败，德皇在革命风暴下退位，祖国奥匈帝国不复存在。在听到同盟国战败的消息时，他经历了一场崩溃："我扑倒在自己的床上，把我炽热的脑袋埋进枕头和被子里。我从站在母亲墓前的那一天起就没有哭过，现在我无法自已了。"1918年的耻辱在希特勒的余生中始终铭刻在心，直到柏林地堡的暴力终结为止。甚至在1945年4月他的最后命令中，他还在坚持绝不重现1918年第一次世界大战"懦弱"的投降，德国和它的人民将在任何退却或投降可能发生前来个玉石俱焚。[3]

在战争的后方也存在深刻的分歧，特别是在政党政治方面。海德堡的中世纪史学家卡尔·汉佩从一位中产阶级知识分子的角度描绘了11月9日的革命，对他来说，1871年俾斯麦建立的民族国家是德国国家历史的高点，11月9日则标志着他"人生中最悲惨的一天！皇帝和德国怎么了？对外，我们面临割地赔款；对内，我们面临着内战、饥饿、混乱……"[4]主要的保守党政治家埃拉德·冯·奥尔登堡—亚努西奥（在1933年的政治事件中，他扮演了一个不幸的角色，劝说他的老朋友保罗·冯·兴登堡任命希特勒为总理）说出了许多德国贵族的心声，他说："无法用言辞来表达我对1918年11月事件的悲伤和心碎。我感到这个世界正在崩溃，我为之奋斗的一切，从孩提时代父母就教导我珍惜的一切，都被埋葬于废墟之下。"[5]

前总理伯恩哈德·冯·比洛亲王因这些闻所未闻的事件而深感绝望，表现出对于正在发展的局势的恐惧：

> 在11月9日的柏林，我见证了革命的开始。唉，费迪南德·拉萨尔所想象的……光芒四射的女神，头发在风中飘动，脚上穿着铁制的复古凉鞋，她并没有出现。她像一个老巫婆，没有牙齿和头发，大脚上穿着邋遢的拖鞋……显然，没有出现像竖立在巴黎大道的丹东铜像那样的人物：握紧拳头直立着，底座的左边是一个举着枪刺的"无套裤汉"，右边是一个鼓噪"全民动员"的小鼓手。我们的革命没有为我们带来歌颂"战争与刀"，并把抵抗坚持了五个月的甘必大……我一生中从未见过如此野蛮粗俗的场面，喝醉的水手和预备役的逃兵们，驾驶着坦克和卡车络绎不绝地穿过11月9日柏林的大街……我很少见过如此恶心、卑鄙和令人讨厌的景象，一群乳臭未干的小子戴着社会民主党的红色臂章，每次几个人，从后面悄悄接近任何一名戴着铁十字或功勋勋章的军官，扭住他的胳膊并扯下他的肩章。[6]

有的人甚至在绝望中走得更远。犹太航运巨头、威廉二世的私交阿尔伯特·巴林，被德意志帝国的崩溃弄得心烦意乱，面对混沌的金融前景，他于1918年11月9日自杀。巴林，这位汉堡—美国轮船公司——曾经的世界最大航运公司——的领导者，实在无法应付他的国家苍凉的未来。[7]

同时需要注意的是——至少从1918年秋到1919年春——德国从议会只享有有限权力的立宪君主政体，转变为一个现代的共和国，这一革命性的变革获得了压倒性多数的支持。他们支持这一重大转折，既是出于自己的信念，也是出于认为，在即将举行的巴黎和会上，国家的民主化可以换取更为宽松的和平条款。[8]

当11月9日德国的君主制被推翻时，政权掌握在人民代表委员会手里，它短暂地使1917年由于对战争的不同态度而分裂的社会民主党团结在一起：一方是温和的多数社会民主党，另一方是激进的独立社会民主党。这个委员会由双方各三名委员组成，主持人是弗里德里希·埃伯特，一位拥有无可挑剔的工人阶级印记的资深社会民主党人。自1871年德国建立以来，埃伯特是第一位统治德国的"人民的人"，在11月的革命中成为中心人物。作为后来魏玛共和国的首任总统（他一直担任这一职务至1925年早逝），埃伯特的出身卑微。1871年，他出生于海德堡大学城，是个裁缝的儿子，以制作马具为业。后来加入早期工会运动，在德国北方城市不来梅担任社会民主党报纸的编辑，在19世纪90年代，还在一个酒吧发表演说，那里很快成为当地政治活动的中心。埃伯特不断地为工人阶级利益奔走，使他赢得了声誉，再加上他的组织能力，确保了他在1912年国民议会选举时当选，当时社会民主党已成为国会中最为强大的政党。[9]

从许多方面来看，埃伯特都是一个实用主义的典型例子，这也是第二代德国社会民主党领袖的普遍特征。从他成为马克思主义者那时起，他的主要政治目标就是通过改良来逐步提高工人阶级的生活水平。1913年，埃伯特与来自东普鲁士哥尼斯堡的著名犹太律师、更为激进的胡戈·哈泽共同当选为社会民主党的联合主席。[10]

哈泽是一位和平主义者，1914年他勉强遵守了党的纪律，给战争公债投了票。但到了1917年，他还是和埃伯特分道扬镳，成为新的独立社会民主党的主席，并要求立即停战。与此同时，埃伯特认为，他和多数社会民主党的"该死的责任和义务"，是与政府、更为中产阶级的中央党以及左翼自由进步党联合起来，防止德国陷入俄国式的混乱之中。尽管埃伯特具有马克思主义的背景和信仰，但他的目的是使德国成为议会制国家，而非布尔什维克式的革命。正如他在和德皇的最后一任总理马克斯·冯·巴登亲王谈话时说的那样，一场共产主义革命是他最不想见到的事："我不想要那个，准确地说我嫉之如仇。"[11]

埃伯特的话反映了这样一个事实，即1918年的多数社会民主党已经不再是一个传统意义上的马克思主义革命政党。相反，其政策主要集中在发扬议会民主、争取妇女投票权、改善工作条件和扩展国家福利上，所有这些都是通过渐进式的改革而不是革命来实现的。埃伯特深知，德意志帝国不是一个像沙俄那样的专制国家。尽管在其半独裁的政体中，是皇帝而非议会有权任命和解散政府，但值得注意的是，威廉王朝为工人阶级提供了组织起来的机会，男性可以通过普选权在一定程度上参与政治。它有一套法定的体系，并在社会和经济方面维持着一定的保障，这对当时的俄国人来说是无法想象的事。可以肯定的是，明显的社会经济不平等现象依然存在于德国社会，但到了1914年，工人阶级中的大多数人已经广泛接受了这样一种看法，即通过改革可以比一场革命获得更多的东西。正是基于这种认识，"埃伯特们"断然拒绝了对政权进行布尔什维克式变革的要求。[12]

人民代表委员会在埃伯特领导下成立之后，局势迎来了暂时的平静。然而，委员会的成立只是延缓了德国未来的改革和复兴将何去何从这一紧迫的问题。和左翼的独立社会民主党不同，多数社会民主党不想做任何可能导致内战或协约国入侵的激进的社会主义实验。社会民主党已经鼓吹了多年德国的民主复兴，一旦要返回正统马克思主义者所提倡的"阶级斗争"，势必会被根深叶茂的改良派认为是一种背叛。埃伯特和其他的社会民主党领导人更关心的是解决最为紧迫的问题：签署一份和平条约以结束战争，确保饥饿的人群有足够的粮食供应，还要把数百万士兵遣散回家。[13] 对于一个没有经验的政府来说，每个问题都是一项巨大的挑战。德国刚刚输掉一场空前规模和惨烈的战争——1300万德国人参加了战斗（差不多是1914年总人口的五分之一），200万人死亡，此外还有大约270万名德国士兵在战争期间受到身体或心理上的创伤。与第一次世界大战的战胜国不同，战败国面临着如何证明儿子、兄弟和父亲们的牺牲是有价值的困境，而这一困境在今后的几年中占据了（也割裂了）德国大众的心灵，对于所有其他在1918年秋战败的欧洲国家的人们来说同样如此。[14]

正是在这一困境的背景下，1918年12月10日，埃伯特在柏林勃兰登堡门迎接从前线返回的军队时说了那句著名的话："你们没有被击败。"他的话不是信口雌黄，而是出于要拉拢军队到新政权一边，以对付潜在的右翼分子或鼓吹在德国进行一场更为激烈的革命的人。出于同样的原因，埃伯特早已和德军最高司令部中鲁登道夫的继任者威廉·格勒纳将军达成了一项务实的协议，这经常被批评为是和旧帝国军队之间一项"浮士德式"的协议。11月10日，格勒纳向埃伯特保证军队将效忠于他。作为回报，埃伯特将迅速扑灭潜在的左翼起义，召开国民议会选举，而职业军官团仍将保持对军队的控制。[15]

因此，协商改革而非暴力动乱，是1918年11月德国革命初始阶段的标志，政界和社会各界均是如此：11月15日，商界领袖和工会签订了工资仲裁协议，实行八小时工作制，企业雇工人数超过50人必须成立工会。这就是著名的《斯廷内斯—列金协议》，它因两位主要签字人得名——企业家领袖胡戈·斯廷内斯和自由工会主席卡尔·列金。这场交易赢得了主动，避免了来自底层的国有化运动或激烈的财富再分配，这对企业主或是社会民主党领导的自由工会来说都没有任何好处。[16]

无论如何，德国的政治前途应当由一个民主选举的国民议会来决定——至少这是埃伯特、多数社会民主党和部分独立社会民主党人的想法。出于这一因素，制宪会议选举很快举行。1919年1月19日，坚决支持德国民主复兴的三个党派：多数社会民主党、自由德国民主党和天主教中央党在选举中获得了76%的压倒性多数。[17]

德国艰难的民主转型过程与邻国奥匈帝国有着很强的相似性。奥匈帝国的情况更为复杂之处在于民族和社会革命的重叠。[18]第一次世界大战前，这个双元君主制帝国是欧洲人口数量排名第三的国家（前两位是俄国和德国），也是民族最为多样的国家。自1918年以来，大家普遍认为奥匈帝国的解体主要是由于民族主义思想所产生的离心力——这种思想在19世纪迅速成长。按照这一已经过时的解读，维也纳的军事失败只不过是给帝国内部那些形形色色的民族主义者提供了一个机会，以实现长久以来所渴望的独立愿望。[19]

近年来，历史学家对此描绘了一幅新的图景：即便像斯拉夫民族主义那样对多民族国家的存在提出挑战，帝国最终的消亡也要在第一次世界大战本身的那几年中找原因，而非战前那些小小的民族主义运动。[20]在奥匈帝国引发革命的较为突出的短期因素，是大部分人口的物资匮乏，特别是在战时的奥地利城市中。到1917年末，部分城市人口的饥饿已经使动乱的可能大大增加。[21]起初，奥地利的罢工形式是对高物价和低配给提出抗议，到了1918年1月，就像1917年的俄国和1918年的德国一样，对面包与和平的要求最终引起了广泛的罢工，几天之内，奥地利、匈牙利、加里西亚和摩拉维亚的100万名工人参加了罢工，提出的要求已经变为"尽快结束战争"和民族自决。[22]紧接着在2月初，波拉和卡塔罗的海军基地发生了短暂的水兵哗变,他们对食物短缺叫苦连天,希望能够立即停战。[23]

和德国一样,在奥匈帝国的罢工和哗变并未导致政权的崩溃和战争的失败。更为重要的因素是,由于数次惨败使得军心开始不稳,特别是在东线,奥匈军队持续面临压力,大批士兵当了俘虏。在加里西亚和意大利前线,奥匈帝国都越来越依赖德国的援助。随着战争的延续,这些累积的压力不断加剧,到战争的最后一个月,这支曾是多民族帝国支柱的军队终于垮塌了。到1918年秋,军队供应短缺,士兵们都在挨饿,大量开小差的事件使之再也无法进行有效的战斗。[24]随着奥匈军队在意大利发动的最后攻势的失败,以及德国在西线的失败,败局已经显而易见,哈布斯堡帝国的军纪不再能维持,军队土崩瓦解。[25]非德意志人拒绝再为一个注定要被许多独立国家取代的帝国卖命,1918年10月,不愿意继续打下去的斯拉夫和匈牙利士兵拒绝服从命令。[26]在战争结束前的几周,对帝国最后的忠诚之情引发了德国"刀刺在背"传说的奥地利版本:战时曾担任总参谋长的康拉德·冯·赫岑多夫和亚瑟·阿尔苏·冯·施特劳森堡等哈布斯堡帝国高级军官辩称,帝国的失败是由于斯拉夫人的厌战导致的。[27]

军纪荡然在1918年10月30日变得显而易见,即便是讲德语的奥地利士兵也戴着红色帽章走上维也纳的街道,还有人炫耀着黑、红、金三色帽章——那是1848年泛德意志革命的颜色。在帝国的主要城市布达佩斯和维也纳,加入革命运动的士兵和低级军官人数在不断增长。[28]

10月30日的示威活动,是围绕着号召成立一个共和国和释放在狱中的弗里德里希·阿德勒举行的,他是奥地利社会民主党创始人维克多·阿德勒的儿子,政治上十分激进。在20世纪的第一个十年中,弗里德里希·阿德勒已经拥有了一位才华横溢的杰出科学家的声名,但他拒绝了苏黎世理论物理学的教授职位（后来这个职位给了阿特勒的终生挚友阿尔伯特·爱因斯坦），全身心地投入到政治活动中。1911年后，他成为奥地利社会民主党的书记，但在1914年他的党支持战争公债时，他和其他同志发生了争吵。阿德勒变得越来越激进，不遗余力地在一系列报纸和小册子上公开批评党的领导层（也包括他的父亲）和奥匈帝国的政治架构。1916年10月，他竟然蓄谋刺杀了内莱塔尼亚（即奥匈帝国西北的"奥地利"部分）的首相卡尔·冯·施蒂尔克伯爵以抗议战争。一开始他被判处死刑，后来帝国皇帝卡尔将其赦免，改判十八年监禁。作为最后一次行使皇帝的权力，卡尔于1918年11月释放了阿德勒。[29]

阿德勒重返维也纳政坛使示威活动声势更振，现在他们更进一步疾呼，要求皇帝退位。11月3日，一家奥地利日报将维也纳的革命情绪和爆发的西班牙流感作了生动的比较：

> 高烧降临到许多居民头上，在他们的身体上肆虐，损害他们的知觉。他们的四肢拒绝服从，他们的脑袋里塞满了"疼痛的肿块"，引起了野蛮的噩梦和痛苦的幻象。就像公民个体一样，整个城镇也像一个"巨大的病体"，遭受着热病的攻击，活力逐渐减弱，变得不堪重负。热焰像"红旗"那样闪耀着，它找到了一个出口，就是那声从千百万人口中迸发的呼喊："革命！"[30]

受到俄国革命的影响，所谓的"赤卫队"游行穿过城市，吸引了激进士兵和工人的注意，还有左翼的知识分子，如著名记者埃贡·埃尔温·基施和表现主义作家弗朗茨·韦费尔。后来成为维也纳战后第一任外交事务部长的"奥地利的马克思"奥托·鲍尔，对市民越来越关注事态的发展进行了评论：

> 极为冲动的返乡者、绝望的失业男女、陶醉于浪漫革命理想的激进分子，以及那些因战争致残、归咎于社会而打算为自身命运进行报复的人走到了一起，因丈夫当了多年饱受折磨的战俘而病态激动的女人们加入了进来，突然面对社会主义乌托邦的新鲜事物而感到眼花缭乱的各种知识分子和作家加入了进来，从俄国被送回来的布尔什维克煽动者也加入了进来。[31]

到了这步田地，帝国已经无能为力了。每一天都有成千上万的士兵回到维也纳和奥地利的其他城市，他们都是有觉悟和全副武装的。[32]可以肯定的是，并非所有人都热衷于帝国的失败和革命。在许多奥地利前官员的日记和回忆录中，他们都提到了1918年从前线回到一个政治社会动荡并充满敌意的世界的可怕情形，这是因军事领导和公共秩序的暂时崩溃而引起的。日后在第二次世界大战时担任荷兰占领区党卫军和警察头子的汉斯·阿尔宾·劳特尔当年回到了施蒂里亚州的格拉茨，他着重写了与"红色暴徒"第一次"大开眼界"的接触："当我最终回到格拉茨时，发现共产主义者已经占据了街道。"面对一群共产主义士兵时，"我拔出了枪，而后我被逮捕了，这就是家乡对待我的方式"。[33]

被低级士兵逮捕的经历，使劳特尔更加认为自己回到了一个"天翻地覆的世界"，在这个革命的世界里，过去从来不容置疑的规范和价值观，社会的等级、机构和权威，统统都被抛弃了。遭遇社会动荡和人身侮辱，反对革命的"苦涩"很快就转化成了"一个强烈的愿望，那就是尽快重新成为一名士兵，为蒙羞的祖国奋斗……"，如此才能忘掉"这黯淡无光的现实所带来的耻辱"。[34]

然而在革命的最初阶段，这样的声音仍属少数，战败和革命似乎已经让中欧的右翼政党瘫痪了。例如在11月11日，维也纳的警察总监弗朗茨·布兰德尔说道，奥地利的右翼势力似乎已经消失了，左翼主宰了局面："看不到也听不到基督教社会党和德国国家人民党的任何活动，好像已经被一口吃掉了那样！赤色分子太强势了！"[35]

尽管有发生暴力活动的极大可能，但奥地利的革命——就像德国伙伴一样——仍然保持了和平，人们采取了大规模游行示威的方式，而非暴力的政变。即便是弗里德里希·阿德勒那样对极左派有关键影响的人物，也公开反对布尔什维克式的革命。[36]11月11日，奥皇卡尔终于接受了无法避免的现实，发表了一份措辞谨慎的声明，承认奥地利人民有决定国家未来组织形式的权利，自己不再"参与国家的管理"。他故意不用"退位"一词，幻想"他的人民"将来哪天还会想起他来。卡尔和他的妻子齐塔于次年春流亡瑞士，他显然对于自己在1918年11月的决定还心存异志，在1921年他两次认真地策划复辟，但都付诸流水。第二次复辟失败后，协约国把他流放到葡萄牙的马德拉群岛，1922年4月1日，这位哈布斯堡王朝的末代皇帝因肺炎死在那里，终年三十四岁。[37]

在皇帝退位的次日，1918年11月12日，临时国民议会在维也纳召开，社会民主党人卡尔·莱纳当选总理。和德国一样，新政府将在1919年2月16日举行的大选后成立，这是一个由两个主要的民主党派，即社会民主党和保守的基督教社会党组成的广泛的联合政府。尽管初生的奥地利共和国面临许多困难，粮食短缺因协约国尚未解除封锁而更为严重，但许多奥地利人还是盼望民主制度的建立会让巴黎和会的代表们更为看好这个年轻的共和国。[38]

匈牙利也有同样的期盼，1918年10月下旬，政府的权力就已经被移交到以自由派卡罗伊·米哈伊伯爵为首的民主联盟运动手中，他的政治理想植根于1848年革命的传统，很早就提出了以匈牙利独立为目标的政治纲领，从而废止自1867年以来的奥地利—匈牙利二元君主制。他还主张普选权和土地改革——有趣的是，卡罗伊本人就是匈牙利最大的地主之一。为实现他的目标，卡罗伊的独立联合党（一般称之为卡罗伊党）和资产阶级激进派以及匈牙利社会民主党联手，组成了一个民族委员会。卡罗伊自封为大总统，直到1919年1月国民议会选举他为总统。卡罗伊坚信，在战后保持匈牙利的领土完整的唯一机会，就是废除宪法以及与奥地利的同盟，他在1918年11月16日断绝了与维也纳的所有法定关系。自1526年后被置于哈布斯堡王朝统治下的匈牙利，已成为一个独立的共和国。[39]

如果说匈牙利的独立和民主化进程在一定程度上是国家意志，即布达佩斯希望获得更为宽容的和平条款，那么保加利亚这个第一个战败的同盟国家，它的革命从一开始就要混乱得多。与德国及奥匈帝国不同，自从1915年10月保加利亚首脑决定加入对协约国的战争后，前线和后方就发生了反战的抗议。长期的粮食供应不足和厌战情绪，以及普遍的对于站在德国和老对手奥斯曼帝国一边作战的异议，使得前线经常发生骚乱。在1915年至1918年春，约有4万名保加利亚士兵被送上军事法庭，其中1500人被枪决。[40]

动乱也遍及保加利亚的大后方，全国各地都发生了妇女因食物匮乏而抗议并骚乱的事情，以1916年和1918年为最。妇女的骚乱对前线士兵的士气产生了重大影响，引发了许多拒绝战斗的事件。1917年的俄国革命和1918年1月伍德罗·威尔逊总统提出的"十四点"，在士兵中引发了新一波的反战宣传，增强了他们对于结束战争的渴望。[41]

从1918年夏开始，前线就逐渐开始难以维系。保加利亚军队因长年无休止的战斗已经筋疲力尽，又因为后方士气的低落而削弱了战斗力，再加上受到社会主义者和土地改革派反战宣传的影响，已经处于革命的骚动之中。军官们从前线给索菲亚寄来信件，认为除非在9月中旬以前能签署和平协议，否则军队会崩溃。就像一位士兵在信中所写的那样："有那么多饱受折磨和痛苦难忍的人，我一生从未见过如此可怕的怨恨。"即便是总司令也不得不在信中承认："角色发生了转换，现在指挥官已经无法下达命令，权力归于下属；士兵们把他们的意志和想法强加于指挥官之上。"[42]

社会和经济危机很快波及政府。1918年6月21日，首相瓦西里·拉多斯拉沃夫辞职，取而代之的是更为温和的亚历山大·马林诺夫，他打算和协约国达成一项和解。不过即便如此，形势还是走在了政府前面。在9月29日保加利亚和协约国签署《萨洛尼卡停战协定》之前，协约国军队刚刚突破马其顿防线，数千名不再抱有幻想的士兵就已经开始向索菲亚进军，决心推翻政府，逼迫斐迪南退位。他们认为皇帝应该为当初选择加入同盟国一边作战负责。约有1.5万人聚集在首都西南的拉多米尔，在那里，他们遇见了极富魅力的未来的首相亚历山大·斯坦博利耶斯基。他是保加利亚农业人民联盟的领袖，直言不讳的共和主义者。1915年斐迪南决定参战时，他因抨击皇帝并在他的报纸上披露了争论的细节而在监狱里度过了战争岁月。

起义队伍不断扩大，于9月30日逼近索菲亚郊外，遭遇了由忠于政府的保加利亚士官生和德国士兵组成的军队的积极抵抗。两天前，这些士官生已经向那些"叛变者"发泄了怒火，他们逼停了一列从前线开回来的运送伤员的火车，指责伤员们的失败主义以及受到布尔什维克蛊惑，枪毙了其中约500人。在之后几天，他们用重炮轰击拉多米尔的起义军,进行了大规模的逮捕和屠杀,约有3000名支持起义的人被杀,1万多人受伤。[43]

包括斯坦博利耶斯基在内,幸存的拉多米尔起义者躲了起来。在忠于保加利亚旧政权军队的眼里,拉多米尔起义军是一种来自内部的背叛,可见共产主义宣传已经渗透到了军队内部,鼓励普通士兵放下他们手中的枪,并转而朝向君主制。在随后的几十年中,对拉多米尔起义截然不同的解释反映了保加利亚政界内部的鸿沟。一种解释认为,这是一场背信弃义的叛乱,另一种解释则将其视为遗憾地未能发展成为一场如同俄国的革命的事件。[44]

尽管起义失败了,但他们的某些主要诉求——不惜代价的和平与国家的民主化——实际上得到了满足,停战协定签署了,作为协约国的一个主要和平条件,斐迪南皇帝于10月4日退位。在海外拥有大量财产的斐迪南逃离了国家,他的离开无疑是对新时代开启的庆祝。真正的权力掌握在新政府手中,自11月马林诺夫政府辞职后,新政府由社会民主党和农业党(即保加利亚农业人民联盟)组成。政府的领袖是特奥多尔·特奥多罗夫,他曾在敖德萨和巴黎学习法律,后来成为一名颇具声名的自由主义法制改革家和战前的财政部长。现在新政府要承担起艰巨的任务,为这个饱受六年不间断战争摧残的国家带来和平。[45]

自1912年巴尔干战争爆发以来,南多布鲁甲、马其顿和东色雷斯得而复失,国家在其间遭受了空前的苦难。保加利亚军队约有25万人伤亡,其中15万人重伤。和欧洲其他地方一样,在战争间期索菲亚的日常生活中,因参军致残的人们无处不在,在其他较小的城镇和村庄也是如此。仅1918年一年,后方就有18万人死于饥饿和疾病。要了解保加利亚民族灾难的全貌,就必须把1912年至1913年间的巴尔干战争也统计进来。在1912年至1918年的六年间,总人口500万的保加利亚有大约15.7万人在战斗中死亡、15.4万人受伤。此外，10万多保加利亚难民从丢失的多布鲁甲、马其顿和东色雷斯领土拥入国内，这对于一个已经破产的战败国几乎是无法承受的挑战。

至少在这一方面，奥斯曼帝国和保加利亚有某种相同之处。虽然伊斯坦布尔没有经历欧洲其他地方在1917年至1919年间所经历的社会主义革命，但第一次世界大战的失败造成了战时统治帝国的统一与进步委员会的垮台。1918年10月奥斯曼帝国在穆德洛斯无条件投降后，统一与进步委员会的战时领导人逃往敖德萨，原先与之对立的持自由主义立场的自由与联合党走上政治舞台，在停战期间（1918—1923）掌控国家。[46]在四个月前登基的穆罕默德六世的支持下，自由党迅速扭转了统一与进步委员会的战时政策：鼓励被驱逐的库尔德人和在大屠杀中幸存的亚美尼亚人回归家园。在国际舆论的压力下，新的统治者甚至发起了一项针对统一与进步委员会战时政策的正式犯罪调查。警察根据官方的授权逮捕了大批领头的统一党人，有300多人被指控应为大屠杀和腐败负责。在苏丹的姐夫、自由派的达马德·费里德帕夏被任命为大维齐尔后，逮捕行动持续了一整个春天。[47]

与中欧的那些国家一样，伊斯坦布尔新政府承担起了一个因战争而千疮百孔的国家的政治责任：奥斯曼帝国军队损失了约80万名士兵（接近其总兵力的四分之一），[48]平民的伤亡甚至还要高。除了有超过100万名亚美尼亚人在统一与进步委员会战时滥行的灭绝性驱逐中死亡外，第一次世界大战还至少夺去了250万名奥斯曼帝国臣民的生命，死者大多数是平民，死因是英、法两国海军封锁导致的疾病和饥饿，对紧缺食品的管理和分配不善，以及严重的蝗灾，仅在叙利亚一地，七个人中就有一人因蝗灾饿死。[49]

　　尽管有这些可怕的遗留问题，奥斯曼帝国的新的自由派统治者还是得到了公众的支持（至少在首都是如此）。就像中欧那些战败国一样，他们以为这种支持可以换来一纸仁慈的和平条约。尽管现在看来，这种被德国神学和哲学家恩斯特·特勒尔奇称为"停战梦境"的最初的乐观主义显然是很幼稚的，但在当时欧洲所有的战败国中，这是一种强烈的情绪。[50]毕竟从有利的角度看，1918年底至1919年初，温和的改革派在前同盟国取得了胜利，而布尔什维克式革命的支持者被边缘化了。新的国家领导者向巴黎和会传达了坚定的信念，即与过去的专制传统一刀两断，从而满足了威尔逊所提的"十四点"中实现"公正和平"的关键标准。

　　我们现在很容易就可以批驳这种纯粹的实用主义，甚至可以说这是一场被失败阴影笼罩的机会主义行动。然而，许多战败国的（尤其是中欧的）政策制定者们都坚信，他们发展了1848年失败的自由主义革命。1919年立宪会议后，德国成立了以其中部城市魏玛命名的共和国，它采用1848年革命的黑、红、金三色旗作为国旗，这绝非巧合。与此同时，在奥地利，民主党人正在庆祝德意志奥地利共和国诞生七十周年——它诞生于陆军元帅温迪施·格雷茨亲王镇压1848年维也纳革命之后。[51]这一切的意义显而易见：1918年的温和革命纠正了1848年以来错误的政治方向。那时并未实现的自由主义民主，目前总算取得了胜利。

9

激 进 化

如果说在1918年深秋，民主看上去已经成为中欧国家政府无可争议的组织形式，那么到了冬天，形势就发生了变化，温和与激进的革命者之间悬而未决的紧张猛烈地爆发了。在德国，多数社会民主党坚称，只有一个民选的国民议会才能决定未来国家的宪法。然而，并非所有人都愿意接受这一立场，独立社会民主党的左翼代表"斯巴达克斯同盟"（以古罗马时期最大的奴隶起义领袖的名字命名）拒绝了国民议会的建议，他们更希望成立一个所有权力归于工兵苏维埃的政体。他们最终和其他一些激进的左翼派别在1918年底组建了德国共产党。[1]

当时，德国的左翼共产主义者有两位主要的人物——罗莎·卢森堡和卡尔·李卜克内西。李卜克内西也许是在俄国以外最为著名的激进变革倡导者，来自德国最为杰出的社会主义者家庭。他1871年生于莱比锡，父亲威廉·李卜克内西是卡尔·马克思的密友和合作者，与社会民主党的建党元老之一、长期担任主席的奥古斯特·倍倍尔齐名。卡尔·李卜克内西比他的父亲还要激进，他在莱比锡和柏林的大学学习法律和政治经济学，然后于1899年在柏林开始了法律实践，专门在德国法庭为社会主义者辩护。[2]

　　1907年，李卜克内西的反军国主义著作使他陷于和法庭的麻烦之中，最终他被判入狱十八个月，不过监禁只是提高了他在追随者中的地位。1912年，李卜克内西作为社会民主党人被选为德国国会议员。1914年，他是唯一一位给战争公债投反对票的议员。李卜克内西和其他著名的左翼反战者一道——包括罗莎·卢森堡和社会主义妇女运动的先驱克拉拉·蔡特金——很快在社会民主党内部形成了自己的组织"国际派"，并在1916年改名为"斯巴达克斯同盟"。在他们定期发表的小册子《斯巴达克斯信札》中，李卜克内西和他的同伴号召进行一场社会主义革命，立即结束战争。不出所料，《斯巴达克斯信札》很快被取缔，李卜克内西——尽管他作为国会议员有形同虚设的豁免权——遭到逮捕并被送往东线服役。1915年，由于他的健康状况不佳，被从现役送回。1916年五一劳动节，他在柏林波茨坦广场领导了一场非法的反战示威而再次被捕，这次以叛国罪被判入狱四年。1918年10月下旬，作为德意志帝国民主化进程的一部分，政治犯获得赦免，他也被释放并返回柏林。在柏林，李卜克内西领导了另一场反战示威，结束时游行队伍充满象征性地前往俄国大使馆，在那里，布尔什维克的使节们为他举办了一个招待会。[3]

　　李卜克内西在战后这段时期最重要的战友，是在波兰出生的马克思主义活动家和知识分子罗莎·卢森堡，她和李卜克内西一同担任共产主义的旗舰刊物《红旗》的主编。1871年，罗莎·卢森堡出生在俄罗斯城市扎莫布奇，是一个世俗的犹太木材商人家中最小的女儿，所有女孩都受到了良好的人文教育。卢森堡在华沙读书的时候就已参与革命活动，因此不得不逃离这座城市以躲避沙皇警察的迫害。自1889年起她居住在苏黎世，这里是来自欧洲各地的社会主义流亡者的聚居中心。

她的恋人列奥·约基希斯是一位来自维尔纽斯的社会主义者，资助她在苏黎世大学学习，他还支持她创建波兰和立陶宛的社会民主党，其成员中就包括未来契卡的领导人费利克斯·捷尔任斯基。[4]

1898 年，卢森堡和她的苏黎世寄宿家庭的独生子古斯塔夫·吕贝克结婚，以此获得了德国国籍，此时她仍和约基希斯保持着关系。同年她搬到柏林，立即加入了社会民主党，积极参与了党内改良和革命之间的争论。作为一名激进的革命支持者，她在 1904 年至 1906 年间三次入狱，并在第一次世界大战期间再次被捕。在此期间，她继续坚持她的支持停战和革命的政治行动主义，完成了一系列的小册子，并将它们从布雷斯劳的监狱牢房里悄悄送了出去。1918 年 11 月她获得了释放，回到柏林，和李卜克内西一道成为激进左翼的领导人之一。[5]

在"一切权力归苏维埃"的口号下，卢森堡和李卜克内西在《红旗》上不断号召进行"二次革命"。11 月 18 日，即卢森堡从布雷斯劳监狱被释放后回到柏林的第十天，她号召在推翻帝国政府后继续革命："沙伊德曼—埃伯特是德国革命在现阶段指定的领导者，但革命并未停滞不前，它的生命规律是会迅速发展的……"[6]

到 1918 年圣诞节，正值德国劳工运动内部不同派别之间的分歧已经公开化之际，左倾的"人民海军师"和多数社会民主党人奥托·韦尔斯指挥的柏林卫戍部队之间长期积累的矛盾激化了。韦尔斯把赞成布尔什维克式革命的武装"人民海军师"视为对首都的一大威胁，坚持将其裁减，并以克扣士兵的军饷为要挟。于是水兵在 12 月 23 日进行了暴动，把韦尔斯抓了起来。总理弗里德里希·埃伯特迅速作出了反应，他没有和共同执政的独立社会民主党进行商议，便要求军队立即出手援助。在随后围绕城市中心霍亨索伦王宫的血腥战斗中，政府军遭到了尴尬的失败。[7]

　　"平安夜之战"使得埃伯特相对虚弱的政府变得更弱，并产生了两个直接的后果。第一个是独立社会民主党和多数社会民主党之间凑合起来的短暂联盟结束了。12月29日，三名独立社会民主党代表退出了人民代表委员会，以此对埃伯特擅自决定派出军队镇压水兵表示强烈的抗议。第二个是普鲁士首相保罗·希尔施（多数社会民主党）撤换了柏林警察总监埃米尔·艾希霍恩（独立社会民主党），他曾派出柏林警察援助"人民海军师"。[8]独立社会民主党和更为激进的左派——包括德国共产党——认为这是一种蓄意的挑衅，号召在1919年1月5日举行反对埃伯特政府的大规模示威游行，局势迅速激化。一群武装示威者占领了社会民主党的机关报《前进》的报社和柏林报社区的其他报社。在这些自发的行动之后，当天晚上成立了"革命委员会"，李卜克内西再一次要求"推翻埃伯特—沙伊德曼政府"，推动局势进一步升级。"斯巴达克斯起义"随后还有两项任务，就是抵制计划中的1月末的国民大会选举，并代之以"无产阶级专政"。[9]

　　虽然"斯巴达克斯同盟"的实际权力基础很弱小，但它的存在还是引起了多数社会民主党领导层的担忧。埃伯特很严肃地对待这一威胁，在他看来，俄国的布尔什维克革命提供了一个生动的事例，即意志坚决的少数激进分子就算没有获得多数大众的支持，也可以从一个更为温和的政府那里夺取政权，1919年1月初柏林共产主义者的起义和1917年秋布尔什维克成功夺取政权，已经不仅仅是有点儿相似了。他下定决心在必要时使用武力来防止彼得格勒的情形在柏林重演。[10]

　　一位在这种局势下作出决策的核心人物是古斯塔夫·诺斯克，他是多数社会民主党的军事专家，在独立社会民主党退出政府以后，在人民代表委员会中接管了陆军和海军。诺斯克集柏林及其周围政府军的指挥权于一身，他说过一句著名的话："必须有人来当鹰犬，我将不惮其劳。"[11] 他的任务是以一切有效的手段重新建立"法律和秩序"，为达到这一目的，他不仅依靠正规军，还包括"自由军团"的志愿兵，他们中的一些人于1918年至1919年的冬天在德国服役，之后几个月参加了在波罗的海的军事行动。[12]

诺斯克呼吁志愿者们终结布尔什维克主义对德国首都的明显威胁，招募德国社会中那些从一开始就反对和憎恨革命的人，以及等待机会为过去的两个月报仇的人。他们不是为了共和国而战，而只是反对"布尔什维克主义"。在"自由军团"中，被战败和随之而来的革命激怒的老兵和未经战阵的军校生以及右翼学生走到了一起，那些学生虽然缺乏战争经验，但就其激进、冲动与暴虐而言却胜过那些老兵。

对于许多年轻的志愿者来说，他们所处的时代到处充斥着英雄厮杀的传奇故事，却无法亲身体验"钢铁风暴"那样的经历，民兵组织因给他们提供了一个成为浪漫战士的机会而受到欢迎。根据一位民兵领导者称，很多年轻的志愿者试图通过"粗野的军国主义表现"来打动他们的上级，它"在大部分战后的年轻人当中被视为一种美德来培养"，并深深影响了1918年后准军事组织的基调和氛围。[13] 这种主要由前突击部队人员组成的准军事部队经常表彰战士和"战斗英雄"，一旦这些年轻人加入了这样的组织，他们就会热衷于证明自己的价值。[14]

在这些身经百战的第一次世界大战老兵和"罗曼蒂克"的年轻志愿者共同形成的暴躁的男性亚文化中，暴力是一种即便称不上是值得欣赏的，也是一种可以接受的政治表现形式。定义这些群体的特征不是意识形态，而是他们的行为。驱使他们向前的不是革命性的全新的政治乌托邦，而是恢复秩序的普通言辞和一系列连锁的社会反感。[15] 民兵组织有着明确的等级制度，给人以熟悉的归属感和目标感，这和他们周围的混乱局面形成了鲜明对比。民兵组织中的积极分子将军队中的袍泽之谊和"秩序",视作充满敌意的民主平等主义和共产国际主义世界中的堡垒。正是这种反抗精神,以及参加到一项能够为现在看来毫无意义的大规模死亡和战败经历赋予意义的战后事业中的渴望,使得这些群体走到了一起。他们认为自己是一个"新社会"的核心,代表着一个国家永恒的价值观和新的专制观念,如此国家便可茁壮成长。[16]

恩斯特·冯·萨洛蒙曾是他们中的一员,十六岁时作为一名军校生经历了1918年战后的革命,他在1923年的自传体小说《亡命之徒》中描述了他对于革命的观察:

> 在红旗的后面,疲惫的人群蜂拥而来。妇女走在最前面,她们穿着大裙子挤在前进的路上,脸上的瘦骨挂着满是皱纹的灰色皮肤……男人们,年老的和年轻的,士兵和工人,中间还有很多小资产者,满脸迟钝而疲惫,迈着大步……于是,这群革命的拥护者开始示威了。从这些灰头土脸的人群里会爆发出革命炽热的火焰?凭他们可以实现鲜血与街垒的梦想?不可能在他们面前投降……我嘲笑他们的主张,没有骄傲,没有胜利的信心……我站直了,脑海里出现的是"暴民""群氓""渣滓",斜眼看着这些饥饿贫穷的人;我想,他们就像老鼠一样,背上都是下水沟里的尘土……[17]

和萨洛蒙一样,许多昔日的前线士兵都痛恨1918年的革命,他们感到自己的牺牲被后方出卖了。从前线归来的部队经过一些城镇时,经常被苏维埃支持者解除武装、羞辱和撕去肩章。有些人感到家庭并不欢迎他们,长期离家使得家庭收入减少,还不能以打了胜仗来辩解。约瑟夫·罗特发表于1923年的《蜘蛛网》是一部富于洞察力的著名小说,其中对这一主题进行了挖掘。罗特的小说围绕着柏林战后的动荡:

该书的主人公特奥多尔·洛泽中尉是同盟国复员军官中的一员，他们在第一次世界大战服役期间被打败，是反对战后秩序的政治动员力量的主要来源。为了赚取微薄的生活费，洛泽只得在一个犹太富商家里做家庭教师。因军事战败而自觉遭受国耻，以及家人在迎接他从弗兰德斯战场归来时所表现出的敌意，都使他感到绝望：

> 他们不能原谅特奥多尔——尽管曾两次在行动中受到嘉奖——因他身为中尉未能杀身成仁。一个死去的儿子会是这个家庭的骄傲，而一个复员的中尉，一个革命的受害者，只是他的女人们的负担……他本来可以告诉他的妹妹，他不应为自己的不幸负责；他诅咒革命，招致社会党和犹太人的仇视和折磨；他每天都感到脖子上戴着沉重的轭具，被困在了自己的时代之中，像是某座不见天日的监狱。[18]

对于洛泽来说，要想从这座"不见天日"的监狱逃脱，唯一的办法就是通过其他途径把战争继续下去。因此，他很快加入一个准军事组织，这样的组织在战后的欧洲如雨后春笋般冒了出来，这揭示了欧洲大陆在1918年后的几年所面临的一个主要问题，即有很多人无法告别远去的战争，接受和平的到来。更为著名的真实的"自由军团"战士弗里德里希·威廉·海因茨在回忆录中写道："当他们告诉我们战争已经结束时，我们笑了，因为我们就是战争。"[19]

在11月11日战争正式结束前，协约国的士兵并没有踏上德国的土地，这给了阴谋论以很大的市场。它声称，同盟国实际上并没有被外部力量打败，而是败在了颠覆分子的"刀刺在背"和后方的"第五纵队"身上。在德国，这种情绪非常普遍，就连前德军最高司令部总参谋长保罗·冯·兴登堡也助长了这种军队并未"在战场上被击败"的观念,这种观念可以追溯到古老而根深蒂固的有关背叛的传说故事。尤其值得注意的是有关尼伯龙根指环的中世纪传说,在这个故事中,日耳曼英雄齐格飞的后背被恶人哈根无情地捅了一枪。它的1918年后的现代版本强调,国际主义在后方的阴谋和背叛是造成失败的主要原因,这一信条成为两次世界大战之间德国右翼思想的基石。[20]

"刀刺在背"这一说法的核心意思有时是含蓄的,但大部分时候是很明确的,那就是,背叛必须要在"清算日"得到报应,"内部的敌人"将会遭到残酷无情的打击。臭名昭著的德国"自由军团"领导人、前海军军官和未来纳粹驻布加勒斯特大使曼弗雷德·冯·基林格,在写给家人的信中强调:"我已向自己许诺,父亲。一弹未放,我就把我的鱼雷艇移交给了敌人,眼睁睁看着我的旗帜降下。我已经发誓要对那些为此负责的人进行报复。"[21]

诺斯克决定招募像基林格这样的人来对付他所认为的布尔什维克威胁,并提供一个国家承认的机会来实现他们进行暴力复仇的幻想。在镇压1919年1月的"斯巴达克斯起义"时,那些对11月革命及其支持者压抑已久的仇恨爆发了出来。1月11日,"自由军团"进军柏林,当天袭击了报社区,占领《前进》报社大楼的五名共产主义者在试图谈判投降条件时被抓住,连同另外两名交通员一起被枪杀。总共有约200人在激烈的巷战中被打死,另有400人被逮捕。那天下午,诺斯克举行了一场穿过柏林市中心的武装游行,以庆祝他的部队获得了对共产主义敌人的胜利。[22]

德国共产党中央委员会两位最主要的成员卡尔·李卜克内西和罗莎·卢森堡,试图不断变换自己在柏林的藏身之处以躲避仇杀,他们最后的藏身之地在维尔默斯多夫郊外富人区的一所公寓内,在那里,他们给《红旗》写下最后的文字。李卜克内西发表了热情洋溢的文章《不顾一切！》，承认了暂时的失败，但他呼吁追随者们要坚持下去。对于共产主义革命来说，当前的机会还不成熟，"来自落后群众和统治阶级的那股汹涌的反革命浊流把它淹没了"，然而"今天的失败者将是明天的胜利者"。[23] 卢森堡在一篇讽刺性的题为《柏林秩序井然》的文章中进行了响应："你们这帮愚蠢的奴才！你们的'秩序'是建立在流沙之上的。明天，革命将在'磨刀擦枪声中再次兴起'，吹响令你们惊慌失措的号角，宣告'我来过，我又来了，我还将重临！'"[24]

1919年1月15日，右翼武装分子闯进了公寓，李卜克内西和卢森堡被逮捕并被移交给"枪骑兵前卫师"，这是一支由臭名昭著的反布尔什维克分子瓦尔德马·帕布斯特上尉指挥的前帝国精锐部队。[25] 在位于伊甸园高级酒店的师部门口，李卜克内西被殴打、吐口水并被枪托击倒。晚上十点四十五分，这位已经失去意识的共产党领袖被汽车带到柏林市中心最大的公园——蒂尔加滕公园，在那里被近距离射了三枪。[26]

当士兵们回到酒店时，卢森堡正坐在帕布斯特的临时办公室里阅读歌德的《浮士德》。她也两次被枪托猛击脸部，流了很多血，然后被扔进小汽车。开了一小段后，一名中尉跳上汽车的左踏板，向卢森堡头部开了一枪，将她杀害了。她的尸体被扔进兰德维尔运河，过了几个星期才被人发现。[27]

在镇压了"斯巴达克斯起义"之后，德国首都的局势依然动荡，因此新选出的制宪国民议会在地方城市魏玛举行，而不是柏林。在1919年的春天，德国的部分地区仍然受到革命运动的影响。在鲁尔河谷和德国中部的工业中心地带，发生了一系列要求矿业国有化的罢工。在德累斯顿，萨克森州的军事部长古斯塔夫·诺伊林被扔进了易北河，在试图游回岸上时被开枪打死。在1919年3月9日，为了控制柏林的罢工和混乱，诺斯克命令政府军向任何手持武器的人开枪，造成了首都严重的伤亡。政府军使用了机枪、坦克，甚至还派飞机扔下了炸弹，在打死了上千人后镇压了他们的对手。3月的起义还给政府蓄谋已久的行动提供了很好的借口：士兵们杀害了卢森堡的前恋人、《红旗》的继任主编列奥·约基希斯，以及29名在"平安夜之战"中让他们吃尽苦头的"人民海军师"成员。[28]

　　1919年春，骚乱也蔓延到当初并未发生流血革命的慕尼黑。早在1918年11月，街头的示威活动迫使巴伐利亚国王路德维希三世退位并逃往奥地利。一个社会主义性质的工农兵苏维埃宣布库尔特·艾斯纳领导的独立的巴伐利亚共和国成立。艾斯纳是一位柏林的犹太人，《慕尼黑邮报》的戏剧批评家，看上去有点像一个迂腐的左翼知识分子，经常光顾施瓦宾文艺街区的咖啡馆。1899年他曾在《前进》报社做过编辑，但在1905年被解聘。随后艾斯纳来到巴伐利亚，以一名记者的身份继续工作。在这段时间内，他的观念开始左倾。1917年春，艾斯纳创立了独立社会民主党，支持了1918年1月的全国性罢工。[29]他因参加罢工，在施塔德海姆监狱被关了八个半月。10月15日，他突然被释放，很快成为巴伐利亚革命的领袖。[30]

　　艾斯纳有些偏执，致力于推动革命性的变化。他身为巴伐利亚总理故意泄露政府公文，因为他认为这样可以证明1914年的战争是由"一小撮普鲁士军人"和"串通起来的"企业主、资本家、政客以及贵族们造成的。[31]在1919年2月瑞士伯尔尼举行的社会党国际会议上，艾斯纳批评埃伯特政府拒绝承认1914年德国发动战争的罪行。无论是这一信息本身还是它公开的时间（正值巴黎和会开幕），都无法让保守派喜欢艾斯纳的统治。[32]

　　尽管艾斯纳坚定地主张激进改革，却并不反对民主的原则，并呼吁在1919年1月12日举行巴伐利亚议会大选。大选中，他的独立社会民主党遭到惨败，156个席位中只获得了3席。在艾斯纳步行去议会递交辞呈时，被一个二十二岁的国际法学生安东·阿尔科—瓦利伯爵从背后开枪刺杀。[33]为了报复这一针对独立社会民主党领袖的袭击事件，一名社会主义激进分子阿洛伊斯·林德纳进入巴伐利亚议会开枪射击，巴伐利亚多数社会民主党领袖埃哈德·奥尔身负重伤，另有两人死亡。[34]

在这两起谋杀之后，巴伐利亚议会选举曾做过教师的多数社会民主党人约翰内斯·霍夫曼成为总理，但是极左派不愿意接受新政府。3月22日，匈牙利的共产主义领袖库恩·贝拉宣布成立匈牙利苏维埃共和国，受此事件影响，4月3日，奥格斯堡的社会主义者号召建立一个巴伐利亚苏维埃共和国，同时呼吁巴伐利亚和奥地利的其他激进派追随库恩·贝拉的榜样。[35]

"来自匈牙利的消息就像一颗炸弹落到了慕尼黑。"在巴伐利亚首都的无政府主义作家及诗人埃里希·米萨姆这样写道。[36]巴伐利亚又一次陷入革命的混乱状态。在前教师恩斯特·尼基施领导下，巴伐利亚共和国中央委员会宣布约翰内斯·霍夫曼的政府终结，取而代之的是一个苏维埃共和国。然而，在以农业和保守的天主教为主的巴伐利亚，慕尼黑苏维埃共和国从一开始就没有得到多少支持。新政权的领导层主要是来自施瓦宾的城市知识分子（大多是犹太人），例如二十五岁放荡不羁的诗人恩斯特·托勒尔，无政府主义作家、莎士比亚作品翻译家古斯塔夫·兰道尔等。他们的革命计划雄心勃勃但脱离实际，这些计划只能在比巴伐利亚更为混乱和支离破碎的地方推行。银行和大企业被收归国有；发行"自由货币"以消灭资本主义；大学由学生来负责掌管。出版物则要受到兰道尔的启蒙与公共教育办公室的审查。[37]

俄国的布尔什维克十分欢迎慕尼黑革命的消息，将其视为共产主义革命即将在全德爆发的标志。俄共中央政治局成员、新成立的共产国际主席格里高利·季诺维也夫从莫斯科发来热情的信件："我们深信整个德国成为一个苏维埃共和国已为时不远。共产国际已经看到你们正在最关键的岗位上战斗，整个欧洲无产阶级革命的命运将由你们直接决定。"[38]当时很多人也同意这一看法，即便他们反对共产主义。未来的诺贝尔奖得主、政治上保守的托马斯·曼当时正生活在慕尼黑，他相信布尔什维克革命必将会蔓延开来，并在1919年4月7日的日记中这样写道："也许德国其他地方真的会紧随其后。"[39]

巴黎和其他西方国家首都的协约国领导人正在观察中东欧地区不断发展的事态，并表示出越来越多的担忧。1919年4月4日，美国国务卿罗伯特·兰辛称："中欧充满了混乱；人们希望渺茫；苏俄红军正在西进；匈牙利在革命者掌握之中；柏林、维也纳和慕尼黑正在转向布尔什维克……世界已被点燃，是时候停止折腾了。"[40]

此时，霍夫曼政府已经从慕尼黑逃到了北方的弗朗科尼亚较为安全的班贝格，正如德国国民议会从柏林逃到了魏玛一样。然而，霍夫曼不打算俯首帖耳顺从慕尼黑的暴动。1919年4月13日棕树节，一支忠于霍夫曼政府的巴伐利亚共和国民兵武装，企图以武力推翻慕尼黑苏维埃共和国，但在面对全副武装的共产主义战士顽强抵抗时败下阵来。[41]霍夫曼试图武力恢复合法的巴伐利亚政府，产生了直接而激烈的影响。在慕尼黑，巴伐利亚苏维埃共和国大幅左倾，马克斯·列文和欧根·列维涅这两位俄国出生的革命者，一直要求进行更为激进的政治变革，他们接管了被称为第二慕尼黑苏维埃共和国的领导权。[42]

棕树节的失败，以及三天后在慕尼黑郊外达豪的另一场军事失败，也引起了反布尔什维克军队的激烈变化。[43]霍夫曼一开始不愿意和保皇派联合，或是寻求柏林政府的支持，但他现在改变主意了。他公开呼吁巴伐利亚所有的反布尔什维克力量共同镇压苏维埃共和国：

> 巴伐利亚人！同胞们！慕尼黑肆虐着一场由异国分子释放的俄式恐怖，不能容忍这种对巴伐利亚的伤害再延长一天甚至一个小时。所有巴伐利亚人必须立即施以援手，不论党派……慕尼黑呼吁你的帮助。来吧！向前进！现在！慕尼黑的耻辱必须被抹掉！[44]

霍夫曼的号召使得许多寻找机会向布尔什维克主义复仇的人找到了机会。他们中的许多人曾为帝国政权忠诚服务过，渴望恢复过去的荣光，如前巴伐利亚近卫军司令、高地"自由军团"的头子弗朗茨·利特·冯·埃普少将，以及他的助手，三十一岁战功赫赫的英雄、未来纳粹冲锋队的头子恩斯特·罗姆。巴伐利亚总共有约1.5万人响应了霍夫曼的号召。[45]

除了在本地招募军队外，柏林政府还派出了1.5万名正规军，在普鲁士少将冯·奥芬的指挥下前往终结共产主义者在慕尼黑的统治。[46]从4月中旬巴伐利亚大军压境开始，已有谣传苏维埃共和国政府开始大批释放并武装囚犯和俄国战俘来加强他们的军队。[47]在政府军开进慕尼黑前，一份由军事指挥官和霍夫曼政府联署的公告宣布："武力对抗政府军将被判处死刑……红军的每一个成员都将被视为巴伐利亚人民和德国的敌人。"[48]

5月1日，慕尼黑之战开始，反布尔什维克分子被允许奉命行事。一天之前，当政府军和"自由军团"包围城市时，红军反叛者不明智地在卢特波德体育馆枪决了十名人质，其中包括一名女性。这一行动并未改善局面，这个女人是一位"自由军团"指挥官的贵族亲戚，据传曾在死刑前抗拒过性暴力。死刑是一个严重的错误，因为它给了反革命分子进行暴力复仇的理想借口。[49]

德国犹太裔文学教授维克多·克伦佩勒后来因其1933年后遭受纳粹迫害的日记而闻名于世，1919年，他在巴伐利亚的首都见证了慕尼黑苏维埃的失败：

> ……今天，当我写下这些文字时，一场真正的战争正在打响。一整个中队的飞机飞过慕尼黑上空，射击和中弹，然后闪着火光坠落……地面的枪声响个不停。越来越多的军队穿过路德维希大街，有的步行，有的乘车或骑马，带着迫击炮和重炮。街角有许多群众在观望，因为那里安全并且视野不错，他们手里大多拿着小望远镜。[50]

随着军队和"自由军团"开进城市，有600多人在战斗中丧生，其中许多是平民。包括苏维埃军事人民委员古斯塔夫·兰道尔、鲁道夫·埃格尔霍费在内的俘虏被立刻处决，行刑持续到5月3日。53名为红军打仗的俄国人在位于慕尼黑郊外的帕辛被拷打和枪决。在接下来的几星期里，法院总共有5000起涉及苏维埃所犯罪行的案件，有约2200名苏维埃共和国支持者被判处死刑或长期监禁。[51]

慕尼黑及其周边所发生的灾难性事件，对这座城市产生了持久的影响，在此之前，这座大都市一直以其相对平静和浓浓的资产阶级化而引以为傲。她没有被第一次世界大战波及——除了经济上受到损失，以及很多她的儿女在遥远的前线死去——却突然经历了革命的风暴、巷战，甚至还有炮击和轰炸。正如托马斯·曼在5月1日的日记中所写下的那样，这座德国第二大城市的居民对此深感恐慌，尽管中产阶级倾向于把暴力和混乱升级归咎于赤色分子。曼住在博根豪森的富人区，他通过妻子凯蒂娅的母亲来了解城中的情况，她就住在离政府街区不远的地方：

> 凯蒂娅的母亲早上打来电话；好像有一面白旗在维特尔斯巴赫宫上飘扬，红军在清晨四点投降了。原来这不是真的，移交可能还没开始，枪声还在断断续续。在城市中……有件事引起轩然大波：在夜间，关押在卢特波德体育馆的中产阶级和贵族的人质……已经被肢解和处决了。这在中产阶级市民中引起了难以置信的愤怒。一夜之间，所有的红袖章都消失了。[52]

生活在一个现有社会秩序和等级制度被暴力推翻的世界中，这种深切的体验引起了巴伐利亚右翼的回潮。慕尼黑尤其成为魏玛共和国中最为坚定的民族主义和反布尔什维克城市——巴伐利亚的首都成为纳粹的发源地绝不是偶然的。

在巴伐利亚苏维埃共和国失败后，列宁对世界革命的期待减弱了。此时，欧洲除了俄国之外唯一的共产主义国家就是匈牙利，它的领导者是三十二岁的前律师和记者库恩·贝拉。他出生在特兰西瓦尼亚农村一位世俗的犹太公证员的家庭，接受了成为一名律师的训练。在第一次世界大战前，库恩作为一名激进的记者而小有名气。1914年，他在东线哈布斯堡军队中服役，在那里被俄军俘虏，送进了战俘营。在俄国期间他接受了布尔什维克主义，"十月革命"后被释放，并于1918年11月17日回到了布达佩斯。[53]

库恩回到匈牙利的时机再好不过了。失去了必需的粮食运输，并被持续的领土丧失所羞辱，这使得许多匈牙利人越来越激进。[54]当

1918年秋匈牙利与奥地利分离时，许多匈牙利人曾天真地以为，未来的独立民族国家将包括圣伊斯特万一世在位时的历史领土。按照1867年《奥匈条约》和次年的《克罗地亚—匈牙利协议》，这一领土包括今天的匈牙利、斯洛伐克、特兰西瓦尼亚、乌克兰的鲁塞尼亚、伏伊伏丁那和克罗地亚。然而，到1918年底，所有这些领地也都竞相出现新兴国家。在卡罗伊·米哈伊伯爵领导下的匈牙利自由主义政府得到了社会民主党人的支持，集中精力维护国家领土完整，同时推动一批迫切需要的改革，旨在把匈牙利从一个半封建专制的国家变成一个现代的民主国家，但这两件事都悲惨地失败了。[55]到1919年初，约有一半的历史领土和成千上万马扎尔人都丧失于分离运动之手，这些运动得到了协约国的鼓励和匈牙利邻国的资助。在国内，卡罗伊致力于推行期待已久的土地改革，为了与他指导国民大会制定的新法律保持一致，他甚至宣布把自己的全部地产分给农民。卡罗伊艰难地在左翼和右翼的夹缝中前行了五个月，双方都指责卡罗伊对他们的对手不够严厉，但都一致认为他对于酝酿和约的协约国太软弱了。

到了1919年1月，西方世界的观众们看到了越来越多令人担忧的报道。"俄国布尔什维克主义的流行，"《纽约时报》称，"已经到达了致命的阶段，饥饿和寒冷是其积极的盟友。新年的前夜是用城市街头的暴乱和谋杀来庆祝的。"[56]骚乱是政府决定查封库恩的报纸引起的。在他的支持者和忠于政府的部队发生流血冲突之后，库恩最终和其他共产主义领导人于2月21日被逮捕。奇怪的是，这个库恩企图推翻的政府，竟然允许他在牢房里建立了一个共产党的秘书处。国际上对匈牙利及其领土的态度引起了匈牙利人的愤怒，不满情绪普遍加剧。西方协约国允许甚至鼓励牺牲布达佩斯的利益以掠夺土地，当巴黎和会的要员们决定把一大块匈牙利的土地划给罗马尼亚，并命令匈牙利从边境的"非军事区"

撤出全部军队时，卡罗伊于3月21日辞职以示抗议。[57]

就在当天，社会民主党人——因为害怕发生内战——同意与库恩组织联合政府，并从监狱释放了他。第二天，库恩就宣布匈牙利成为一个苏维埃共和国。他很快就着手把自己的革命思想付诸实践，在掌权的133天时间里，他宣布了许多激烈的和无法实行的改革：撤除所有的大农村庄园并重新分配土地；工业企业员工超过25人的均被收归国有；教会财产被没收；重组学校，强调教授科学和社会主义原则；酒精消费成为非法；各种头衔被废除；农村店铺中的食品被征用以养活饥饿的首都。由士兵、水手和工人委员会组成的苏维埃建立了起来，特别革命法庭掌握了整个国家的司法权以判决政治案件。[58]

仿效列宁讨伐阶级敌人，库恩和他的军事人民委员蒂博尔·绍穆埃利掀起了一场"革命的恐怖"。绍穆埃利和库恩一样，也是一个曾被关押在俄国的被意识形态所驱动的战俘，他在《红色新闻》中写道："到处都是招摇过市的反革命；击败他们！找到他们并揍他们的脑袋！如果反革命分子占了上风哪怕只有一个小时，他们也不会对无产阶级有一点点怜悯。在他们扼杀革命之前，让他们在自己的血泊里淹死！"[59]绍穆埃利和约瑟夫·切尔尼组织了一支500人的队伍，他们被称为"列宁男孩"，开着装甲列车在匈牙利农村寻找反革命，在布达佩斯和农村地区，这样的左翼准军事组织前后逮捕并杀死了约600名或真或假的反革命分子。[60]

库恩的政权赢得了工厂劳动者和布达佩斯知识界的支持，但在农村却应者寥寥。左倾的城市知识分子想当然地以为农民——他们大多是文盲，生活条件很差，对政治漠不关心——会默默地接受首都颁布的政策法令，接受无产阶级的统治。[61]当布达佩斯的粮食供应减少时，政府就开始对农村实行强征，这就进一步把农民推向了布尔什维克主义的对立面。[62]库恩政权的一些成员也没干什么好事,如约瑟夫·波加尼,一边向忍饥挨饿的大众宣扬共产主义的价值观,一边却在希欧福克温泉小镇举办堕落的聚会。[63]

在继续与莫斯科保持密切联系的同时,库恩还呼吁奥地利的激进革命者以他为榜样。[64]对于布达佩斯的共产主义政权来说,来自奥地利的支持至关重要。因为这个政权能否生存下去依赖于能否打胜仗,而奥地利拥有大量之前属于奥匈帝国的武器。1919年3月22日,匈牙利呼吁维也纳工人苏维埃执行委员会成立"奥地利苏维埃共和国"并与匈牙利结盟。[65]当维也纳的社会民主党失势时,库恩号召奥地利共产党发动政变。数百名奥地利共产党员为响应这一号召和几天前成立的巴伐利亚苏维埃共和国,于4月18日冲进国会大厦并纵火焚烧。警察和忠于社会民主党的部队"人民卫队"奉命镇压起义,六名安全部队的成员在枪击中丧生,起义失败。[66]

大约一个月后,库恩派出的特使恩斯特·贝特尔海姆抵达维也纳。他声称自己代表共产国际,解散了整个奥地利共产党的领导层,掌控了一个新任命的执行委员会,并为第二次政变做准备。这次奥地利共产党寄希望于招募的前赤卫队员和对奥地利军队即将裁员不满的"人民卫队"成员。同时,匈牙利军队还将越过边境进入奥地利。[67]不幸的是,政府已经得到了消息,动员了忠于自己的部队。在6月14—15日的夜晚,多数奥地利共产党领导人被逮捕。第二天白天,数千名示威者向警察监狱前进,企图解救犯人,一支市区卫戍部队开了火,20人被打死,80人受伤,即将到来的暴动戛然而止,库恩寻找一位强邻盟友的梦想也化为泡影。[68]

在国际上缺乏支援,国内的支持也日渐下滑,匈牙利苏维埃共和国前景黯淡。用暴力推行激进的措施,使库恩政权在几乎所有的阶层中都不受欢迎，天主教徒因至少七名牧师被杀和教产世俗化政策而深感恐惧，自由派则被审查制度、任意逮捕和秘密警察吓坏了。[69] 更重要的是，公众舆论谴责政权没能战胜通货膨胀、粮食短缺和自身的腐败。[70] 大多数被剥夺了战前特权地位的贵族和因苏维埃政权拒绝重新分配土地而感到怨恨的农民竟然结成了同盟，这个反城市和反现代化的同盟自称代表整个国家，嘲讽在布达佩斯的红色精英。

1919年5月30日，反共政治家们在南方城市塞盖德组织了一个政府，然后被置于法国的控制之下。它的武装力量"国民军"受霍尔蒂·米克洛什的指挥，他是第一次世界大战的英雄，奥匈帝国的最后一任海军司令。[71] 和俄国的白军不同，霍尔蒂的"国民军"显得头重脚轻：在1919年6月5日最初招募的6568名志愿者中，有差不多3000人是前哈布斯堡军官，还有800人来自武装边防军"马扎尔皇家宪兵"。他们中的许多人来自农村，尤其是一些新的边境地区或失去的特兰西瓦尼亚等地，在那里，民族冲突要比首都真切得多。鉴于许多积极分子的农村背景，他们中显然存在一种反城市的情绪，因此涌现出许多环伺"红色首都"布达佩斯的准军事部队。[72]

他们中的许多人都经历过类似德国和奥地利复员军人在1918年革命中返乡的遭遇。枪骑兵军官科兹马·米克洛什和其他人一样，在1918年冬天回到匈牙利时受到了很多污言秽语甚至是拳脚相加的"欢迎"。[73] 在科兹马的记述中，革命者是以这样的形象出现的——在类似的记述中是相当典型的——一群被"红色亚马孙女战士"率领的柔弱而"肮脏的人"，他们"几星期没洗澡，衣服几个月没换；衣服和鞋子在他们身上发臭，让人无法忍受"。[74]

自1789年法国大革命以来，科兹马和其他人在自传中所描述的噩梦就萦绕在欧洲保守势力的心头：革命的普罗大众战胜了法律和秩序。他们所描绘的图像在某种程度上受到对古斯塔夫·勒庞所著《乌合之众》（1895）的庸俗化理解的影响，他的思想在世纪之交的整个欧洲右翼群体中被广泛讨论。前军官叙述他们被激动的人群和低阶士兵撕去勋章的屈辱遭遇，也印证了勒庞把"野蛮"的群体和"文明"的个体并列的观点。有很多相同遭遇的前军官最后都加入了霍尔蒂的"国民军"。[75]

然而，最终打倒库恩政府的不是匈牙利"国民军"，而是来自国外的敌人。1919年4月，当西方国家对库恩的敌意已经显而易见的时候，他在布达佩斯会见了由南非总理扬·克里斯蒂安·史末资将军率领的协约国代表团。如果说库恩还曾幻想代表团的来访能为他的政权争取到国际上的承认，那么这种幻想很快就破灭了。无论是史末资还是同行的英国高级外交官哈罗德·尼科尔森，都没有对库恩及其政府留下什么好印象。尼科尔森描述库恩是一个"绷着脸和性格无常的罪犯"，"面皮发白而肿胀，嘴唇潮湿松散，剃的光头，有红色头发的痕迹，眼睛狡猾而多疑"。库恩的随行外交政策顾问也没有得到尼科尔森更好的评价，这反映了他的阶级在民族和社会问题上的普遍偏见："有点油腻的犹太人，被虫蛀的裘皮大衣，细长的领带，肮脏的领子。"[76] 史末资和尼科尔森在布达佩斯只待了两天就走了，没有对库恩作任何让步。[77]

在史末资离开后不久，1919年4月中旬，罗马尼亚军队在法国的默许下入侵匈牙利。[78] 布加勒斯特声称是出于自卫，因为匈牙利政府正在组织和资助特兰西瓦尼亚（已属于罗马尼亚）村庄的布尔什维克宣传，为的是要掀起一场起义。几天之后，捷克以同样的借口入侵斯洛伐克北部。[79]

匈牙利人暂时搁置了内部的争议以面对外来的威胁。由于罗马尼亚人已经威胁到了匈牙利的领土完整，在军队团结起来保卫国家边境的时候，尽管其中很多军官对布尔什维克主义只是有限的支持，库恩还是缓和了阶级斗争的言辞。意大利人向库恩出售武器，很大程度上是因为它的对手南斯拉夫也是匈牙利的敌人。到了5月中旬，匈牙利军队把捷克人从斯洛伐克赶走，但对罗马尼亚人的作战却不怎么成功。他们试图把入侵者赶回提萨河对岸，却遭到了罗马尼亚人巧妙的反击。[80] 此时，反政府的匈牙利国民军领导人霍尔蒂将军正希望罗马尼亚人能够推翻库恩，许多匈牙利官兵在其鼓动下决定停止战斗。失去支持的匈牙利战线崩溃了，罗马尼亚人废黜了库恩和他的政权。库恩逃到奥地利，然后去了苏联，最终死于斯大林的大清洗。[81]

1919年8月3日，罗马尼亚军队开进布达佩斯并一直驻扎到1920年初。[82] 其间对当地居民犯下数起暴行并在首都大肆劫掠，让很多匈牙利人深深感受到了粗暴的不公正待遇，尤其是这些事并非西方协约国的战胜者所为，而是1918年时同盟国的手下败将干的，令人备感耻辱。[83]

在罗马尼亚军队迫于西方协约国的压力于1919年秋撤军时，霍尔蒂将军的反革命军队看到机会来了。11月16日，他骑着一匹白马率领国民军开进了布达佩斯。霍尔蒂把布达佩斯描述为一座革命的"罪恶都市"（这一词汇最早由民族主义小说家萨博·德塞使用），宣布自己是来惩罚和净化首都的。[84] 他手下的许多人以及沆瀣一气的各种准军事组织都被鼓动起来，向"红色恐怖"所犯下的罪行复仇。早在8月，科兹马就在日记中写道："我们将要看到……民族主义的火焰高高飞扬……我们也将进行惩罚。几个月来犯下罪行的人们必须要受到惩处。可以想象，当我们把一群红色流氓和恐怖分子背靠墙站成一排时，那些妥协和软弱分子就要开始长吁短叹了。人道主义和其他'主义'的错误口号，已经把这个国家推向破产的边缘，这一次他们的眼泪就要白流了。"[85]

只要权力出现真空,那些民兵就会按照他们对暴力复仇的想象去实行。批评白色恐怖的杰出知识分子,比如记者巴斯科·比拉、社会民主党日报《人民之声》的编辑绍莫吉·比拉等,被右翼民兵绑架并杀害了。[86]匈牙利民兵组织的目标不仅是左翼支持者,还包括对政治不持立场的犹太中产阶级。从1919年下半年延续到20年代初的政治暴力,夺走了多达5000人的生命,另有7.5万人被监禁,10万人流亡海外。[87]由于包括库恩在内的许多匈牙利革命领导人都在被捕前成功逃脱了,其他人不得不为他们的"叛国罪"付出代价。[88]

社会主义者、犹太人和工会成员被抓时都被拖进军营打昏。"在这些场合,"根据声名狼藉的匈牙利民兵组织头目、霍尔蒂的临时卫队长普罗内·保罗男爵回忆,"我下令再打那些狂热的人类动物五十棍,他们的脑子已经陶醉在马克思的邪说里。"[89]对于普罗内和其他民兵头目来说,非人的("人类动物")和非民族主义的("布尔什维克")敌人可以随意虐杀而毫无歉疚,因为这些行为是出于把民族从丧失领土和社会主义深渊中拯救出来的神圣目的,都是合法且必要的。在战争与革命的背景下,这些人相信,国内破坏军事行为"文明"准则的敌人,只能通过同样极端的暴力行为来制止,他们的敌人在巴伐利亚和匈牙利短暂的"红色恐怖"期间被认为使用了这样的暴力。[90]

一个国家对其内部敌人的战后"清扫",可以被视为其重生的一种必要前提,一种暴力复兴的形式,它可以证明战争中牺牲的意义,不管是战败还是革命。从某种程度上说,这种抽象的从帝国废墟中实现民族复兴的愿望,成为唯一能够把奥地利和匈牙利鱼龙混杂的民兵组织联系起来的纽带。回顾往事,1918年11月以后民兵组织的大量涌现,看上去更像是对西方协约国首肯的新政权建立和领土割让的一种攻击,而不是在尝试共同建立某种特别的独裁新秩序。参加右翼准军事行动的积极分子尽管都反对革命，都希望民族复兴，却不一定有相同的意识形态目标和野心。恰恰相反，奥地利和匈牙利的右翼准军事骨干，实际上因对未来国家形式的愿景不同而存在深刻分歧。例如，强大的"正统派"势力，特别是在维也纳的匈牙利社区里，曾两次试图把卡尔皇帝推上圣伊斯特万的宝座；但也有大批早期的法西斯活动家，他们就像憎恶共产主义那样憎恶君主制。一些在奥地利的保皇派准军事组织，也要求恢复哈布斯堡君主制（尽管不一定是前任的皇帝），然而他们和一些志在促成德奥合并的人出现了直接的矛盾。[91]

这种政治目标的分歧的确引起了严重的紧张局势。1921年10月，卡尔皇帝两场失败的复辟之一，使得霍尔蒂赶走了莱哈尔·安东等保皇派准军事首领。安东是作曲家莱哈尔·弗朗茨的弟弟，曾经指挥着匈牙利最大的民兵组织。他被迫离开祖国，在柏林开始了第二职业生涯，成为一位轻音乐发行商。在那里，他和他那更负盛名的哥哥在纳粹的独裁统治下一帆风顺，尽管弗朗茨的妻子是犹太人（纳粹当局授予了她"荣誉雅利安人"以解决这一问题）。[92]

然而，即便把保皇派排除在外，中欧的激进右翼势力对于前景如何也无法达成共识。他们所赞同的也是他们所违背的。泛德意志主义的"高地同盟"在他们的小册子《德意志的抵抗策略》中称，民族的复兴只有通过对1789年的启蒙运动、人本主义和天赋人权思想进行彻底的批判性继承才可能实现："1789年的思想体现为现代个人主义、资产阶级文化和经济观、代议制政府以及现代民主……我们高地同盟的成员将沿着为德意志未来而牺牲的烈士的鲜血所标识的道路前进，我们将一如既往地成为德意志抵抗运动的突击队。"[93] 1919年杀害罗莎·卢森堡和卡尔·李卜克内西的瓦尔德马·帕布斯特后来去了奥地利，成为保安团的军事首领，他表达了类似的看法，呼吁"把法国大革命'自由、平等、博爱’的三个旧词……换成权威、秩序和正义”。[94]

　　两个文本都清楚地表明，后哈布斯堡中欧的准军事化世界是一个行动的世界，而不是思想的世界。这些“行动”究竟应该针对谁，成为这些准军事组织最广泛讨论的主题之一。在前哈布斯堡帝国东线部队总司令阿尔弗雷德·克劳斯看来，“德国人的敌人”包括“法国、英国、捷克和意大利人”——显然这是一种战时思维在1918年后的延伸；相较于外国的民族主义敌人来说，国际主义的敌人更为危险：“红色国际”、“黑色国际”（天主教政党），以及“最为重要的”那些“企图控制德国人的犹太人”，克劳斯认定所有其他的敌人都拿了犹太人的好处而为其服务。[95]

　　在1919年5月的慕尼黑，从波罗的海来的德裔难民（以及后来的纳粹东部占领区事务部长）阿尔弗雷德·罗森贝格在一篇文章中评论道：

> 　　列宁是人民委员中唯一的非犹太人；可以这么说，他只是犹太商人的俄国店面……但是可以观察到，在俄国对犹太人的仇恨在不断扩大，一切恐怖高压都没有用，所有最近的新闻都证实了这一点……如果现在的政府垮台，没有犹太人能在俄国生存；可以肯定地说，没死的都将被赶走，他们能去哪里呢？波兰人已经把他们放在海湾，所以他们都会来到德国，在那里，我们太爱犹太人了，为他们准备了温暖的席位。[96]

　　犹太人是布尔什维克革命的主要发动者和受益人这一观念显然起源于俄国，尤其是白卫分子的宣传，但这一想法迅速蔓延到整个欧洲。事实上，有相当多的犹太人在随后的1918年至1919年的中欧革命中扮演了突出的角色——如柏林的罗莎·卢森堡、慕尼黑的库尔特·艾斯纳、匈牙利的库恩·贝拉、维也纳的维克多·阿德勒——看上去让这种指责变得貌似可信，甚至英国和法国的旁观者们也开始信以为真，当时有大量的法国报纸把布尔什维克革命归因于犹太人的影响。[97]在伦敦，英国外交部当局得出了类似的结论。一个人写道，"犹太人决心尽一切力量阻止一个伟大的和独立的波兰出现"；另一个人评论说，"恐怕关于布尔什维克骨干是犹太人的说法是有据可查的"。[98]1920年，温斯顿·丘吉尔写了一篇恶名远扬的文章，把欧洲大陆的革命归咎于犹太人：

> 从斯巴达克斯—魏斯豪普特到卡尔·马克思，再到后来的托洛茨基（俄国）、库恩·贝拉（匈牙利）、罗莎·卢森堡（德国）、埃玛·戈尔德曼（美国），这场世界范围的革命阴谋一直在稳步扩大，为的是推翻文明成果，重建一个以发展停滞、嫉妒怨恨和不可能平等为基础的社会……在19世纪，它是每一场颠覆运动的主要推动者。现在，这条从欧美大城市的地下社会伸出的写满了那些名人的纽带，紧紧捆住了俄国人民的头发，成为这个巨大帝国无可争辩的主人。没有必要再去夸大这些无国界的和大部分是无神论的犹太人在创建共产主义及俄国革命中所起的作用，这当然是很伟大的，也许超过了所有其他人。[99]

在全世界广泛流传的《犹太人贤士议定书》进一步助长了这种观点。这本书的内容是所谓19世纪末期犹太领导人的一次会议纪要，讨论的是如何在全球实现犹太人的统治。从1919年起，这本书被翻译成西欧的语言，美国实业家亨利·福特这样的富翁经常给予资助，在美国他就赞助发行了50万本。1921年，这本书被曝光是伪造的，但并未改变其在反革命分子头脑中的巨大影响。然而，反犹主义和反布尔什维克主义的邪恶联姻，在欧洲不同的背景下产生的结果截然不同。只有在莱茵河以东（更值得注意的是在易北河以东），"反犹太—布尔什维克主义"才导致了1917年至1923年及1939年后对犹太人的大屠杀。[100]

在这些观点广泛的散布之下，中欧的犹太人——尽管是少数民族，不超过奥、匈两国人口的5%——在第一次世界大战后惨遭右翼准军事组织的暴力迫害也就不足为怪了。犹太人代表了一切极右翼所讨厌的东西，他们可以被同时（也是自相矛盾的）描绘成来自东方的泛斯拉夫革命的化身，威胁到东欧基督教传统秩序，或是莫斯科的"红色代理人"，或是含糊不清的资本主义"黄金国际"和西方民主势力的代理人。这些指责的共同点就是，犹太人"天生"就是国际主义者，因而遭到了民族国家及其"主体民族"的憎恨。

与德、奥两国相比，匈牙利的反犹暴力活动得到了国家机关的默许，有时还得到民族主义媒体的鼓励。[101]1922年，维也纳的犹太人社区出版的一份报告中说，在匈牙利的外多瑙河地区，"超过3000名犹太人被杀害"。[102]虽然这些数字可能会被夸大，但毫无疑问专门针对犹太人的白色恐怖是大范围的。1919年，在伯赫涅的宾·伊格纳斯向警察报告了一起在匈牙利典型的反犹暴力事件："在10月1日的前夜，一群60人的白卫军来到我们社区，命令所有犹太男人都必须立刻到集市广场。17名与共产主义活动完全无关的犹太男人服从了命令。"当他们在广场集中后，"遭到了殴打和折磨——没有任何审讯——士兵们就动手绞死他们"。这种极端暴力的行为有两个目的，既可以清除掉"布尔什维克主义的源头"，还可以杀一儆百，告诉任何敌人落在白卫军手里的下场。[103]

在奥地利，反犹活动同样普遍，只不过在1938年以前显得不是特别暴力。1914年之前，奥地利的反犹主义就在右翼政客中普遍流行，他们气愤地抱怨维也纳来了太多从加里西亚和布科维纳来的犹太移民。第一次世界大战期间，更多的加里西亚犹太人从战火纷飞的前线地带逃往奥地利的首都。同时，在奥地利从事银行业、军火和食品行业的富裕犹太人，都被反犹主义者称为"犹太奸商"。[104] 1918年，加里西亚给了波兰，布科维纳给了罗马尼亚，犹太移民的数量进一步增加。在加里西亚和乌克兰的大屠杀更是加快了移民的速度。当时有约12.5万犹太人居住在维也纳，虽然德、奥两国的民族主义者认为这个数字高达45万。[105]

德国的情形没有什么不同，那里也是许多东欧犹太人逃离大屠杀的目的地。对那些从崩溃的罗曼诺夫帝国西部边疆和战后的前哈布斯堡加里西亚地区逃走的犹太人来说，最好的情况不过是在他们的新家园受到一个不冷不热的欢迎。即便是已经生活在德国或维也纳的犹太社区，也把正统派犹太难民视为缺乏社会地位和文化教养的圈外人。[106]

一直以来，德国人就把那些信仰犹太教的同胞视为二等公民，当数以万计有着不同服饰、文化传统和语言的东方犹太人到来时，他们对犹太人是"异类"的偏见就越来越强烈，并煽动起反犹主义的火焰来。丽娜·冯·奥斯滕是未来的大屠杀主要刽子手莱因哈德·海德里希的妻子，当她第一次遇到犹太难民时，能感觉到的只有厌恶。20年代末，她介绍海德里希加入了纳粹党。在回忆录里，她把1918年后进入德国的大批东方犹太人视为"入侵者和不受欢迎的客人"，只要他们出现就会让她感到"愤怒"，以至于"没办法不恨他们"："我们和他们生活在一场强迫的婚姻中，其中一个伴侣简直无法忍受另一个的气味。"[107]

这样的观念在德国和奥地利的右翼人士中广泛存在，在那里，"犹太人"已经有了一项突出的罪名，从战时的"奸商"发展成了无助的德国人民的"奴隶主"。根据这一解读，犹太人被确信"利用我们的危险来大发其财……并榨干我们的最后一滴血"。[108]把犹太人认作革命和帝国崩溃背后的"操纵者"，这种看法是和另一种看法普遍联系在一起的，那就是"德意志巨人有朝一日将再次复兴"，那时，"对所有的叛逆、虚伪和野蛮，对他们对德国人民和人类犯下的所有罪行进行清算的日子一定会来到"。[109]

就像在匈牙利一样，奥地利的反犹主义经常搬出基督教教义，把犹太人应为帝国崩溃负责的观念和基督教古老的教条"犹太人的背叛"联系在一起。[110]因此，像蒂罗尔的保安团头目理查德·施泰德尔那样的基督教社会党政客就认为："只有对犹太人及其帮凶的灵魂进行彻底的清算才能拯救德意志的阿尔卑斯。"[111]1918年后的反犹主义进一步加剧，是因为在1918年至1919年革命的心脏地带存在一个"犹太人阴谋"的说法广泛流传。奥地利赤卫队的精神领袖列奥·鲁奇格尔，以及社会民主党的著名成员如维克多·阿德勒、奥托·鲍尔都是犹太人，这一点被右翼媒体不断地提起。

在匈牙利的保守派军官眼中，革命和战后时期的红色恐怖，也和犹太人有着千丝万缕的联系，其中最重要的是革命领袖库恩·贝拉和他的首席军事顾问绍穆埃利·蒂博尔。[112]事实上，反犹主义和匈牙利以及其他地方毫无干系，库恩的支持者绝大多数都是非犹太人。在1919年8月初库恩政权倒台之后，律师索罗西·奥斯卡在报纸上发表了一篇广为流传的文章《无产阶级专政的罪犯》，将"代表仇恨的、血迹斑斑的犹太红骑士"视为红色恐怖的元凶和共产主义的背后推手。[113]在匈牙利，同盟国的战败也和奥地利一样被归咎于犹太人。按照后来的总理根伯什·久洛的说法，哈布斯堡帝国战败的原因，是其犹太人所占的比例（1比56）比协约国（1比227）更高。[114]

随后，公开宣布反犹并暴力迫害犹太平民，成为中欧准军事组织普遍引以为荣的事。在匈牙利，针对犹太人的暴行通常是在当局的默许下进行的，因此其情形特别极端。例如，普罗内·保罗砍下犹太受害者的耳朵作为护身符。[115]普罗内手下的军官盖塞·哲尔吉在一次晚宴中自豪地说，他晚上胃口很好，因为他花了一下午在火车上活烤了一个犹太人。[116]

在奥地利，情形远没有那么极端。然而，民兵组织的语言暴力仍清楚预示着未来。当汉斯·阿尔宾·劳特尔表示他将"尽快除掉犹太人"时，当格拉茨的学生领袖、未来的保安团长恩斯特·吕迪格·施塔尔亨贝格攻击称"犹太战争奸商"为"寄生虫"时，暴力反犹的语言传统就建立起来了，而随后几年极端民族主义者就是在此基础上得以成形。[117]

虽然奥地利的局势相对平静，但保加利亚发生了革命和反革命的暴力，只是略为延缓和没有强烈的反犹事件。尽管国内存在很多问题，但该国还是在1919年进行了民主选举。一方是新近成立的共产党，紧随列宁和布尔什维克的政治路线；另一方是保加利亚农业国家联盟。共产党在城市的支持者很多，但农业国家联盟在亚历山大·斯坦博利耶斯基超凡魅力的领导下，成为更为强势的一方。[118]他通过在程序上使几个共产党候选人资格无效的办法获得了在议会的多数。接下来的四年里他执掌政权，采用越来越专制和暴力的手段来镇压一切异议。奇怪的是，君主政体并未被他废除。[119]

尽管斯坦博利耶斯基在德国读书，但他还是让自己看上去像一个出身卑微的农民领袖。他身形雄伟、黑发蓬乱、胡子浓密，当时一个英国人把他生动地形容为"一个穿过黑莓树丛的土匪"。[120]用农民容易理解的浅显词汇来说，斯坦博利耶斯基不是一个共产主义者，而是一个农民社会主义者——这一词组在这个小农数量庞大的国家很有吸引力。特别是他向市民和上层阶级提出了农民的质问。"是谁把你们派去战壕的？"他问道，"是他们。是谁让你们失去了马其顿、色雷斯和多布鲁甲？是他们。"[121]

斯坦博利耶斯基的口才和优先支持农业的政策，也许让他获得了许多小农的忠诚，但也很快就让几乎所有其他人疏远了他。1919年11月在前总理特奥多尔·特奥多罗夫辞职后，他签署了毁灭性的《纳伊条约》，但民族主义者勉强原谅了他，因为政府显然除了接受协约国的条件之外别无选择。但再难容忍的是，斯坦博利耶斯基要和保加利亚的强邻塞尔维亚—克罗地亚—斯洛文尼亚王国达成协议。1923年3月，为了消除保加利亚在国际上的孤立，斯坦博利耶斯基和南斯拉夫政府签署了《尼什协议》，旨在进行边界安全方面的合作，消灭进行恐怖活动的马其顿极端分子。这一协议被认为是给马其顿民族主义者又插了"背上一刀"（继《纳伊条约》之后），他们在奥斯曼帝国对巴尔干的统治即将终结时就渴望成为独立的保加利亚民族国家的一部分。[122]第一次世界大战后，马其顿民族主义者继续在马其顿内部革命组织（IMRO）领导下开展行动，宣布其主要目标是马其顿自治，并保护保加利亚境内的马其顿人。1920年2月，游击队组织（所谓的"切塔"）恢复了战前在瓦尔达尔河和爱琴海之间马其顿土地上的活动——这片土地现在被希腊和塞尔维亚—克罗地亚—斯洛文尼亚王国控制。他们也开始有目的地暗杀保加利亚的政要，包括斯坦博利耶斯基的农业国家联盟的代表。《尼什协议》希望能够终止IMRO的活动。[123]

斯坦博利耶斯基在小农国家的重要问题——土地改革——上奉行了一条激进的政策路线，因而在国内树敌更多。他宣布占有土地最多不能超过30公顷，从而使政府可以没收教堂、地方政权和公产土地，其主要目的是让所有农民拥有相对平均的地产。然而，这项改革破坏了宪法保障的私有财产权，并且——尽管得到很多农民的支持——必然成为引起其他群众争论的主要问题。[124]

在其他经济领域也有类似的政策出台，最主要的是在工业、商业和金融方面限制巨额资本的集中。斯坦博利耶斯基还在城市提出了财富上限的概念，建立了义务劳动制度，要求所有公民，不论男女，为建设道路、学校等公共工程工作几个月。虽然对于战后重建中重要的基础设施建设来说，这一举措被认为可以保证劳动力来源，但它是极其不受欢迎的。激进的思想也体现在保加利亚的政治体制改革中，斯坦博利耶斯基主张废除所有的党派，只留下三个基于基本劳动关系的政治组织：农民联盟、工人阶级组织和手工业者联盟。[125]在其他党派看来，斯坦博利耶斯基的这些步骤表明，他打算通过不正当的手段建立农民的专政。

1922年7月，保加利亚主要的自由派保守党和社会民主党克服分歧，共同成立了所谓的"宪法集团"。他们以农业国家联盟为共同的敌人，集团的代表公开谴责斯坦博利耶斯基的统治是由农民中最坏分子建立的独裁，必须用一切手段将其赶走。[126]

斯坦博利耶斯基还设法疏远军人精英，他们已经被1913年和1918年的两次军事失败搞得颜面无光，不仅被剥夺了政治权力和社会声望，还成了政府公然蔑视传统军事机构时的打击对象。上层军官们对斯坦博利耶斯基自己建立的民兵组织"橙色卫队"感到担忧，它由武装农民组成，只忠于农业国家联盟及其政治领袖，[127]专门用以维护"国内秩序"和恐吓政治对手。虽然斯坦博利耶斯基的党从未建立起真正的农民专政，"橙色卫队"的存在还是威胁到了政府的对手保守派和军人精英，后者于1919年组织了一个日益强大的所谓"军人同盟"，由一名法学教授亚历山大·灿科夫领导，保加利亚的大部分军官都被吸纳在内。从"军人同盟"成立的那一天起，它就在等待机会推翻农业国家联盟的统治。[128]

具有讽刺意味的是，机会出现在1923年4月1日斯坦博利耶斯基的农业党赢得议会选举之日。政府禁止反对派集会并废除了对农业党不利的比例代表制，这极大地帮助了它赢得选举。斯坦博利耶斯基政府的反对派面临越来越边缘化的危险，遂决定在1923年6月9日发动阴谋袭击。一夜之间，军队占领了首都所有的重要据点，逮捕了斯坦博利耶斯基政府的部长们和其他实行土地改革的要员。"军人同盟"的领袖亚历山大·灿科夫（在政变中发挥了至关重要的作用），在皇帝鲍里斯的支持下取代了斯坦博利耶斯基的总理职位，鲍里斯与持共和主义的斯坦博利耶斯基的关系一直很紧张。[129]

政变时，斯坦博利耶斯基正在家乡斯拉沃维特萨村看望亲戚。政变者为了抓住他，封锁了所有从保加利亚逃走的路线，并分发他是通缉犯的传单。"每个人都有义务——无论城乡——抓住或打死他，不执行命令者将被逮捕。"[130]几天后，这位农民领袖被IMRO的人抓住，在遭到残酷折磨后和弟弟一同遇害。斯坦博利耶斯基签署过《纳伊条约》和《尼什协议》的手被砍断，和他的头颅一起被装在一个大饼干盒里送回索菲亚。[131]

斯坦博利耶斯基的惨死立即引起了他的支持者的暴动，整个农村都骚动起来，农会和"橙色卫队"都动员起来抵制政变。但农民如果希望得到共产党的帮助，他们将会失望。共产党把冲突看成是资产阶级两个部分（一个在城市，一个在农村）之间的矛盾，决定袖手旁观。由于孤立无援和缺乏武器，农民暴动迅速被军队镇压。同时，灿科夫向惊慌的西方协约国保证将履行《纳伊条约》的条款，并在保加利亚重建民主制度。[132]

　　灿科夫做到了第一条，但是没有做到第二条。民主制度的重建不是那么容易的，在20年代余下的几年中，暴力在保加利亚的政治生活中依然是一个永恒的主题。当1923年6月保加利亚的农民在农村遭到屠杀时，共产党人没有和军队战斗，现在却听从莫斯科的命令去发动一场革命。1923年9月，由共产主义者、无政府主义者和农民发动的反对灿可夫政府的起义失败。起义带来的灾难在保加利亚西北部和中部蔓延，有1200到1500名共产主义支持者被杀，幸存者被施以酷刑投入监狱，保加利亚开始了历史上的"白色恐怖"时期。军警镇压起义的残酷激起了一阵小说和诗歌创作的波澜，其中吉奥·米列夫写于1924年的诗歌《九月》最为著名：

　　　　村子的广场再次没入血泊，

　　　　从被残忍割开的喉咙中迸出死亡的尖叫。

　　　　锁链发出沉重的声响，

　　　　监狱又挤满了人。

　　　　从军营到监狱，

　　　　充满着命令的回声

　　　　和大声的呵斥。

　　　　门是锁着的，

　　　　暗夜的来客用锤子砸开。

　　　　儿子被手枪打中，

　　　　横尸门槛，

　　　　父亲被绞死，

　　　　妹妹被玷污。

> 农民从村子里被赶走，
>
> 押送的是军队：
>
> 这是一支阴郁的车队
>
> 只开往屠场……

写下这首诗一年之后，米列夫本人也和其他保加利亚左翼知识分子一道被捕并遭杀害。

　　起义的进一步结果是，共产党及其有关组织都被查禁。为了报复，共产党地下组织在1925年4月16日引爆了索菲亚圣礼拜日教堂的屋顶，当时教堂内正在举行康斯坦丁·格奥尔基耶夫将军的葬礼，他于数日前被共产党人暗杀。爆炸导致教堂的屋顶坍塌，造成130多名送葬的来宾死亡，其中有许多高级军官和政客，另有约500人受伤。在这次炸弹袭击行动之后，当局又开始了一轮对共产党员及其支持者以及普通群众的大搜捕。被捕的人都遭到酷刑和关押，约有1000人在爆炸案后一个月内消失得无影无踪，其中大部分人死于警察的拘禁。[133]

10

对布尔什维克主义的恐惧与
法西斯主义的兴起

在中欧、东欧和东南欧战败国发生革命的威胁很快就波及西方的战胜国，甚至更远的中立国。第一次世界大战中保持中立的西班牙，在1918年至1920年间进入了"布尔什维克的三年"，差一点酿成内战。在战前就已经普遍存在的劳工骚乱，开始向南方农村蔓延，并在城市爆发，工会支持者、雇主和警察之间的冲突导致750多人死亡。[1] 在加泰罗尼亚的巴塞罗那，工人联盟希望建立一个加泰罗尼亚工人共和国，并切断和首都马德里的一切关系。早在1917年8月，他们就和社会主义劳工总会一起呼吁在巴塞罗那举行总罢工，罢工被武力镇压，造成70多人死亡，上千名"革命者"嫌疑人被逮捕。1919年春，在俄国和中欧革命的鼓舞下，工人联盟呼吁再次举行大罢工，巴塞罗那的十万名工人停工一个月，[2] 罢工未能达成一个令各方满意的长期解决方案。几周之内，西班牙的其他地方，特别是南部地区也举行了罢工，安达卢西亚的塞维利亚和格拉纳达都发生了大罢工。在西班牙南方半封建庄园里劳动的贫苦农工，在听闻列宁和布尔什维克已经解决了俄国的土地问题后都深感鼓舞。科尔多瓦一份无政府主义—工团主义的报纸《采石场之声》这样写道：

> 你们准备好，西班牙的工人们，正义的号角随时都会吹响！被压迫和绝望的人们，是时候向敌人清算他们对劳工阶级犯下的罪行了。[3]

面对日益动荡的局势和激动的无地农民，地主们放弃了他们的家园。[4]同时，政府对布尔什维克主义的恐惧已经无以复加，以至于把当时居住在西班牙的约800名俄国人和其他有共产主义嫌疑的外国人集中起来，在1919年春把他们强行送上了去敖德萨的轮船"曼努埃尔·卡尔沃"号。[5]经济动荡和内乱愈演愈烈，1917年至1923年间换了十五届政府，此间左翼于1921年创立了西班牙共产党。最终，西班牙遵循了一种类似中欧的模式，米格尔·普里莫·德里维拉将军于1923年9月夺取了政权，把国家变为一个在国王阿方索十三世名义下的保守独裁政权。[6]

比起其他地方，欧洲主要的战胜国——英国和法国——所受到的革命的威胁要轻得多。1919年4月下半月，在爱尔兰西部建立的短命的"利默里克苏维埃"，与其说是共产主义的，还不如说是共和主义的，并且不管怎样，英国军队在两周内就将其镇压了。虽然英、法两国都没有出现共产党人试图染指政权的严重情况，但当时的人们都痴迷于布尔什维克正在传播危险的看法。1919年2月，无政府主义者尤金·科坦企图暗杀法国总理乔治·克列孟梭，这可以被视作一个孤立的事件，可是当政者并没有忘记第一次世界大战最后两年国内爆发的浩大的罢工浪潮。

1916年7月，法国的冶金行业已经发生了一系列严重的罢工事件，1918年5月再次发生。1917年春，罢工蔓延，并开始普遍要求更高的工资和结束战争。更糟糕的是军队的哗变：在1917年5月和6月间，西线差不多有一半的法国师受到了影响。[7] 虽然哗变和停工没有升级为革命，但这一年的回忆挥之不去，并且还因俄国革命而放大了。1920年春，法国再次受到由总工会支持发起的一系列罢工的困扰，对布尔什维克的恐惧在政治阶层和中产阶级中迅速蔓延。同年12月中旬，工人国际的法国分部（后来更名为法国共产党）成立，这并未使他们减少这种疑虑。由于来自德国的地缘政治威胁尚未完全消除，法国的保守派政府发出了新的政治讯息，现在的法国东部边境存在两种威胁：德国的修约主义和俄国的布尔什维克主义。[8]

英国在20世纪20年代也遭遇了经常性的劳工骚乱，其中1920年10月全国性的矿工罢工持续了两个半星期，引起国家暂时性的瘫痪。劳工运动最终导致了1926年的大罢工，英国工业所有部门的工人都加入了罢工。不过，罢工的要求主要是经济上的，并没有想要进行推翻现有制度的革命。唯一公开鼓吹激进变革的英国共产党成立于1920年7月，从未得到过很多人的响应。然而，至少从1918年秋到20年代初期，英国有许多人认为俄国和中欧的事件会在国内复刻。伦敦的社会改革家、知识分子比阿特丽丝·韦布和她的丈夫一起创办了伦敦经济学院，1918年11月11日西线战事结束的那一天，她在日记中写道：

> 和平！各地的皇冠都被敲得粉碎，有身家的人都在悄悄颤抖。再过多久，革命的浪潮就要盖过胜利的浪潮？这是一个考验白厅和白金汉宫的问题，即便在那些深谋远虑的民主人士当中也引起了焦虑。[9]

　　次年春天，俄国已经淹没在内战的血泊之中，革命在向西蔓延，焦虑转而成为恐惧。1919年3月下旬，在匈牙利和巴伐利亚苏维埃共和国不久前刚刚成立的阴影下，首相劳合·乔治在《枫丹白露备忘录》中呼吁："在当前局势下，我看到的最大危险是德国可能会把自己的命运同布尔什维克主义连结在一起，把她的资源、她的头脑和她庞大的组织力量，交给那些梦想以武力使布尔什维克主义征服全世界的狂热革命分子，任凭其使用。"[10]

　　这种恐惧逐渐被灌输到大众的想象中，共产主义逐渐取代了英国战时的德国敌人——"邪恶的野蛮人"——而成为未来主要的威胁。1924年，广受欢迎的作家约翰·巴肯出版了他最为畅销的五本惊悚小说中的第四本，故事的主人公名叫理查德·汉内，一名来自上流社会的保卫不列颠的英雄，而敌人在暗中千方百计破坏帝国及其等级体系，具有明显的共产主义特征。虽然在前三部小说中威胁都来自德国，但《三个人质》中的反派主人公多米尼克·梅迪纳，表面上是温文尔雅的英国保守党政客，实际上却是一个"带着模糊的拉丁口音的"爱尔兰移民，"永远划不好一个十字"。梅迪纳象征着一种似乎将要威胁到现行秩序的新的虚无主义——布尔什维克主义。[11]

　　对布尔什维克的担心甚至扩展到了美国，1919年至1920年，美国的意大利裔无政府主义者制造了一系列的炸弹袭击事件。其高潮是在1920年9月16日中午，纽约华尔街发生了一起致命的炸弹袭击，造成38人死亡，数百人受伤。罪犯没有被抓到，但人们普遍认为爆炸是由无政府主义者策划的，这引起了"红色恐慌"和对局势进一步动荡的担忧，并导致出现一种极端的反共心态。[12]

　　在第一次世界大战的战胜国中，受布尔什维克革命威胁最大的国家，可能是欧洲列强中最小的一个——意大利。即便在1917年春夏的战争期间，意大利北部就发生了针对粮食短缺和战争拖延的大规模抗议。[13]

继1917年卡波雷托战役惨败之后，1918年意大利在维托里奥威尼托战役中战胜奥匈帝国，以惊人的速度迅速扭转了战局，暂时缓解了国内的紧张关系，一扫前一年秋天濒临崩溃的悲惨回忆。奥匈帝国的战败，标志着意大利民族国家历史上第一次重大的军事胜利，激发起它最狂野的梦想和愿望。[14]在新"光复"的领土上，特别是在前奥匈帝国城市的里雅斯特，当地的意大利民族以无限的喜悦欢呼意大利军队的胜利，"四天里，不分年龄、性别、党派，有13万人走上的里雅斯特的街头和广场……每个人都会高兴地哭泣，拥抱和亲吻别人，好像他们都有同一个母亲一样。这位母亲就是意大利，她的名字被每个人呼唤……"[15]

但实际上，当时精明的观察家们已经清楚地意识到，意大利在战争中出现了深刻的分裂。例如在与维也纳停战的那一天，意大利著名哲学家贝内代托·克罗齐在他广为人知的散文《胜利》中写道："意大利走出了战争，但它带着严重和致命的疾病，有暴露的伤口，肌体中有危险的弱点……"[16]

当然，克罗齐正确地看到了军事胜利无法弥合意大利社会的裂痕，这一裂痕可以追溯到1914年，当时意大利公众为了参战还是中立爆发了激烈的争论。虽然意大利仍是三国同盟（与德国和奥匈帝国）的一部分，干涉主义者还是敦促政府加入反对同盟国的战争，为的是从哈布斯堡王朝手里夺回他们所认为的意大利领土，即特伦蒂诺和的里雅斯特城。其他人则持怀疑态度，意大利社会党反对战争。显然，政府直到1915年春才决定加入协约国一方作战证明了分歧之深。[17]

1917年末至1918年初，维托里奥·奥兰多总理又激化了这一分歧——为了应付1917年在卡波雷托的失败——他的政府加紧实行审查制度,宣布和平运动违法,推行民族主义的动员行动,社会主义者、工会成员、牧师及和平主义者被当作"内部敌人"甄别出来,把军队士气的崩溃归咎于他们。[18]奥兰多的行动无疑加剧了最初源于1914年"中立主义者"和"干涉主义者"之间的激烈争论,并在卡波雷托战役后变得紧张起来的"意识形态思潮的内战"。[19]社会主义者和天主教的战争批评家们,哀叹国家参战带来了巨大的死亡人数,而"干涉主义者"指责他们造成了意大利的军事失利,把他们当作在后方暗中削弱军队的"刀刺在背"的叛徒。[20]

即便是在1918年底胜利已成定局时,这种相互指责造成的深深分裂也不是意大利国内唯一的问题。意大利可以说是最贫穷的战胜国,它摆脱了战争,却无法承受在大战紧张时向英、美两国借来的债务。战后的意大利政府忙于应付债务和社会政治冲突,仍然极不稳定。归来的士兵对本已不稳的就业市场带来了额外的压力,而高通胀则摧毁了家庭储蓄。粮食供应状况仍很严峻,政府却要把拖了很久的土地改革继续拖下去。

在战争期间,数以百万计年轻的无地农场工人正在为国家抛头颅、洒热血,统治阶级对他们许下诱人的承诺:战后的改革会让他们使用和拥有迄今未开垦的土地。但战争胜利结束时,政府却自食其言,这就加剧了战前的社会矛盾,特别是在意大利乡间。有鉴于此,社会党受到1917年至1918年俄国革命的影响,在1919年10月的代表大会上决定沿着布尔什维克的路线发起社会革命,同时宣誓效忠于列宁的第三国际。由于相信期待已久的资本主义秩序崩溃的时刻已经到来,并且受到东欧革命的鼓舞,社会党的新政治纲领坚持"无产阶级专政"只能通过"暴力夺权"来实现,从而扩大了党内改良派和革命派业已存在的裂痕。[21]

社会党的激进主义似乎抓住了很多群众的心思。在1919年11月的大选中，社会党赢得了超过三分之一的选票，成为议会的第一大党。其次是保守的天主教人民党（即意大利人民党），它的社会改革纲领赢得了五分之一的选票。之前执政的自由党和民主党遭到惨败。

随着社会党领导的中央政府的建立，以及1919年10月、11月在地方选举中的胜利（特别是在波河河谷），社会党的领导人认为实施激进改革的时机已经成熟。资产阶级对"俄国情形"的恐惧因暴力活动和强制征收而加深了。以克丽玛周边的伦巴蒂农村为例，1920年6月，有的地主被认为违反了先前的劳动协议，工会组织煽动进行暴力抗议，成百上千的农民罢工，占领农场，没收食物，有时还侵占地主的私宅，惊动了地方长官和罗马。[22]

类似的事件也在意大利农村的其他地方发生，而且往往演化为暴力事件。1920年4月，在阿普利亚的小镇纳尔多，农场工人袭击了当地的警局，他们还切断了电报线，炸毁了几段铁路，架设了路障，然后劫掠了城镇的仓库。第二天军队到来，引起了激烈的冲突，三名农民和一名士兵死亡，很多人受伤。[23]

激烈的阶级斗争，包括在公私各部门的连续罢工，在1920年9月达到了高潮。工人占领了600多家工厂，并在工厂区和城市建立了管理机构工人委员会，由此给人以意大利处在布尔什维克革命边缘的印象。局势动荡，执法不力，乔瓦尼·乔利蒂政府明显不愿意介入劳资纠纷，在企业家和地主们当中引起了巨大的恐慌，在日益增长的绝望中，他们四处寻找救世主以免遭赤色分子的威胁。终于，他们找到了贝尼托·墨索里尼和他的新法西斯运动。

此时的墨索里尼，已经完成了从战前著名的社会主义者到一个激进的民族主义者的转变。这一转变始自1914年11月，当时他违背意大利社会党的官方纲领, 鼓吹意大利加入战争。[24] 第一次世界大战前, 他曾是意大利社会党内最大派别的领袖, 1912年至1914年间, 担任党的机关报《前进!》的主编。由于拒绝奉行在"资本主义战争"中保持中立的纲领, 他在1914年11月被党开除。当月他就创办了自己的报纸《意大利人民》, 通过结交臭味相投的商人和他天花乱坠的口才, 墨索里尼很快成为主张对同盟国作战的"干涉主义"运动的领袖。

当意大利最终于1915年加入协约国作战时, 墨索里尼到伊松佐河前线当了一名士兵, 直到1917年2月感染了梅毒结束(并非意大利法西斯的官方教科书所说的被迫击炮弹所伤)。[25] 他在自己的报纸《意大利人民》上对最后一年的战事评头论足, 并重新定义了对意大利未来的看法。他挑起攻击的主要目标是他的前社会党同志。他污蔑社会党是一个比奥地利军队更危险的敌人, 敦促他的读者们用"剑与火"来对付它。[26] 俄国革命之后, 墨索里尼的言论更加激进, 他认为那只是全世界共产主义者通过暴力夺取政权的第一步: "这不是天使的时代, 这是魔鬼的时代。它需要凶恶, 不是谦虚……它需要长剑和大火……要么失败, 要么成为俄国。"[27] 战前的社会主义运动对他来说已经成为一场遥远的回忆, 现在他渴望的是"民族主义革命", 未来的国家将由"战壕精英"领导, 意指从战壕的血与泥中出身的新权贵阶层。[28]

1919年3月, 墨索里尼在米兰创立了"法西斯战斗团"("战斗同盟"), 不过最初并没有吸引多少新的支持者。到当年年底, 它仍然只有800名成员, 其中许多人参加过第一次世界大战中意大利的"勇士"突击队, 墨索里尼关于剑与火的辞藻对他们有特别的吸引力。[29] 这一运动从1920年后才开始快速发展, 某种程度上是由于布尔什维克革命的威胁。正是此时, 墨索里尼的支持者们发起了针对劳工组织、社会党领导机构和报纸的暴力活动, 尤其是在社会党占主导地位的波河河谷地区。[30]就像德国的"自由军团"一样，墨索里尼组建的法西斯黑衫军吸引了大量没有赶上第一次世界大战的年轻人，对他们来说，可以找回那段失去的岁月。[31]

1920年10月16日，墨索里尼的报纸公开呼吁，对法西斯主义的社会主义敌人采取暴力行动："如果内战不可避免，那就让它到来好了。"墨索里尼还用医学来比喻布尔什维克和即将对它进行的攻击：如果说布尔什维克是一个需要铲除的"坏疽"、"感染的伤口"或"癌症"，那么法西斯主义就是精确治愈国家"政治肌体"的"手术刀"。[32]

煽动性的语言很快就带来了暴力的语言。在社会党执政的博洛尼亚，法西斯黑衫军开始攻击当地的政府大楼。1920年11月21日，当成千上万的人聚集在马焦雷广场庆祝一名社会党人当选市长时，一群法西斯分子对人群开火，社会党的民兵组织"赤卫队"还击并投掷了手榴弹。这一事件造成10人死亡，约有60人受伤，社会党组成的市政委员会别无选择，只有辞职。对于墨索里尼和法西斯分子来说，这提供了一条重要的经验：暴力是有收获的。[33]

在农村地区，法西斯毫不手软地打击其他所有的政治组织和工会，尤其是那些依附于社会党的组织，其次是人民党。成千上万的黑衫军在乡间散布恐怖，摧毁"危险分子"聚会的房屋，占据整个城镇，殴打并侮辱他们的政治对手——他们经常得到警察的消息和暗中支持，很多警察似乎很欣赏墨索里尼的"秩序的力量"。暴力冲突越来越像内战，死亡人数飙升。总的来说，在1919年至1922年间，估计在意大利约有3000人被杀。[34]政治暴力的主要受害者是社会党和非法西斯政党的武装人员。在1920年一年中，有172名社会党人被杀，人民党有10人死亡，法西斯分子死亡4人，还有无辜的51名旁观者和51名政府执法者死亡，当年受重伤的人数约为1600人。[35]

在持续的暴力活动下，到次年春天，墨索里尼的运动改名为意大利国家法西斯党，成为意大利最大的政党，党员人数成十倍的增长。[36]对于墨索里尼的政党的快速发展，自由主义的总理乔瓦尼·乔利蒂作出了一个重大决定，把意大利国家法西斯党拉进他为1921年大选组织的"全国联盟"。乔利蒂不但没有遏制法西斯，还把墨索里尼变成了一位"值得尊敬的"政治家。与此同时，黑衫军的活动几乎不受警察的干预，法西斯分子已经把对手搞得噤若寒蝉，在亚平宁半岛北部和中部建立起毫无争议的统治。[37]

墨索里尼这下可以利用对布尔什维克主义的普遍恐惧和意大利中央政府的不稳定来大做文章。1919年至1921年间，一连换了五个政府都未能获得稳定多数的支持，这就加剧了议会制度的危机，法西斯独裁分子有关国家无力维持秩序、"民主的世纪已经终结"的宣传获得了市场。具有讽刺意味的是，墨索里尼的法西斯分子发起的运动，正是国内暴力和混乱盛行的原因，现在看来却成了唯一能够恢复秩序的力量，而民主政府却对此无能为力。[38]

在这种情形下，法西斯党认为夺取权力的时机已经成熟。1922年10月27日晚，墨索里尼命令他的准军事部队"进军罗马"。当时的自由党总理路易吉·法克塔要求国王维克多·伊曼纽尔三世下令国家进入紧急状态。伊曼纽尔最初答应了，但并不坚定，翌日早晨他拒绝签署命令。一直等到国王满足了墨索里尼成为总理的要求，这个法西斯的头子才选择乘坐火车而不是"行军"去罗马，与已经驻扎在首都外围的2.5万名武装分子会合。那时，法西斯分子已经有效控制了遍及意大利的许多城市。[39]

墨索里尼的两面策略——一面试图争取议会和社会精英，一面鼓励黑衫军暴力反对国家——显然已经完全成功：国王被迫邀请他组织一个包括法西斯分子、自由主义者、民族主义者和天主教徒的联合政府。[40] 也许墨索里尼不愿意承认，他从列宁和布尔什维克那里学到了很多，特别是在议会占有多数远远不如向对手灌输恐惧的能力和决心，以及在机会显现时采取无情的行动来得重要。继列宁1918年解散民主选举的议会后，墨索里尼被任命总理，是五年之内权力第二次被移交到使用暴力手段推行自己意志的民兵组织领导者手上。[41]

大多数今日的历史学家都同意，当时意大利的国家武装部队很容易击败那些法西斯民兵，"但无论国王还是政府，或是国家的政治和经济精英，都没有拿出政治意志和勇气来推行一种秩序以挽救议会政体。相反，他们担心对法西斯进犯的镇压会给社会主义革命带来喘息之机。他们一直抱有幻想，认为政府的职责足以说服法西斯分子放弃他们暴戾的准军事组织"。[42] 几乎没有人能认识到1922年10月的事件所带来的长期后果，以及他们所迎来的新的政治形式。资产阶级自由派相信，把法西斯融入政府之中就可以驯化它；大多数反法西斯党派认为，法西斯主义一旦不能履行作为资产阶级国家武装警卫的功能，就不过是一场注定要失败的短暂运动。即便在"进军罗马"发生之后，抱有这些幻想的人仍然很多。而现实是，墨索里尼一上台就废除了议会民主，并最终在1925年建立起了一个独裁政权。[43]

暴力可以压倒民主，这条经验同样适用于欧洲其他极右势力的领导者，担忧墨索里尼被他人效仿的真正精明的自由左翼观察家也不会错过这一点。德国的自由主义记者、前外交官哈利·凯斯勒伯爵在1922年10月29日的日记中写道：

> 意大利的法西斯发动了政变，夺取了政权。如果他们能够维持下去，这将是一个历史性的事件，可能不仅会对意大利，而且对

整个欧洲带来不可估量的后果。这是反革命胜利大进军的第一
步……在某种意义上说，墨索里尼的政变可以与列宁1917年的
"十月革命"相比较，尽管它们是对立的。也许它将迎来欧洲一个
动荡和战争的新时期。[44]

与凯斯勒相对，极右翼把墨索里尼作为榜样来效仿。1923年11月
9日，在前一天晚上宣布"全国革命"后，新生的德国纳粹党领导人阿道
夫·希特勒企图媲美墨索里尼在前一年的"进军罗马"，在慕尼黑，他
与支持者们发起了"进军统帅堂"的游行，并继之以"进军柏林"。[45]

当时在德国几乎没人把希特勒看作能成功实现"全国革命"的"第
二个墨索里尼"，他甚至不是一个德国人。希特勒出生在因河河畔的奥
地利小镇布劳瑙，是一个贫困的海关检查员的儿子，早年他在维也纳是
一个流浪者和失败的艺术家，做些为明信片画画这样报酬很低的工作。
1913年，他为了躲避在奥匈军队中服役，从维也纳搬到慕尼黑，却作为
一名志愿者在1914年大战爆发时加入了巴伐利亚军队。他在西线当
过传令兵，获得下士军衔和一枚铁十字勋章。第一次世界大战后，他的
思想十分混乱。战争，或者更确切说是1918年11月同盟国的战败，使
希特勒变得更激进了，但是很难说他的激进是偏向于左还是右。[46]事实
上，他复员回到慕尼黑，曾短暂地在库尔特·艾斯纳革命政府的宣传部
门供职，负责训练民主派的战友，后来又于1919年4月被选进慕尼黑苏
维埃共和国的士兵委员会。但希特勒对社会主义的兴趣是短暂的，很
快他就转向了极右。[47]

国防军雇用希特勒当了一名教员和密探，1919年9月他第一次在
啤酒馆参加了一个激进的右翼政党德国工人党的会议。他很快控制了
该党，并在1920年2月将其更名为国家社会主义德国工人党。尽管希

特勒在1919年早期的演讲中已经把犹太人认定是德国主要的敌人，但后来他以种族主义、反犹太血统和暴力扩张为鲜明特点的独特世界观此时尚未完全形成。现在影响希特勒的是永无休止的危机，从战争到投降再到革命，从1919年的和平条约，到人们普遍感到德国正处于内战边缘。[48]

这种看法不是没有根据的，因为1919年慕尼黑苏维埃共和国倒台后，革命和反革命的混乱在德国仍在继续。次年，根据《凡尔赛条约》，德国军队将减少到十万人，德国政府随后命令"自由军团"解散，于是右翼在柏林发动了一场政变。这场发生在1920年3月的暴动，其背后的关键人物之一是瓦尔特·冯·吕特维茨，他因拒绝服从解散"自由军团"和复员军队的命令，而被国防部长古斯塔夫·诺斯克解职。然而，吕特维茨得到了很多"自由军团"士兵的支持，尤其是臭名昭著的以其领导者赫尔曼·埃尔哈特海军上尉名字命名的"埃尔哈特旅"。在确认他们效忠自己之后，吕特维茨向德国总统弗里德里希·埃伯特发出最后通牒，威胁他如果不立即停止复员军队和解散"自由军团"，就要以武力推翻政府。暴动者还要求立即举行大选，认为这样可以获得反对埃伯特政府的多数。[49]埃伯特拒绝了最后通牒，于是，"埃尔哈特旅"开始向柏林进军。3月13日，吕特维茨和东普鲁士官员、战时极右的祖国党创立者之一沃尔夫冈·卡普博士宣布，德国政府已经不复存在。[50]

埃伯特和他的政府逃离柏林，之前准备前往斯图加特，后来逃往德累斯顿。由于社会民主党没有得到军队的明确支持，民选政府前途未卜。国防军的高级指挥官汉斯·冯·泽克特在维护魏玛宪法的誓言和对老同事的忠诚之间犹豫不决，任何情况下他都拒绝"让军队自相残杀"。没有军队的支援，埃伯特决定号召实行大罢工，得到了两个社会民主党和工会的支持。在这场令人印象深刻的德国社会民主的草根力量的示威中，罢工使德国人的生活立时陷于停顿。这场暴动在四天半后失败。[51]

但想要停止罢工也是困难的，主张激进改革的左翼受到战胜卡普政变者的鼓励，看到了他们的机会。他们认为，由于卡普政变及其崩溃造成了暂时的权力真空，为1918年革命时未能满足的一些要求提供了实现的可能。为此，极左分子在德国中部的一些社会主义根据地重建了工人苏维埃政府。于是导致了两方面的战斗：一方面是撤退的卡普分子和社会主义者之间在战斗，另一方面是试图恢复秩序的国防军和自发支持工人政权的赤卫队之间在战斗。正如哈利·凯斯勒在3月19日和20日的日记中所记下的那样，柏林爆发了激烈的战斗，[52]仇杀频频发生："在柏林的各个地方，暴徒们抓住了撤退的政变军官并杀了他们。工人阶级反对军队的怨恨似乎是无止境的；罢工的成功大大增强了他们的权力意识。"[53]

在德国中部鲁尔河流域的工业地带，局势更为紧张。在所谓的"三月起义"期间，社会主义武装分子、产业工人和矿工联合起来要求实行工业国有化，并重建了工人苏维埃。埃伯特及其政府以武力回应，并得到了国防军和"自由军团"的支持。与卡普政变不同，军队对于向罢工工人开枪毫不犹豫。在这一事件中，大约有1000名"红军"战士被杀害，"三月起义"最终被政府军镇压下去。

由于特别恐惧像1919年或1920年那样的进一步左翼革命的威胁，慕尼黑因此成为魏玛德国最坚定的右翼城市。并非偶然，正是在这里，希特勒转而成为极右派，并发现他关于反布尔什维克和民族复兴的激烈言辞有着大批忠实听众。然而，他过早地效仿墨索里尼，企图于1923年夺取政权，遭到了悲惨的失败。11月9日中午，巴伐利亚警察在他的支持者游行穿过慕尼黑时开枪，造成16人死亡。希特勒自己成功逃脱，但在两天后被捕，并以叛国罪被关进兰茨贝格监狱。[54]他仿效墨索里尼的"进军罗马"，然而忽视了"领袖"在意大利的成功很大程度上应归功于其两面策略，即摇摆于合法与违法之间：一面在街头使用残酷的暴力，另一面在议会许诺恢复秩序和民族价值观。[55]八个月后，希特勒被巴伐利亚最高法院赦免，从监狱里释放。他明白，他和他的党派如果抱有任何接近权力殿堂的希望，就必须追求过程上的合法性。这一认识对于他1933年1月的第二次努力并成功获取权力至关重要。

第三部分　帝国的崩溃

最近签署的条约是协调或是应当协调各民族关系的，但事实上没起任何作用，还出现了可怕的倒退……

——弗朗西斯科·萨维里奥·尼蒂（巴黎和平条约签署时的意大利总理）《不平静的欧洲》（1921）

一旦告别皇帝，我们就会分裂成无数碎片……所有民族都想建立他们自己肮脏的小国……民族主义成了新的宗教。

——约瑟夫·罗特《拉德斯基进行曲》（1932）

11

潘多拉的魔盒：巴黎和帝国的问题

正当革命与反革命的风暴笼罩中东欧之际，决定战败国未来命运的巴黎和会于1919年1月中旬召开。时任英国首相的劳合·乔治在回忆时承认，与19世纪欧洲那场伟大的和平会议即1814年至1815年的维也纳会议相比，这个和会的性质有着根本上的不同。首先，也是最重要的一点，就是战败的列强以及它们的继承国——德国、奥地利、匈牙利、保加利亚和奥斯曼土耳其——被排除在巴黎的谈判之外，而在维也纳会议中法国却是主角。只有到了那些强加给战败国的各色和平条约最终定稿的时候，他们才被传唤过来。俄国——1914年至1917年间英、法两国的主要盟友——也没有代表在巴黎，因为那时英国和法国还在积极地向俄国的白军提供后勤和军事援助，企图推翻列宁的布尔什维克政府。第二个区别在于巴黎和会的规模和组成。维也纳会议只有5个国家参与，专门讨论欧洲事务。巴黎和会则有超过30个国家出席会议，包括协约国以及援助它们的国家在内。[1]显然，并不是所有的与会者都有同等的话语权。在这个等级金字塔的顶部，是一个以东道主法国总理乔治·克列孟梭为主席的"十人委员会"，到1919年3月末，

"四人委员会"又取而代之。除了克列孟梭，还有美国总统伍德罗·威尔逊和英国首相劳合·乔治两个关键角色，意大利的政府首脑维托里奥·埃曼努尔·奥兰多也忝列其中。到了4月下旬，由于罗马政府对亚得里亚海港阜姆的领土要求迟迟得不到满足，意大利一时愤而退出和会，会议的决定基本上是由克列孟梭、威尔逊和劳合·乔治"三巨头"作出的。在他们商讨问题期间，一个由52名专家组成的委员会向他们提供有关赔款和新国界等复杂问题的参考。[2]

在和会开幕后不久就可以看到，显然每个代表团来到和会都有其不同目的，并且相互之间往往是不相容的。就法国而言，对它来说最重要的议题便是东方强邻德国的未来。克列孟梭故意选择在1月18日召开和会，是因为在1870年至1871年的普法战争中法国遭到惨败，正是这一天，德意志帝国在凡尔赛宣布成立。自"德国问题"困扰巴黎以来，解决这个问题被认为既攸关集体安全，也是正义的：在第一次世界大战中，法国有十个行省发生过战斗或被占领，国家的东北部留下了大片的废墟。更糟糕的是，法国人口中十八到二十七岁的男性数量减少了四分之一。在所有的西方协约国中，这个国家蒙受了战争带来的最惨痛和直接的影响。克列孟梭深知绝大多数的法国人民要求惩罚战败者，并给予胜利者应有的补偿（尤其是法国）。为了确保德国不会威胁到法国，克列孟梭和他的助手们盘算了各种各样的计划：彻底割裂德国，占领大部分莱茵兰地区，在德国的东部边境建立一个强大的盟国。[3]

对于英国来说——和战前一样，他们考虑的是"大陆均势"——法国称霸的未来就和战前的德国一样可怕。即便本国公众要求给予德国某种形式的惩罚，劳合·乔治最终的想法也是重新恢复和德国的贸易往来，而非完全支持法国的要求。德国的全球地位将被压缩到最小（海外殖民地被剥夺，舰队被毁坏），但并不意味着双边贸易将一同终止。

德国在战前曾是英国主要的贸易伙伴，因此一个赤贫的，甚至可能布尔什维克化的德国，并不符合英国的最大利益。然而此时，将要在1918年12月举行的大选迫在眉睫，劳合·乔治深感国内要求对德施加严厉和平的巨大压力，尤其是诺思克利夫勋爵的《每日邮报》以及《泰晤士报》等保守派报纸，主张巨额的战争赔款，还要以战争罪审判并处决德皇威廉二世。英国和法国在中东也存在利益冲突，英国在那里的战略要地和经济权益已经岌岌可危。[4]

相比之下，美国总统威尔逊一直认为，会议的结果应当是一个"公正的和平"，从中引申出对国际体系的重新设计。这种设计基于对世界范围内实行人民主权的全新解释，任何地方的有理性和道德责任感的人民都可以选出独立自主的政府。威尔逊心中的目标——实现民族"自决"（他的意思是政府源于民选）的原则，以及创建确保集体安全和国际和平的国际联盟来避免战争——是其议题中突出的重点。[5]他试图把心目中美国的榜样放之四海，尤其是欧洲。在欧洲帝国的那些继承国中，即便少数族群不得不遵循所在国家的整体价值观，但宗教和民族的差异也应得到保护和存续。[6]不过，威尔逊冠冕堂皇的理想主义背后却有着他的算盘：如果说第一次世界大战和协约国的胜利已经使得全球的力量平衡从欧洲向美国倾斜，那么他所提倡的世界新秩序将在政治和经济上巩固美国的世界霸主地位。[7]

处理好这些国家之间互相对立的问题，同时还要让其他参会的小国代表满意，这几乎是一个不可能完成的任务。虽然西方协约国的领袖们不愿意承认这一点，但他们从和会的一开始就明确认识到最终的和约将是一个妥协的版本——不是在战胜国和战败国之间，而是在关键几个战胜的协约国之间。[8]

在当时各有所求的复杂背景之下，巴黎和会的条约将不可避免地使每一个参与者感到失望。事后历史学家们对条约的评价已经比当时的人要温和一些，承认在巴黎的调停者们往往是被迫接受一些既成事实，他们的作用仅仅是充当各方势力野心冲突的裁判员。[9]然而，并非所有历史学家都认为，调停者们已经把这件费力不讨好的事做到尽善尽美，相反，他们强调巴黎和会未能达到它基本的目的：创建一个安全、和平与持久的世界秩序。[10]

巴黎和会所建立起来的秩序在不到二十年内就分崩离析，很大程度上是由于欧洲战败国国内强大的修约主义和民族主义势力的崛起；尤其是在德国，1929年大萧条后的经济动荡，被希特勒的纳粹运动所利用，他们始终坚信《凡尔赛条约》是"任人摆布的和平"，必要时可以用武力来撕毁。正是因为纳粹主义的兴起，历史学家和公众们都对《凡尔赛条约》倾注了比和平进程其他方面更多的关注。然而可以说，把眼光聚焦在凡尔赛（尤其是有关赔偿问题和把全部冲突爆发的责任都安在柏林头上的"战争罪责"条款）使我们对巴黎和会的理解变得狭隘了，忽略了一个在当时危如累卵的最大问题，即之前被陆地帝国所统治的整片大陆已经转而由许多"民族国家"组成。这个问题直到第一次世界大战的最后阶段才成为中心问题，无论是伦敦还是巴黎，在1914年走向战争时都没有想过要形成一个"多国的欧洲"，直到1918年初之后，拆分那些陆地帝国才成为明确的战争目标。[11]

这一转变的规模十分可观：当第一次世界大战以协约国的胜利告终时，三大历史悠久的陆地帝国——奥斯曼帝国、哈布斯堡帝国和罗曼诺夫帝国——从地图上消失了。第四个是德意志帝国，大战期间在中东欧占领了大片土地，成为一个主要的陆地帝国，现在它的疆域大为缩水，丧失了海外的殖民地，转而成为一个议会民主国家，并且在东方还有一条所有德国人都知道的"流血的前线"。[12]战胜的西欧的帝国也并非没有受到战争灾难的影响：爱尔兰1916年的民族起义失败了，但经过和英军血腥的游击战后，在1922年终于获得了独立。[13]在从埃及到印度的其他地方，新兴的民族主义运动也受到了"自主发展"和"民族自决"的公众舆论的鼓舞，这些都是伍德罗·威尔逊和俄国布尔什维克领袖列宁所提倡的（尽管他们的出发点完全不同）。[14]那些寻求立国的演说家，包括犹太复国主义者、亚美尼亚人和阿拉伯人，都跑到巴黎宣传自己的"自决"主张。还有一些新角色也出现了，第一届泛非大会提出了相同的要求，一位在巴黎里茨酒店的越南青年帮厨阮爱国（后来更为著名的假名叫胡志明）写信给伍德罗·威尔逊，希望他的国家能够独立。[15]

　　最终，这些小型的非欧洲的独立运动都对巴黎和会的结果大失所望，只有一些受到协约国青睐的中欧继承国得到了"民族自决"，其他则一概遭拒绝。失望很快在埃及、印度、伊拉克、阿富汗和缅甸演变为暴力行动，英国拿出了相当大的力量来进行镇压，而在接下来的数十年中，法国的帝国野心在阿尔及利亚、叙利亚、印度支那和摩洛哥遭到了挑战。[16]不过，在中东欧和前奥斯曼帝国的土地上，对战败和帝国架构塌缩效应的感受是最为强烈和直接的。随着大陆诸帝国的解体，十个新的国家从废墟中出现：芬兰、爱沙尼亚、拉脱维亚、立陶宛、波兰、捷克斯洛伐克、德意志奥地利、匈牙利、南斯拉夫，以及当时已牢牢根基于亚洲的土耳其。与此同时，在奥斯曼帝国已经统治了上百年的阿拉伯黎凡特，英国和法国创建了新的"国家"：巴勒斯坦、约旦、叙利亚、黎巴嫩和美索不达米亚（伊拉克）都成了国际联盟委托伦敦和巴黎控制的"托管国"，直到将来某个不确定的时刻再放手让它们独立。[17]虽然理论上巴黎和会规定民族自决的国家是唯一合法的政治组织形式，但战胜国都是这样或那样的帝国。事实上，不仅像英、法这样的蓝水帝国通过托管扩张到了更远的地方，还有那些有野心的地中海和亚洲帝国如意大利、希腊和日本，所有这些国家都在1918年后的帝国主义掠夺土地的大戏中你追我赶。甚至美国也算得上是一个帝国，它在阿拉斯加、夏威夷、波多黎各、巴拿马和菲律宾等不同地点行使着各种各样的主权，更不用说它对古巴、海地和墨西哥这样的独立国家有着巨大的非正式影响力。[18]

在1918年末，当时对中东欧的未来形态还没有任何定论，意大利未来的独裁者贝尼托·墨索里尼就以惊世骇俗的预言家口气对大欧洲的陆地帝国的解体发表了著名的评论。他在自己的报纸《意大利人民》上的一篇文章中坚称，无论是古罗马的崩溃还是拿破仑的失败，其历史影响都无法和当今欧洲政治地图的重组相比。"整个世界在颤抖……在旧欧洲，君主不见了，体系被打破，结构崩溃了。"[19]这一次，墨索里尼算是说对了。几个世纪以来，欧洲的历史就是一部帝国的历史。在第一次世界大战前夜，世界上大部分有人居住的地方都被欧洲的帝国及其经济附属地所割据，几乎没有迹象表明陆地帝国的时代即将终结。

可以确定的是，19世纪的民族主义运动唤起了欧洲早期的"民族觉醒"，对帝国统治的未来形成了挑战，尤其是在巴尔干地区，帝国和各民族间的利益纷争在大战之前就有长期的历史。从1804年至1813年的第一次塞尔维亚起义开始，后面是1821年的希腊革命，19世纪70年代中期的"东方大危机"，1897年的希土战争，1903年的马其顿起义，1908年的土耳其青年党革命，直到1909年至1912年的阿尔巴尼亚动乱，可以看到巴尔干从奥斯曼帝国的统治下争取民族独立已经经历了一个世纪的暴力动荡。[20]民族主义在1912年至1913年的巴尔干战争中猛烈爆发，塞尔维亚、黑山、希腊和保加利亚联手把奥斯曼帝国从欧洲部分赶了出去，接下来又因为分赃不匀而掉头自相残杀。[21]随后大量赤贫和饱受折磨的穆斯林难民拥入安纳托利亚，对萎缩的奥斯曼帝国国内迅速恶化的基督徒和穆斯林的关系产生了深刻的影响。[22]

不过，1912年至1913年巴尔干的情况和其他地方明显不同。在奥匈帝国和俄国，虽然有呼声在帝国的框架内实现更多的自治权，但很少有人在1914年就要求（或确实希望）大陆的陆地帝国彻底解体，直至8月第一次世界大战爆发。在那些公开批判帝国现行政府的人的头脑中，想得更多的是改革而不是革命。虽然1918年后欧洲大陆的陆地帝国的衰亡常常被说成历史的必然，但应该记住的是，从1914年的角度来看，第一次世界大战前这些王朝的统治看上去是很稳固的，对控制大片属于它们的领土很有自信。[23]

1914年时这个帝国世界的复杂性可以用奥匈帝国的例子来说明。在战争前，这个双元帝国是欧洲人口排名第三的国家（仅次于俄国和德国），也是拥有民族和语言最多的帝国。根据1910年官方的人口普查，超过23%的人口以德语为第一语言，有20%的人把匈牙利语作为母语。德语和匈牙利语是最为普遍的语言，但并非仅有它们，还有16%的人说捷克或斯洛伐克语，10%的人说波兰语，近8%的人说塞尔维亚、克罗地亚或波斯尼亚语，另有8%的人说乌克兰语，6%的人说罗马尼亚语，2%的人说斯洛文尼亚语，1.5%的人说意大利语，还有剩下的230万人说其他各种各样的语言。[24]这些不同语言的民族社群本来都忠诚于王朝，即双元帝国的君主。自1866年维也纳惨败给普鲁士后，弗朗茨·约瑟夫推动了多项改革，最为著名的就是1867年的《奥匈协议》，把匈牙利变成了帝国中一个拥有独立议会的主权王国，统治着境内的几个民族。对布达佩斯的特殊优待，引起了其他民族的嫉妒和政治渴望，尤其是捷克、波兰和克罗地亚的精英分子，但完全独立于帝国的要求仍是罕见的。那些主张和塞尔维亚共同归属于一个南斯拉夫的克罗地亚和斯洛文尼亚知识分子只是极少数。[25]

1914年爆发的战争破坏了这一地区日益复杂的妥协，以及在奥匈帝国内部分而治之的总体策略。1914年12月，塞尔维亚在所谓的《尼什宣言》中宣布，把建立独立的南斯拉夫国家作为正式的战争目标。[26]不过最初，在奥匈帝国军队里当兵的斯洛文尼亚和克罗地亚人好像对此漫不经心。在大多数战争中，哈布斯堡军队中的波兰人、捷克人、克罗地亚人，甚至塞尔维亚人和意大利人，对帝国的忠诚（当然也夹杂着对镇压和报复的恐惧）胜过了对本民族的忠诚。经常流传的是，捷克人尤其不愿意参加帝国的战争——在雅罗斯拉夫·哈谢克的畅销世界的小说《好兵帅克》中体现了这一想法——这种传说主要是在战后形成的，既适应了捷克民族主义者所强调的长期以来对哈布斯堡王朝"压迫"的仇恨，也替奥地利的民族主义者找到了一个奥匈帝国军队战败的托辞。[27]

1916年11月21日，受人爱戴的老皇帝弗朗茨·约瑟夫去世，领导者的更替无疑使双元帝国内部的凝聚力削弱了。他统治帝国将近六十年，是这个多民族国家统一的象征。作为匈牙利的政治家和作家，巨著《特兰西瓦尼亚三部曲》（1934—1940）的作者班菲·米克洛什在当天的日记中写道：

> 布达佩斯的人们已经厌倦了单调枯燥的战争新闻，大多数夜晚只是匆匆走过那些令人沮丧的新闻布告栏，但今晚他们停下脚步看了起来……今天他们把自己平时对前线亲友的担忧，对成为战俘的丈夫、儿子和兄弟的害怕和焦虑，对死亡的悲痛，全都放在一边。今天，国家大难临头的感觉，对未来何去何从一片茫然的恐惧盖过了一切。驱使着人们来到那些灯火通明的新闻栏的是弗朗茨·约瑟夫的死讯。[28]

皇帝是1848年革命以来连续性和稳定性的体现，随着他的去世，帝国失去了统一的象征。哈布斯堡帝国已经进入了战争的第三个年头，他的死引起了某种不确定性。[29]然而，如果不是因为同盟国的战败，这个双元帝国本可以继续存续下去，权力从弗朗茨·约瑟夫移交到他二十九岁的侄子和继承人卡尔。因此，决定哈布斯堡帝国命运的是战争的结果，以及法国、英国和美国的决策者们逐渐把战争的目的转向帝国的解体。从战争一开始，从帝国流亡的捷克（和斯洛伐克）人和南斯拉夫人就为了这一目标四处游说，接触了一批在英、法两国有影响力的中欧问题专家，如人脉广泛的《泰晤士报》记者亨利·威克姆·斯蒂德（战前曾做过驻维也纳通讯员）、罗伯特·西顿—沃森（1916年后《新欧洲》周报的发行商）和索邦大学的历史学家欧内斯特·丹尼斯（曾在战争目的方面就波西米亚向法国政府提出建议）。这三个人在塑造公众舆论方面起到了关键作用，他们认为奥匈帝国是"民族的监狱"，非德意志和非马扎尔的民族应当得到解放。[30]

他们的高度议程驱动的作品，被一个捷克哲学教授和民族主义政治家托马斯·加里格·马萨里克所利用，他曾于1914年底逃离布拉格。后来搬到伦敦，在伦敦大学教授斯拉夫语，同时就中欧的未来和高层进行对话。1918年，他还前往美国会见威尔逊总统，试图寻求支持建立一个独立的捷克斯洛伐克国家。[31]正如历史学家安德烈·沃尔佐夫指出的那样，马萨里克所宣传的故事本质是这样的：

> 捷克人本身具有西方的价值观，在政治倾向上也和西方人一致：他们是开明的理性主义者。他们应当和自己的斯拉夫同胞——斯洛伐克人——共同领导一个致力于宽容、平等、人权，并可以与西欧国家为伍的东欧国家。并非巧合的是，这个国家在西

方的支持下，还可能有助于抵御德国的侵略和布尔什维克激进的社会主义。[32]

然而，直到1918年初，协约国的领导者们还没有正式把拆解这个双元帝国作为战争的目标，他们对哈布斯堡君主制战后未来的计划主要集中在改变帝国的宪政结构，对它的存续并无疑问。[33]1918年1月，威尔逊总统在其著名的"十四点"讲话中倡导建立一个奥匈联邦，它的人民"将获得自治发展的最自由的机会"，但在同一个讲话中，捷克斯洛伐克和南斯拉夫自治并未得到像对波兰那样独立的承诺。但到了6月，威尔逊的态度变得强硬起来，主张"所有斯拉夫民族的分支都应当从德国和奥地利的统治下彻底解放"。可以确定地说，对于斯拉夫人的独立，在协约国方面不是每个人都有同样的热情。迟至1918年8月，英国外交部常务次官罗伯特·塞西尔还在官方备忘录里说："多了两三个斯拉夫国家的欧洲是否会比原来更为和平，我承认，很值得怀疑。"[34]然而，当协约国于9月3日在巴黎正式承认马萨里克的捷克斯洛伐克民族委员会是捷克斯洛伐克国家的合法代表时，奥匈帝国的末日显然已经来临，尽管此时南斯拉夫的独立要求尚未引起重视——不像波兰和捷克斯洛伐克，塞尔维亚—克罗地亚—斯洛文尼亚王国直到1919年才被协约国承认，其边界是在巴黎和会上敲定的。[35]

在战争期间，奥地利的马克思主义者卡尔·伦纳提出了一种有关多民族国家的不同以往的概念，1918年至1920年间，他成为奥地利共和国的第一任总理。伦纳主张把哈布斯堡帝国变为"多民族的国家"，以便为"未来人类的民族秩序提供范例"。[36]1918年10月16日，卡尔皇帝亲自发表了"人民宣言"，试图应对全国革命的威胁（以及讨威尔逊的欢心），承诺以联邦制为基础改组奥地利这一半的帝国。卡尔设想，德意志人、捷克人、南斯拉夫人和乌克兰人都将在各自的土地上获得自治，拥有自己的议会，而帝国则保有一个松散的上层建筑。哈布斯堡的波兰区域则将根据威尔逊在"十四点"中所要求的那样，分离成为一个独立的波兰国家。[37]

　　然而很明显，无论是"人民宣言"，还是奥地利的马克思主义者所赞成的严肃的联邦制改革，都无法满足那些想和维也纳一刀两断的人的胃口。捷克、斯洛伐克和南斯拉夫的政治家们，都不容置疑地把完全独立作为唯一选择，1918年夏天以后，他们的立场得到了协约国领导人的支持。[38]7月，捷克和斯洛伐克的活动家已经在巴黎组织了一个捷克斯洛伐克民族委员会。[39]10月5日至11日，其他族群也采取了相似的步骤：塞尔维亚、克罗地亚和斯洛文尼亚民族委员会在萨格勒布成立，他们的波兰伙伴则宣布成立一个包括哈布斯堡统治的加里西亚在内的"自由和独立的波兰"。[40]

　　从协约国的角度看，处理奥斯曼帝国的情况要明确得多，虽然它的民族和宗教结构并不比东欧简单。长期以来，奥斯曼帝国就以"欧洲病夫"和基督教徒迫害者而受到西方外交和政治家的排斥。它加入同盟国一方作战，以及对亚美尼亚人实施种族灭绝，进一步鼓励了像劳合·乔治那样决心瓦解帝国的人。地缘政治、经济及文化和宗教利益，在其中扮演了重要的角色。帝国的一些阿拉伯省份如摩苏尔地区有大量的石油资源，而博斯普鲁斯海峡和苏伊士运河被认为是至关重要的，对于渴望找到一条安全前往印度的海陆通道的英国来说尤为如此。[41]此外，法国也声明了在叙利亚和黎巴嫩的权利，这与它一直以当地基督教少数民族保护者自居，以及梦想成为一个"地中海的"法国有很大关系。[42]

　　在战争期间，协约国就对奥斯曼帝国的未来进行了一系列的商讨。

1915年春，伦敦曾向彼得格勒承诺，确保其在博斯普鲁斯海峡、伊斯坦布尔和亚美尼亚的利益。一年以后，1916年5月，外交官马克·赛克斯和弗朗索瓦·乔治斯—皮科就英、法两国在战后中东的野心进行了秘密商谈。《赛克斯—皮科协议》把今天伊拉克南部的控制权给了英国，包括巴格达和巴士拉；把今天的黎巴嫩和叙利亚沿海，向北延伸到西里西亚（小亚细亚半岛的南方沿海地区）的控制权给了法国。巴勒斯坦则被置于国际共管之下。奥斯曼帝国的阿拉伯行省的剩余地区——一片包括今叙利亚东部、伊拉克北部和约旦的巨大区域——将交给当地的阿拉伯酋长管辖，这一地区北面处于法国的监视之下，南面则是英国。鉴于当时英国在加里波利半岛和美索不达米亚前线的失利，这个协议显然是野心太大了。不过对于英、法两国来说，重要的是为未来的和平协议划分势力范围，不论这一天何时能够到来。[43]

即便在《赛克斯—皮科协议》签订之前——与它的内容完全相反——英国就已经开始趟"阿拉伯民族主义"的浑水，鼓励原住民反抗奥斯曼帝国的统治了。1915年，驻埃及的英国高级专员亨利·麦克马洪爵士向麦加的谢里夫侯赛因·本·阿里作出书面承诺，支持战后的"阿拉伯独立"，作为阿拉伯人发动起义以策应英国在美索不达米亚前线战事的回报。未来的阿拉伯国家，大致从阿勒颇到大马士革的叙利亚和黎巴嫩沿海地区，以及过去奥斯曼帝国的巴格达和巴士拉行省的税收将被免除。作为对这些承诺的回报，阿拉伯起义于1916年6月开始。[44]在接下来的两年里，阿拉伯民兵在侯赛因·本·阿里的富有雄心的第三子费萨尔及其英国联络官托马斯·爱德华·劳伦斯（"阿拉伯的劳伦斯"）的指挥下，在日后即将成为沙特阿拉伯、约旦和叙利亚的土地上与奥斯曼军队作战。[45]

1917年末，布尔什维克公布了从沙皇政权获得的协约国秘密协议和其他外交文件，为的是让"帝国主义国家"丢脸，败坏其秘密外交的名声。这下大家都明白了，对于阿拉伯起义的承诺与《赛克斯—皮科协议》及1917年11月的《贝尔福宣言》是矛盾的。《贝尔福宣言》中保证英国政府支持"在巴勒斯坦建立一个犹太人的民族之家"，附带条件是"不得伤害已经存在于巴勒斯坦的非犹太民族的公民和宗教权利，以及犹太人在其他国家享有的各项权利和政治地位"。[46]

　　《贝尔福宣言》是哈伊姆·魏茨曼等人多年游说的结果。这位未来以色列国的首任总统（1942—1952），是第一次世界大战期间英国的犹太复国主义运动领袖。他于1874年生于俄国平斯克以西30公里一个偏远的犹太小镇莫托，与其他成千上万的犹太人一样从帕莱向西迁移，以躲避经济上的掠夺和俄国的反犹主义。到德国以后他研习化学，第一次读到了出版于1896年的犹太复国主义圣经——西奥多·赫茨尔的纲领性著作《犹太国》，并积极投身于实现赫茨尔的乌托邦的运动中。[47]

　　1904年7月，魏茨曼离开了曾获得第一份教职的瑞士，成为曼彻斯特大学生物化学高级讲师。他从未放弃自己的政治抱负，相反，在到达曼彻斯特两年以后，他通过一位共同的熟人见到了英国前首相亚瑟·贝尔福。贝尔福对魏茨曼寻求建立一个犹太人的家园表示同情，在贝尔福重新回到内阁以后两人仍保持着联系。作为一个外国人，魏茨曼与英国社会和政治上层迅速建立关系的能力是卓越的，他与罗斯柴尔德家族这样的在英国有影响力的犹太家族、《曼彻斯特卫报》等著名报纸的资深记者，甚至像劳合·乔治和赫伯特·阿斯奎斯这样身居高位的人都建立了关系。他的游说努力终于得到了回报，1917年11月，贝尔福勋爵表示伦敦支持在巴勒斯坦建立一个"犹太人的民族之家"。英国政府支持犹太复国主义的动机似乎是真诚的——如果从纯粹战略的角度来看，这要比同阿拉伯人达成一项协议具有更深远的意义。可以肯定的是，"民族之家"不是一个像西方国家所设想的波兰那样的独立国家，它更像是1918年1月伍德罗·威尔逊向捷克、斯洛伐克和南斯拉夫承诺的那样"最大限度的自治"，不过，这是犹太复国主义得以实现赫茨尔理想的非常重要的基础。[48]

　　然而，这一承诺存在几个严重的问题。尽管从欧洲来过几批移民，但在1914年，犹太人仅占巴勒斯坦人口的6%，仍是这一地区一个很小的少数民族。在巴勒斯坦的70万人口当中，绝大部分是阿拉伯人，其中大多数是穆斯林，也有一些基督徒。[49]此外，至少到1917年时，当地的犹太人几乎没有受到过独立建国的普及宣传，相反，许多人支持在奥斯曼帝国内部的自治。例如，对帝国的忠诚反映在报纸《自由》上刊登过的奥斯曼军队中一名犹太士兵的爱国主义演讲："从这一刻起，我们并不是单独的个体了。这个国家的所有人团结如一，我们都要保护我们的国家，敬仰我们的帝国。"[50]那时，还有一个奥斯曼主义的支持者戴维·本—古里安，未来以色列的第一任总理，他曾经在伊斯坦布尔读书（和未来以色列的总统伊扎克·本—兹维一道），在第一次世界大战开始时还曾招募了一支犹太志愿军帮助奥斯曼帝国。是战争进程和贝尔福对于犹太人的"民族之家"的许诺，鼓励本—古里安等人转变了立场，于1918年加入了犹太军团，开始为协约国效力。[51]

　　与此相反的是，巴勒斯坦的阿拉伯人被《贝尔福宣言》激怒了。在1917年12月埃德蒙·艾伦比将军占领耶路撒冷后，如何管理以及由谁管理新"解放"的耶路撒冷，成了一个尤为紧迫的问题。对那些期盼将来独立的巴勒斯坦阿拉伯人来说，更为烦恼的是，1918年春，英国当局促成了魏茨曼领导的犹太复国主义委员会的到来。[52]奥斯曼帝国的统治被战争摧毁了，取而代之的却是一个新的帝国上层建筑，阿拉伯人对此只能逆来顺受，其未来的形态仍是不确定的。早在1918年4月，美国在该地的情报官员威廉·耶鲁就报告说：

> 在巴勒斯坦有一个很值得注意的现象，那里有那么多的苦难和贫困，在1916年至1917年对土耳其政权的不满是如此强烈，差不多每一个阿拉伯人都在公开议论反抗奥斯曼政府，渴望从土耳其人手里解放自己的国家，然而据英国的政治代理人说，应该是在1918年春天英军占领耶路撒冷后不久，有一个党派却希望未来能生活在土耳其宗主权的卵翼之下。这一党派的观念不能完全用天生厌恶欧洲人，或者穆斯林自然希望被穆斯林统治来解释。毫无疑问，影响这个党派观念的是，他们相信在土耳其的统治下，不会允许犹太复国主义者得到比现在更强大的落脚点。[53]

不到一年之后，耶鲁的评估得到了美国的叙利亚和巴勒斯坦事实调查团的支持。这个所谓的"金—克兰委员会"以领导它的两个美国人命名，一个是基督教高等教育改革家亨利·丘吉尔·金，另一个是富有的民主党支持者、熟悉外交政策的企业家查尔斯·R.克兰。该委员会在1919年8月返回报告称，在巴勒斯坦的阿拉伯人"强烈反对整个犹太复国主义计划"，因此建议巴黎和会限制犹太移民，并放弃在巴勒斯坦重建犹太人家园的想法，[54]但这个建议被忽视了。相反，在1920年4月，英、法两国在利古里亚海滨城市圣雷莫举行的一次会议上，授予英国对巴勒斯坦的委托统治权，从而可以实施《贝尔福宣言》（在1922年7月国际联盟认可了这一决定）。巴勒斯坦的阿拉伯人在圣雷莫没有代表，但他们在对付犹太人进一步的移民时决不会顾及西方观察家的感受，更不用说是一个犹太国家：1920年4月4日，反犹暴乱在耶路撒冷的大街小巷爆发,暴乱持续了三天,造成5人死亡,数百人受伤。[55]

在接下来的数十年中,巴勒斯坦的痛苦提醒着人们,1915年至1917年对有关各方所作的承诺存在着致命的矛盾,并且常常是不怀好意的。在战争期间,它们只是作为争取当地原住民的权宜之计被提了出来,并不是出于长期目的的状态说明,阿拉伯人受害尤为深重。这种战时策略的后果至今仍在困扰着中东。

12

重塑中东欧

1918年10月31日，哈布斯堡的亚得里亚海舰队司令霍尔蒂·米克洛什向卡尔皇帝发出最后一封电报，向他表达自己"不可动摇的忠诚"。几分钟后，他交出了舰队的旗舰"联合力量"号战列舰，解散了身边剩下的捷克、克罗地亚、波兰、德奥军官和水兵，进入了作为后帝国主题的迷茫未来。[1]

当时，帝国内部的民族革命已经开始了。有点儿讽刺的是，率先向独立过渡的是德意志和匈牙利这两个在双元帝国最为兴旺的民族。在维也纳，一个德意志奥地利临时国民议会在10月21日成立。11月11日，卡尔皇帝布告天下，宣布"放弃参与全部国家事务管理"，但并未宣布退位。次日，国民议会宣布成立德意志奥地利共和国，社会民主党人卡尔·伦纳担任第一任总理，大联合政府由社会民主党、基督教社会党和德意志民族党组成。本着威尔逊民族自决的说法，新共和国宣布对前哈布斯堡帝国的所有德语地区拥有主权，包括西里西亚的奥地利部分、部分南蒂罗尔和波西米亚的德语地区。最重要的是，新共和国的统治者宣布，奥地利应当成为德意志帝国的一部分——这一要求完全符合威尔逊的原则。[2]

匈牙利的民族革命更为动荡。1918年10月16日,维克勒·山多尔领导的战时保守政府宣布,最初形成双元帝国的1867年《奥匈协议》对布达佩斯不再具有法律效力。然而在反对党眼中,这一反帝国的立场是远远不够的。10月23日,匈牙利社会民主党和激进派成立了以卡罗伊·米哈伊伯爵为首的民族委员会。民族委员会坚称自己是匈牙利人民的唯一合法代表,它提出的十二点纲领要求匈牙利完全独立、实行男女普选权、立即停止战争、废除审查制度,以及实行土地改革。民族委员会天真地认为,提出改革和独立的要求,有助于新的匈牙利国家寻求保全所有历史的领土。[3]

这些要求得到了布达佩斯街头数万名抗议者和罢工工人的支持,他们于10月28日与警察发生激烈冲突,造成3名抗议者死亡,50人受伤。[4]由此可以明显看到,匈牙利将成为一个完全独立的国家,效忠哈布斯堡王朝旧政权的保守党人将被民族委员会取而代之。委员会得到了大批民族主义军官和士兵的支持,10月30日,他们公开宣布不再效忠皇帝。次日早晨,卡罗伊被任命为首相,民族委员会执行机构成为政府。对于某些人来说这还不够:新政权接管仅仅几个小时后,一群士兵就闯进了前首相蒂萨·伊斯特万的家中,他被认为是现在仍旧效忠于维也纳的象征,并且要为前几年匈牙利所遭受的苦难负责,蒂萨在他的家人面前被杀害。[5]除此之外,匈牙利的民族革命还算相对平静。布达佩斯公共建筑上奥匈帝国的旗帜被红、白、绿三色旗替代,成千上万的人们在城市的广场上庆祝。[6]

匈牙利共和国诞生之时,民族革命已经燃遍了整个帝国,10月底,帝国军队遭受决定性的失败更加速了这一过程。当帝国军队无法抵挡意大利人于1918年10月24日在维托里奥威尼托附近发动的攻势时,所有人都知道战败已成必然。哈布斯堡军队崩溃了，士兵拒绝继续战斗，维也纳在10月28日要求停战。[7]

受到哈布斯堡王朝乞和的鼓励，捷克斯洛伐克民族委员会在当天控制了布拉格的局势。人们举着红白色的波西米亚旗帜走上街头，破坏如今备受唾弃的哈布斯堡国家的标志。协约国也正式承认了托马斯·加里格·马萨里克为国家领导人——他将执政长达十七年的时间。[8]

就像布达佩斯和布拉格一样，所有前哈布斯堡帝国领土上最初经历的革命，其性质上的"布尔什维克"程度都比前些年在俄国的情形要低得多。相比之下，这些旨在脱离维也纳而实现政治独立的革命，都是民族主义的，并且确实非常和平。在克罗地亚首都萨格勒布，南斯拉夫民族委员会于1918年10月下旬宣布从维也纳治下独立，革命者们庆祝了新国家的诞生和威尔逊主义的胜利。克罗地亚的领袖之一斯捷潘·拉蒂奇在赢得独立后一天骄傲地评论说："人民热血奋斗是为了传播自由，威尔逊的原则在全世界获得了胜利。"[9]

可以肯定的是，并非所有人都有同样的感受。安特·帕韦利奇在1918年时是克罗地亚权利党的书记，后来成为克罗地亚"乌斯塔沙"组织的头子，他在回忆录中写道："12月1日（1918年，这一天亚历山大一世正式宣布建立塞尔维亚—克罗地亚—斯洛文尼亚王国）是一个悲惨而肮脏的日子。街上的行人们心怀厌恶，面无表情，嘴里满是苦涩……这一天，克罗地亚被埋进了大塞尔维亚主义的坟墓，深信她自己将再也不会存在了。"[10]

萨格勒布和前哈布斯堡帝国其他地方一样，最初的民族革命相对而言没有流什么血，但这并不意味用民族国家取代多民族帝国是毫无风险的。由于这一地区复杂的民族构成，以及他们利用威尔逊自决理念来宣布领土主张的可能性，暴力冲突的爆发是可预知的。[11]最初在这个双元帝国内部的非暴力民族革命，很快就演变为以国家间战争和内战为形式的暴力冲突，在东部边界地区尤为严重。例如在加里西亚的首府伦贝格（波兰和乌克兰语称利沃夫），11 月 1 日凌晨，忠于乌克兰民族委员会的前哈布斯堡军队，占领了公共建筑并拘禁了该地区的哈布斯堡帝国长官，九天之后，民族委员会宣布成立以伦贝格为首府的西乌克兰人民共和国。结果，宣称对伦贝格和东加里西亚拥有主权的波兰共和国，与新生的西乌克兰爆发了国家之间的战争。双方都意识到，只有对争议地区的军事占领，才能造成让巴黎和会的调停者们不得不正视的既成事实。在两周的战斗之后，波兰军队占领了伦贝格，但战争仍延续到了 1919 年 7 月，以乌克兰人的失败告终。[12]

波兰的案例更为普遍地证明，欧洲陆地帝国的突然解体，以及后续国家无法和平解决与邻国的领土争端，是第一次世界大战后引发暴力事件的关键因素。1917 年秋，法国曾支持波兰独立的设想，伍德罗·威尔逊"十四点"中的第十三点也承诺，重建的波兰将包括所有"无可置疑的"波兰人居住的领土，并"获得自由安全的出海通道"。[13]由于德意志人的社区遍布波罗的海沿岸，同时完成这两个承诺是不可能的，这说明了在东欧建立一个没有边界争议的全新国家是多么富有挑战。并且，这一挑战由于其他因素变得更为复杂：四年东线的战争摧毁了这片即将成为波兰的土地，成千上万的居民被来自德国、奥地利和俄国的占领者杀害或驱逐到遥远的东方和西方。在 1918 年末，城乡到处贫病交加。1919 年，未来的美国总统、时任美国救济管理局局长的赫伯特·胡佛曾写道，波兰的主要地区在战争期间遭受了不下七次各种军队的占领和撤出，每一次都伴随着大规模的破坏和成千上万人的伤亡。[14]

这个国家内部也深陷不同民族对同一块土地的竞争所造成的分裂

之中：西部是德意志人，北部是立陶宛人，东部是乌克兰和白俄罗斯人，南部是捷克和斯洛伐克人。由于四周都是强邻，新生的波兰民族国家只能以现有的士兵从头开始建立军队，这些士兵在第一次世界大战中曾分别为三个不同的帝国作战，有的还是互相敌对的。在巴黎和会上，捷克人的政党代表联合一致，而波兰人的领导阶层却分裂为两派：一派是新的国家元首和总司令约瑟夫·毕苏斯基，另一派是罗曼·德莫夫斯基领导下的在巴黎的波兰民族委员会。[15]

当巴黎和会的调停者们仍在高谈阔论中东欧的未来边界时，毕苏斯基已在专注于实际行动，然而他在这场权力斗争中崭露头角并不仅仅缘于此。毕苏斯基出身于俄占波兰的维尔纽斯一个贫困的波兰－立陶宛贵族家庭，从年轻时起就热心于政治。他是一个虔诚的天主教徒，但是俄国的统治强迫他参加东正教的仪式，说俄语而非波兰语。他第一次被捕是在1887年，原因是他参加了列宁的哥哥组织的一个刺杀沙皇亚历山大三世的团体，后来被遣送到西伯利亚待了五年。1900年他再次被捕，但逃走了。在第一次世界大战前的几年中，他参加社会主义者的地下组织，抢劫银行和火车以获取他政治事业急需的资金。[16]

当1914年第一次世界大战爆发时，大批波兰人参加了三个不同帝国的军队，有的参加了奥匈帝国和德国军队，其他的则参加了俄国军队。最初毕苏斯基支持同盟国，认为俄国是波兰争取民族独立道路上的最大障碍，甚至组织了波兰军团来协助对俄作战。德国人和毕苏斯基出于共同的愿望团结起来击败了俄国军队，然而当俄国在1917年崩溃时，他越来越担心胜利的德国会成为一个过于强大的邻居。德国自1915年起就占领了前俄占波兰，毕苏斯基与德国的紧张关系最终导致他被逮捕，在监狱里一直待到大战落幕。[17]1918年11月他被释放，回到波兰的旧都华沙，被军团旧部拥戴为"波兰第一元帅"。对于他们来说，俄国、德国和奥匈帝国几乎同时崩溃，为这个在18世纪末被吞并的国家重新诞生提供了难得的历史机遇，但是波兰的边界到底在哪里？旧国家的边界一再改变，18世纪末以后，波兰就从地图上完全消失了，从那以后，波兰人作为少数民族生活在俄国、德国和奥匈帝国统治下，新波兰的人口分布、城市结构和经济，就算与18世纪的波兰—立陶宛联邦相比也毫无相似之处。[18]

在毕苏斯基的军事领导下，波兰在1918年至1921年间长期处于各种宣战和不宣而战的状态之中，在东边和俄国、乌克兰及白俄罗斯人，在北边和立陶宛人，在西边和德国人，在南边和捷克人作战，在已经控制的领土上还要反对犹太人（"内部敌人"）。[19]刚刚进入1918年11月，波兰和乌克兰军队在东方的军事接触就开始了，比11月11日第一次世界大战正式结束和波兰第二共和国宣布成立还要早。[20]这里和其他地方一样，民族分裂地区的领土野心是冲突的核心问题。[21]在加里西亚的西半部分，包括克拉科夫，波兰人占有明显多数；而东边的麻烦要更为复杂，除了伦贝格和塔尔诺波尔，波兰人都是少数，远远不敌鲁塞尼亚人（信天主教的乌克兰人）。鲁塞尼亚人自1918年11月从哈布斯堡帝国获得独立后，现在寻求加入乌克兰共和国。然而，波兰人对这种愿望没有任何怜悯，并以武力相向。[22]

到1919年春，经过毕苏斯基整编的波军，还在西方的上西里西亚和一支强大的德国志愿军作战，在北方和新近占领维尔纽斯的立陶宛布尔什维克作战。[23]不过，对于新生的波兰来说，最为现实的冲突威胁还要数1919年春至1920年春和苏维埃俄国的战争。它开始于1919年波兰入侵白俄罗斯，并于1920年4月向基辅推进。经过激烈的战斗，波兰人于5月占领了基辅，但不得人心，无法维系统治。列昂·托洛茨基领导的红军坚持战斗，6月把波军赶出了乌克兰的首都，接着通过白俄罗斯明斯克和西乌克兰发动了平行的攻势。列宁认为,这是推翻波兰资产阶级政府并把革命向西输出的大好机会,命令军队向华沙前进。1920年夏,他甚至还建立了一个傀儡政权——费利克斯·捷尔任斯基领导下的"波兰苏维埃社会主义共和国"——来管辖已经攻占的土地。这个短命的共和国只存在了三周时间,政令都来自一列往返于斯摩棱斯克和比亚韦斯托克的装甲列车。[24]

在整个战事中,双方都对敌方的士兵和平民犯下无数的暴行,尤其是对犹太人。[25]就像德国犹太老兵和小说家阿诺德·茨威格在1920年所写下的那样,他可能是针对一起证据确凿的在平斯克发生的屠杀:"波兰人和大屠杀降临到东方的犹太人头上,他们有的聚集在大城市,有的分散在乡村小镇。从大城市会传来令人震惊的消息,但在没有铁路、没有电报局的乡村小镇,有的只是长久的沉默。慢慢的,才有人听说那里发生的事情:谋杀和屠杀。"[26]

8月,苏俄红军已经逼近华沙近郊,协约国对波兰的援助基本上已经断绝,只剩下马克西姆·魏刚将军带领的一支小小法军还在那里,陪同他到波兰的是一位年轻有为的参谋,名字叫夏尔·戴高乐。[27]正当外交官们开始撤离波兰首都时,毕苏斯基发动了一场指挥有方的反攻,波军获得了胜利,红军溃退,因而成为波兰民族传颂的著名的"维斯瓦河奇迹"。9月,列宁提出停战。1921年3月18日,《里加条约》签署,把白俄罗斯和乌克兰西部给了波兰。这些地区在未来很多年内都存在争议,主要是因为给波兰的少数民族构成增加了更多的成分——400万乌克兰人、200万犹太人和100万白俄罗斯人。[28]

在新生的波兰南边,协约国充当了两个互为对手的"战胜国"之间的调停人,波兰和捷克斯洛伐克都声称对前哈布斯堡的小公国泰申(波兰语称捷欣,捷克语称特欣)拥有主权。根据1910年哈布斯堡王朝的人口统计，在泰申的"捷克人"只有"波兰人"的一半，另一个占相当比例的民族是"德意志人"。[29]虽然这个公国的面积很小，但它是中欧一个主要的铁路枢纽，被视为一个战略要地，并且还拥有煤田，在经济方面增加了它的重要性。最受西方国家欢迎的捷克斯洛伐克声称，这块领土对于它的经济和战略未来至关重要，但说波兰语的人构成了当地人口的大多数。1919年1月，布拉格和华沙各自派兵，都希望抢在巴黎和会作出决定前控制这一地区的局势。巴黎和会的调停者们不知道如何安抚这两个中欧的重要伙伴，1920年7月，在没有举行公投的情况下拆分了这个公国，这一解决方案对于当地居民来说是一个残酷的结果。[30]

抢在巴黎开会的协约国们回过神来之前强占领土以造成新的既成事实，这样的实践并非波兰所独有。直到1919年夏天，某些地方甚至更晚，所有的哈布斯堡帝国的后续国家都在试图通过军事行动扩大自己的边界，以建立新的"事实"。特别是在有争议的边境地区，非正规的民兵或新成立的军队——由于帝国的崩溃和实施新国界的变更而被"国家化"——更是以武力来造成新的事实。新兴的捷克斯洛伐克，也在第一次世界大战结束后派军队进入有大量德意志人聚居的苏台德地区。以确保占领为目的的武装干涉，最终酿成了1919年3月4日的屠杀，捷克士兵向手无寸铁的抗议人群开枪，包括妇女和儿童在内的54名德意志人丧生，上千人受伤。[31]总之，1918年至1920年间，仅在捷克的土地上就有约150名平民死于民族和政治冲突，1919年春夏，布拉格对匈牙利苏维埃共和国发动的战争更是夺走了超过1000人的生命。[32]

在针对平民的非法暴力事件中，很多凶手都是前捷克军团的士兵，他们逐渐从俄国归来，形成了布拉格新的共和国军队的核心。[33]由于在第一次世界大战和反布尔什维克战争中发挥了积极作用，他们认为自己有"义务"保卫这个新的国家,抵抗共产主义者、德国和匈牙利的"分裂分子"及犹太人。[34]例如在1919年5月,布拉格街头发生了公然抢劫犹太人和德国人财产的事件,军团士兵在其中扮演了关键的角色。[35]在边境地区发生了更多骇人听闻的事件,在捷克斯洛伐克军队入侵斯洛伐克期间,特别是他们被匈牙利红军击退、斯洛伐克苏维埃共和国短暂成立之后,捷克军队对平民中的犹太人、天主教神父和共产主义嫌疑人使用了恐怖的手段。[36]在靠近乌日哥罗德的另一个边境地区,一位天主教神父遭到了殴打,最后在惊恐的村民面前被刺刀刺死。[37]

在奥匈帝国战败的那一刻,塞尔维亚军队也踏进了它的领土,首先是从南面和北面,到了11月,开进了克罗地亚和斯洛文尼亚。[38]塞尔维亚有充分的理由来推行领土扩张:在第一次世界大战期间,它总共损失了约40万士兵。特别是在1915年德国发动进攻之后,在穿过阿尔巴尼亚的"大撤退"中大约有24万士兵和平民丧生。[39]与1912年巴尔干战争开始时相比,到1918年,这个国家已经损失了28%的人口(约120万),其中三分之二是平民。这些数字还没有考虑大战结束时7.2万多残废退伍军人和18万战争寡妇。塞尔维亚政府估计,战乱使该国失去了一半的财富。[40]

现在是偿还多年痛苦的时候了。新组建的南斯拉夫军队得到了其他南斯拉夫人的支持,主要是前哈布斯堡军队中的克罗地亚和斯洛文尼亚士兵,他们占领的地方基本上是(但不仅限于)以前匈牙利王国的领土,现在都归于塞尔维亚—克罗地亚—斯洛文尼亚王国版图,包括巴纳特、巴奇卡、巴拉尼亚、南匈牙利、波斯尼亚、黑塞哥维那、达尔马蒂亚斯、黑山、克罗地亚和斯洛文尼亚。[41]1918年秋和1919年春,还有约1万名塞尔维亚和斯洛文尼亚士兵在克恩滕州和拒绝接受被吞并命运的奥地利人作战。[42]克恩滕州有15万人,德意志人和斯洛文尼亚人混居在一起，最终在1920年的公投中该地被划归德意志奥地利，不过在此之前，该地曾多次爆发反抗塞尔维亚和斯洛文尼亚占领的大规模暴力事件。作为"战败者获胜"的一个典范，克恩滕州重返德意志奥地利很快就在奥地利民兵组织的文化记忆中扮演了关键角色，因为它证明了民兵们在反抗外敌和"虚弱"的维也纳政权时不屈不挠的精神。1919年5月2日福尔克马克特村"解放"，被视为是奥地利人决心打败"斯拉夫叛徒"的一场大胜，一首广为流传的庆祝诗歌写道："你们，斯拉夫人，应当牢记这重要的教训，克恩滕人的拳头坚如钢铁。"[43]

与东欧其他的胜利者波兰、捷克斯洛伐克和罗马尼亚相比，新的南斯拉夫国家（塞尔维亚—克罗地亚—斯洛文尼亚王国）尽管实现了领土的合并，但在战后的困境中还是暴露出更为虚弱的一面。其中一个原因是，王国不像其他的后续国家那样在巴黎有很多朋友（还有直接来自意大利的区域性竞争）。巴黎和会的调停者们也对巴尔干地区复杂的人口混居感到困惑不解，那里有塞尔维亚人、克罗地亚人、斯洛文尼亚人、保加利亚人、马其顿人、希腊人、罗马尼亚人、犹太人、阿尔巴尼亚人以及其他穆斯林群体。[44]虽然塞尔维亚在协约国的宣传中主要是以受奥匈帝国"侵略"的"受害者"形象出现的，但大多数西方评论人士和决策者都持有本质主义的看法，即巴尔干从19世纪70年代起到第一次世界大战都危机不断，那里就是十分混乱、令人厌恶的暴力渊薮。[45]

不过，新的南斯拉夫国家相对脆弱的主要原因，是未来不确定的内部形态。分歧的意见主要体现在对王国的形成起到关键作用的两个人身上：塞尔维亚的尼科拉·帕希奇和克罗地亚的安泰·特伦比奇。[46]帕希奇在塞尔维亚政坛是举足轻重数十年的人物，他1845年出生于保加利亚边境的一个小镇扎耶查尔，第一次世界大战前他是塞尔维亚人民激进党的创始成员，主张所有塞尔维亚人统一在一个国家之下（包括奥匈帝国治下的波斯尼亚），保护塞尔维亚农民传统的地方自治权，限制塞尔维亚君主的权力。1904年，他在塞尔维亚政坛崛起成为首相，之后担任这个职务长达二十年。在帕希奇已是七旬老人时，适逢奥匈帝国崩溃，他对未来南斯拉夫国家的主要构想，显然只是一个放大的塞尔维亚。[47]

特伦比奇则几乎反对帕希奇所代表的一切。他比帕希奇小十八岁，来自亚得里亚海滨四通八达的达尔马蒂亚斯城镇斯普利特。他在萨格勒布学习法律，之后去维也纳做研究生，三十三岁时进入了哈布斯堡的议会下院。[48]即便在后来的战争时期支持建立南斯拉夫联邦国家，他还是把塞尔维亚看作劣等文化，尤其是塞尔维亚曾长期臣服于奥斯曼帝国的统治。他在接受法国媒体采访时发表过一次著名的评论："经过几个世纪与奥地利、意大利、匈牙利在艺术、道德和知识上的交流，克罗地亚人、斯洛文尼亚人和达尔马蒂亚斯人已经成为纯粹的西方人，而这些半开化的塞尔维亚人不过是斯拉夫人和土耳其人混交的巴尔干杂种，我希望你不要把我们同他们相提并论。"[49]

第一次世界大战和南斯拉夫国家脱离帝国结构的令人振奋的前景，使帕希奇和特伦比奇走到了一起。随着战事的爆发，特伦比奇逃往意大利，后来又前往巴黎和伦敦。他和帕希奇密切合作，1915年4月在巴黎建立了南斯拉夫民族委员会。[50]1917年7月，二人都赞成《科孚岛宣言》，该宣言设想把塞尔维亚、克罗地亚和斯洛文尼亚在战后统一成一个国家——一个在塞尔维亚王室卡拉乔尔杰维奇家族统治下的君主议会制国家，新国家将保证所有教派权利平等。特伦比奇和帕希奇未能解决的棘手问题是，未来的南斯拉夫究竟是一个由各地人民实行广泛自治的联邦制国家，还是一个中央集权的单一制国家。特伦比奇相信，他签署的《科孚岛宣言》已经确保了联邦制的模式，而帕希奇显然渴望建立一个单一制的国家，因为如此可以更好地服务于塞尔维亚的利益。第一次世界大战结束后，这个问题便很快重新浮出水面。[51]

南斯拉夫国家内部的其他地区，似乎也对1918年后的情况感到不满。在黑山爆发了"绿派"和"白派"之间的矛盾，"绿派"拒绝并入一个大塞尔维亚国家和废黜自己的王室，"白派"则主张无条件加入塞尔维亚。[52]意大利火上浇油，企图颠覆新的南斯拉夫国家，帮助组织武装对抗。约300名黑山国王尼古拉斯的支持者乘坐意大利的船只前往黑山港口巴尔，他们集结了3000人的暴动队伍进攻黑山首府采蒂涅，但被"白派"对手击败，被迫撤退到意大利。[53]

最终，南斯拉夫国家证明它无法在各方之间的鸿沟上架起桥梁。[54]尽管断言南斯拉夫不可能作为民族国家生存下去也许是有些夸大了，但政客们无法就国家政权的集权化达成妥协，也注定了这个两次世界大战之间的南斯拉夫国家的失败，它很好地解释了这一地区各民族之间反复爆发的暴力冲突。[55]

13

败者遭殃

1919年6月28日下午三点，奉命履行在和平条约上签字这个不光彩任务的两位德国政府部长——外交部长赫尔曼·米勒和交通部长约翰内斯·贝尔——走进了凡尔赛宫镜厅。会场是法国的老总理、巴黎和会的主人乔治·克列孟梭精心挑选的：1871年，法国在普法战争中被击败，威廉一世就是在这里宣布成为一个统一的德意志帝国的皇帝。时任普鲁士首相、后来很快成为德国总理的奥托·冯·俾斯麦，是一个更为清醒冷静的人，他有意识地把路易十四的王宫当作一个舞台，作为新败的法国耻辱的标志。[1]

近半个世纪过去了，现在法国报仇雪恨的机会来了。奉命签字的两位德国部长，首先要穿过由永久毁容的退伍老兵排成的长长队伍，他们作为活生生的例子被带到签约现场，以示德国带来的伤害。[2]"整个事件都是精心策划的，为的是让敌人尽可能地蒙羞。"美国总统伍德罗·威尔逊的主要外交顾问爱德华·豪斯上校这样说。[3]根据一位英国观察员的说法，德国部长们看起来"像是囚犯被带去听候宣判"。[4]条约签署后，巴黎的群众在街头庆祝，米勒和贝尔则立刻返回柏林。

条约的条款令德国人不敢相信：他们已经丧失了13%的领土（约4.3万平方公里）以及十分之一的人口（约650万人）。在西部，阿尔萨斯—洛林在德国统治近半个世纪后交还给法国，奥伊彭和马尔梅迪地区被割让给比利时。结果，有20万到30万德意志人离开了阿尔萨斯和洛林，包括自愿和被驱逐的。[5]德国至少还在莱茵河东岸50公里宽的带状地区暂时丧失了主权，该地区被非军事化，协约国通过三座横跨河上的桥头堡来保证其"安全"，这很大程度是为了照顾法国的安全需求。未来如果德国履行了条约上规定的义务，桥头堡将被撤除。萨尔是法德边境一个重要的矿业和工业地区，它被置于国际联盟的管理之下，并给予法国十五年的煤矿开采特许权，以补偿德国在法国北部造成的破坏。[6]

然而，规模最大和最具争议的领土割让是在东方。建立新的波兰意味着德国要失去波森（波兹南）、西普鲁士大部和部分上西里西亚煤田。但泽是一个位于维斯瓦河入海口的波罗的海港口，绝大部分居民是德意志人，它成了一个名义上在新成立的国际联盟控制下的"自由市"。为了履行威尔逊"十四点"中给波兰一个通往波罗的海入海口的承诺，协约国建立了一条"走廊"，把东普鲁士和德国其他地方隔离开来。接下来的六年中，居住在"波兰走廊"的110万德国人中有约57.5万人搬去了新的德意志共和国。[7]

对于一些存在争议的地区，协约国允许进行公民投票，呼吁有关地区的居民自行决定希望归属哪个国家。其中最重要的一次，是在上西里西亚煤炭资源丰富的地区举行的，《凡尔赛条约》规定，德国有三个争议性边境民族杂居地需要进行公投，这是其中之一（另外两个是北石勒苏益格，以及德国人和波兰人混居的奥尔什丁—马林韦尔德的狭小地区）。[8]上西里西亚的矿业和钢铁工业对柏林和华沙来说都很重要，德国每年四分之一的煤、81%的锌和34%的铅来自那里。德国政府认为，上西里西亚的居民绝大多数是德意志人，那里成为德国领土已经有好几个世纪，其繁荣都应归功于德国的工业和资本。德国的结论是，如果失去了上西里西亚，它将无力履行条约规定的其他义务。[9]

上西里西亚公投在1921年3月20日举行，当时以及公投之前都爆发了严重的暴力。到了当年10月，新的波德边境才最终确定下来。巴黎和会的最高委员会接受了分而治之的办法，上西里西亚的三分之一和43%的人口给了波兰，它包括了卡托维兹和克尼格许特（霍茹夫），而这两个城市都一致投票留在德国，就像东部的五分之四工业三角地区——这个结果在德国被广泛谴责为一种"胜利者的正义"的行为。[10]

相比于东方的领土割让，鲜有德国人关心帝国的海外殖民地，它们在国联的授权下被各战胜国重新瓜分。德国失去了喀麦隆、多哥兰（今加纳沃尔特地区的西部）、卢旺达—乌隆迪、德属西南非洲（纳米比亚）以及德属南太平洋诸岛。这意味着德国已经被剥夺了它所有的海外领土，一个自19世纪末建立起来的蓝水帝国；但此时的德国人还有其他更为紧迫的问题。[11]

让德国人内心感到愤怒的，是《凡尔赛条约》的第231条和第232条。第231条认定，德国及其盟国应对1914年战争的爆发负完全的责任；而第232条规定，犯有罪行的德国应对其造成的破坏进行赔偿。如果说第231条和第232条被德国人认为是在领土和物资损失及战败羞辱之外，再加上某种形式的道德谴责，那么第231条的真正目的，就是把对德国征收惩罚性赔偿合法化，以此补偿法国和比利时在四年德占期间所遭受的破坏。德国的"战争罪"以及在法国和1914年的比利时所犯下的暴行——特别是在1917年春季，德国军队在向阿拉斯、圣康坦和瓦伊之间的"齐格菲阵地"战略撤退时所实施的焦土政策——使德国承担了战争期间"所有损失和破坏"的责任。协约国明白，广义的赔款在理论上包括每一颗子弹的成本和每一个战争孤儿的抚养费，这可能是远远超过德国支付能力的不切实际的要求。然而他们也明白，国内选民仍在承受战争的伤害，对赔偿问题的任何让步都会激怒他们，特别是法国人还没有忘记柏林在1871年索要的大量赔款（这一赔款缺少大量财产损失的依据）。由于无法就德国赔款的具体数字达成一致，这一问题被暂时搁置了。[12]

最终的数字在1921年伦敦赔款计划中达成一致，它高达1320亿德国金马克，由三种类型的债券组成（A、B和C债券）。然而，在这个看似高昂的数字中，有820亿是所谓的C债券，它并不指望偿还，主要是为了安抚协约国的公众舆论。而德国人会通过A、B债券来支付赔款，总数为500亿金马克，要在三十六年内付清。德国的专家们私下里认为，这些款项是可以应付的，虽然他们决不会公开承认这一点。[13]

协约国进一步要求确保德国不会拥有可以再次发动战争的大量武器装备。《凡尔赛条约》把德国陆军人数限制为最高10万人，禁止拥有坦克、飞机和潜艇。[14]德国海军人数被限制为1.5万人，禁止建造新的大型舰艇，实质上就是被撤销。1914年前，德国公海舰队的扩张明显激化了英、德两国的矛盾，1918年11月后，它们被扣留在英属奥克尼群岛的斯卡帕湾。在德国使节签署条约的十一天前，德国舰队司令路德维希·冯·罗伊特下令凿沉从战列舰到驱逐舰的74艘军舰，以免它们被协约国各盟友瓜分。[15]

自1919年5月条约交到德国政府手中那一刻起，它就被德国人视为彻头彻尾的罪行。在后帝国时期的德国，无论内部存在多少纷争，对《凡尔赛条约》的仇恨却是一致的。1919年5月12日菲利普·沙伊德曼在德国国民议会的演讲表达了普遍的心情："把它自己和我们都捆绑在这些锁链中的手怎能不僵死？"根据记录，这位德国第一个民选政府首脑的讲话，赢得了来自其他议员跨越政治鸿沟的"几分钟热烈的鼓掌"。[16]

沙伊德曼和其他议员有充分的理由感到他们的改革努力白费了。他们中的许多人感觉被出卖了，尤其是被威尔逊总统，他们曾对他的"公正的和平"寄予厚望。威尔逊在1918年11月前曾多次提出，如果同盟国家能够摆脱独裁统治者，它们可望通过谈判得到体面的和平。而现在，1919年5月，一个民选的德国政府只能接受一场任人宰割的和平，连一点点哪怕是表面的"谈判"也没有。德国代表团试图软化一些和平条件，而在柏林，一些政治家和将军们在考虑恢复和西方协约国家的敌对行动。[17]然而最后，德国别无选择，只能接受和平条约。协约国6月22日的最后通牒称，要么接受条件，要么继续战争。德国被吓坏了，在万般无奈之下签署了条约。[18]

柏林和其他地方的普通民众，不论政治派别都被激怒了。整个德国掀起了自发的示威活动，抗议这个似乎要把德国永远剔除列强名单的不公正条约。事实上，英国和美国曾极力维护德国的统一性和独立性，特别是反对法国拆分莱茵兰，但这一点经常被忽视。许多德国人在1918年对民主的到来表现出的热情，在不到一年的时间里就转为对条约条款完全的受骗感和怨恨感。[19]有相当比例的德国人开始把《凡尔赛条约》和1918年革命及魏玛共和国联系到一起，特别是有些极右翼分子称条约是魏玛共和国"真正的宪法"——共和国是一种外部强加的"非德意志的"国家形态，其唯一的目的是世世代代奴役德国人民。[20]

这种观念在约翰·梅纳德·凯恩斯1919年出版的畅销书《和平的经济后果》中得到了加强，他在书中对条约提出了异议。凯恩斯在巴黎和会期间是一名英国财政部的专家，他称《凡尔赛条约》是一种"迦太基式的和平"，摧毁德国就像公元前146年罗马摧毁迦太基一样。[21]当时和后来的人们普遍忽视的是，德国在巴黎的表现比其他的同盟国都要好。[22]例如，在1919年9月签署的《圣日尔曼昂莱条约》中，残存的德意志奥地利国家被迫把南蒂罗尔割让给意大利，把南方的施蒂里亚割让给塞尔维亚—克罗地亚—斯洛文尼亚王国，把费尔德贝格和伯姆泽尔给了捷克斯洛伐克。波兰已经声称拥有加里西亚，有300万德语人口的波西米亚成为捷克斯洛伐克的一部分。该条约还规定，奥地利（和匈牙利）必须承担旧帝国的战争债务，还要支付赔款，定好的赔款数字最后被交给赔偿委员会（委员会两年后的结论是，奥地利根本无力赔偿任何东西）。[23]

如果说有很多德意志奥地利人希望德奥合并——奥地利和德国的自愿同盟——以实现1848年革命时自由民族主义者的强烈愿望，那么他们将会失望透顶。[24]自战败和帝国解体之后，奥地利左派（和他们的德国同志）曾提出两国联盟的主张，认为既符合威尔逊民族自决的思想，对于新生的魏玛共和国的合法性也是一个很大的提升。这一举动也有明显的经济理由：奥地利失去了"粮仓"——匈牙利和波西米亚的肥沃土地，几乎没人相信它可以养活自己的600万人口。奥地利在战争结束时的农业生产只达到战前水平的一半，而国内煤炭产量只能满足1918年至1919年寒冷冬季所需的四分之一。[25]

资源枯竭对维也纳的影响最为敏感。它一夜之间就从欧洲第三大国的首都，变为一个居住着全国三分之一人口的城市。即便在战争前，维也纳也完全依赖农村的粮食供应。由于供应的迅速枯竭，这座城市的人们每天都生活在饥饿的威胁之下，这一从战争期间就已经开始的趋势变得愈发紧张。[26]人道主义活动家弗朗西斯卡·威尔逊志愿在战后的维也纳工作了几年，"在那个冬天，它似乎成了一座死城，一座巨大而沉默的陵墓，"他回忆说，这里不像在俄国饥荒中那样看到孩子死在街上，或是马车堆满尸体，没有那么耸人听闻。它的伤口被隐藏了起来，沉默震撼了我。街上空空荡荡，只有排队等待配给木柴和酸面包的人。所有这些人，男人、妇女和儿童，都蜷缩在打着旧补丁的军大衣里。他们都面色苍白、饥饿、寒冷、沉默地等待着。这就是战败：一个多么伟大的帝国结束了，无声无息，甚至连一声呜咽也听不到。这里除了饥饿、寒冷和绝望，什么也没有。[27]

英国的和平主义者埃塞尔·斯诺登从战后的维也纳发回的报告，描绘了同样黯淡的绝望景象，"穿制服的警察在咖啡馆卖玫瑰，精致的女人穿着褪色的服饰，在街角和她的孩子们一同乞讨……英勇的医生在诊所和医院里竭力医治身上长满脓包疮的孩子，药品、肥皂和消毒剂几乎没有。"[28]关于奥地利情况的警示报告也被送到巴黎和会上。1919年1月，一名英国公务员威廉·贝弗里奇（后来成为英国福利国家之父）被派往维也纳评估当地的情况，他警告说，如果不能立刻进行救济，可能会导致整个社会的崩溃。[29]

尽管在经济上受到重大的损失，1918年底至1919年初仍有许多人期盼和平条约将会遵循威尔逊的原则。当社会民主党总理卡尔·莱纳前往巴黎接受奥地利的和平条款时，乐观的人群在维也纳火车站喊道："给我们带来真正的和平。"[30]在巴黎和会上，莱纳提出革命已经把奥地利变成一个民主国家，它不应为逝去的哈布斯堡帝国的罪行负责。莱纳强调："我们是作为一个战败和崩溃的帝国的一部分站在你们面前……和其他的民族国家一样，我们新生的共和国又一次焕发了活力，因此她至多只能在形式上被认为是末代君主国的继承者。"[31]

他很快就感到了失望。当奥地利代表团第一次收到草案的时候，他们的反应是愤怒。正如其中一人所记述的那样："当我们意识到奥地利将接受比德国更为苛刻的条款时，感到非常悲伤、苦涩和绝望，这和我们原来以为的大相径庭。"[32] 奥地利哀悼了三天，《凡尔赛条约》带来的震撼和幻灭是深刻的。[33] 外交部长奥托·鲍尔在奥地利首都指出："不少于五分之二的人民将接受外国的统治，没有举行任何公投就违背了他们不容置疑的意志，从而剥夺了他们的自决权。"[34] 对于鲍尔和其他许多人来说，关键的问题在于协约国不允许德奥合并。在协约国看来，否决奥地利和德国合并是显而易见的。对于英国、法国和意大利的人民来说，在国家遭受多年战争苦难后，结果却是德国变得更大、人口更多了，这是完全说不过去的。但在当时，每个人都很清楚，禁止德奥合并是对民族自决原则的公然违背，事实上这带来了灾难性的后果。如果说在1918年至1919年间，德奥合并曾是左翼的一项民主方案，那么它的夭折很快就被两国的极右势力所利用，成了共和国无法兑现承诺的"证明"。[35]

和德国类似，奥地利也获得了一些小小的让步：和南斯拉夫有争议的克恩滕州南部克拉根福地区，终于在1920年10月举行了公投，多数主张留在奥地利。协约国进一步同意了布尔根兰从匈牙利转归德意志奥地利共和国，那是一条自匈牙利西部边境延伸的狭长地区，主要居住着说德语的居民。转归奥地利的大部分地区，都和布达佩斯政府关系紧张，1920年至1921年间，匈牙利民兵和奥地利警察爆发了暴力冲突，造成数十人死亡。厄登堡在1921年举行的全民公投中又回到匈牙利，但奥地利指责这是布达佩斯政府向居民施压和伪造公投结果造成的。布尔根兰的其余地方仍然归属奥地利。[36]

失去布尔根兰对战败的匈牙利来说尚不算最糟糕的事情。总的来说，仅由于1920年6月签署的《特里亚农条约》，国家就失去了战前领土的三分之二和超过73%的人口，导致布达佩斯的政治动荡和罗马尼亚的入侵。[37]四年的战争、革命与反革命，以及1919年的外敌入侵，国家经济在条约签署前就已是一片废墟，消费品行业生产水平仅为战前的15%左右。[38]

　　在巴黎等待接受和平条款的匈牙利代表团做着和奥地利一样的事：布达佩斯不应为哈布斯堡王朝的罪行负责，在布尔什维克政权倒台后，匈牙利已经不再是一个威胁。代表团的团长阿伯尼·埃伯特伯爵正确地指出，匈牙利受到的惩罚比其他任何一个战败国都要重。但协约国对他的恳求充耳不闻。协约国领导人和他们的顾问一直认为，匈牙利人犯有民族压迫的罪责，在这个双元帝国的匈牙利部分推行严厉的马扎尔化政策。[39]

　　1920年6月4日，匈牙利代表团在巴黎郊区的特里亚农宫极为勉强地签署了条约。在布达佩斯，公共建筑物上都降下半旗，就这样一直保持了二十多年，直到1940年8月第二次维也纳仲裁裁定北特兰西瓦尼亚回到匈牙利。一年后，匈牙利军队和德国国防军一道深陷于苏联，他们普遍认为这是一场可以改变《特里亚农条约》和导致世界布尔什维克主义失败的"正义战争"。那时以前（自1990年后又开始了），"特里亚农"都是协约国不公的代名词，一旦有机会显现，它就刺激着几乎所有人对于撤销条约的渴望。[40]

　　相比起匈牙利惊人的领土损失，保加利亚——这个和德国、奥匈帝国和奥斯曼土耳其并肩作战的巴尔干国家——的损失是微不足道的，虽然保加利亚人并不这么认为。和其他战败国一样，保加利亚没有派代表参加巴黎和会，索菲亚的新政府起初希望，民族自决原则在巴黎和会划定其新国界后能够实现，因为在新国界之外有三个保加利亚人占多数的地区：沿黑海西岸的南多布鲁甲、在西色雷斯的爱琴海北岸，以及马其顿的部分地区。问题是，所有这三个地区都有其他国家声称拥有主权，而且它们都是协约国的友邦：在南多布鲁甲是罗马尼亚（即便在30万居民中只有不到1万罗马尼亚人），在西色雷斯是希腊，在马其顿是塞尔维亚—克罗地亚—斯洛文尼亚王国。[41]

保加利亚代表团于1919年7月被传唤到巴黎，但两个半月后才收到条约的草案。[42]协约国对他们充满敌意。哈罗德·尼科尔森战前就在伊斯坦布尔的英国大使馆工作，比在巴黎的任何人都熟悉巴尔干，他对保加利亚有一种特别的报复心理："他们的传统，他们的历史，以及他们的现实义务，原本都应约束他们站到俄国和协约国一边。然而在1913年，他们表现出了背信弃义的行为。到了大战期间，他们又故伎重演，出于对战利品最为物质的欲望，他们加入了德国一方，这样做使得战争延长了两年。"[43]

直至1919年10月，担任保加利亚总理的特奥多尔·特奥多罗夫试图消除这种情绪，他指出保加利亚人民一直反对和德国的战时同盟，那些极力赞成的权力精英们已成为过去。特奥多罗夫还强调，许多保加利亚军官都同情协约国或积极支持他们："如果其他国家都愉快地得到了回报，仅仅是因为它们对于协约国的同情和友谊……那么为什么不能承认我国也展示了相同的情感呢？这可以从成千上万名士兵因拒绝战斗而被审判和枪决得到证明，事实上还有11位将军和上百名保加利亚军官作为志愿军加入俄国一方与德国作战。"[44]

当条约草案在9月交付时，其内容比最悲观的预计还要悲惨。相比而言，1919年11月签署的《纳伊条约》无疑比《凡尔赛条约》对德国的条款还要严厉。该条约迫使保加利亚割让领土共1.1万平方公里，包括西色雷斯（移交给希腊）和斯特鲁米察、察里勃罗达、博西莱格勒等四个边境重镇及其周围地区（约2500平方公里的土地被割让给塞尔维亚—克罗地亚—斯洛文尼亚王国）。该条约还要求保加利亚付出22.5亿金法郎的惊人赔款，在三十七年内付清。此外，索菲亚政府还不得不转让大量牲畜和铁路设施给希腊、罗马尼亚和塞尔维亚—克罗地亚—斯洛文尼亚王国，塞尔维亚—克罗地亚—斯洛文尼亚王国每年还要从保加利亚接收5万吨煤。就其国土面积和国民生产总值来说，保加利亚面临着同盟国中最为昂贵的赔偿。[45]

最后，军队被严重地削减，从大约70万人减少到可怜的2万人。当该条约的具体内容传到索菲亚时，一些将军和政客想继续战斗，但特奥多罗夫的继任者、保加利亚首相亚历山大·斯坦博利耶斯基等现实主义者认为，由于别无选择，即便是"更苛刻的和平"他也愿意接受。[46]1919年11月27日，在纳伊的老市政厅，他在一个简短的仪式中签署了条约。据一位在场的美国人说，"就好像是办公室勤杂工被叫到董事会开会"。希腊总理埃莱夫塞里奥斯·韦尼泽洛斯也是见证人之一，他在为他的国家拿下西色雷斯时"尽力使自己不要过于喜形于色"。[47]

因此，在大多数保加利亚人的眼中，《纳伊条约》标志着他们的民族作为一个独立国家而存在的最低点。重新划分的边界，使保加利亚失去了最为肥沃的农业地区（如多布鲁甲和色雷斯），也失去了通往爱琴海的通道——这是一个重大的问题，对于保加利亚所有的经济行业来说，船舶贸易是一个决定性的因素。[48]由于重新划界，保加利亚经历了1913年以来又一次大规模的难民拥入，难民来自马其顿、色雷斯和多布鲁甲（以及被割让的西部边陲）。自1912年至20年代中期，保加利亚不得不接受了约28万名难民，占到其总人口的5%。在这些人当中，约有一半来自割让给希腊的领土（爱琴马其顿和西色雷斯），25%来自奥斯曼帝国（东色雷斯），从割让给塞尔维亚—克罗地亚—斯洛文尼亚王国（12.5%）和罗马尼亚（11%）的领土上拥入的难民数量较少，

但同样引人注目。[49]在如此严重的经济和社会危机下接受如此庞大的
人口迁入，是保加利亚国家未来几年中面临的最为严峻的挑战之一。[50]
1919年11月22日，斯坦博利耶斯基写了一封急切的信给冷漠无情的法
国总理克列孟梭，正如信中所说："保加利亚的人民现在生活在一个真
正动荡的国家。大批难民所受的痛苦使这场灾难更为深重……这无数
的难民、无家可归的人身无分文……在巴尔干各民族间将永远成为一
个流血的伤口。"[51]斯坦博利耶斯基是对的，即便他没能活着看到1923
年后的事态发展。在两次世界大战之间的大部分时间里，保加利亚都
在竭力应付战败带来的人力和财力损失、经济危机和国际孤立，这导致
了深刻的内部分歧和不同政治阵营支持者之间的暴力冲突，以及经常
通过政变来迅速更换的政府。[52]

　　保加利亚长期的殖民主、1918年前的战时盟友奥斯曼帝国，其解体
的过程早在战争结束之前就已开始。当时，奥斯曼军队的大溃退，以及
英军和地方武装的推进，使得它的全部阿拉伯领土都被"解放"了。早
在1919年1月巴黎和会召开之前——土耳其人作为奥斯曼帝国各民
族的唯一代表被排斥于议程之外——就可以清楚地看到，由于美国总
统伍德罗·威尔逊对参与建设中东战后秩序兴趣不大，帝国的命运完
全掌握在英国和法国的手中。美国从未对奥斯曼帝国宣战，威尔逊在
《凡尔赛条约》签署当天就离开了巴黎，表明他并不关心和平解决伊斯
坦布尔的问题。相比而言，英、法两国则意在瓜分奥斯曼帝国的阿拉伯
行省。[53]

　　虽然伊斯坦布尔的现实主义者们早已放弃了中东的阿拉伯领土，
但还是有一些政治家乐观地希望威尔逊"十四点"中的第十二点能够
得到严格的遵循，它保证"奥斯曼帝国内的土耳其部分"，即小亚细亚
的安纳托利亚和欧洲的东色雷斯会有"稳固的主权"。[54]1919年6月

17日，土耳其自由派的大维齐尔达马德·费里德和其他战败国的同行们一样，在巴黎向克列孟梭、劳合·乔治、威尔逊保证，他的政府和战时的统治者统一与进步委员会没有任何共同点，是后者把奥斯曼帝国拉向了战争，并把厄运降临到亚美尼亚基督徒头上。如果威尔逊的民族自决原则能够得到遵循，那么安纳托利亚尤其应当留给土耳其。问题是，现在还有别人在觊觎这一地区。1915年初，由于英国外交大臣爱德华·格雷所作的含糊许诺，参加了最后十八个月战争的希腊，认为自己有资格染指西安纳托利亚的主权，因为那里聚居着大量的希腊社区。希腊能够得到西方基督教伙伴的同情，而奥斯曼帝国则不能指望能从英、法两国得到帮助。劳合·乔治曾说过著名的驳斥土耳其人的话，称之为"在管理不善的国家肌体上生长出的癌症和蔓延的病痛，使其每一根毛发都在腐烂"。[55]

其他现有或新兴的国家也希望能在安纳托利亚分一杯羹。意大利试图在安纳托利亚西部建立一个永久的立足点，此前它在1912年已经占据了前奥斯曼帝国的多德卡尼斯群岛。由于在1915年《伦敦条约》中，意大利得到了含糊的保证，一旦奥斯曼帝国崩溃，罗马政府将获得它"公平的一份"，因此意大利的外交官更积极地为扩大在安纳托利亚的势力范围而奔走。此时，库尔德人——由于担心成为亚美尼亚、阿拉伯或土耳其统治下的少数民族——也要求独立或外交保护下的自治。同样，前俄国的亚美尼亚已在1918年5月宣布成立亚美尼亚民主共和国，要求合并奥斯曼帝国东部的几个省份。1918年春季，这一地区的暴力活动升级，亚美尼亚大屠杀的幸存者开始对当地的穆斯林平民进行报复，特别是在1918年1月下旬到2月中旬在埃尔金迦和埃尔祖鲁姆的大屠杀，估计有近万名土耳其穆斯林被杀害。[56]

英国的事实调查清楚地表明，领土纷争和暴力活动使这个被大战摧毁的国家变得进一步恶化。一位名叫克拉伦斯·帕尔默的中尉（他在奥斯曼帝国的战俘营里度过了大战的大部分时间）被从伊斯坦布尔派往内地，巡访了安纳托利亚西北部的许多村镇，在那里他向上级发回报告。从埃斯基谢希尔到科尼亚，他路过的村镇饱受饥饿、疾病和物资匮乏的困扰。他记述道，流离失所的亚美尼亚人卖儿卖女来换取食物，由于战争中人力和牲畜的消耗，农业和手工业生产已经趋于停顿。[57]

1920年8月，在《凡尔赛条约》签署一年多后，协约国终于和达马德·费里德领导下的苏丹政府签署了和平条约。这是巴黎和平约中的最后一份。这份在一个瓷器工场展厅中签署的《色佛尔条约》，急剧地缩小了伊斯坦布尔治下的领土，只有三分之一的安纳托利亚被视为无可争议的土耳其领土。希腊获得了士麦那及其附近地区，五年之内举行公投以决定其归属；亚美尼亚人收获了安纳托利亚东部从黑海沿岸特拉布宗到凡湖的广大地区；库尔德斯坦成为一个自治区；博斯普鲁斯海峡被置于国际共管之下；法国和意大利都保留了在安纳托利亚的势力范围。[58]和其他战败国一样，这些条款在安纳托利亚引起了痛恨。然而，不像其他的和平约，《色佛尔条约》并未得到承认，在两年半后被另一份极为不同的条约所取代——至于原因，我们将回头再说。

协约国对战败者明显的复仇心态，主要应归结为大战引起的民族主义热情。[59]德军1914年在比利时的暴行，1917年战略撤退和1918年进攻时的破坏，亲人和朋友战死所带来的绝望和愤怒，这些挥之不去的记忆在1919年仍然鲜活。战争的激荡尚未平息，依赖民众选票的协约国领导者明白，军人和他们的家属们需要向敌人索赔，以证明自己的牺牲是有价值的。在协约国看来，仅仅几个月前，同盟国忽然间开始奢谈"公正的和平"，给自己捞了一大笔赔偿金，那就是1918年强加给俄国和罗马尼亚的《布列斯特—立托夫斯克条约》以及《布加勒斯特条约》。当然，集体安全也是一个问题：胜利的协约国担心被打倒的对手在军事上重新站起来，尤其是德国的复兴。对于维护全面和平，特别是维护法国的领土完整来说，剥夺柏林发动复仇战争的工具是关键所在。

当然，战败者的感觉则完全不同。在欧洲的战败国中，对于巴黎和平条约的怨恨不仅是出于战败的耻辱感，他们还把条约视为虚伪的，威尔逊民族自决的理想只适用于协约国的盟友（波兰、捷克、南斯拉夫、罗马尼亚和希腊），而非那些被视为敌人的国家（奥地利、德国、匈牙利、保加利亚和土耳其）。更为糟糕的是，民族自决原则在民族矛盾极为复杂地区的实行充其量也是幼稚的，实际上是使第一次世界大战的暴力蔓延到了众多的边境冲突和内战。中欧的民族斗争变得更加激烈，譬如捷克，和德国在波西米亚的旧恨未消，和波兰在泰申的新仇又起。[60]

所有据称是根据民族自决原则建立起来的新国家，在其境内都有大量可以发出自己声音的少数民族，他们（尤其在经济大萧条时）开始提出重返"祖国"的要求。协约国违背民族自决原则把1300万德意志人（包括德意志奥地利人）划在帝国的边境之外。同时，布达佩斯也在哀叹有超过320万匈牙利人被划到了新的邻国，而有约42万难民来自割让给捷克斯洛伐克、南斯拉夫、罗马尼亚和奥地利的土地，他们要求故乡的土地重回布达佩斯的统治，从而成为两次世界大战之间的匈牙利一个激进的存在。[61]

民族统一主义的问题持续困扰欧洲政坛几十年，主要是因为这些中东欧的后续国家本身就是一个小小的帝国，其多民族的性质与它们所取代的那个战败的帝国完全相同（并且战前的民族矛盾还由于第一次世界大战而加剧了）。[62]在这些后续国家里，发现自己成了少数民族的人们经常会屈从于民族主义的煽动。例如在矛盾激烈的西里西亚，布雷斯劳的弗里德里希·威廉姆斯大学成了德国民族主义风潮的中心。这所大学历来是德国最国际化的教育机构之一，也反映了这座城市的多民族特性。在整个19世纪，其学生群体中都包括了相当比例的波兰人和大量的犹太人。[63]然而到了1918年之后，就到处充满了对民族共处深深敌视的气氛，年轻的德国民族主义者特别容易受到沃尔特·库恩这样的右翼知识分子的吸引，他自称是"东方研究"的专家，讲学的重点就是推翻《凡尔赛条约》，收回在波兰和更为广大的中东欧"失去"的德意志人口。[64]这样的想法有着肥沃的土壤。一般来说，相比西方中心城市的居民，居住在边境民族混居地区的德国人更倾向于支持激进的右翼政党，并最终演变成接受某种形式的纳粹或其他主义。[65]纳粹德国及其在30年代末到40年代初公然实行的种族灭绝的帝国计划，主要应归咎于第一次世界大战以及1918年至1919年间重新划分边界造成的民族冲突和民族统一主义。[66]

在战后的东欧、中欧和东南欧，仅有的单一民族国家就是战败帝国解体后的核心国家：魏玛共和国、奥地利、匈牙利、保加利亚和土耳其共和国（1923年10月成立）。这些新国家都有一些少量的少数民族（主要是中欧和散落在伊斯坦布尔东正教社区的犹太人），他们将在今后的数十年中遭到暴力骚扰和侵袭，但在20年代和30年代初，那些战胜的后续国家的少数民族问题要多得多。例如，新的波兰民族国家，其人口中约有35%的非波兰人，包括大量的乌克兰、白俄罗斯、立陶宛和德意志少数民族。塞尔维亚—克罗地亚—斯洛文尼亚王国有些名不副实，约有200万居民不属于其中任何一个群体，主要包括波斯尼亚穆斯林（9.6%）、匈牙利人（4%）、阿尔巴尼亚人（3%）和德意志人（14%）。捷克斯洛伐克的德意志人（约占总人口的23%）比斯洛伐克人还多，此外还有鲁塞尼亚人和马扎尔人的庞大社区。罗马尼亚的面积比战前翻了一番，拿到了特兰西瓦尼亚、比萨拉比亚、布科维纳和巴纳特的大部分，约有300万匈牙利人居住在罗马尼亚。[67]

这些在新国家人口较多的少数民族十分清楚，"自决"只是协约国给予盟友的，不会给予战时的敌人。协约国也不会在意非欧洲人的"自决"。殖民地的民族主义者在和会游说，要求给予他们自治权，伍德罗·威尔逊却辜负了他们的期盼，没能挑战英、法两国的帝国野心。1918年后，英、法两国主要通过国际联盟的委托，在中东以及其他地方扩张得更远了。[68]威尔逊没有支持殖民地的自决权，这对任何人来说都不应感到是个重大意外。尽管他发表了关于民族自决和道德公约的开明谈话，但这位美国总统——也是一位来自弗吉尼亚的进步的学院派知识分子——却公开支持美国的种族隔离，在上任后不久就允许在联邦机构内部实行这种政策。[69]

在国际范围内，威尔逊（和当时大多数西方人一样）显然认为，对于民族问题来说，确定某个特定的群体是否应当获得"自决"是十分关键的问题。国际联盟是威尔逊的亲儿子，它的盟约作为序言被印在巴黎和会所产生的五个条约之前，但其中对战胜国殖民地的人民只字未提。[70]相反，该盟约把前奥斯曼土耳其帝国领地定为所谓的"A类"托管地，称"其中的居民尚无能力自立于艰难的现代世界之中"，要在受托国的指导下加强管理，然后才能成为独立国家。英国和法国最终瓜分了"A类"托管地——美索不达米亚（今伊拉克）、巴勒斯坦（包括约旦）和叙利亚（包括黎巴嫩），而汉志（沙特阿拉伯）得到独立。所谓的"B类"托管地是指大部分德国在非洲的殖民地，需要受托国给予更多指导，可以在将来某个不确定的时候独立。还有一些其他领土被划分为"C类"，主要是前德属西南非洲（今纳米比亚）和南太平洋诸岛，名为托管实则完全是殖民地，"最宜受治于受托国法律之下，成为其领土不可分割之一部分"。[71]与居住着欧洲白人的前奥匈帝国领土不同——诸如此类明显的种族主义理论引导了巴黎和平条约所确定的整个托管体系——殖民地的有色人种还没有做好管理自身事务的准备。[72]

在欧洲，巴黎和会的主导者们清楚地认识到，在新兴的民族国家中因多民族纷争而引起的问题必须得到解决。尽管有些人认为，通过欧洲在1918年至1919年的领土重组，被认为是少数民族的人口从6000万减为2500万至3000万，降低了一半，但是那些新的后续国家起初并没有制定法律框架来保障他们的权利。[73]协约国因此制定了所谓的《少数民族条约》，它由一系列新兴国家签署的双边协议组成，以此作为它们得到国际承认的先决条件。[74]

后帝国时期的波兰应该说提供了一个范本。《波兰少数民族条约》又称《小凡尔赛条约》，与《凡尔赛条约》同日签署。它为随后会议上关于这一主题的所有声明确立了方向，有不少于七个后续国家受到类似条约的约束。[75]《少数民族条约》的目的是要保护所有生活在中东欧后续国家的少数民族和宗教人口的集体权利。[76]这些新的民族国家必须要保护政治组织和代表的权利，在法庭和学校可以使用少数民族的语言，以及在领土转让时给予相应的补偿。以捷克斯洛伐克为例，国际条约保证了少数民族的集体权利，在德意志人占比超过20%的地区，他们有权使用自己的语言进行教育和处理公务。由于德意志人往往聚居在某一地区，这实际上意味着他们有90%的人可以享受到这一妥协。[77]

涉嫌违反条约的情况，可以提交到国际联盟委员会和国际法院。重要的是，边界线之外的母国可以代表陷入围困的少数民族进行交涉。例如匈牙利政府可以代表马扎尔人、魏玛共和国也可以代表苏台德的德意志人起诉斯洛伐克。这是和会最重要的成果之一，因为它提供了一个法律框架，使得受害的少数民族可以（并有效地）纠正违反条约的行为。[78]

对于那些没有母国来保护利益的少数民族来说，形势变得更为迷茫。约有600万犹太人生活在前罗曼诺夫帝国西部边疆的帕莱定居点和前哈布斯堡帝国的东半部（主要是西加里西亚和匈牙利）。在1914年前，生活在罗曼诺夫帝国的犹太人遭到周期性的屠杀，而生活在哈布斯堡帝国的犹太人则相对安全，他们无疑认为，作为公民和臣子，这个双元君主国可以保证他们的权利和地位。因此，在20世纪20年代至30年代，犹太作家斯特凡·茨威格或约瑟夫·罗特写了大量关于哈布斯堡王朝的怀旧小说，这并不是偶然的。罗特的著名小说《拉德斯基进行曲》中的关键人物，来自加里西亚的波兰贵族霍伊尼茨基伯爵说道："一旦告别皇帝，我们就会分裂成无数碎片……所有民族都想建立他们自己肮脏的小国……民族主义成了新的宗教。"[79]

对罗特那样的犹太人来说，相比生活在一个在种族或宗教上有排他性的小国家，他们宁愿生活在一个能为少数民族提供法律保护的多民族的大帝国。在中欧的大帝国崩溃后，在乌克兰、波罗的海诸国、波兰、加里西亚、布科维纳、波西米亚和摩拉维亚的犹太人突然被安上了两个罪名，说他们既是旧帝国的忠实臣民（因而不爱现在的国家），还是布尔什维克主义的支持者。[80]

总的来说，这些旨在让少数民族能获得一定程度的文化自治和法律保护的条约被证明是无效的。甚至在捷克斯洛伐克这样通常被认为是最宽容和民主的后续国家，很快就对非捷克人表现出一种矛盾的态度。至少在理论上，托马斯·马萨里克的母亲是捷克人，父亲是斯洛伐克人，捷克和斯洛伐克的文化差异似乎可以很容易地沟通。然而，尽管宗教改革已经把大多数捷克人变成了新教徒，但自10世纪起就受到匈牙利统治的斯洛伐克人却仍然笃信天主教。如果斯洛伐克人相信马萨里克会遵守1918年《匹兹堡协议》的诺言，使他们在新国家中得到广泛的文化自治，那他们很快就会知道自己错了。[81]

尽管德意志人在苏台德聚居地可以享受相当程度的文化自由，但马萨里克对德意志民族的态度甚至更成问题。同时，他领导了要求土地改革的来自基层的压力，决定打破（庄园主主要是德意志人）大庄园——这场运动还允许捷克人向德意志人聚居的西部边境"殖民"。[82] 马萨里克的外交部长爱德华·贝奈斯在和英国外交官的谈话中坦承，奥匈帝国统治的终结导致了民族等级的反转："在战争前，德意志人在这儿（指了指天花板），我们在那儿（指了指地板）。现在，"他把手势扭转过来后宣称，"我们在这里，他们在那里。"贝奈斯坚称，土地改革是"必要的"，要"给德意志人一个教训"。[83]

从欧洲战败国的角度来看，民族自决的原则遭到了公然违反，《少数民族条约》仅仅是一块遮羞布，而它们还曾错误地以为这一原则将支撑起世界新秩序。战败国认为，不惜一切代价也要让那些"迷失"的民族同胞回归祖国，在纳粹登上政治舞台很久之前，这种修约主义就已经在政治生活中大行其道了。对于和平，这并非长久之道。[84]

14

阜 姆

对 1919 年至 1920 年间巴黎和会炮制出来的世界新秩序感到不满的,不仅仅是战败国。有的国家敏锐地感到自己赢得了战争,但失去了和平。日本——最高战争委员会的亚洲成员,理论上也是处于巴黎和会决策核心的列强之一——感到自己越来越被边缘化。尽管日本在中国山东半岛的前德国租界和赤道以北的前德属太平洋岛屿获得了一些领土,但在谋求西方协约国承认其为完全平等的伙伴方面,没有取得任何进展。它在《国际联盟盟约》中提出的"种族平等"是一个尤为棘手的问题,这主要是为了让日本(而非是更多的亚洲人)能够获得和"白色的"西方协约国平等的地位,但如此就和英帝国代表团产生了裂痕,后者坚决反对日本向其各自治领移民。澳大利亚代表团决心保护他们的"白色"领地,拒绝了日本在国际关系体系中实现种族平等的要求,并设法赢得了代表团内的辩论。日本的政治家们被这种冷遇激怒了,离西方国家越来越远,而在中国山东及太平洋岛屿的扩张激起了他们统治整个大东亚的野心。[1]

在意大利,这种获得了一场迷茫或"残缺"胜利的感觉更为突出。

这个国家在战争中损失的人数比英国还要多，国民感到，伦敦和巴黎为了让罗马参战而作的领土承诺，现在已经不受重视了。早在1915年，为了换取意大利向过去的同盟国盟友反戈一击，该国确实得到了新朋友的笼统承诺。在秘密的《伦敦条约》中，意大利将获得可观的领土：罗马不仅可以继续控制前奥斯曼帝国的多德卡尼斯群岛（1912年占领），把阿尔巴尼亚变成"保护国"，还可以得到前哈布斯堡王朝控制下的特伦蒂诺和德意志人聚居区南蒂罗尔，一直到布伦纳山口、北达尔马蒂亚斯及包括港口城市的里雅斯特的整个奥地利沿海地区。这份慷慨的馈赠有一个问题，那就是当时还没有考虑到要建立一个独立的南斯拉夫，也没有什么"民族自决"的说法。还有一个问题是，到1918年末，罗马对于扩张其帝国的野心已经超出了1915年许诺的范围：它还想得到亚得里亚海的港口阜姆（里耶卡），在战争结束前那里一直属于匈牙利。[2]

罗马没有坐等巴黎和会召开再去要求兑现1915年的承诺。1918年11月3日，奥匈帝国刚刚签署停战协定，意大利军队就开进了伊斯特里亚和达尔马蒂亚斯。但阜姆的未来则难解得多，新兴的南斯拉夫国家对这座城市提出了针锋相对的声索，迫使意大利外交官在巴黎展开活动，力阻列强承认塞尔维亚—克罗地亚—斯洛文尼亚王国，却以徒劳无功而告终。[3]

意大利在1918年至1919年间强硬的战争叫嚣广受诟病，但这是有原因的。与其他前参战国的政府首脑一样，维托里奥·埃曼努尔·奥兰多首相要证明，前三年意大利人民遭受的极大痛苦和六万名意大利士兵的死亡是有价值的。意大利人民也和其他战胜国的人民一样，要求在经济和领土上得到最大补偿。[4]然而与此同时，奥兰多在巴黎的要求还必须放到意大利传统的自由帝国主义中去理解。[5]自1861年至1870年意大利民族国家建立以来，恢复旧日罗马帝国部分疆域的想法——尤其是在环地中海地区，民族主义者们称之为"我们的海"——在公众关于意大利未来地位的讨论中就经常出现。1911年，意大利开始着手实现扩张帝国的梦想，攻占了奥斯曼帝国北非行省的黎波里塔尼亚和昔兰尼加。意大利的帝国主义者铭记着古罗马的遗产，将其命名为"利比亚"（古罗马北非行省的名字）。[6]地中海对面的新殖民地将使意大利成为一个帝国，从而证明其欧洲列强的地位——这一野心曾在十五年前遭受过挫败，当时（1896）意大利在阿杜瓦败于埃塞俄比亚人之手。[7]

事实证明，由于奥斯曼土耳其的顽抗和地方势力的抵制，意大利入侵利比亚付出了高昂的代价。在恩维尔·贝伊这样能干的军官率领下——他后来成为青年土耳其党独裁三人团的成员——后来还有像年轻的穆斯塔法·凯末尔这样的著名人物，土耳其军队坚持和意大利人作战，当地的阿拉伯人也很快加入进来。事实证明，他们对所谓奥斯曼"压迫者"的忠诚比意大利侵略者所想象的要强烈得多。[8]战斗持续了几个月，最后意大利勉强获胜：在1912年10月战斗结束时，有大约1万名意军士兵死亡，几乎是阿杜瓦战役中阵亡人数的两倍，而意大利只占领了几座沿海城市，离最初控制整个国家的目标相去甚远。[9]此外，在和奥斯曼帝国签署和平条约之后，地方游击队还和新的殖民者战斗了近二十年，意大利军队要到1931年才全面控制了北非的新领土。[10]

维托里奥·奥兰多在1918年至1919年推行自由帝国主义时借鉴了意大利长期的扩张传统，奥匈帝国的解体则提供了前所未有的历史机遇。在他（和许多同时代的意大利人）看来，是时候发起意大利复兴运动，实现朱塞佩·马志尼、朱塞佩·加里波第的梦想了——把所有意大利人聚居的地区统一成一个民族国家，从而克服自1915年5月参战以来意大利深层次的社会矛盾。[11]

意大利的参战，并决定反对其三国同盟的前盟友——德国和奥匈帝国——站到协约国一边，这绝不是没有争论的。[12]它在意大利社会和政界酿成了一场最为持久的分歧：一方主张中立，另一方则主张和协约国并肩作战。[13]到1915年春季宣战之前，意大利有过长达九个月的激烈争论，出现了一些少有的同盟。例如，民族主义者和激进的民主主义者汇聚在城市广场，他们都支持参战，虽然其出发点并不相同：民族主义者是想让意大利跻身真正的列强，而激进的民主主义者是想打败普鲁士军国主义。支持中立的社会民主党不想卷进帝国主义战争，他们把国际工人阶级团结的口号看得比其他国家的同志们都要重，但有部分党员却支持参战；于是在1914年，以贝尼托·墨索里尼为首的参战派被开除出党。[14]"干涉主义者"的宣传形成了强大的声势，在未来几年中把国家一分为二，那就是"两个意大利"的神话——一个是精力充沛、有远见和年轻的，因而支持战争；另一个则是腐烂、保守和懦弱的。在"干涉主义者"看来，战争会给"真正的意大利"带来最好的一面，必须把那些试图加以阻止的人从国家政体中清除出去。[15]

当奥兰多在巴黎竭力搜刮并准备把阜姆放进帝国的囊中时，他对此当然很清楚。这场原本是为了在国内观众面前提高政治威望的表演，很快便拥有了自身的活力。[16]被阜姆激发起幻想的人，不仅有像热情如火的战士兼诗人加布里埃尔·邓南遮这样的民族主义者，还包括了那些有革命意愿的、希望新的政治和社会价值观取代战前保守的资产阶级秩序的人。[17]

塞尔维亚—克罗地亚—斯洛文尼亚王国坚决反对意大利的觊觎，它对阜姆有自己的想法。贝尔格莱德得到了伍德罗·威尔逊的支持，尽管他们的出发点并不相同。威尔逊主要是反对秘密外交，尤其是英、法两国和意大利之间的交易。根据"民族自决"的原则,他还质疑意大利对这座城市的要求是否合理,因为只有一半的人口有理由宣称自己是意大利人,而另一半则认同自己属于其他民族。[18]但意大利在巴黎的外交官不打算让步,坚持要协约国兑现《伦敦条约》,接受意大利对阜姆的主张。罗马不妥协的态度惹怒了威尔逊,他发表了一份声明,直接向意大利人民呼吁放弃不合理的领土要求。他沾沾自喜地把自己的"十四点"称为"神圣的义务",但这并未起到任何作用。次日,4月24日,意大利人退出了巴黎和会,回到罗马,欢迎他们的是一场盛大的反美游行。《时代报》的一个编辑质问道:"他怎么会认为在他的召唤之下,意大利人民会反抗自己的政府,并强迫它接受一个闭门造车的外国人提出的方案?"[19]

奥兰多本希望通过坚持索要阜姆来对意大利的极端民族主义势力加以羁縻,而威尔逊的声明则进一步激怒了他们。即便到1919年夏和德国签署了《凡尔赛条约》后,这一问题仍然没能得到解决,从而成了一个所有意大利人对和解失望的聚焦点。邓南遮便是其中之一,这个名字和协约国内部关于阜姆的冲突紧密联系在一起。他是当时意大利最富盛名的诗人,在国内外都享有声誉,就算是詹姆斯·乔伊斯、马塞尔·普鲁斯特和亨利·詹姆斯也都推举他为19世纪末作家中的翘楚。邓南遮对政治也十分热衷,是民族统一运动的杰出代言人,号召把那些在19世纪下半叶意大利统一为一个民族国家时未能加入的"意大利领土"都囊括进来。[20]1915年,五十二岁的邓南遮从法国回到意大利,参加对同盟国的战争。[21]他在服役期间表现优异,完成了一系列飞行表演,包括空袭哈布斯堡王朝控制下的的里雅斯特,以及在维也纳空投传单等,赢得了意大利伟大的诗人战士称号。[22]

战争结束后,邓南遮和其他复员军人一样,盼望意大利的牺牲能得到回报。但继1919年4月伍德罗·威尔逊公开呼吁意大利减少领土要求后，军队里到处流传着政府将屈从于美国压力的谣言。1919年6月23日，弗朗西斯科·萨维里奥·尼蒂接替辞职的奥兰多成为首相，他是一名经济学家，自由党激进派的领袖，于是谣言进一步扩散了。[23]尼蒂的上任尤其得到了巴黎和会列强代表团的欢迎，认为他比奥兰多更富有理性。然而，他们将会对此感到失望。尼蒂和他的政府在公众特别是右翼的压力下，都不愿意放弃对阜姆的主张；而右翼的民族主义者仍然不相信尼蒂能兑现阜姆问题。[24]

于是，邓南遮决定自行其是。9月11日，他从阜姆西北约300公里远的龙基—代莱焦纳里出发，开始了著名的"进军阜姆"。他只有不到200名士兵，但很快就有人加入。当邓南遮乘坐一辆鲜红色的菲亚特汽车抵达阜姆郊外时，他的部队已有2000人之众，大部分是前意大利突击部队或"阿尔迪蒂"部队的成员。这里的协约国驻军大部分是意大利人，不发一枪就把城市交到了邓南遮手中。[25]

接下来的十五个月，邓南遮成为那里无可争议的"领袖"，今天称之为卡尔纳罗摄政区，拥有自己的宪法和货币。他本人从各方面来说都不是法西斯分子，阜姆以当时的标准看也显然是一个非暴力地区，但这个新城邦对于意大利民族主义者来说却成了一个可以效仿的中心。[26]墨索里尼最初对阜姆的冒险十分谨慎，后来对邓南遮的政治实践和仪式十分倚重，从他那里借鉴了帝国主义、世俗民族主义和象征性姿态的元素（包括"进军罗马"就是部分模仿了邓南遮的"进军阜姆"）。[27]

在整个卡尔纳罗摄政区存在的时间里，罗马政府都在试图通过海上封锁来终结邓南遮的统治。不过，意大利政府避免了对阜姆的直接军事攻击，因为它担心可能会激起广大同情邓南遮的民族主义者的反对。直到1920年12月《拉帕洛条约》（阜姆转而成为一个自由邦）签订后不久，罗马才决定开始行动。圣诞前夜，在意大利海军炮击之后，邓南遮和他的支持者放弃了这座城市。然而，他的政治影响力在退居达加尔湖的别墅之后依然存在，阜姆仍然是民族主义者们的目标。墨索里尼公开赞扬邓南遮的"反抗"，并模仿他的民粹主义风格，很快废除了部分《拉帕洛条约》，1923年9月，阜姆又再次落入意大利之手。[28]

15

从士麦那到洛桑

1918年后，意大利的帝国野心远不止阜姆。1915年的《伦敦条约》曾就意大利参与奥斯曼帝国的"公正分享"作了含糊的承诺，这个帝国应在战争结束后被拆分。1919年5月初，为了明确这些承诺没有被遗忘，意大利部队在安纳托利亚南部的阿达利亚港（安塔利亚）和马尔马里斯登陆，事先并未告知盟友。在巴黎还有谣言说，意大利船只正在驶往士麦那，那是一座在安纳托利亚西海岸的基督教重镇，希腊对此也有主权要求。[1]

5月6日，劳合·乔治提出，为了制止意大利在小亚细亚的帝国野心，应该允许希腊占领士麦那及其周边地区。即便是一贯反对帝国主义土地攫取的伍德罗·威尔逊，也同意了这一想法，只是为了提醒越来越烦人的意大利政府注意自己的位置。于是，劳合·乔治召见了希腊总理埃莱夫塞里奥斯·韦尼泽洛斯，要求他准备在士麦那登陆。[2]韦尼泽洛斯似乎很有志于重建一个和伦敦保持密切关系的拜占庭帝国。1864年，他出生在奥斯曼帝国统治下的克里特岛一个富商家庭，他的父亲因卷入1886年克里特岛的起义，被迫逃往希腊大陆。韦尼泽洛斯后

来成为一名律师，1910年后担任总理，是自由党的创立者，他支持希腊
在1914年后加入协约国一方，因此和国王康斯坦丁一世产生矛盾。康
斯坦丁是个亲德派，早年曾在德国学习，和普鲁士的索菲娅结婚。索菲
娅是德皇威廉二世的妹妹，威廉给了康斯坦丁德国陆军元帅的荣誉军
衔。虽然康斯坦丁并不掩饰他对德国的感情，但在1914年第一次世界
大战爆发时，他主张他的国家中立。然而，韦尼泽洛斯违背了国王的意
愿，邀请英、法两国政府派兵前往希腊新近获得的前奥斯曼帝国港口萨
洛尼卡（塞萨洛尼基），这导致了他的下台。1916年初，国王给予了德
国和保加利亚军队进入东马其顿和色雷斯的许可。[3]

　　韦尼泽洛斯及其支持者对此深感震惊，他们在1916年8月16日
雅典的群众集会上公开表达了对国王亲德态度的愤怒。康斯坦丁和
韦尼泽洛斯的对抗导致了两个敌对政府的出现，雅典和萨洛尼卡分别
成为各自的首都，1916年8月的希腊事实上已经分裂。协约国在希腊
南方实施了海军封锁，给平民带来巨大的经济困难，最终使得韦尼泽
洛斯在权力斗争中胜出。康斯坦丁在1917年6月屈服于外部压力，让
位给小儿子亚历山大，他因亲西方的态度而受到协约国的青睐。亚历
山大的即位为韦尼泽洛斯重返雅典和希腊全军投入对同盟国的作战
铺平了道路。现在，在大战获胜之后，韦尼泽洛斯希望能获得协约国
的回报。劳合·乔治在巴黎向他保证，其他战胜国不会反对希腊占领
士麦那。因此，希腊总理完全有理由相信，他在这件事上得到了英国
政府的无条件支持。但是，韦尼泽洛斯忽视了一同赴会的亨利·威尔
逊元帅的严厉警告，那就是占领士麦那将会陷入另一场前途渺茫的战
争，土耳其军队虽然被打败了，但还没有被完全摧毁。这一评价得到
了寇松勋爵的响应，他是亚瑟·贝尔福在外交部的得力助手，寇松给
了希腊总理几份备忘录，提醒他不要低估土耳其军队动员起来抵抗外

侮的能力。[4]

在高级战略家当中，并非只有威尔逊和寇松勋爵反对希腊占领士麦那。1915年初，当韦尼泽洛斯第一次考虑加入协约国一方作战以换得在安纳托利亚扩张领土时，他曾向扬尼斯·梅塔克萨斯上校征询意见。1912年希腊在第一次巴尔干战争中获胜，以及该国在1936年至1941年间的军事独裁，梅塔克萨斯都是谋划者之一。他的回答并非韦尼泽洛斯所乐见。他强调，土耳其希腊人聚居的沿海地区不容易守住，打算占领的土地上有大量的穆斯林会起来反抗外国的统治，而安纳托利亚西部肥沃的谷地暴露在土耳其从安纳托利亚腹地发动的攻势面前，十分危险。任何入侵都会导致类似拿破仑在俄国那样灾难性的战役，土耳其的保卫者肯定会试图把入侵者诱入安纳托利亚的中部腹地，在那里等着的是严寒和酷暑。[5]

韦尼泽洛斯忽视了这些意见，和所有1918年的胜利者一样，他似乎被一种独特的历史机遇感所驱使。作为一个现实主义者，他一定觉得古希腊地中海帝国的重建已经触手可及。这一"伟大理想"——把希腊领土扩张到小亚细亚，把本土和各个处于奥斯曼帝国统治下的追求民族统一的群体重新联系起来——自希腊通过1843年革命成为独立的君主立宪制国家后，就不断成为政坛的突出主题。此后，随着希腊国界的不断扩张和先前民族主义者的逐步同化，国内的希腊民族对未来把奥斯曼帝国统治下的东正教民族一起囊括进来抱有很高的期待，这些人主要聚居在安纳托利亚的西北部海岸和腹地，以及黑海南岸的本都地区。希腊东正教社区的根源可以追溯到拜占庭时期，在19世纪曾有明显的扩张，士麦那及其周边地区的经济繁荣，吸引了大批来自希腊本土和东爱琴海岛屿的贫苦移民。虽然自1912年第一次巴尔干战争后，社会关系的紧张已经逐渐扭转了这一趋势，但到1914年时，士麦那的35万总人口中仍然还有20万希腊东正教人口。[6]在本都的希腊人也形成了相当大的社区，特别是在黑海城市桑普森（萨姆松）和特拉布宗，但在那里穆斯林人口仍占显著多数。[7]根据奥斯曼帝国的官方统计，本都的基督教人口有53万人，而穆斯林则近100万人。[8]

就在韦尼泽洛斯和劳合·乔治决定命运的谈话后一周，5月15日，希腊侵略军乘船抵达士麦那，引起了当地基督教徒的兴奋和穆斯林的愤怒，一些穆斯林自发成立了反吞并全国委员会，呼吁土耳其人抵抗入侵者。[9]

没过多久，紧张局势就爆发了。当希腊军队下船开进城市时，一个来自萨洛尼卡的土耳其难民哈桑·塔赫辛向他们开了一枪，他在战争期间一直为统一与进步委员会的"特别组织"服务。[10]作为报复，希腊军队冲进附近的土耳其兵营，逮捕了里面的士兵，强迫他们向港口行进——根据一个在士麦那的英国商人回忆，在队列中的俘虏们"遭到无尽的羞辱"。[11]一旦有俘虏掉队，他就会被刺刀捅死，后面跟着的几个人接着被杀。在港口的英国军官报告说，他们目睹了几具遇害的土耳其人尸体被扔进了大海。当地的希腊民族主义暴徒团伙受到士兵行为的鼓励，奥斯曼帝国的基督徒们回想起在战争期间所受到的压抑，开始在土耳其街区掀起暴行，肆意杀人、伤害、抢劫和强奸。在一整天的混乱中，有300到400名穆斯林平民和士兵被杀死，希腊军队仅有两人伤亡。[12]

尽管实行了戒严，指挥官也公开呼吁"尊重你的（伊斯兰）同胞的个人自由和宗教信仰"，但暴力活动仍有增无减，特别是在厄立特里亚半岛的农村，在第一次世界大战期间有很多的基督教居民遭到过驱逐。[13]一个来自乌尔拉的基督徒在日记中详细记述了他和他的希腊同胞"拥入土耳其人的村庄进行抢劫"，然后纵火焚烧了几处房屋。[14]在希腊占领的士麦那及其腹地发生的暴行，引起了协约国对暴力不断升级的严重关切。"士麦那的事件，"一位协约国的将军从安纳托利亚向巴黎发回报告称，"无疑会让所有土耳其基督徒的生活变得糟糕。希腊人在那里登陆会被土耳其人认为是协约国对停战协定的公然践踏，是进一步无端侵略的前奏。"[15]

出于担心协约国不再支持希腊侵占士麦那，韦尼泽洛斯下令最近上任的士麦那高级专员阿里斯蒂德斯·斯特吉迪斯恢复那里的秩序。斯特吉迪斯在登陆的四天之后就抵达了士麦那，并立即设立军事法庭审判了一些对穆斯林犯下的暴行。尽管斯特吉迪斯在1922年土耳其重新占领士麦那的前一天逃离了这座城市，使他在希腊的声誉至今不好，但他在之前三年中维持着公平的行政记录是值得称道的。在他担任高级专员期间，他努力确保城市里的穆斯林人口不被视为二等公民，例如，他顶住了东正教会和士麦那长老会试图进行反穆斯林立法的压力，坚持法律面前人人平等，为穆斯林保留了行政地位较低的岗位。[16]

然而，当士麦那的事态在斯特吉迪斯到来之后有所稳定时，由于希腊军队想要控制内陆腹地，周边地区的紧张形势却升级了。整个1919年夏天，协约国不断收到关于希腊士兵和土耳其非正规部队针对平民暴行的重复报告，包括到处发生的杀戮和强奸，特别是在1919年6月和7月的艾汀（艾登）战役期间，这座城市曾几度易手。在最初希腊占领艾汀后不久，土耳其非正规部队发动了联合反击，迫使希腊撤退。撤退期间，希腊人焚烧了土耳其人街区，屠杀了大批穆斯林。[17]土耳其人以牙还牙，杀死基督教平民，在希腊人街区纵火。[18]希腊军队随后重新夺回该城，新的暴力和报复周而复始。据一名希腊士兵回忆：

我们包围了城市，越是接近，尖叫声、枪声和手榴弹声就越密集，宛如地狱。土耳其正规军在撤退，但民兵还留在那里，对希腊和亚美尼亚人进行屠杀、掠夺和折磨，围捕女人以充实后宫……在一个希腊人街区，整家的人连同孩子在家里被屠杀。希腊国旗被扯碎，上面还有便溺。旗杆下堆着一些背朝上的希腊人尸体。水井里也塞满了尸体……然后报复开始了——清真寺被纵火焚烧，霍加的胡子被点着，裤子被扒下来，臀部被开枪击中……一名牧师拿着刀走来，在街上见人杀人，如同宰羊。土耳其人曾杀死了他的妻子和一个女儿……他不留任何活口，甚至连狗也不例外……[19]

1919年7月，为了调查土耳其对希腊暴行的指控，一个由英、法、意、美高级军事人员组成的国际特别调查委员会成立，他们发现许多土耳其的指控是事实。委员会认为，希腊要承担的责任远远超过土耳其，国际社会对希腊干预的支持因此削弱了。[20]同时，希腊在小亚细亚的暴行刺激了土耳其原先零散和有限的抵抗，使他们团结了起来，他们的行动越来越不受伊斯坦布尔无能的苏丹政府控制。政府显然无力也不愿武装保卫安纳托利亚的海岸，这使得杰出的民族主义军人有理由去找回自己英勇的存在感。在爱琴海沿岸和希腊人作战终于给了他们一个机会，可以在"穆斯林和土耳其"新生国家的名义下赢得这场冲突，从而一洗第一次世界大战战败的痛苦记忆。[21]

希腊侵占士麦那仅仅四天后，后来成为土耳其抵抗运动领袖的穆斯塔法·凯末尔就坐船来到黑海港口萨姆松，其官方身份是苏丹的督军。然而，他真正的想法并非如此，他希望把土耳其的民族主义者团结起来抵抗希腊入侵。后来土耳其人把这一天作为"阿塔图尔克纪念日"来庆祝（1934年11月，凯末尔被授予"阿塔图尔克"称号，即"土耳其之父"）。

当时的凯末尔在国内已非无名之辈。1914年之前，很少有人听说过这位来自奥斯曼帝国萨洛尼卡的年轻军官，但第一次世界大战把他锤炼成为一个民族英雄。[22]他的声名来自1915年4月，当时协约国在加里波利半岛开始了命运多舛的登陆，他在指挥防御作战时发挥了举足轻重的作用。[23]当第一批协约国士兵爬上半岛荒凉的地面时，奥斯曼帝国军队最初一触即溃。凯末尔看到惊慌失措的士兵拥入腹地，于是离开了临近前线区域的指挥所，率领他的部队重新投入战斗。他的大胆反攻阻止了协约国的攻势，形成了长达几个月的血腥对峙，攻守双方共有超过36万人伤亡。[24]

凯末尔在加里波利防御战中发挥的关键作用并没有白费，他晋升为准将，指挥在叙利亚的第七军直至第一次世界大战结束。虽然在1918年9月中旬协约国发动的攻势中，他的军队被击败，但他仍因加里波利的胜利而广受赞誉。在其仰慕者的眼中，1916年8月他在东安纳托利亚击退俄国的进攻是第二次拯救了帝国。他的许多同胞都认同这一看法，就连那些并不支持统一与进步委员会战时政策的人也是如此。凯末尔与名声不好的统一与进步委员会领导人并无密切关系，也帮助他获得了广泛的支持。虽然他是统一与进步委员会成员，在推动实现土耳其民族国家的愿景方面和青年土耳其党并无二致，但他远离了政治，和1914年后统一与进步委员会领导层所犯下的军事错误和大屠杀没有瓜葛。[25]

当1918年11月底凯末尔返回伊斯坦布尔时，他发现祖国的首都已经完全变样了。停战不到一个月，协约国就开始占领安纳托利亚，伊斯坦布尔内已经驻扎了少数部队。战胜国没有派遣大军团，而是组织了一支由英国、法国、意大利和希腊的55艘军舰组成的舰队通过博斯普鲁斯海峡。这些船只的存在明白无误地宣告，一旦停战条款遭到违抗，奥斯曼帝国就会遭到协约国海军猛烈的炮击。很多土耳其穆斯林对此十分厌恶，而大批东正教徒却满腔热情地欢迎舰队的到来，尤其是希腊的旗舰"乔治斯·阿韦罗夫"号。[26]

与此同时，随着统一与进步委员会的政客逃离首都，他们的自由派对手自由与联合党掌握了苏丹的政权。新政府在停战期间（1918—1923）统治奥斯曼帝国，推翻了很多统一与进步委员会的政策，特别是鼓励被驱逐的亚美尼亚人和库尔德人返回家乡，希望能够重振注定失败的奥斯曼主义。凯末尔和其他民族主义者认定，苏丹政府不会去阻止奥斯曼帝国的土耳其核心被暴力拆解。希腊军队在士麦那的大规模登陆如入无人之境，同时在安纳托利亚东部，亚美尼亚人和库尔德人对民族独立的要求依然悬而未决，这似乎都证实了这种感觉。

与此同时，在1919年暮春，民族主义者们的抵抗活动却仍是高度分散的。地方军阀、前青年土耳其党战时的"特别组织"、复员的奥斯曼帝国军官、土匪和职业罪犯等组成了各自为政的民族抵抗军，他们熟悉地形，受到当地穆斯林的支持，给希腊侵略军沉重的打击。[27]正是在这种情况下，凯末尔展示了他在组织和联络方面无可争议的才能。他一到萨姆松，就找到了在安纳托利亚东部和北部率领着奥斯曼残余部队的旧日同袍，参加当地民族主义者组织召开的会议，支持穆斯林的土匪活动，并发表声明公开批评苏丹政府。[28]

有关凯末尔活动的报告逐渐被送到伊斯坦布尔，英国敦促苏丹政府将其罢免。1919年6月23日，当凯末尔接到要他返回伊斯坦布尔的命令时，他辞去了职务，并于7月23日在埃尔祖鲁姆召开民族主义者的代表大会（并非巧合，这一天正好是青年土耳其党发动1908年革命的十一周年纪念日）。[29]民族主义抵抗运动和伊斯坦布尔苏丹政府之间的鸿沟已经无法弥缝。当1919年底新一届国民议会举行大选时，凯末尔的"保卫民族权利运动"取得了压倒性的胜利。1920年新国民议会通过了一项挑战协约国和苏丹政府的大胆决议，即所谓的《国民公约》，规定小亚细亚和东色雷斯为全体穆斯林土耳其人无可争议的国土。此外，该公约还要求，前奥斯曼帝国的所有领土都应举行公投来决定是否留在帝国之内。[30]

在第一次世界大战的战败国中，没有哪个议会敢于用如此大胆的条款来表明自己反对条约的态度。这使得英国在1920年3月占领了伊斯坦布尔，逮捕了一些为首的民族主义议员，苏丹解散了议会。然而，凯末尔并没有在这样的压力下屈服，而是把国会迁往一个远离协约国陆海军的新首都安卡拉。他还逮捕了所有在其控制范围内的协约国军人，包括艾尔弗雷德·罗林森中校，他被寇松勋爵派去执行一项秘密任务，即打探凯末尔打算接受什么样的和平条约。[31]

比占领伊斯坦布尔更刺激土耳其民族主义情绪的，是1920年8月10日签署的极为苛刻的《色佛尔条约》。在这份巴黎和会上签署的最后一个条约中，几乎已经陷于孤立的苏丹政府代表许诺割让大片领土给希腊人、亚美尼亚人和库尔德人，而这正是凯末尔的《国民公约》中所声明的领土，《色佛尔条约》同时还允许外国势力控制和涉足更多的利益。[32]帝国终结后的土耳其还将失去它的财政权。根据该条约第231条的规定，土耳其已经造成了各种各样的损失，应当作出彻底的赔偿。和对德国的战争罪行条款一样，协约国承认这已经超出了土耳其的赔偿能力，特别是它失去了阿拉伯地区之后。因此该条约设立了一个财务委员会，包括法国、英国、意大利各一名代表，还有一名土耳其代表专供咨询。这个委员会大权在握，完全控制了政府预算和贷款的权力。没有其他的战败国被迫接受这样一个主权受损的条约，并且对土耳其民族主义者来说，这是以一种更为极端的形式延续19世纪以来欧洲对土耳其事务的侮辱性干涉。[33]

领土被进一步瓜分，还要被几十年的债务所奴役，这样的可怕前景给了凯末尔及其周围的民族主义者一大推动力。在安卡拉的国民议会拒绝了《色佛尔条约》，不承认苏丹政府能够代表土耳其。[34]凯末尔和他的手下蔑视和平已经确立的看法，选择继续战斗。《色佛尔条约》曾许诺独立的亚美尼亚可以占有土耳其的一部分领土，而1920年9月，就在《色佛尔条约》签订后不到一个月，凯末尔就从南面开始进攻，尽管亚美尼亚进行了顽强抵抗，仍然节节败退，被迫在11月17日投降。[35]

同时，凯末尔展现出非凡的能力来克服本国在政治上的孤立，确保能够从同样孤立的莫斯科政府那里得到援助。尽管他对共产主义没有好感，但他敏锐地发现：布尔什维克是英国的敌人，而英国是他的敌人。他认为，只有那些在1918年宣布独立的小共和国——亚美尼亚、格鲁吉亚和阿塞拜疆——才能把土耳其和布尔什维克连结起来，形成一条对抗西方侵略的统一战线。布尔什维克报以热情的响应，派出新任民族事务人民委员、年轻的约瑟夫·斯大林进行谈判。最终在1921年3月，土耳其民族主义者和苏俄政府签订了《莫斯科条约》。根据《莫斯科条约》的规定，1918年宣布独立的短命的亚美尼亚共和国，其土地分属土耳其和苏俄；莫斯科也承认土耳其的新边界，包括卡尔斯省和阿达尔汉省。此外，俄国人秘密承诺提供1000万金卢布，以及足够武装两个师的武器弹药，以帮助土耳其民族主义政府对抗西方帝国主义和希腊侵略军。[36]

在安纳托利亚的东南部——1918年12月后被法军占领——凯末

尔决定以武力解决。[37]1920年初在南方城市马拉什、安泰普、乌尔法，他的部队取得了对法国小股殖民军和亚美尼亚军团的决定性胜利。法军选择撤离马拉什，放弃了城内的亚美尼亚人。土耳其军队于2月10日进入该城，屠杀了约1万名亚美尼亚人。[38]法军的撤退拖延了整整一年，但到了1920年末，凯末尔在南方的军队控制了这一地区的大部分，促使法国政府同意在明年把部队完全撤出。[39]

到1921年初，在安纳托利亚西部对希腊人的各条战线上，穆斯塔法·凯末尔已经成功地控制了局面。在1921年春的伦敦会议上，英国试图和安卡拉政府谈判但终告失败，使得劳合·乔治鼓励希腊发动新的攻势，目标直指安卡拉。虽然这次战役最初获得了成功，希腊人深入内陆400公里，但并未取得决定性的胜利。当数量占优的希腊军队试图攻克安卡拉时，守军在穆斯塔法·凯末尔的亲自指挥下坚决抵抗。尽管土耳其军队伤亡惨重，损失了80%的军官，但仍然顽强不退，迫使希腊人在1921年9月进行了三周血腥屠杀后撤退到位于萨卡里亚河以西的防线，接着僵持了近一年。[40]

此时希腊国内对战争的支持开始动摇。起初，希腊挑起的战争很大程度上是由协约国的贷款资助的，随着战争变得遥遥无期，雅典不得不依靠增加税收和通货膨胀来支付战争费用。现在，直接的战争开销占到政府支出的56%，货币滥发导致了急剧的通胀，基本食品的价格和1914年相比涨了近600%。[41]民众对韦尼泽洛斯越来越感到幻灭，他的自由党在1920年11月大选中遭到惨败，促使流亡的康斯坦丁国王回国，韦尼泽洛斯暂时退出政坛。当1921年春土耳其拒绝谈判后，以总理迪米特里奥斯·古纳里斯为首的新政府违背了大选前关于在小亚细亚停战的诺言，加强了军事行动。6月11日（儒略历5月29日，1453年伊斯兰军队在这一天攻陷君士坦丁堡，因而具有高度的象征意义），国王御驾亲征,和总理一道前往士麦那。希腊国内"伟大理想"的支持者对康斯坦丁寄予厚望,他和最后一任拜占庭皇帝(康斯坦丁十一世)有着相同的名字,经常被称为"康斯坦丁十二世"。然而他却辜负了这一厚望,对那里的军事行动没有产生什么影响。1921年底,当康斯坦丁返回雅典时,他的部队没能在军事上打破僵局。

相反,沮丧的希腊士兵对穆斯林平民发泄着愤怒,种族清洗的行为越来越系统化。1921年红十字会的调查发现:

> ……希腊占领军各部队已被用以灭绝穆斯林人口……事实成立——焚烧村庄、屠杀、对居民实施恐怖行为、相吻合的时间和地点——这一点毫无疑问。我们所看到或掌握物证的暴行,是由非正规的武装民团和有组织的正规军所为。据我们所知,这样的暴行没有一例受到军事命令的阻止或惩罚。这些民团未被解除武装和解散,相反,他们的活动得到了协助,并和有组织的正规军进行密切的合作。[42]

当红十字会报告伊兹米特半岛的穆斯林村庄被夷为平地时,穆斯林民兵正在黑海沿岸的本都地区展开仇杀。对本都希腊人的暴行使得希腊海军在1921年8月初对特拉布宗和萨姆松进行不明智的炮击,从而使土耳其人更加担心希腊将开辟第二战场。对此,凯末尔主义者决定清理该地区"不可靠的"基督徒,民兵们由臭名昭著的军阀"托帕尔"奥斯曼率领,袭击了沿海地区的希腊人村庄,杀死了约1.1万名居民。[43]

奥斯曼是一个参加过巴尔干战争的志愿老兵,战争期间他负了伤(使他获得了"托帕尔"奥斯曼的称号,即"一瘸一拐的奥斯曼")。第一次世界大战期间，他在统一与进步委员会的"特别组织"中担任重要角色，对无数亚美尼亚人的死亡负有直接责任。战后在该地区的冲突，给了他和他的部下继续进行种族清洗的机会。一个本都的希腊幸存者回忆说，他的村庄在1921年被奥斯曼及其拿着枪支和斧头的部下袭击。"他们把人们赶到村子中央，把孩子分开到一边，剥去他们的衣服，把他们扔到井里，然后再往井里扔石头，井里传出呻吟的声音。他们把成人塞进教堂、学校和谷仓并纵火焚烧。"[44]在这一地区的其他地方，特别是在1921年7月的巴夫拉，艾敏少校和凯末尔·贝伊上校指挥下的别动队也犯下了类似的罪行。[45]

虽然安卡拉政府明文下令"停止屠杀"，并致力于用（不杀人的）驱逐来取代，但暴力行为还是持续了几个星期。[46]近东救济委员会在当时的一份报告中认为，在被驱逐的3万名本都希腊人中，有8000人死于虐待。[47]当地的希腊居民组织了游击队，躲在山里，经常袭击村庄，杀害穆斯林平民。[48]随着希腊人反抗加剧，土耳其人的损失也增加了，于是双方达成协议，允许本都的希腊人安全通往港口，从那里返回希腊，一个自公元前700年起就生活在黑海沿岸的社会就此完结。[49]

同时，在雅典和士麦那的希腊指挥官一致认为，深入安纳托利亚的冒险想要成功必须速战速决。虽然到1921年夏末，希腊军队控制了大片土地——一个位于士麦那、埃斯基谢希尔和阿菲永卡拉希萨尔之间的三角地带——但后勤保障线已经在贫瘠的土地上拉长了数百公里。此外，占领的土地根本无法抵御土耳其正规军和民兵的袭扰。更糟糕的是，军方领导层无法实现对凯末尔军队的决定性一击，普通希腊士兵对此深感幻灭。从1921年夏到1922年8月的军事对峙中，一名士兵在日记中简洁地写下："我们占领不了安卡拉，我们正在安纳托利亚挖掘自己的坟墓。"[50]

当希腊的将军们还在冥思苦想如何击败土耳其人时,凯末尔已经成功地进一步孤立了希腊。1921年3月和10月,巴黎的政府与土耳其民族运动签署了和平条约,结束了在奇里乞亚的战斗,使得凯末尔得以腾出手来,把8万人的军队投入到对希腊侵略军的战场。[51]法国从安纳托利亚的实际撤出,意味着雅典再也得不到西方协约国的明确支持。尽管英国继续对雅典发出热情的鼓励,但在物资供应上却一毛不拔。1922年初,战争开始逐渐变得对希腊不利。虽然它在安纳托利亚仍有一支17.7万人的大军,但对继续作战已是既无决心也无办法了。[52]

凯末尔的军队恢复了元气,增加了来自安纳托利亚南部和东部的援兵,装备了苏联援助的武器,并通过总动员补充了新兵,于是在1922年8月26日发动了进攻。四天之后,希腊在阿菲永(阿菲永卡拉希萨尔)的防线在土耳其260门大炮和步骑兵的持续攻击下崩溃了。部队无法建立新的防御阵地,一片混乱,而希腊在小亚细亚的无能的总司令乔治斯·哈兹安内斯蒂斯,则坚持待在遥远的士麦那向战线漫长的军队发号施令。恐慌情绪在安纳托利亚中部的希腊士兵中蔓延,他们无视命令,在惊慌失措中撤退。在向安纳托利亚西部漫长的撤退途中,军纪荡然,表现出对土耳其平民的野蛮报复行为。希腊士兵把乌沙克、阿拉谢希尔、马尼萨等地的村镇夷为平地,一位当地的天主教传教士评论说:"现在希腊人已经没有任何资格说土耳其人是野蛮人了。"[53]

希腊匆忙制定了临时撤离计划,成千上万的希腊士兵奔向海岸,登上能把他们带到安全地方的船只。撤退结束了这场战争,其伤亡人数比希腊自1897年至1918年来历次战争伤亡总人数还要多。在小亚细亚战场,希军有2.3万人死亡,5万人受伤,此外还有1.8万人被俘,这是希腊现代史上最严重的军事失败。[54]

士兵们撤走了，而安纳托利亚的基督教平民还没有走。成千上万来自安纳托利亚西部村庄的难民在军队撤退后来到士麦那。9月初，这座城市就像是一座巨大的难民营，大批的希腊人在街道和公园露宿。他们寄希望于出现在城市近海的协约国军舰和士兵来保护他们免遭土耳其人的报复；而他们不知道的是，协约国已经不打算再介入希腊和土耳其之间的冲突了。

希腊当局也不愿意接受安纳托利亚西部大量外流的基督教居民。9月1日，驻士麦那的高级专员阿里斯蒂德斯·斯特吉迪斯密令城里的希腊官员收拾行装准备撤离，却公开向士麦那的基督教平民保证，他们无需害怕什么。希腊当局之所以不愿意从士麦那撤退哪怕是部分难民，是害怕大批贫穷而有政治诉求的难民一旦到了雅典，可能会引发一场革命。正如斯特吉迪斯在土耳其军队占领士麦那几天前所说的那样："他们就算待在这里被凯末尔屠杀，也比去雅典闹个天翻地覆要好。"[55]斯特吉迪斯自己于9月8日清晨时分登上一艘英国船只离开了士麦那。士麦那被抛弃了，留下来的基督教居民和难民，只能希望得到逼近的土耳其军队和民兵的怜悯。正如本书的导言部分所描述的那样，这样的希望很快就被证明是错误的。[56]

当士麦那陷于混乱，估计有1.2万到3万名基督徒被杀时，已经撤往米蒂利尼岛和希俄斯岛的希腊军队发生了抗议雅典政府的哗变，认为政府应对他们的失败负责。1922年9月24日，一场政变在斯蒂利亚诺斯·戈纳塔斯和尼古拉斯·普拉斯蒂拉斯率领下发动，前者是第一军司令，后者曾指挥精锐的"埃夫佐尼"部队，被土耳其人称为"撒旦的部队"。暴动者们乘坐商船和军舰混编的护航编队驶入雅典，要求康斯坦丁国王退位，解散议会，并立即加强仍在和土耳其军队交战的东

色雷斯防线。9月27日，康斯坦丁传位给他的儿子乔治二世，前往西西
里岛，并于次年1月死在那里。拥护韦尼泽洛斯的人重掌政权，认为六
名保皇派的领导者应为小亚细亚的失败负责，包括前总理迪米特里奥
斯·古纳里斯和小亚细亚希腊军队无能的末任司令官哈兹安内斯蒂
斯，他们都被判处死刑。[57]

1922年10月11日，希腊新政府和凯末尔政府在穆达尼亚签署了停
战协定。[58]协定规定，土耳其保有东色雷斯，希腊的残余军队和当地的
东正教居民必须在两周之内撤离——其过程被《多伦多星报》记者欧
内斯特·海明威记录下来：

> 绵延二十英里都是各种母牛、小牛和浑身泥泞的水牛拉的车，
> 疲惫而蹒跚的男人、妇女和孩子，头上披着毯子，带着世间仅有的
> 财产在雨中茫然地走着……这些肮脏、劳累、胡子拉碴、风吹日晒
> 的士兵，一整天都走在我身旁，沿着小路徒步穿越不断起伏的褐色
> 而荒凉的色雷斯原野……他们是希腊最后的荣耀，这是他们第二
> 次围攻特洛伊的终结。[59]

希腊军事失败的影响超越了这一地区，韦尼泽洛斯在协约国中最
大的支持者劳合·乔治因之倒台。1922年9月，凯末尔的军队封锁了
达达尼尔海峡的中立区，英国和土耳其之间的直接军事对抗似乎一触
即发。劳合·乔治准备应战，但在国内外政治上却陷于孤立。当英国
要求各自治领出兵参战时，加拿大和澳大利亚予以婉拒，南非官方则没
有任何回应。在伦敦，保守党顺应反战民意，宣布退出政府。于是在这
场所谓的"恰纳克危机"中，劳合·乔治成了最大的输家，他是最后一
位仍然在位的第一次世界大战领袖，其联合政府在1922年10月19日

辞职。[60]结束小亚细亚敌对行动的任务，落到了安德鲁·伯纳尔·劳领导的下届保守党政府头上，新任外交大臣寇松勋爵面临的第一大挑战就是在瑞士洛桑召开的会议，与安卡拉新政府的持久和平即将在那里实现。

在洛桑，寇松和他的法国同事雷蒙德·彭加勒代表第一次世界大战的战胜国，但和1919年的巴黎和会不同，他们现在直接和土耳其的代表进行谈判。还有很多支持修约的政治家参加会议，如保加利亚首相亚历山大·斯坦博利耶斯基、意大利新任总理贝尼托·墨索里尼、苏维埃外交人民委员格奥尔基·契切林，这一阵容清楚地反映出欧洲强烈的新政治现实。

谈判后诞生的《洛桑条约》，在土耳其被认为是外交的胜利，受到广泛的欢迎，因为它完全推翻了条件苛刻的《色佛尔条约》。小亚细亚和东色雷斯留在土耳其内，先前建立亚美尼亚和库尔德独立国家的计划被搁置了。[61]深受凯末尔信任的伊斯梅特·伊纳尼将军（未来的接班人、土耳其共和国总统）率领的土耳其代表团和希腊代表团还一致认为，实行"人口交换"有助于两国之间的和平。事实上，在会议召开时它早已在实行中了。共有120万名信仰东正教的安纳托利亚居民从土耳其迁往希腊，同时有近40万名穆斯林以相反的方式重新安置。根据1923年1月23日签订的《强制交换人口公约》，宗教信仰是这场"交换"的唯一标准。

1919年的《少数民族公约》试图对多民族国家中的少数民族进行合法的保护，而"人口交换"彻底推翻了《少数民族公约》的逻辑。不过，这并非没有先例：它最初是韦尼泽洛斯在巴尔干战争的背景下提出的，第二次是在《纳伊条约》的谈判中，索菲亚和雅典同意约10万人进行"自愿"交换，以解决长期存在争议的西色雷斯控制权问题。[62]

尽管实际上许多保加利亚难民对此并没有选择的余地，但《洛桑条约》具有明确的强制性特点，与之前所有的协议都不同。[63] 在一些人看来，它证实了如今越来越流行的观念，即"真正的"民族国家只能建立在种族或宗教同质化的原则之上，而人类必须不惜一切代价达到这一目标。

当《洛桑条约》签署时，大部分土耳其的希腊东正教徒已经在极端困难的条件下离开了家园。早在1922年9月中旬，士麦那的军事长官努尔丁帕夏已经下令，西安纳托利亚的所有东正教居民必须在两周之内撤离，后来又展限至10月8日。唯一的例外是年龄在十八到四十五岁之间的男性，他们留下来只不过是待在劳动营里重建被希腊军队在撤退时焚毁的村镇。很多被强迫劳动的人在向内陆转移的过程中死去。针对那些曾为希腊侵略军服务的土耳其人，以及被认为是"伟大理想"坚定支持者的牧师和教师，当局进行了系统性的直接报复。埃夫里比季斯·拉法赞尼斯是一位说土耳其语的希腊东正教村民，居住在霍洛什科伊，后来死在某个劳动营里。根据他的回忆，在安纳托利亚，牧师和教师明显被视为希腊民族主义的首要分子："从艾克索斯和沃拉来的六名男教师、六名女教师，还有两名牧师和两名唱诗歌手……他们被浇上汽油活活烧死。"[64]

即便是那些幸而被允许离开的人，未来命运也难以捉摸。一些难民逃到萨洛尼卡，另一些去了雅典或希腊诸岛，许多人在旅途中丧生。一个逃到萨洛尼卡的十岁男孩后来回忆说："我们快饿死了，船停在卡瓦拉等待补水，有四五个老年人和年轻一点的死了，他们的尸体被扔进海里。"[65] 那些幸存下来的人发现自己身处最为恶劣的环境中，美国红十字会在希腊的代表莱恩·罗斯·希尔为萨洛尼卡可怕的情况所震惊：

城市里有7万难民，周围还有比这更多的人。每天要死亡近100人，疟疾在营地流行，没有食物、衣服和药品，生了病就唯有死亡……萨洛尼卡唯一的施舍点每天发放7500份汤给难民，每天都要发生暴动，为了喝到汤，人们互相博斗，撕扯头发，击倒对方……这场巨大悲剧中的一幕就是经常有人因为无法忍受这一可怕的环境而自杀。城市的所有地方——学校、教堂、清真寺、仓库、咖啡馆、电影院、废墟、公立学校的走廊、车站、码头——都挤满了难民。[66]

雅典的情况也好不了多少，由于安纳托利亚难民的拥入，其人口增加了一倍。"在此之前，这座城市是令人沉眠的，"时任希腊难民安置委员会主任的亨利·摩根索写道，"现在街上都是新面孔，满耳都是奇怪的希腊方言，放眼望去都是小亚细亚古怪的农民服装。"[67]

1923年《洛桑条约》只是对这一情况进行了追认。在安纳托利亚中部余下的东正教徒——共192 356人——在接下来的几个月里被运往希腊，同时有约40万名鲁米利亚（即巴尔干）穆斯林往相反方向渡过爱琴海。这些统计数据背后隐藏着个体或集体令人难以置信的苦难。在希腊，以前穆斯林居住的土地被交到安纳托利亚难民手中，增加了当地人对他们的敌视。他们中有约3万人以土耳其语为母语，许多人在就业和社会地位上遭到歧视。如梅利穆斯林的命运也不好，他们和安纳托利亚主流人口的生活方式、口音和习俗存在隔阂，新邻居并没有张开双臂欢迎他们。很多新来的人把希腊语或阿尔巴尼亚语作为母语。[68]

这场驱逐从根本上改变了两个国家。多民族的萨洛尼卡成了希腊人的塞萨洛尼基，马其顿省的希腊人占了压倒性优势（1912年为43%，1923年为89%），安纳托利亚的主要基督教城市士麦那完全成为穆斯林的港口伊兹密尔。"小亚细亚灾难"使希腊的450万人口增加了四分之一，成为"战后时期"最后一个被击溃的国家。此后多年，雅典政府在财政上捉襟见肘，陷入绝望，既没有合适的住房，也没有完善的医疗设施提供给贫困家庭。20世纪20年代已有很多疾病可以治愈，但他们当中的很多人仍不断死于这些疾病。[69]希腊两次要求英格兰银行紧急贷款，以使这个被难民淹没的国家免于崩溃。"伟大理想"的迷梦已经变成了"小亚细亚灾难"的噩梦，一场"巨大的浩劫"。[70]

　　然而，《洛桑条约》的重要意义远远超出了希腊和土耳其的应用范围。这个条约为某个国家的政府大规模驱逐被认为是"异类"的公民赋予了合法的权利。它对文化、种族和宗教的多元化产生了致命的破坏。多元化是一个渴望实现的理想，更是一个现实——虽然这也是抗争的结果——欧陆旧帝国中的大多数人在过去几个世纪对此都有相当友好的态度。[71]《洛桑条约》表明，之前西方通过《少数民族条约》保护弱小民族的承诺被彻底推翻了。[72]如果说在1919年民族共存仍然被视为是值得保护的东西，那么现在看来，民族单一性似乎成了未来国家间和平共处的先决条件。虽然《洛桑条约》的制定是为了防止宗教群体间大规模的暴力冲突，但其中的逻辑应用到东欧将被证明是灾难性的：在崩溃的中欧陆地帝国的多民族地区，单一民族或单一宗教的乌托邦将只能通过极端暴力的行为来实现。事实的确如此，在随后的二十多年里，直至20世纪40年代末为止，就有数百万德意志人被驱逐出中东欧国家。[73]

　　没有哪位政治家比希特勒对观察1918年至1923年间安纳托利亚的形势发展更有兴趣。他后来声称，第一次世界大战之后，他和墨索里尼都把穆斯塔法·凯末尔视为一个依靠挑战和意志战胜西方"侵略"的榜样。希特勒不仅佩服凯末尔对协约国不妥协的抵抗，还企图效仿他的方式，在经历战争失败后建立起一个完全世俗的、国家主义和民族同质化的国家。统一与进步委员会在第一次世界大战时对亚美尼亚人的种族灭绝政策，以及凯末尔对土耳其基督徒的无情驱逐，都在纳粹的幻想中留下了鲜明的印记，它们成为未来几年希特勒美梦的灵感来源和计划的范例，导致他在1939年9月1日发动了对波兰的侵略。[74]

结语：“战后时期”与欧洲 20世纪中叶的危机

在历史上，只要德国人民是团结一致的，就没有被击败过，1918年的崩溃是由于不团结造成的。因此无论是谁，只要背叛了当前的团结，除了作为国家的敌人被铲除外，没有任何出路。

——阿道夫·希特勒，《告德国人民书》，1939年9月3日

我们在《特里亚农条约》中损失惨重，丢掉了这个千年古国72%的土地；有产者都失去了财产；当所有正派的人上了前线时，犹太人操纵了革命，建立了布尔什维克主义。

——霍尔蒂·米克洛什给希特勒的信，1940年7月

1923年的欧洲是否最终实现了和平？国家间战争和内战结束，再加上经济相对稳定，看来这确是事实。1923年末，《洛桑条约》签署，安纳托利亚和东色雷斯的冲突停止，欧洲在整体上进入一段政治经济相对平稳的时期。[1]在国际关系上，一种新的友好睦邻精神很快体现在一系列的协议上，例如，1924年的《道威斯计划》使德国更易于应付战争赔款；1925年的《洛迦诺公约》中，德国承认了其西部的新边界，从而

改善了和法国的紧张关系；1928年的《凯洛格—白里安公约》有效地规定，战争除了用于自卫外，禁止作为外交政策的手段。[2]为了彰显在国际关系中这一巨变的重要意义，《洛迦诺公约》的主要缔造者——英国外交大臣奥斯丁·张伯伦，以及他的德国和法国同行古斯塔夫·施特雷泽曼和阿里斯蒂德·白里安——在1925年和1926年分别被授予诺贝尔和平奖。国家间和解的大趋势也使希腊和土耳其达成了象征性的和解，在韦尼泽洛斯倒数第二任总理任期内，两国最终签署了《友好条约》（1930），解决了1919年至1922年希土战争时期破坏和征用财产的赔偿争议。战争的发动者韦尼泽洛斯甚至要提名凯末尔成为诺贝尔和平奖候选人。[3]

与此同步，20世纪二三十年代最重要的国际组织——国际联盟，也在为解决战后的难民危机不知疲倦地工作着，此外还通过各种机构在医药卫生、麻醉品控制、经济合作、劳工立法、裁军和阻止"白奴"贩卖方面作出了重大贡献。[4]

然而，尽管有种种令人鼓舞的迹象，但到了1929年，欧洲又再次陷入危机和暴力混乱之中。始于1929年10月华尔街股市崩盘的大萧条，成为结束欧洲短暂经济复苏和国际关系改善的最主要因素。美国的银行收回了资助前几年经济温和复苏的贷款，因此华尔街的崩溃对欧洲产生了直接的影响。对于德国来说，这一点尤为真切，美国的贷款对其来说意义重大，现在这些贷款不得不从企业撤走，迫使它们要么破产，要么裁员。到1931年，德国有三分之一的劳动者失业，数百万人只有不稳定的短期合同。[5]

邻近的奥地利，还没有完全从第一次世界大战的影响中恢复过来，也受到了沉重打击。这个国家在20年代渡过每一次经济危机都要依赖西方列强的财政援助。即便在大萧条之前，失业率也在以每年10%的速度递增,大萧条来临后增长得更快了。奥地利最大的银行之一信贷银行的倒闭,其影响通过银行系统波及了整个中欧。经济疲软的保加利亚和匈牙利也受到华尔街灾难的影响。[6]

1929年以后欧洲的经济和政治危机,剩下的那一点对民主的信仰是个致命的破坏,刺激着人们去寻求可以治愈西方资本主义社会顽疾的"新秩序",以及推翻1918年至1920年强加给欧洲战败国的不公正待遇。长期以来,极左和极右党派一直在谴责民主是一种"外来的"和强加的政治制度,他们用激进手段解决本国政治和经济危机的民粹主义许诺获得了越来越多的拥趸。[7]在德国尤为如此,那里的萧条让希特勒的纳粹党从政治的边缘被抛到中心。在1928年的大选中,希特勒获得的选票不超过2.8%,到1932年7月的联邦选举中,这一数字增长为37%。虽然德国的经济和政治危机并非纳粹所造成,但他们是主要的受益者。许多选民越来越把他们看作唯一可以替代德国共产党的力量,因为有相同的危机感,后者的力量也在稳步增长。自由民主显然无力应对经济危机和激烈的社会冲突,这对于希特勒在1929年至1932年间选举的胜利来说至关重要。[8]

在欧洲其他地区,经济萧条也促使选民们倾向极端党派,并成为政客们以"稳定"和"秩序"的名义绕开议会的理由。与伍德罗·威尔逊曾预言战后世界将拥有"安全的民主"相反,欧洲大多数在1918年建立的民主国家最后都被这样或那样的独裁政权所取代。[9]在保加利亚,受到意大利和德国鼓励的右翼政党人民社会运动,在亚历山大·灿科夫领导下逐步壮大,而左翼共产主义的保加利亚工人党在城市中有众多的支持者。[10]1934年5月,一个反沙皇的国家主义精英组织"环节"(Zveno),在其他右翼团体的支持下发动了一场成功的政变,[11]新政府废止了政党和工会,引入了审查制度,实行中央集权,追求建立一个像意大利法西斯那样的社团主义国家。然而不到一年，"环节"的政府就被迫下台，取而代之的是鲍里斯三世和听话的首相格奥尔基·奇奥赛凡诺夫的皇权独裁统治。[12]

在1933年初的奥地利，总理恩格尔伯特·陶尔斐斯关闭了国会，取得了独裁权力，压制左翼，也禁止奥地利纳粹活动。1934年7月，陶尔斐斯在一场未遂政变中被奥地利纳粹分子刺杀，继任者是库尔特·舒施尼格，他继续实行独裁政治，直到奥地利在1938年德奥合并中被德意志帝国吞并。[13]

到20世纪30年代中期，独裁政体或以各种形式实现的完全独裁，已经成为中欧和东欧的常态，它们似乎已经握住了通往欧洲大陆未来的钥匙。[14]其基本的共同点是，既反对议会民主和西方的资本主义，也反对布尔什维克。不过，在它们之间也存在深刻的差异。例如在波兰，曾经带领他的国家在1918年实现民主和独立的约瑟夫·毕苏斯基，在1926年又发动了一场军事政变，并一直执政到1935年病故。和中欧其他国家不同，毕苏斯基的波兰从未成为一个法西斯国家，但肯定比1926年之前更为专制。[15]这将成为许多东欧后起国家的普遍模式，它们有的是通过军事政变实现的，如1934年的爱沙尼亚和拉脱维亚，也有的是通过皇室的强力推行，如保加利亚和南斯拉夫。1929年1月，在几名克罗地亚农民党的议会领袖被枪杀后，南斯拉夫国王亚历山大解散了议会，宣布王室独裁，直到他五年之后在马赛被IMRO和"乌斯塔沙"合谋刺杀为止。[16]

1929年后的混沌岁月里，到处都有严重的暴力发生，主导这些事件的个人或团体大多在1917年至1923年间就已经登场亮相过。尽管从1923年到1929年，肢体暴力尚不十分普遍，但更为广泛的语言暴力、制服政治和街头斗殴的文化却贯穿了整个20年代。在左翼，欧洲各国共产党都受到向苏联之外输出布尔什维克的梦想熏陶,莫斯科的共产国际或第三国际(1919—1943)则从中操控。与此相反,极右翼准军事组织如纳粹的"冲锋队"、匈牙利的"箭十字党"、奥地利的"保安团"、克罗地亚的"乌斯塔沙",以及波罗的海国家保卫家乡的部队,如立陶宛的"步枪手同盟"、拉脱维亚的"国民警卫队"、爱沙尼亚的"国防同盟军"等,他们都是出于暴力对抗挥之不去的共产主义革命威胁的理念而成长起来的,这一对革命的恐惧可以上溯至1917年。

在大萧条之后,这些一触即发的矛盾升级为政治激进分子之间的频繁冲突,许多国家回到了类似第一次世界大战刚结束时内战盛行的环境中。例如在魏玛共和国末期,巷战造成了400人伤亡,而1934年奥地利总理陶尔斐斯被刺,意味着带有政治动机的暴力狂潮将来得更为汹涌。[17]保加利亚的形势一直很糟糕,整个20年代暴力活动都居高不下,到了30年代则愈演愈烈。在两次世界大战之间,这个国家除了反复循环的共产主义和反共产主义暴力之外,还被另一个问题所困扰,那就是悬而未决的马其顿问题。IMRO因在1923年残忍杀害首相斯坦博利耶斯基中扮演突出角色而受到鼓舞,又得到墨索里尼的支持,进一步加强了活动,1934年以前在南斯拉夫发动了460余次武装行动,包括针对军队和宪兵的数百起绑架及暗杀活动。[18]

在更远的西方,葡萄牙和西班牙也抛弃了民主,陷于暴力纷争。在1926年的政变中,葡萄牙第一次建立起"国家专政",然后是安东尼奥·德·奥利维拉·萨拉查领导下的"新国家",他统治葡萄牙从1932年直至1968年。[19]在马德里,米格尔·普里莫·德里维拉将军从1923年开始实行军事独裁统治,一直延续到1930年。在1931年推翻君主制后,西班牙恢复了民主,但六年中一直饱受困扰。1936年2月,由社会主义者和共产主义者组成的人民阵线取得权力,7月,发生了军事叛乱。

在接下来的三年里，左翼在来自世界各地志愿者组成的国际纵队支援下保卫共和国，与弗朗西斯科·佛朗哥将军指挥下的民族主义叛军战斗。事态由于国际干涉而变得进一步恶化，纳粹德国和法西斯意大利支持佛朗哥，西班牙左翼则从苏联那里得到了一些援助。内战造成超过50万人丧生，最后以佛朗哥的胜利告终。[20]

到20世纪30年代后期，在1918年欧洲大陆上出现的新国家中，只有两个还保留着自由民主——芬兰和捷克斯洛伐克。然而在1938年，希特勒吞并了苏台德地区，捷克斯洛伐克被肢解，捷克的剩余部分在1939年3月被占领，并改名为波西米亚和摩拉维亚，这是1918年以前哈布斯堡王朝时期的名称。[21]与此同时，芬兰在极端血腥的1939年至1940年冬季战争中抗击入侵的苏联红军，捍卫了自己的独立，但仍不得不签署缩减领土的《莫斯科条约》（1940）。[22]

因此，到第二次世界大战的前夜，欧洲的民主国家比起第一次世界大战前减少了很多。即便是第一次世界大战的两个主要的战胜国——英国和法国，经济的波动也导致了极端主义运动的抬头。虽然没有对权力造成真正的威胁，但以奥斯瓦尔德·莫斯利为首的英国法西斯联盟声称，在其1934年的巅峰期，成员一度达到约5万人。[23]在法国，极端的左派和右派都变得越来越好战。准军事组织如保皇派的"行动的法国"、右翼老兵组织"火十字团"人数激增，后者在30年代中期发展成为一个有近50万人的团体。[24]英国和法国作为民主国家幸免于激进的政治运动，但它们在1938年至1939年所面临的国际形势是暗淡的。复兴的修约主义国家如欧洲的德国和意大利、远东的日本，已经决定要把1919年在巴黎建立起来的病态的国际体系完全摧毁。

尽管在1939年9月爆发且在1941年成为一场空前规模的世界大战并没有什么必然性，但这场战争的许多核心问题——以及它进行的方式——都可以追溯到第一次世界大战的尾声及其余波。1914年前,大部分欧洲国家都可以为其公民提供相对有法律保障的安全和稳定,它们为这一点而感到自豪。有趣的是,即便是在第一次世界大战进行时,国家始终在远离交战前线之外的广阔地方保持着对于军队(辅以警察)的垄断,1917年俄国的"二月革命"是一个新生事物,它是战争的压力在这个体系上造成的第一条重大的裂缝,随后,这个体系很快就完全崩溃了。就像我们所看到的那样,俄国在第一次世界大战中战败,整个战前体系崩溃了,新的角色对权力展开了暴力争夺,通常没有了1914年以前的社会和政治冲突中那种相对克制的特点。

这些年的第一个重大后遗症,就是为弥漫于国内和国际冲突且在第二次世界大战东线战场达到顶峰的暴力提出了一种新的逻辑。1941年6月纳粹实行的"巴巴罗萨"计划,其目的并不仅仅是在军事上击败苏联并强迫其签署苛刻的城下之盟,而是要摧毁这个政权,并在此过程中以显著的比例减少平民的人口。所有中东欧国家都想要把那些在种族或政治上不受欢迎的人清除出去。[25]这一逻辑的传统由来已久,包括殖民地世界的所谓"劣等"人群论,并带动了巴尔干战争和亚美尼亚大屠杀,它在1917年至1923年的大量冲突中散布到整个欧洲,完全颠覆了自16至17世纪宗教战争以来欧洲首脑们的长期夙愿,那就是,对战斗人员和非战斗人员进行区分,并把敌人当作"正当的对手"而不视其为有罪,以此对武装冲突进行约束。[26]与此相反的是,在本书所讨论的国内和国际冲突,以及自20世纪30年代后再次出现的内战和国家间战争中,敌人通常被描述为有罪和没有人性的人,因此不值得给予怜悯和克制。平民和战斗人员的区别,在第一次世界大战时已经模糊,而在这些冲突中则完全消失了。1918年至1923年间,以及1930年以后,在武装冲突中死亡的平民人数往往超过士兵,这并不是偶然的。

把敌人有罪化和非人化，不仅限于外部的敌人，也适用于不同形式的内部敌人。这种对于"平民敌人"的新态度，其核心是人们普遍认为，在一个乌托邦式的新社会出现之前，需要清除他们社会中的"异己"元素，并铲除那些被认为对社会平衡有害的人。在右翼看来，只有一个单一民族形成的国家共同体，并且清除了内部的敌人，才有可能在未来的战争中获胜——许多战争是不可避免的——这种观念成为1917年至40年代欧洲普遍流行的关于激进政治和行动的看法中强有力的组成部分。在激进左翼看来，"净化社会"有着不同的含义，暴力主要是针对真正的或被认为是阶级敌人的人。然而，苏联的政治迫害（在1937年至1938年间的大清洗中达到高潮，消灭了苏联1%的成年人口）也把范围扩大到在未来对德战争中的可疑人群和"第五纵队"，斯大林预计这场战争将在40年代的中期到后期爆发。[27]

在第一次世界大战的战败国中，国内暴力的方向和目的，进一步受到一种被广泛认可的观念的引导，那就是，战争直到1918年仍可以找到出路，同盟国的失败只不过是因为后院起火。关于"背叛"和"事情没完"的提法是很常见的。[28]特别是在纳粹德国，从希特勒被任命为总理那一刻起，那些据说应为1918年11月的事件负责的人（共产主义者、犹太人、和平主义者）就成为纳粹暴行的突出受害者。自30年代中期起，由于希特勒开始着手把国家投入战争，恐怖变得更为系统化。他决心不再让1918年11月的情形重演——在他和其他许多德国人看来，一小撮革命家和犹太人在后方背叛了战争，导致了军事上的崩溃。

直到1945年春天，纳粹还被这种内部背叛的思想所笼罩着，当盟军越过边境进入德国时，有成千上万的逃亡者或所谓"失败主义者"被枪决，或被吊死在路边的灯柱和树木上。不过，大多数的德国士兵不需要这样可怕的提醒，出于对苏联红军报复的恐惧，以及比1918年更为坚定的战死以保全荣誉的信仰，德军在最后三个月徒劳的战斗中造成了150万人的伤亡。[29]

在意大利也是同样的，对第一次世界大战以来内部分歧的纠结演变为暴力行为，墨索里尼的政权对现实的或潜在的持不同政见者采取了逮捕、恐吓和强迫移民到偏远南方的措施。意大利类似于盖世太保的政治警察建立于1926年，和"镇压反法西斯警备组织"（OVRA）共同工作，后者的任务是监视持不同政见者的信件。和盖世太保一样，政治警察和OVRA雇用了一大批间谍，其中许多人曾是社会主义者或共产主义者，他们要么是被迫合作，要么是被劝说拿了政府的津贴。[30]

暴力逻辑的延续也可以在前哈布斯堡王朝的土地上追根溯源，在那里的民族杂居地所实施的简单粗暴的"隔离"，以及激进的反布尔什维克主义和反犹主义，也留下了致命的后遗症。1919年至1920年匈牙利的白色恐怖表明，在第一次世界大战结束时沙文主义和种族主义的情绪已经在国内流行，到处屠杀犹太人更是助长了这一情绪。它们在30年代初和40年代中期卷土重来（甚至民意基础更为广泛），在一些匈牙利人和纳粹积极合作对国内的犹太人进行系统的大屠杀时达到了顶峰。[31]奥地利也能感受到同样的倾向，传统的反犹主义和反斯拉夫主义情绪，由于第一次世界大战和随后东欧犹太移民拥入维也纳而被强化了，在20年代中期短暂的相对平静让位于经济萧条和政治动荡后，这种情绪又重新萌发并且更为强烈。[32]

这种类型和程度的暴力本身并不令人感到惊讶，因为1917年至1923年间暴力的凶手通常就是30年代至40年代初释放新一轮暴力的人。对于许多30年代的德国、奥地利和匈牙利的法西斯来说，1918年至1919年的经历，给了他们一个决定性的政治激进化的刺激因素，以及一张政治议程的进度表，其实施仅仅是在1923年至1929年相对稳定的时期被拖延了一下而已。一些在第一次世界大战刚结束时表现突出的民兵分子，会在中欧的右翼独裁上台后重新得到重用。在意大利，墨索里尼实行独裁时，法西斯战斗团的老兵们被授予显赫的位置，但情况不仅限于意大利。[33] 同样，在匈牙利，费伦茨·萨拉希等箭十字党的头头们不止一次指出，1918年11月到1920年6月《特里亚农条约》签署的这段时间，是他们"政治觉醒"的时刻。1932年，匈牙利最臭名昭著的民兵头子保罗·普罗内和久洛·奥斯滕贝格建立了短命的匈牙利国家法西斯党。1944年，当希特勒把匈牙利政权交到箭十字党手里时，普罗内协助拼凑了一支新的民兵组织，在1944年12月至1945年2月的布达佩斯战役中和苏联红军作战。[34]

在奥地利，从第一次世界大战刚结束时的武装冲突到1939年以后的续篇，也很容易就能看出其中个人的连续性。例如，罗伯特·里特尔·冯·格莱姆曾是民兵组织"高地联盟"蒂罗尔支队的首领，后来短暂地作为赫尔曼·戈林的继任者成为德国空军司令。其他第一次世界大战以后建立的奥地利民兵组织成员，也在第二次世界大战中获得了高阶职位：汉斯·阿尔宾·劳特尔在施蒂里亚保安团的激进化中发挥了关键性的作用，后来成为党卫军高官和纳粹驻荷兰的警察局长；而他的同胞和朋友恩斯特·卡尔滕布鲁纳，接替莱因哈德·海德里希成为纳粹主要的恐怖机构帝国保安总局的头目。对于所有这些人，法西斯独裁政权给他们提供了进行秋后算账的机会，去"解决"一些由1918年可耻的战败、假想的布尔什维克革命威胁以及帝国崩溃所引起的问题。

可以肯定的是，1918年后出现的准军事组织和30年代到40年代初的各种法西斯运动之间的关系并非总是这样直接。第一次世界大战后很多著名的准军事组织在1918年致力于反布尔什维克主义和反犹主义，但最终发现他们的政治野心和纳粹的并不相同。前保安团的领袖恩斯特·吕迪格·施塔尔亨贝格，在1919年后和希特勒一直保持着密切的私人关系（他的确参加了1923年11月纳粹失败的慕尼黑政变），而在30年代反对奥地利的纳粹运动中，却称自己在第一次世界大战后奉行的反犹主义为"一派胡言"，在1938年主张奥地利独立，甚至在第二次世界大战中参加了英国和"自由法国"的军队，成为一名战斗机飞行员。[35] 施塔尔亨贝格不是唯一一个意识到他关于奥地利国家"复兴"的看法和纳粹主义是不相容的著名准军事组织成员。第一次世界大战后，保皇派地下组织"奥斯塔"的创始人和领袖卡尔·布里安上校，因坚持其对保皇的信仰被盖世太保逮捕，在1944年被处决。[36] 即便在德国，前"自由军团"的首领也遭到了清洗，特别是在1934年6月的"长刀之夜"，他们中的几个在冲锋队担任领导职务的人被杀。

当然，这并不妨碍纳粹把"自由军团"当作英勇反抗1919年巴黎和会的精神前辈来颂扬。著名人物如海因里希·希姆莱和莱因哈德·海德里希都强调过去在"自由军团"的经历，尽管他们在1918年以后并没亲眼看到过多少战斗。还有一个例子可以说明，第三帝国曾经建造过的最大的纪念碑之一 ——上西里西亚的安娜贝格纪念碑，就是为了纪念"自由军团"士兵于1921年5月在西里西亚"圣山"上展开的战斗中对波兰起义者所取得的胜利。通过他们在安娜贝格战役中所取得的"战败中的胜利"，"自由军团"体现出了纳粹自30年代后期以来所奉行的以暴力修改条约的精神。[37]

正是这种修约主义，在"挽回"失地和人口的渴望驱使下，成为第一次世界大战结束时留下的第二项长久的后遗症。1923年的洛桑会议已经证明，一个战败国转而成为战胜国是有可能的，穆斯塔法·凯末尔成功地废除了《色佛尔条约》，并且实现了他的目标，把奥斯曼帝国的"土耳其核心"转化成一个单一民族的世俗国家。希特勒和墨索里尼都对凯末尔的成就，以及必要时敢于和西方帝国主义开战的意志深表敬佩，他们挑战1919年国际体系的决心，使得罗马和柏林最终走到了一起，开始干涉西班牙内战，签署《友好条约》（1936），并以此形成战时"轴心"的基础。[38] 在意大利和德国的宣传中，《友好条约》被说成是两个饱受压抑但现在重新崛起的国家的联合，长期以来，它们面对的共同敌人一直试图阻止其获得作为列强的合法地位。[39]

当希特勒进一步和日本签署了后来知名的《反共产国际协定》时，这一联盟就扩大到了世界范围。尽管希特勒对日本人有种族偏见，但他还是认为这个国家和德国有互补的地缘政治利益，特别是在推翻巴黎和会所建立的国际体系方面有共同的追求。虽然日本无论从哪一点来看都不能被称为一个"法西斯"政权，但东京的政治家们自30年代起就开始与纳粹德国和法西斯意大利持有共同的立场。也许最为重要的是，他们都不喜欢自由政治，也不喜欢布尔什维克，都想提出一种非共产主义的专制来取代前面两个。[40] 此外，东京的政客们没有忘记，在1919年的巴黎，美国和英国的自治领拒绝把"种族平等"这 口本代表的关键要求写进《国际联盟盟约》。自19世纪后半叶以来，日本成为远东的经济和军事强国，在1894年至1895年的中日甲午战争和十年后的日俄战争中取得了令人震惊的胜利，种族平等的要求在日本政治议程中的地位被大大抬高了。而在成为第一次世界大战战胜国之后，却仍然被拒绝接纳成为一个在种族上平等的伙伴，这深深刺伤了很多日本人的心。[41]

即便在1940年9月《三国同盟条约》签署之前，柏林、东京和罗马之间完整的军事同盟尚未建立起来，但《友好条约》和《反共产国际协定》首先向世界其他列强发出了一个明确的警告：世界上最坚定的修约主义国家已经团结起来，要把巴黎和会所缔结的条约彻底推翻。[42]

　　20世纪30年代中期以后，欧洲爆发大战的可能性已经明显增加。希特勒和墨索里尼都毫不讳言自己的信念，即战争具有一定的积极意义，可以激发自己人民的“民族本性”。他们一致认为，从长远来看，与西方及苏联的大规模总清算迟早要发生。墨索里尼自己把1940年以后和西方盟国之间的战争描述为一场反对“西方财阀和反动民主的战争，它们总是阻碍进步，威胁意大利人民的生存”。[43]

　　希特勒推倒1919年巴黎和平方案的第一步，就是无视《凡尔赛条约》的规定，重整德国的军备。1936年3月，德军在事先未与英、法两国协商的情况下开进了之前的莱茵兰非军事区。两年后，希特勒吞并了他的祖国奥地利，这一更改《圣日耳曼条约》的举动得到了奥地利人的欢呼雀跃。希特勒刚刚越过奥地利边境，在参观他在因河河畔布劳瑙的出生地时受到了凯旋般的欢迎，到维也纳后又一次受到了热烈欢迎，成千上万的奥地利人聚集到首都的英雄广场庆祝德奥合并。

　　直至1938年德奥合并为止，希特勒都没有因违背《凡尔赛条约》而受到惩罚，和他同时代的许多人，甚至包括西方社会，都认为他的行动在修正巴黎和平方案的不公正之处上并非全然没有道理。直到1938年夏天以后，希特勒开始攻击1918年至1919年间建立起来的其他后续国家，这种情绪才开始有所改变。在1938年9月的慕尼黑会议上，伦敦和巴黎允许纳粹德国吞并捷克斯洛伐克外围的苏台德地区，那里聚居着约300万德意志人，但是它们也明确表示不会容忍事态进一步扩展。慕尼黑会议只是勉强避免了大战的爆发，希特勒无意放弃他的侵略性外交政策。相反，他加快了军事准备的步伐，加大了对中东欧各国加入轴心国的压力。当时，匈牙利已被德国和墨索里尼的意大利拉拢。在《慕尼黑协定》签订之后，希特勒于1939年3月侵占了捷克剩余的部分，匈牙利要求并拿回了斯洛伐克的一部分和鲁塞尼亚的全部。布达佩斯后来还攫取了更多的土地，匈牙利的首脑霍尔蒂·米克洛什追随希特勒在东线发动更大规模战争的决定，他从希特勒那里得到保证，可以从罗马尼亚和南斯拉夫那里重新拿回特兰西瓦尼亚的五分之二和巴纳特的一部分。由于西方协约国（直到背叛捷克斯洛伐克之前）根据协议必须维护第一次世界大战之后建立的边界，匈牙利的这种修约主义给了柏林巨大而不可替代的帮助。墨索里尼和霍尔蒂对希特勒都有不同程度的畏惧，并对德国的军事力量持有怀疑，但他们的政权都是建立在第一次世界大战之后的不公正这一基础上的，这一逻辑使他们不可避免地落入到纳粹的轨道中去。

保加利亚也和欧洲其他修约主义国家沆瀣一气。直到1938年，虽然沙皇鲍里斯赞成纳粹摧毁第一次世界大战后的和平体系的目标，但还是试图让保加利亚保持中立。不过到了1938年3月德奥合并和11月《慕尼黑协定》签署后，索菲亚政府突然发现自己面临大量来自亲轴心国游说者的压力。他们正确地指出，保加利亚是第一次世界大战战败国中最后一个尚未从修改巴黎和约中获得好处的国家。1939年9月第二次世界大战爆发后，保加利亚越来越向德国阵营靠拢。1940年9月，在德国向罗马尼亚施压并签署了《克拉约瓦条约》后，索菲亚政府重新获得了南多布鲁甲。1941年春，保加利亚正式加入轴心国，派遣军队占领了马其顿、西色雷斯和部分东塞尔维亚，接替那里准备投入东方战线的德国军队。[44]

这场1939年起自欧洲并在两年后转变为世界规模的大战，其核心并不仅仅是不相容的政治制度之间的暴力冲突，同时也是一次夺回1918年以来的失地和"外国统治下"的民族同胞的尝试。对于希特勒和纳粹来说，这些同胞的回归是必须实现的，对索菲亚和布达佩斯政府来说亦是如此。[45]对于匈牙利来说——这个德国过去和未来的战时盟友——有近300万马扎尔人生活在罗马尼亚、捷克斯洛伐克和南斯拉夫的统治下是不公平的，需要加以挽救。保加利亚也有同感，将近100万保加利亚人在1919年"损失"掉了。然而此时此刻，扩张主义——特别是在德国、意大利和苏联，当然还有日本——愈演愈烈，完全发展成为新帝国主义计划之间的竞争。在欧洲，这种新帝国主义计划之间的矛盾，在1918年至1919年间纷纷独立的中东欧前帝国土地上有着激烈的体现。[46]

在日本，对于征服中国北方来给本土提供安全的拓殖区，财阀和军部已经呼吁多时。日本的大型企业已经在中国东北经营煤矿和铁矿多年，他们得到强大的武力即所谓"关东军"的保护。与中国关系的不断恶化，以及来自北方苏联的威胁不断增长，使日本在中国东北的利益岌岌可危。与此同时，大萧条也重创了日本的经济。在关东军右派军人的鼓动下，日本军队于1931年9月占领了整个中国东北，1932年2月建立了伪满洲国。[47]

中国东北的危机，以及国际联盟在面对中国请求帮助时缺乏应对的决心，在其他修约主义国家看来，这是不能错过的重要经验，他们要在偏远的地方对整个1918年至1920年建立的国际秩序发起挑战。在墨索里尼看来，西方在应对中国东北危机时的反应（或者说是缺乏反应），简直是在邀请他仿效东京这个榜样。他采取了更富侵略性的外交政策，来增加意大利在地中海和北非的影响，要继续把意大利的小殖民地（利比亚、索马里和厄立特里亚）扩展为第二个罗马帝国。[48]1932年，意大利外交部开始了征服埃塞俄比亚（阿比西尼亚）的计划，那是少数几个在19世纪帝国主义瓜分非洲的狂潮中没有遭受殖民统治的国家之一。1935年10月，意大利军队入侵并于次年春取得了胜利，他们在战斗中对军事和民用目标肆意进行轰炸和施放毒气。[49]

日本向中国北方的武力扩张，墨索里尼在北非和地中海的"生存空间"梦想，与希特勒在中东欧开辟"生存空间"的野心在作用上是一致的。[50]希特勒的帝国主义计划，即关于在华沙和乌拉尔山之间为他的人民开辟一片"经过种族清洗"的生存空间，在第一次世界大战之前就已经萌芽。长期以来，"东方"就被视为进行经济控制甚至是殖民的优先地区。[51]《布列斯特—立托夫斯克条约》树立了1918年德意志帝国作为欧洲大陆主要强国的地位（尽管是短暂的），并由此进一步强化了东欧是一片大有可为之地的观念。希特勒把"东方"视为德国不断增长的人口的生存空间，是这一被广泛讨论的观念中最为极端的一种，特别是在其战时的实施过程中，有数百万不需要的居民被故意屠杀或饿死。不过，即便他如此痴迷于以暴力在广袤的中东欧建立种族新秩序，那也是他对过去事件解读的直接回应：如果说德意志帝国没能在第一次世界大战结束前实现对东欧的"开化"和永久征服，就只能说明那时所选择的手段还不够激烈。未来的战争将会是一场"总体战"，正如埃里希·鲁登道夫在他1935年出版的同名著作中所认为的。按照希特勒对"总体战"的理解，这是一场只有针对国内和国外的敌人同时发动才有可能获胜的战争。[52]

种族主义是三个轴心国家实行扩张主义或建立帝国的核心思想，它使得对当地居住的"劣等"种族——斯拉夫人、中国人和非洲人——的征服，以及对敌对平民的杀戮和强奸变得合理了。尽管日本把它的野心花言巧语地说成是创建一个泛亚洲的"共荣圈"，却允许它的士兵在中国和朝鲜对平民进行集体屠杀和性虐待。[53]甚至在第二次世界大战爆发之前，墨索里尼就采取了清除大部分埃塞俄比亚知识分子和专业团体的做法，以此来使新征服的土地"恢复和平"。生物种族主义走得最远的无疑是德国，在战争背景下的纳粹反犹主义出现了一种独一无二的状况，那就是，它要把德国占领下的欧洲的每一个犹太人都杀死。[54]

在1941年6月希特勒发动对苏联的突然进攻后，他的建立一个经过种族清洗的东欧帝国的梦想，既和当地居民要求民族独立的愿望相左，也和苏维埃自1918年以来对中东欧的帝国野心发生了激烈冲突。第一次世界大战结束后不久，列宁就梦想夺回之前不得不暂时放弃的前沙皇帝国的领土。1920年，苏维埃政府被迫与爱沙尼亚、立陶宛和拉脱维亚签订了和约，事实上宣布放弃了莫斯科在波罗的海地区的领土主张。几个月后，在1921年3月，《苏波里加条约》又把西白俄罗斯、东加里西亚和沃里尼亚置于华沙的直接控制之下。[55]

然而在其他地方，布尔什维克政权成功地捞回了比大战最后几个月所失去的更多的土地。当苏俄从内战中摆脱出来时，莫斯科已经重新控制了亚美尼亚、阿塞拜疆、格鲁吉亚和乌克兰。[56]但布尔什维克的野心远未结束。1939年底，按照当年8月秘密签署的《苏德互不侵犯条约》，斯大林重新确立了对波罗的海诸国和波兰东部的控制，只有芬兰成为唯一曾被罗曼诺夫王朝统治过而获得永久独立的地区。希特勒于1941年撕毁《苏德互不侵犯条约》，开始进攻苏联，他试图开辟一个从华沙到乌拉尔山之间的帝国的努力最终失败，这给了斯大林一个把苏联帝国扩张到更远地方的机会，通过一步步成立保护国组成了一个东方阵营。距离1918年罗曼诺夫帝国灭亡只有短短三十年，苏联就已经成为一个比当年的沙俄更为强大的国家。[57]

经历过这个时代的人们，对1917年至1923年那几年与第二次世界大战之间的连续性看得比许多学者还要清楚。第二次世界大战前及第二次世界大战期间的政治领袖们，在试图为自己的事业赋予意义，或者以历史事实来阐释和辩解他们的地缘政治野心时，会不断地追溯"第一次世界大战后"这一时期。例如,在纪念意大利法西斯战斗团成立二十周年的一场著名演说中,贝尼托·墨索里尼既强调了战后岁月在法西斯主义兴起中的中心地位,也强调了要通过行动来纪念那些在战后的斗争中死去的人:

> 1919年3月23日,我们升起了欧洲复兴的先驱——法西斯革命——的黑色旗帜。从战壕里出来的老兵和年轻人聚集在这面旗帜下,组成了队伍,盼望着进军去反抗懦弱的政府,反抗毁灭性的东方思想,为的是将人民从1789年的邪恶势力中解放。成千上万的同志环绕在这面旗帜下,追随"罗马"一词最真实的意义,在意大利的街头和广场、在非洲、在西班牙如英雄般战斗。他们的记忆永远活在我们心中。有些人可能已经忘记了战后岁月的艰辛(人群中有人喊:"没有!"),但战斗团没有忘记,他们不能忘记(人群中有人喊:"永远不能!")。[58]

一年多以后,在1940年6月,意大利刚刚加入轴心国作战,意大利军队就出现在地中海、北非、巴尔干和俄国。此时墨索里尼又回到了这一主题,称法西斯的国民"革命"就要通过与外部敌人的总清算来完成,意大利即将加入的战争,只是"我们革命发展中的一个逻辑阶段"。[59]

希特勒也在演讲和象征性的姿态中反复提及"战后"岁月。例如,他决定把1940年6月和法国签署停战协定的地点放在贡比涅森林的一节车厢上,那里正是1918年11月德国承认失败的地方。与上一年但泽与西普鲁士合并一样,这一充满感情色彩的行为广受理解和赞赏:元首正在修正第一次世界大战结束时给德国带来的历史上的不公。

在波罗的海国家和乌克兰，第二次世界大战也勾起了二十年前与红军作战的回忆。至少在刚开始，该地区的许多民族主义者欢迎希特勒在1941年6月发动对苏联的进攻，作为恢复1918年独立地位的起点。在北方的芬兰，当1939年遭到苏联红军的进攻时，被任命为总司令的卡尔·曼纳海姆在给芬兰国防军的第一道命令中强调，他们所面临的战争只不过是1918年以来冲突的延续："芬兰的英勇战士们！和1918年一样，我们的宿敌又一次攻击我们的国家……这场战争不过是我们独立战争的最后一幕。"[60]结果，冬季战争并不是故事的"最后一幕"，随之而来的是1941年至1944年间的"继续战争"。直到今天，许多芬兰民族主义者仍然坚持认为，他们的国家从未参加过第二次世界大战，而是在1918年至1944年间为实现民族独立而发生了一系列互相联系的暴力冲突。

从墨索里尼到曼纳海姆，已经可以清楚地表明，同时代的人们对于第一次世界大战结束时战斗的惨烈，以及停战后不久欧洲格局的毁灭与草创、历史进程的终结与开启，有着挥之不去的情感。在欧洲人民的集体记忆中，这一时期可以是一阵革命的风暴，可以是一次民族的胜利，也可以是需要用另一场战争来挽回的国耻。因此，这一时期有助于我们理解随后循环出现的暴力的逻辑和目的，它们往往延伸到1939年以后。在南斯拉夫，这些后遗症在20世纪90年代仍能感觉到——这个主要由约瑟普·布罗兹·铁托建立起来的多民族国家陷入了残酷的内战，各方都在自我辩白中重新上演前半个世纪的恐怖和不公。

在欧洲以外的国家，第一次世界大战及其直接后果的后遗症在几十年后仍然存在。早在1918年，列宁和威尔逊关于民族自决权和小国权利的谈话，就到处鼓舞着帝国主义的敌人，从远东到北非，蓬勃而起的反殖民运动提出了民族平等、自治或完全独立的呼声。这样的呼声一般都遭到了武力镇压，在两次世界大战之间，伦敦和巴黎几乎没有一年不在各自的殖民帝国里忙着平息各种各样的骚乱。虽然在1939年至1945年间另一场更为血腥的战争之后迎来了世界帝国主义的解体，并在20世纪五六十年代基本完成，但其源头仍然来自1918年的"威尔逊时期"，以及不久之后英、法帝国的扩张。[61] 这些后帝国时期的冲突中最为持久的，无疑是那些困扰着曾被奥斯曼帝国统治过的阿拉伯土地的冲突。近一个世纪以来，这里的暴力活动呈现出高度的规律性。这是不无残酷的历史嘲讽，正值第一次世界大战一百周年之际，与之相伴的却是叙利亚和伊拉克的内战、埃及的革命，以及犹太人和阿拉伯人在巴勒斯坦问题上的暴力冲突。这似乎表明，一些由第一次世界大战及其直接后果所引起的但没有解决的问题，至今仍与我们同在。

注 释

导 言

1. 关于希腊占领士麦那，参见 Evangelia Achladi, "De la guerre à l'administration grecque: la fin de la Smyrne cosmopolite", Marie-Carmen Smyrnelis 编, *Smyrne, la ville oubliée? 1830—1930: Mémoires d'un grand port ottoman* (Paris: Editions Autrement, 2006), 第180—195页; Michael Llewellyn Smith, *Ionian Vision: Greece in Asia Minor 1919—1922* (London: Allen Lane, 1973)。

2. 引自 Marjorie Housepian Dobkin, *Smyrna 1922: The Destruction of a City* (New York: Newmarket Press, 1998), 第133—134页。

3. 关于洗劫士麦那的细节描述，亦可参见 Giles Milton, *Paradise Lost: Smyrna 1922: The Destruction of Islam's City of Tolerance* (London: John Murray, 2008), 第268—269页。

4. *Daily Mail*, 1922年9月16日。

5. Ernest Hemingway, "On the Quai at Smyrna", 见他的 *In Our Time* (New York: Boni & Liveright, 1925)。海明威当时被派驻伊斯坦布尔。Matthew Stewart, "It Was All a Pleasant Business: The Historical Context of 'On the Quai at Smyrna'", *Hemingway Review* 23 (2003), 第58—71页。

6. Martin Gilbert, *Winston Churchill*, 第4卷, 第三章: 1921年4月—1922年11月 (London: Heinemann, 1977), 第2070页。

7. 有关斯特鲁韦，引自 Peter Holquist, *Making War, Forging Revolution: Russia's Continuum of Crisis, 1914—1921* (Cambridge, MA: Harvard University Press, 2002), 第2页。

8. Peter Calvert, *A Study of Revolution* (Oxford and New York: Oxford University Press, 1970), 第183—184页。

9. "Krieg im Frieden", *Innsbrucker Nachrichten*, 1919年5月25日。

10. 关于爱尔兰和波兰的相似之处，参见Julia Eichenberg, "The Dark Side of Independence: Paramilitary Violence in Ireland and Poland after the First World War", *Contemporary European History* 19（2010），第231—248页；Tim Wilson, *Frontiers of Violence: Conflict and Identity in Ulster and Upper Silesia, 1918—1922*（Oxford and New York: Oxford University Press, 2010）。

11. 我非常感谢叶芝传记的作者罗伊·福斯特，他提醒了我，1917年至1923年欧洲大范围的危机在叶芝的思想和作品中有所反映，不只是在这首《基督重临》中，还有组诗《1919》（写于1921年，原名《对世界现状的思考》）。

12. 参见Pieter M. Judson, *The Habsburg Empire: A New History*（Cambridge, MA: Belknap, 2016）；John Boyer, "Boundaries and Transitions in Modern Austrian History", Günter Bischof & Fritz Plasser编, *From Empire to Republic: Post-World War I Austria*（New Orleans: University of New Orleans Press, 2010），第13—23页；Gary B.Cohen, "Nationalist Politics and the Dynamics of State and Civil Society in the Habsburg Monarchy 1867—1914", *Central European History* 40（2007），第241—278页；Tara Zahra, *Kidnapped Souls: National Indifference and the Battle for Children in the Bohemian Lands, 1900—1948*（Ithaca, NY: Cornell University Press, 2008）；Laurence Cole & Daniel L. Unowsky编, *The Limits of Loyalty: Imperial Symbolism, Popular Allegiances, and State Patriotism in the late Habsburg Monarchy*（Oxford and New York: Berghahn Books, 2007）；John Deak, "The Great War and the Forgotten Realm: The Habsburg Monarchy and the First World War", *The Journal of Modern History* 86（2014），第336—380页；Maureen Healy, *Vienna and the Fall of the Habsburg Empire: Total War and Everyday Life in World War I*（Cambridge and New York: Cambridge University Press, 2004）。关于德意志帝国，参见经典的修正主义著作：David Blackbourn & Geoff Eley, *The Peculiarities of German History: Bourgeois Society and Politics in Nineteenth-Century Germany*（Oxford and New York: Oxford University Press, 1984）；Christopher Clark, *Iron Kingdom: The Rise and Downfall of Prussia, 1600—1947*（London: Allen Lane, 2006）；Dominik Geppert & Robert Gerwarth编, *Wilhelmine Germany and Edwardian Britain: Essays on Cultural Affinity*（Oxford and New York: Oxford University Press, 2008）。

13. Michelle U. Campos, *Ottoman Brothers: Muslims, Christians, and Jews in Early Twentieth-Century Palestine*（Stanford, CA: Stanford University Press, 2011），第1—19页。

14. M. Sükrü Hanioğlu, *A Brief History of the Late Ottoman Empire*（Princeton, NJ: Princeton University Press, 2006），第187—188页。

15. Nicholas Doumanis, *Before the Nation: Muslim-Christian Coexistence and its Destruction in Late Ottoman Anatolia*（Oxford and New York: Oxford University

Press, 2013），第152页。

16. 关于西班牙流感，参见Howard Phillips & David Killingray编，*The Spanish Influenza Pandemic of 1918—1919: New Perspectives*（London and New York: Routledge, 2003）。关于封锁及其影响，例如参见Nigel Hawkins, *The Starvation Blockades: Naval Blockades of World War I*（Barnsley: Leo Cooper, 2002）; Eric W. Osborne, *Britain's Economic Blockade of Germany, 1914—1919*（London and New York: Frank Cass, 2004）; C. Paul Vincent, *The Politics of Hunger: the Allied Blockade of Germany, 1915—1919*（Athens, Ohio: Ohio University Press, 1985）; N. P. Howard, "The Social and Political Consequences of the Allied Food Blockade of Germany, 1918—1919", *German History* 11（1993），第161—188页。

17. Peter Holquist, "Violent Russia, Deadly Marxism? Russia in the Epoch of Violence, 1905—1921", *Kritika: Explorations Russian and Eurasian History* 4（2003），第627—652页，此处见第645页。

18. 丘吉尔的话引自Norman Davies, *White Eagle, Red Star: The Polish-Soviet War, 1919—1920*（London: Pimlico, 2004, 第二版），第21页。对革命与反革命以及种族冲突进行跨国界系统比较研究的，例如参见Robert Gerwarth & John Horne 编，*War in Peace: Paramilitary Violence after the Great War*（Oxford and New York: Oxford University Press, 2012）。值得注意的开创性研究，参见Sven Reichardt, *Faschistische Kampfbünde: Gewalt und Gemeinschaft im italienischen Squadrismus und in der deutschen SA*（Cologne, Weimar and Vienna: Böhlau Verlag, 2002）。

19. Michael Provence, "Ottoman Modernity, Colonialism, and Insurgency in the Arab Middle East", *International Journal of Middle East Studies* 43（2011），第206页; Dietrich Beyrau & Pavel P. Shcherbinin, "Alles für die Front: Russland im Krieg 1914—1922", Horst Bauerkämper Elise Julien编, *Durchhalten! Krieg und Gesellschaft im Vergleich 1914—1918*（Göttingen: Vandenhoeck & Ruprecht, 2010），第151—177页，此处见第151页。

20. 贝尔福给沃尔特·罗斯柴尔德爵士的信，1917年11月2日。关于背景，参见Provence, "Ottoman Modernity"，第206页，以及最近的Eugene Rogan, *The Fall of the Ottomans: The Great War in the Middle East, 1914—1920*（London: Allen Lane, 2015）。

21. 众所周知，估计这些战争数字是十分困难的，但关于大体的情况，参见Norman Davies, *White Eagle, Red Star*，第247页。他认为大约有5万名波兰士兵死亡，20万人受伤或失踪，苏俄军队的伤亡数字甚至更高。

22. Michael A. Reynolds, *Shattering Empires: The Clash and Collapse of the Ottoman and Russian Empires*（Cambridge and New York: Cambridge University Press, 2011）; Alexander V. Prusin, *The Lands Between, Conflict in the East European Borderlands, 1870—1992*（Oxford and New York: Oxford University Press, 2010），第72—97页; Piotr Wróbel, "The Seeds of Violence: The Brutalization of an East

European Region, 1917—1921", *Journal of Modern European History* 1（2003），第125—149页；Peter Gatrell, "Wars after the War: Conflicts, 1919—1923", John Horne编, *A Companion to World War I*（Chichester: Wiley-Blackwell, 2010），第558—575页；Richard Bessel, "Revolution", Jay Winter编, *The Cambridge History of the First World War*（Cambridge and New York: Cambridge University Press, 2014），第2卷，第126—144页，此处见第138页。

23. 有关这些话，参见William Mulligan, *The Great War for Peace*（London and New Haven: Yale University Press, 2014）。

24. Richard Bessel, "Revolution"，第127页。

25. Richard C. Hall, *The Balkan Wars, 1912—1913: Prelude to the First World War*（London and New York: Routledge, 2000）.

26. George F. Kennan, *The Decline of Bismarck's European Order: Franco-Russian Relations, 1875—1890*（Princeton, NJ: Princeton University Press, 1981）.

27. George L. Mosse, *Fallen Soldiers: Reshaping the Memory of the World Wars*（Oxford and New York: Oxford University Press, 1990）. 关于意大利或整个欧洲也有类似的观点。关于意大利，参见Adrian Lyttleton, "Fascism and Violence in Post-War Italy: Political Strategy and Social Conflict", Wolfgang J. Mommsen & Gerhard Hirschfeld 编, *Social Protest, Violence and Terror*（London: Palgrave Macmillan, 1982），第257—274页，此处见第266—267页。关于欧洲更为普遍的看法，参见Enzo Traverso, *Fire and Blood: The European Civil War, 1914—1945*（New York: Verso, 2016）。

28. 对于乔治·莫斯著作的批评，参见Antoine Prost, "The Impact of War on French and German Political Cultures", *The Historical Journal* 37（1994），第209—217页。亦可参见Benjamin Ziemann, *War Experiences in Rural Germany, 1914—1923*（Oxford and New York: Berg, 2007）; Dirk Schumann, "Europa, der Erste Weltkrieg und die Nachkriegszeit: Eine Kontinuität der Gewalt?", *Journal of Modern European History* 1（2003），第24—43页；Antoine Prost & Jay Winter 编, *The Great War in History: Debates and Controversies, 1914 to the Present*（Cambridge and New York: Cambridge University Press, 2005）。

29. Robert Gerwarth & John Horne编, "Vectors of Violence: Paramilitarism in Europe after the Great War, 1917—1923", *The Journal of Modern History* 83（2011），第489—512页。

30. Robert Gerwarth & John Horne, "Bolshevism as Fantasy: Fear of Revolution and Counter-Revolutionary Violence, 1917—1923", Gerwarth & Horne编, *War in Peace*，第40—51页。

31. Wolfgang Schivelbusch, *The Culture of Defeat: On National Trauma, Morning and Recovery*（New York: Holt, 2003）.

32. Gerwarth & Horne, "Vectors of Violence"，第493页。

33. 关于英国，参见Jon Lawrence, "Forging a Peaceable Kingdom: War, Violence, and Fear of Brutalization in Post-First World War Britain", *Journal of Modern History* 75（2003），第557—589页。关于法国，参见John Horne, "Defending Victory: Paramilitary Politics in France, 1918—1926", Gerwarth & Horne编, *War in Peace*，第216—233页。

34. Hannah Arendt, *The Origins of Totalitarianism*（New York: Harcourt, Brace and Company, 1951），第260页。

35. 关于这一主题，参见Timothy Wilson, *Frontiers of Violence: Conflict and Identity in Ulster and Upper Silesia, 1918—1922*（Oxford and New York: Oxford University Press, 2010）；Annemarie H. Sammartino, *The Impoible Border: Germany and the East, 1914—1922*（Ithaka, NY and London: Cornell University Press, 2010）；Eric D. Weitz & Omer Bartov编, *Shatterzones of Empires, Coexistence and Violence in the German, Habsburg, Russian, and Ottoman Borderlands*（Bloomington, IN: Indiana University Press, 2013）；Gerwarth & Horne编, *War in Peace*；Michael A. Reynolds, *Shattering Empires: The Clash and Collapse of the Ottoman and Russian Empires, 1908—1918*（Cambridge and New York: Cambridge University Press, 2011）。

36. John Paul Newman, "Serbian Integral Nationalism and Mass Violence in the Balkans 1903—1945", *Tijdschrift voor Geschiedenis* 124（2011），第448—463页，以及 *Yugoslavia in the Shadow of War: Veterans and the Limits of State Building, 1903—1945*（Cambridge and New York: Cambridge University Press, 2015）。关于俄国，参见Holquist, "Violent Russia"，第627—652页。关于爱尔兰，参见Matthew J. Kelly, *The Fenian Ideal and Irish Nationalism, 1882—1916*（Woolbridge: Boydell & Brewer, 2006）。

第一部分　战　败

1　一次春天的火车之旅

1. Robert Service, *Lenin: A Biography*（London: MacMillan, 2000），第256—264页。
2. 出处同上
3. 关于1916年德国对爱尔兰共和党的支持，参见Jerome aan de Wiel, *The Irish Factor 1899—1919: Ireland's Strategic and Diplomatic Importance for Foreign Powers*（Dublin: Irish Academic Press, 2008）；Matthew Plowman, "Irish Republicans and the Indo-German Conspiracy of World War I", *New Hibernia Review* 7（2003），第81—105页。对圣战分子的支持，参见Tilman Lüdke, *Jihad Made in Germany: Ottoman and German Propaganda and Intelligence Operatis in the First World*

War（Münster: Lit Verlag, 2005），第117—125页；Rudolf A. Mark, *Krieg an Fernen Fronten: Die Deutschen in Zentralasien und am Hindukusch 1914—1924*（Paderborn: Ferdinand Schöningh, 2013），第17—42页。

4. Jörn Leonhard, *Die Büchse der Pandora: Geschichte des Ersten Weltkriegs*（Munich: C. H. Beck, 2014），第654页。Gerd Koenen, *Der Russland-Komplex: Die Deutschen und der Osten, 1900—1945*（Munich: C. H. Beck, 2005），第63页及以下。

5. Reinhard R. Doerries, *Prelude to the Easter Rising: Sir Roger Casement in Imperial Germany*（London & Portland: Frank Cass, 2000）；Mary E. Daly编, *Roger Casement in Irish and World History*（Dublin: Royal Irish Academy, 2005）。

6. Willi Gautschi, *Lenin als Emigrant in der Schweiz*（Zürich: Benziger Verlag, 1973），第249—256页；Helen Rappaport, *Conspirator: Lenin in Exile*（New York: Basic Books, 2010），第286—298页。

7. Christopher Read, *Lenin: A Revolutionary Life*（Abingdon and New York: Routledge, 2005），第30页；Hélène Carrère D'Encausse, *Lenin: Revolution and Power*（New York and London: Longman, 1982）；Service, *Lenin*，第109页。

8. Service, *Lenin*，第137页。

9. 出处同上，第135—142页；Read, *Lenin*，第56页及以下。

10. Leonhard, *Pandora*，第652页。

11. 有关这时期的瑞士和苏黎世，参见Georg Kreis, *Insel der unsicheren Geborgenheit: die Schweiz in den Kriegsjahren 1914—1918*（Zürich: NZZ, 2014）；Roman Rossfeld, Thomas Buomberger & Patrick Kury编, *14/18. Die Schweiz und der Grosse Krieg*（Baden: hier + jetzt, 2014）。

12. 关于这方面争论，参见David Priestland, *The Red Flag: A History of Communism*（London: Penguin, 2009），第52—60页；Robert Service, *Comrades! World History of Communism*（Cambridge, MA: Harvard University Press, 2007），第36—57页。

13. 有关1914年的社会主义，参见Georges Haupt, *Socialism and the Great War: The Collapse of the Second International*（Oxford: Clarendon Press, 1972）。

14. Read, *Lenin*，第36—42页。

15. Service, *Lenin*，第254页及以下。

16. Leonhard, *Pandora*，第655页。

17. Service, *Lenin*，第260页。

2　俄国革命

1. 关于"跨越式"发展，参见Alexander Gerschenkron, *Economic Backwardness in Historical Perspective: A Book of Essays*（Cambridge, MA: Belknap Press of Harvar University Press, 1962），第二章。Hans Rogger, *Russia in the Age of Modernization*

and Revolution, 1881—1917（London: Longman, 1983），第102—107页；Malcolm
E. Falkus, *The Industrialization of Russia: 1700—1914*（London: Macmillan,
1972），第61—74页。

2. Douglas Smith, *Former People: The Final Days of the Russian Aristocracy*
（London: Macmillan, 2012），第21页。亦可参见W. Bruce Lincoln, *In War's
Dark Shadow: The Russians Before the Great War*（London: Dial Press, 1983），第
35页；Orlando Figes, *A People's Tragedy: The Russian Revolution, 1891—1924*
（London: Jonathan Cape, 1996），第88页。

3. Smith, *Former People*，第25页。关于俄国贵族，亦可参见Dominic Lieven,
Russian Rulers under the Old Regime（London and New Haven: Yale University
Press, 1989）；Elise Kimerling Wirtschafter, *Social Identity in Imperial Russia*
（DeKalb: Northern Illinois Press, 1997），第21—37页；Andreas Grenzer, *Adel und
Landbesitz im ausgehenden Zarenreich*（Stuttgart: Steiner, 1995）；Roberta Thompson
Manning, *The Crisis of the Old Order in Russia: Gentry and Government*（Princeton,
NJ: Princeton University Press, 1983）；Manfred Hildermeie编, *Der russische Adel
von 1700 bis 1917*（Göttingen: Vandenhoeck & Ruprecht, 1990）；Seymour Becker,
Nobility and Privilege in Late Imperial Russia（DeKalb: Northern Illinois Press,
1985）。

4. Anton Chekhov, *The Cherry Orchard*, 见他的*Four Great Plays by Anton Chekhov*,
Constance Garnet译（New York: Bantam Books, 1958）；Smith, *Former People*,
第27页。

5. 关于蒲宁的《干热河谷》，参见Katherine Bowers & Ani Kokobobo, *Russian
Writers and the Fin de Siecle: The Twilight of Realism*（Cambridge and New York:
Cambridge University Press, 2015），第154页及以下；Smith, *Former People*，第
57页及以下。

6. Rogger, *Russia*，第109—111页；Smith, *Former People*，第29页及以下；
Carsten Goehrke, *Russischer Alltag: Geschichte in neun Zeitbildern*（Zürich:
Chronos, 2003），第2卷，第365—368页。

7. Lincoln, *War's Dark Shadow*，第103—134页；Smith, *Former People*，第29页及
以下。

8. Dietrich Beyrau, "Brutalization Revisited: The Case of Bolshevik Russia", *Journal
of Contemporary History* 50（2015），第15—37页，此处见第20页。关于1905
年革命不同层次的情况，亦可参见Toivo U. Raun, "The Revolution of 1905 in
the Baltic Provinces and Finland", *Slavic Review* 43（1984），第453—467页；Jan
Kusber, *Krieg und Revolution in Russland 1904—1906: Das Militär im Verhältnis
zu Wirtschaft, Autokratie und Gesellschaft*（Stuttgart: Franz Steiner, 1997）。

9. 关于此时期莫斯科警察的暴力，参见Felix Schnell, *Ordnungshüter auf Abwegen?
Herrschaft und illegetime polizeiliche Gewalt in Moskau, 1905—1914*（Wiesbaden:

Harrassowitz, 2006）。

10. Anna Geifman, *Thou Shalt Kill: Revolutionary Terrorism in Russia, 1894—1917*（Princeton, NJ: Princeton University Press, 1993），第18—21页；Peter Holquist, "Violent Russia, Deadly Marxism? Russia in the Epoch of Violence, 1905—1921", *Kritika* 4（2003），第627—652页。

11. Leopold Haimson, "The Problem of Stability in Urban Russia, 1905—1917", *Slavic Review* 23（1964），第619—642页；24（1965），第1—22页。Michael S. Melancon, *The Lena Goldfields Massacre and the Crisis of the Late Tsarist State*（College Station: Texas A&M University Press, 2006）；Ludmilla Thomas, *Geschichte Sibiriens: Von den Anfängen bis zur Gegenwart*（Berlin: Akademie-Verlag, 1982），第115页及以下。

12. Beyrau, "Brutalization Revisited", 第21页；David Saunders, "The First World War and the End of Tsarism", Ian D. Thatcher编, *Reinterpreting Revolutionary Russia: Essays in Honour of James D. White*（Basingstoke: Palgrave Macmillan, 2006），第55—71页。

13. Figes, *People's Tragedy*，第3—6页。Wayne Dowler, *Russia in 1913*（DeKalb: Northern Illinois University Press, 2010）。

14. Beyrau, "Brutalization Revisited", 第15—37页。

15. 关于后者，参见Joshua Sanborn, *Drafting the Russian Nation: Military Conscriptio, Total War, and Mass Politics, 1905—1925*（DeKalb: Northern Illinois University Press, 2003）。

16. Heinrich August Winkler, *The Age of Catastrophe: A History of the West 1914—1945*（New Haven, CT and London: Yale University Press, 2015）. 关于皇后，参见Detlef Jena, *Die Zarinnen Rußlands（1547—1918）*（Graz: Styria, 1999），第326—327页。

17. David Stone, *The Russian Army in the Great War: The Eastern Front, 1914—1917*（Lawrence, KS: University of Kansas Press, 2015）；关于伤亡数字，参见Rüdiger Overmans, "Kriegsverluste", Gerhard Hirschfeld, Gerd Krumeich & Irina Renz编, *Enzyklopädie Erster Weltkrieg*（Paderborn: Schoeningh, 2014，第二版），第663—666页；关于战俘的数量，参见Reinhard Nachtigal, *Kriegsgefangenschaft an der Ostfront 1914—1918: Literaturbericht zu einem neuen Forschungsfeld*（Frankfurt: Peter Lang, 2003），第15—19页。

18. Beyrau, "Brutalization Revisited", 第22页。

19. Peter Holquist, *Making War, Forging Revolution: Russia's Continuum of Crisis*（Cambridge, MA: Harvard University Press, 2002），第30、44页。

20. 警察报告，引自Smith, *Former People*，第65页。

21. Stephen Smith, *Red Petrograd: Revolution in the Factories, 1917—1918*（Cambridge: Cambridge University Press, 1983）。

22. 关于"二月革命"，参见Helmut Altrichter, *Rußland 1917: Ein Land auf der Suche*

nach sich selbst（Paderborn: Schöningh, 1997），第110—140页；Manfred Hildermeier, *Geschichte der Sowjetunion 1917—1991: Entstehung und Niedergang des ersten sozialistischen Staates*（Munich: C. H. Beck, 1998），第64—80页；Peter Gatrell, *Russia's First World War, 1914—1917: A Social and Economic History*（London: Pearson, 2005），第197—220页；Rex A. Wade, *The Russian Revolution, 1917*（Cambridge and New York: Cambridge University Press, 2000）；Stephen Smith, *The Russian Revolution: A Very Short Introduction*（Oxford and New York: Oxford University Press, 2002），第一章；Christopher Read, *From Tsar to Soviets: The Russian People and their Revolution, 1917—1921*（Oxford and New York: Oxford University Press, 1996）；Tsuyoshi Hagawa, "The February Revolution", Edward Acton, Vladimir Iu. Cherniaev & William G. Rosenberg编, *Critical Companion to the Russian Revolution 1914—1921*（London: Arnold, 1997），第48—61页；Barbara Alpern Engel, "Not by Bread Alone: Subsistence Riots in Russia during World War I", *Journal of Modern History* 69（1997），第696—721页；Allan K Wildman, *The End of the Russian Imperial Army*，第1卷: *The Old Army and the Soldiers' Revolt（March—April 1917）*（Princeton, NJ: Princeton University Press, 1980）。

23. W. Bruce Lincoln, *Passage through Armageddon: The Russians in War and Revolution*（New York: Simon and Schuster, 1986），第321—325页；Richard Pipes, *The Russian Revolution 1899—1919*（London: Harvill Press, 1997），第274—275页；Rogger, *Russia*，第266—267页。

24. Dominic Lieven, *Nicholas II. Eor of all the Russians*（London: Pimlico, 1994），第226页。

25. Wildman, *End of the Russian Imperial*，第1卷，第123—124页。

26. Lincoln, *Passage*，第327—331页；Rogger, *Russia*，第266—267页；Figes, *People's Tragedy*，第311—320页。

27. Smith, *Former People*，第72页；Lincoln, *Passage*，第331—333页；Pipes, *Russian Revolution*，第279—281页；Figes, *People's Tragedy*，第320—321页。

28. Pipes, *Russian Revolution*，第307—317页；Lincoln, *Passage*，第337—345页。

29. Lincoln, *Passage*，第334—344页；Figes, *People's Tragedy*，第327—349页。Robert Paul Browder & Alexander F. Kerensky编, *The Russian Provisional Government 1917: Documents*，3卷本（Stanford, CA: Stanford University Press, 1961）；William G. Rosenberg, *The Liberals in the Russian Revolution: The Constitutional Democratic Party, 1917—1921*（Princeton, NJ: Princeton University Press, 1974），第114—116页。

30. Marc Ferro, *October 1917: A Social History of the Russian Revolution*（London: Routledge and Kegan Paul, 1980）。

31. Figes, *People's Tragedy*，第323—331页。

32. 列宁的话，引自 Service, *Lenin*，第268页。

33. Figes, *People's Tragedy*，第334—335页；Pipes, *Russian Revolution*，第320—323页。

34. Figes, *People's Tragedy*，第361—384页。

35. Lincoln, *Passage*，第346—371页；Altrichter, *Rußland 1917*，第166—170页。

36. Joshua Sanborn, *Imperial Apocalypse: The Great War and the Destruction of the Russian Empire*（Oxford and New York: Oxford University Press, 2014），第205—211页。

37. 出处同上，第209页。

38. Andrejs Plakans, *The Latvians*（Stanford, CA: Stanford University Press, 1995），第108页。

39. Wildman, *End of the Russian Imperial*，第369页；Mark von Hagen, *War in a European Borderland: Occupations and Occupation Plans in Galicia and Ukraine, 1914—1918*（Seattle, WA: University of Washington Press, 2007），第84—85页。

40. Allan K. Wildman, *The End of the Russian Imperial Army*，第2卷：*The Road to Soviet Power and Peace*（Princeton, NJ: Princeton University Press, 1987），第225—231页；Sanborn, *Drafting the Russian Nation*，第173—174页。

41. Figes, *People's Tragedy*，第423—435页；Ronald G. Suny, "Toward a Social History of the October Revolution"，*American Historical Review* 88（1983），第31—52页。

42. George Katkov, *The Kornilov Affair: Kerensky and the Breakup of the Russian Army*（London and New York: Longman, 1980）；Harvey Ascher, "The Kornilov Affair: A Reinterpretation"，*Russian Review* 29（1970），第286—300页。

43. 出处同上

44. 关于托洛茨基，参见 Isaac Deutscher, *The Prophet Armed: Trotsky, 1879—1921*（Oxford: Oxford University Press, 1954）；Robert Service, *Trotsky: A Biography*（Cambridge, MA: Harvard University Press, 2009）；Geoffrey Swain, *Trotsky and the Russian Revolution*（London and New York, 2014）；Joshua Rubenstein, *Leon Trotsky: A Revolutionary's Life*（New Haven and London: Yale University Press, 2006）。

45. 列宁，"The State and Revolution"，*Collected Works*，45卷本（Moscow: Progress Publishers, 1964—1974），第25卷，第412页及以下。Winkler, *Age of Catastrophe*，第26—27页。

46. Pipes, *Russian Revolution*，第439—467页。关于自治主张，参见 Andreas Kappeler, *Rußland als Vielvölkerreich: Entstehung—Geschichte—Zerfall*（Munich: C. H. Beck, 1993）；Mark, *Krieg an fernen Fronten*，第131—134页。

47. Figes, *People's Tragedy*，第462—463页。

48. Orlando Figes, *Peasant Russia, Civil War: The Volga Countryside in Revolution*,

1917—1921（Oxford and New York: Oxford University Press, 1989），第21—22页；Graeme, *Peasants and Government in the Russian Revolution*（New York: Barnes & Noble, 1979），第157—158页；Altrichter, *1917*，第330—358页。

49. Lincoln, *Passage*，第463—468页。

50. Pipes, *Russian Revolution*，第492页。

51. Leonhard, *Pandora*，第679页；Hildermeier, *Geschichte*，第117页；Rex A. Wade, "The October Revolution, the Constituent Assembly, and the End of the Russian Revolution", Ian D. Thatcher编，*Reinterpreting Revolutionary Russia: Essays in Honour of James D. White*（London: Palgrave Macmillan, 2006），第72—85页。

52. Pipes, *Russian Revolution*，第541—555页。

53. Figes, *People's Tragedy*，第492—497页；Alexander Rabinowitch, *The Bolsheviks in Power: The First Year of Soviet Rule in Petrograd*（Bloomingdon, IN: Indiana University Press, 2007），第302—304页。

54. Smith, *Former People*，第118页；Lincoln, *Passage*，第458—461页；Pipes, *Russian Revolution*，第499页。

55. Figes, *Peasant Russia*，第296—297页。

56. Smith, *Former People*，第134页；Gill, *Peasants*，第154页。

57. Sean McMeekin, *History's Greatest Heist: The Looting of Russia by the Bolsheviks*（London and New Haven: Yale University Press, 2009），第12—13、24—25、73—91页。关于一项本地案例的研究，参见 Donald J. Raleigh, *Experiencing Russia's Civil War: Politics, Society and Revolutionary Culture in Saratov, 1917—1922*（Princeton, NJ: Princeton University Press, 2002）。

3 布列斯特—立托夫斯克

1. 关于布列斯特—立托夫斯克，参见 Vejas Gabriel Liulevicius, *War Land on the Eastern Front: Culture, National Identity and German Occupation in World War I*（Cambridge and New York: Cambridge University Press, 2000），第204—207页；Sanborn, *Imperial Apocalypse*，第232页及以下；Winfried Baumgart, *Deutsche Ostpolitik 1918: Von Brest-Litovsk bis zum Ende des Ersten Weltkriegs*（Vienna and Munich: Oldenbourg, 1966），第13—92页。

2. Baumgart, *Deutsche Ostpolitik, 1918*，第16页。

3. 有关霍夫曼的解释，参见 Karl Friedrich Nowak编，*Die Aufzeichnungen des Generalmajors Max Hoffmann*，2卷本（Berlin: Verlag für Kulturpolitik, 1929），第2卷，第190页。关于另一位参与起草《布列斯特—立托夫斯克条约》的德国高级外交官弗里德里克·冯·罗森贝格的解释，参见 Winfried Becker, *Frederic von Rosenberg*（*1874—1937*）: *Diplomat vom späten Kaiserreibis zum Dritten Reich, Außenminister der Weimarer Republik*（Göttingen: Vandenhoeck & Ruprecht,

2011），第26—40页；Baumgart, *Deutsche Ostpolitik 1918*, 第14页。

4. Richard von Kühlmann, *Erinnerungen*（Heidelberg: Schneider, 1948），第523页及以下；Leon Trotsky, *My Life*（New York: Butterworth, 1930）；Nowak, *Die Erinnerungen des Generalmajors*，第207页及以下；Werner Hahlweg, *Der Diktatfrieden von Brest-Litowsk 1918 und die bolschewistische Weltrevolution*（Münster: Aschendorff, 1960）；Christian Rust, "Self-determination at the Beginning of 1918 and the German Reaction", *Lithuanian Historical Studies* 13（2008），第43—46页。

5. Ottokar Luban, "Die Massenstreiks fuer Frieden und Demokratie im Ersten Weltkrieg", Chaja Boebel & Lothar Wentzel 编, *Streiken gegen den Krieg: Die Bedeutung der Massenstreiks in der Metallindustrie vom Januar 1918*（Hamburg: VSA-Verlag, 2008），第11—27页。

6. Oleksii Kurayev, *Politika Nimechchini i Avstro-Uhorshchini v Pershii svitovij vijni: ukrayinskii napryamok*（Kiev: Inst. Ukraïnskoi Archeohrafiï ta Džereloznavstva Im. M. S. Hrusevskoho, 2009），第220—246页；Wolfdieter Bihl, *Österreich-Ungarn und die Friedensschlüsse von Brest-Litowsk*（Vienna, Cologne and Graz: Böhlau, 1970），第60—62页；Caroline Milow, *Die ukrainische Frage 1917—1923 im Spannungsfeld der europäischen Diplomatie*（Wiesbaden: Harrassowitz, 2002），第110—115页；Stephan M. Horak, *The First Treaty of World War I: Ukraine's Treaty with the Central Powers of February 9, 1918*（Boulder, CO: East European Monographs, 1988）；Frank Golczewski, *Deutsche und Ukrainer 1914—1939*（Paderborn: Schöningh, 2010），第240—246页。

7. Oleh S. Fedyshyn, *Germany's Drive to the East and the Ukrainian Revolution, 1917—1918*（New Brunswick, NJ: Rutgers University Press, 1971）；Peter Borowsky, "Germany's Ukrainian Policy during World War I and the Revolution of 1918—1919", Hans-Joachim Torke & John-Paul Himka 编, *German-Ukrainian Relations in Historical Perspective*（Edmonton: Canadian Institute of Ukrainian Studies, 1994），第84—94页；Golczewski, *Deutsche und Ukrainer*，第289—306页；Olavi Arens, "The Estonian Question at Brest-Litovsk", *Journal of Baltic Studies* 25（1994），第309页；Rust, "Self-Determination"；Gert von Pistohlkors 编, *Deutsche Geschichte im Osten Europas. Baltische Länder*（Berlin: Siedler, 1994），第452—460页；Hans-Erich Volkmann, *Die deutsche Baltikumpolitik zwischen Brest-Litowsk und Compiègne*（Cologne and Vienna: Böhlau, 1970）。

8. Baumgart, *Deutsche Ostpolitik 1918*, 第14页及以下；Dietmar Neutatz, *Träume und Alpträume: Eine Geschichte Russlands im 20. Jahrhundert*（Munich: C. H. Beck, 2013），第158—160页；Hahlweg, *Der Diktatfrieden von Brest-Litowsk*，第50—52页。

9. Hannes Leidinger & Verena Moritz, *Gefangenschaft, Revolution, Heimkehr. Die Bedeutung der Kriegsgefangenproblematik für die Geschichte des Kommunismus*

in Mittel- und Osteuropa 1917—1920（Vienna, Cologne and Weimar: Böhlau, 2003）; Reinhard Nachtigal, *Russland und seine österreichisch-ungarischen Kriegsgefangenen（1914—1918）*（Remshalden: Verlag Bernhard Albert Greiner, 2003）; Alan Rachaminow, *POWs and the Great War: Captivity on the Eastern Front*（Oxford and New York: Berg, 2002）.

10. 关于在俄国的约200万名哈布斯堡帝国战俘，参见Nachtigal, *Kriegsgefangenen*（*1914—1918*）; Lawrence Sondhaus, *World War One: The Global Revolution*（Cambridge and New York: Cambridge University Press, 2011），第421页。关于铁托，参见Vladimir Dedijer, *Novi prilozi za biografiju Josipa Broza Tita I*（Zagreb and Rijeka: Mladost i Spektar; Liburnija, 1980），第57—59页（1953年初版的重印版）。

4　胜利的滋味

1. 引自Michael Reynolds, "The Ottoman-Russian Struggle for Eastern Anatolia and the Caucasus, 1908—1918: Identity, Ideology and the Geopolitics of World Order", PhD Dissertation: Princeton University, 2003，第308页。

2. David Kennedy, *Over Here: The First World War and American Society*（Oxford and New York: Oxford University Press, 1980），第169页。

3. Keith Hitchins, *Rumania, 1866—1947*（Oxford and New York: Oxford University Press, 1994），第273页及以下。

4. 关于第一次世界大战时的奥匈帝国，参见Manfried Rauchensteiner, *Der Tod des Doppeladlers: Österreich-Ungarn und der Erste Weltkrieg*（Graz: Styria, 1993）。

5. 出处同上；关于勃鲁西洛夫攻势，参见Alexander Watson, *Ring of Steel: Germany and Austria-Hungary at War, 1914—1918*（London: Allen Lane, 2014），第300—310页。

6. Nicola Labanca, "La guerra sul fronte italiano e Caporetto", Stéphane Audoin-Rouzeau & Jean-Jacques Becker编, *La prima guerra mondiale*（Turin: Einaudi, 2007），第1卷，第443—460页。

7. Ludendorff, 引自Manfred Nebelin, *Ludendorff: Diktator im Ersten Weltkrieg*（Munich: Siedler, 2010），第404页。

8. 1917年12月31日的日记，见Albrecht von Thaer, *Generalstabsdienst an der Front und in der OHL: Aus Briefen und Tagebuchaufzeichnungen, 1915—1919*（Göttingen: Vandenhoeck and Ruprecht, 1958），第150—151页；Watson, *Ring of Steel*，第514页。

9. Watson, *Ring of Steel*，第514页及以下。

10. Michael S. Neiberg, *The Second Battle of the Marne*（Bloomington, IN: Indiana University Press, 2008），第34页；Michael Geyer, *Deutsche Rüstungspolitik 1860—*

1980（Frankfurt am Main: Suhrkamp, 1984），第83—96页；Richard Bessel, *Germany after the First World War*（Oxford and New York: Clarendon Press, 1993），第5页。关于德军的调动，参见 Giordan Fong, "The Movement of German Divisions to the Western Front, Winter 1917—1918", *War in History* 7（2000），第225—235页，此处见第229—230页。

11. Eugene Rogan, *The Fall of the Ottomans: The Great War in the Middle East, 1914—1920*（London: Allen Lane, 2015），第356—357页；Ryan Gingeras, *Fall of the Sultanate: The Great War and the End of the Ottoman Empire, 1908—1922*（Oxford and New York: Oxford University Press, 2016），第244—245页。

12. Rogan, *The Fall of the Ottomans*，第356页；Gingeras, *Fall of the Sultanate*，第244页。

13. Gingeras, *Fall of the Sultanate*，第244—245页；Rudolf A. Mark, *Krieg an Fernen Fronten: Die Deutschen in Zentralasien und am Hindukusch 1914—1924*（Paderborn: Ferdinand Schöningh, 2013），第164页及以下。

14. Jörn Leonhard, *Die Büchse der Pandora: Geschichte des Ersten Weltkriegs*（Munich: C. H. Beck, 2014），第805页。

15. David Stevenson, *With our Backs to the Wall: Victory and Defeat in 1918*（London: Allen Lane, 2011），第7页（有关进攻战中的人员代价）和第350页（关于别无选择）。

16. 有关进攻的细节，参见 David T. Zabecki, *The German 1918 Offensives: A Case Study in the Operational Level of War*（New York: Routledge, 2006），第126—133页。更为简明和新近的分析，参见 Watson, *Ring of Steel*，第517页及以下。

17. Ernst Jünger, *In Stahlgewittern: Ein Kriegstagebuch*（Berlin: Mittler, 1942，第二十四版），第244页及以下。编辑过的版本与原来的日记条目没有根本的区别，参见 Ernst Jünger, *Kriegstagebuch 1914—1918*, Helmuth Kiesel 编（Stuttgart: Klett-Cotta, 2010），第375页及以下（1918年3月21日）。有关荣格的生平，参见 Helmuth Kiesel, *Ernst Jünger: Die Biographie*（Munich: Siedler, 2007）。

18. Watson, *Ring of Steel*，第519页及以下；Martin Middlebrook, *The Kaiser's Battle: The First Day of the German Spring Offensive*（London: Viking, 1978）。

19. J. Paul Harris, *Douglas Haig and the First World War*（Cambridge and New York: Cambridge University Press, 2008），第454—456页。

20. Alan Kramer, *Dynamic of Destruction: Culture and Mass Killing in the First World War*（Oxford and New York: Oxford University Press, 2007），第269—271页；Holger Herwig, *The First World War: Germany and Austria-Hungary, 1914—1918*（London: Edward Arnold, 1997），第400—416页。关于克服英、法两国之间的不和，参见 Elizabeth Greenhalgh, *Victory through Coalition: Politics, Command and Supply in Britain and France, 1914—1918*（Cambridge and New York: Cambridge University Press, 2005）。

21. Georg Alexander von Müller, *The Kaiser and his Court: The Diaries, Notebooks, and Letters of Admiral Alexander von Müller*（London: Macdonald, 1961），第344页。

22. Hugenberg, 引自Nebelin, *Ludendorff*，第414—415页。

23. Watson, *Ring of Steel*，第520页。

24. Zabecki, *German 1918 Offensives*，第139—173页；David Stevenson, *With Our Backs to the Wall: Victory and Defeat in 1918*（London: Allen Lane, 2011），第67页。

25. Wilhelm Deist, "Verdeckter Militärstreik im Kriegsjahr 1918?"，Wolfram Wette 编, *Der Krieg des kleinen Mannes: Eine Militärgeschichte von unten*（Munich and Zürich: Piper, 1998），第146—167页，此处见第149—150页。

26. Alexander Watson, *Enduring the Great War: Combat Morale and Collapse in the German and British Armies, 1914—1918*（Cambridge and New York: Cambridge University Press, 2008），第181页。

27. Zabecki, *German 1918 Offensives*，第184—205页；Watson, *Ring of Steel*，第521页；Robert Foley, "From Victory to Defeat: The German Army in 1918", Ashley Ekins 编, *1918: Year of Victory*（Auckland and Wollombi, NSW: Exisle, 2010），第69—88页，此处见第77页。

28. Stevenson, *With Our Backs to the Wall*，第78—88页。

5　命运逆转

1. Holger Herwig, *The First World War: Germany and Austria-Hungary, 1914—1918*（London: Bloomsbury, 1996），第414页；Leonard V. Smith, *Stéphane Audoin-Rouzeau and Annette Becker, France and the Great War, 1914—1918*（Cambridge and New York: Cambridge University Press, 2003），第151页；David Stevenson, *With Our Backs to the Wall: Victory and Defeat in 1918*（London: Allen Lane, 2011），第345页。

2. Scott Stephenson, *The Final Battle: Soldiers of the Western Front and the German Revolution of 1918*（Cambridge and New York: Cambridge University Press, 2009），第25页。

3. 出处同上，第25页。

4. Oliver Haller, "German Defeat in World War I, Influenza and Postwar Memory", Klaus Weinhauer, Anthony McElligott & Kirsten Heinsohn 编, *Germany 1916—1923: A Revolution in Context*（Bielefeld: Transcript, 2015），第151—180页，此处见第173页及以下。亦可参见Eckard Michels, "Die 'Spanische Grippe' 1918/19: Verlauf, Folgen und Deutungen in Deutschland im Kontext des Ersten Weltkriegs", *Vierteljahrshefte für Zeitgeschichte*（2010），第1—33页；Frieder Bauer & Jörg Vögele, "Die 'Spanische Grippe' in der deutschen Armee 1918: Perspektive

der Ärzte und Generäle", *Medizinhistorisches Journal* 48（2013）, 第117—152页；Howard Phillips & David Killingray编, *The Spanish Influenza Pandemic of 1918—1919: New Perspectives*（London and New York: Routledge, 2003）。

5. Stephenson, *Final Battle*, 第25页。

6. 关于最后数周前线各部队的情况，参见A.Philipp编, *Die Ursachen des Deutschen Zusammenbruches im Jahre 1918. Zweite Abteilung: Der innere Zusammenbruch*（Berlin: Deutsche Verlagsgesellschaft für Politik, 1928）, 第6卷, 第321—386页。

7. Bernd Ulrich & Benjamin Ziemann编, *Frontalltag im Ersten Weltkrieg: Wahn und Wirklichkeit. Quellen und Dokumente*（Frankfurt am Main: Fischer, 1994）, 第94页（1918年9月4日的报告）。

8. Stevenson, *With Our Backs to the Wall*, 第112—169页。

9. Manfred Nebelin, *Ludendorff: Diktator im Ersten Weltkrieg*（Munich: Siedler, 2010）, 第423—424页。

10. Wolfgang Foerster, *Der Feldherr Ludendorff im Unglück: Eine Studie über seine seelische Haltung in der Endphase des ersten Weltkrieges*（Wiesbaden: Limes Verlag, 1952）, 第73—74页。

11. 关于多利安之战和保加利亚对第一次世界大战的纪念，参见Nikolai Vukov, "The Memory of the Dead and the Dynamics of Forgetting: 'Post-Mortem' Interpretations of World War I in Bulgaria", Oto Luthar 编, *The Great War and Memory in Central and South-Eastern Europe*（Leiden: Brill, 2016）；亦可参见Ivan Petrov, *Voynata v Makedonia（1915—1918）*（Sofia: Semarsh, 2008）；Nikola Nedev & Tsocho Bilyarski, *Doyranskata epopeia, 1915—1918*（Sofia: Aniko/Simolini, 2009）。

12. 关于在多布罗的突破，参见Richard C. Hall, *Balkan Breakthrough: The Battle of Dobro Pole 1918*（Bloomington, IN: Indiana University Press, 2010）；Dimitar Azmanov & Rumen Lechev, "Probivatna Dobropoleprezsptemvri 1918 godina", *Voennoistoricheski sbornik* 67（1998）, 第154—175页。

13. 更多细节，参见Bogdan Kesyakov, *Prinos kym diplomaticheskata istoriya na Bulgaria（1918—1925）: Dogovori, konventsii, spogodbi, protokoli i drugi syglashenia i diplomaticheski aktove s kratki belejki*（Sofia: Rodopi, 1925）；Petrov, *Voynata v Makedonia*, 第209—211页。

14. 关于保加利亚加入巴尔干战争，参见Mincho Semov, *Pobediteliat prosi mir: Balkanskite voyni 1912—1913*（Sofia: Universitetsko izdatelstvo "Sv. Kliment Ohridski", 1995）；V. Tankova et al., *Balkanskite voyni 1912—1913: pamet i istoriya*（Sofia: Akademichno izdatelstvo "Prof. Marin Drinov", 2012）；Georgi Markov, *Bulgaria v Balkanskia sayuz sreshtu Osmanskata imperia, 1911—1913*（Sofia: Zahariy Stoyanov, 2012）。

15. Richard Hall, "Bulgaria in the First World War", http: //russiasgreatwar.org/media/

arc/bulgaria.shtml（2016年2月24日最后一次访问）。

16. 出处同上。

17. 关于第二次巴尔干战争后去往保加利亚的避难者，参见 Delcho Poryazov, *Pogromat nad trakijskite bălgari prez 1913 g.: razorenie I etnichesko iztreblenie*（Sofia: Akademichno izdatelstvo "Prof. Marin Drinov", 2009）；卡内基国际和平基金会编, *Report of the International Commission to Inquire into the Causes and Conduct of the Balkan Wars*（Washington D. C.: Carnegie, 2014, 重印版），尤其是第123—135页。

18. Richard C. Hall, "Bulgaria", Ute Daniel　et al.编, *1914—1918 online. International Encyclopedia of the First World War*。

19. 关于保加利亚的参战，尤其参见 Georgi Markov, *Golyamata voina i bulgarskiat klyuch kym evropeiskiat pogreb*（*1914—1916*）（Sofia: Akademichno izdatelstvo "Prof. Marin Drinov", 1995）；Georgi Markov, *Golyamata voyna i bulgarskata strazha mezhdu Sredna Evropa i Orienta, 1916—1919*（Sofia: Akademichno izdatelstvo "Prof. Marin Drinov", 2006）。

20. Hall, "Bulgaria in the First World War"。

21. 关于北线战场和图特拉坎战役，参见 Petar Boychev, *Tutrakanska epopeia*（Tutrakan: Kovachev, 2003）；Petar Boychev & Volodya Milachkov, *Tutrakanskata epopeya i voynata na Severnia front, 1916—1918*（Silistra: Kovachev, 2007）。有关多布里奇战役的出版物，在保加利亚历史上被称为"多布里奇史诗"，参见 Radoslav Simeonov, *Velichka Mihailova and Donka Vasileva, Dobrichkata epopeia, 1916*（Dobrich: Ave fakta, 2006）；Georgi Kazandjiev et al., *Dobrichkata epopeia, 5—6 septemvri 1916*（Dobrich: Matador, 2006）。

22. Hall, "Bulgaria in the First World War"。

23. Kanyo Kozhuharov, *Radomirskata republika, 1918—1948*（Sofia: BZNS, 1948），第11页。

24. 出处同上，第12页。

25. Andrej Mitrović, *Serbia's Great War, 1914—1918*（London: Hurst, 2007），第312—319页。

26. Gunther Rothenberg, *The Army of Francis Joseph*（West Lafayette, IN: Purdue University Press, 1997），第212—213页。

27. Alexander Watson, *Ring of Steel: Germany and Austria-Hungary at War, 1914—1918*（London: Allen Lane, 2014），第538页。

28. Mario Isnenghi & Giorgio Rochat, *La Grande Guerra 1914—1918*（Milan: La Nuova Italia, 2000），第438—452页。

29. Mark Thompson, *The White War: Life and Death on the Italian Front 1915—1919*（London: Faber and Faber, 2009），第344—346页；Mark Cornwall, *The Undermining of Austria-Hungary: The Battle for Hearts and Minds*（Basingstoke:

Macmillan, 2000），第287—299页。

30. Watson, *Ring of Steel*，第538页。

31. 出处同上，第540页；Arthur May, *The Passing of the Habsburg Monarchy* (Philadelphia, PA: University of Pennsylvania Press, 1966)，第2卷，第760—763页。

32. Rudolf Neck编, *Österreich im Jahre 1918: Berichte und Dokumente* (Vienna: Oldenbourg, 1968)，第104—113页。

33. 引自Isnenghi & Rochat, *La Grande Guerra 1914—1918*, 第463—464页。

34. Erik Jan Zürcher, "The Ottoman Empire and the Armistice of Moudros", Hugh Cecil & Peter H. Liddle 编, *At the Eleventh Hour: Reflections, Hopes, and Anxieties at the Closing of the Great War, 1918* (London: Leo Cooper, 1998)，第266—275页。

35. Timothy W. Childs, *Italo-Turkish Diplomacy and the War over Libya, 1911—1912* (New York: Brill, 1990)，第36页。

36. 卡耐基国际和平基金会编, *Report of the International Commission to Inquire into the Causes and Conduct of the Balkan Wars* (Washington DC: Carnegie, 2014, 重印版)。

37. M. Sükrü Hanioğlu, *A Brief History of the Late Ottoman Empire* (Princeton, NJ: Princeton University Press, 2006)，第165页。

38. Mustafa Aksakal, "The Ottoman Empire", Jay Winter 编, *The Cambridge History of the First World War* (Cambridge and New York: Cambridge University Press, 2014)，第1卷，第459—478页，此处见第470页。

39. Mustafa Aksakal, *The Ottoman Road to War in 1914: The Ottoman Empire and the First World War* (Cambridge and New York: Cambridge University Press, 2008)，第93—118页。

40. 出处同上，第178—187页。

41. Edward J. Erickson, *Ordered to Die: A History of the Ottoman Army in the First World War* (Westport, CT and London: Greenwood Press, 2001)；Carl Alexander Krethlow, *Generalfeldmarschall Colmar Freiherr von der Goltz Pascha: Eine Biographie* (Paderborn: Ferdinand Schöningh, 2012)。

42. Aksakal, *The Ottoman Road to War*，第94页。

43. Hanioğlu, *Brief History of the Late Ottoman Empire*，第180—181页；David Reynolds, *The Long Shadow: The Great War and the Twentieth Century* (London: Simon and Schuster, 2013)，第88页。

44. *A Brief Record of the Advance of the Egyptian Expeditionary Force under the Command of General Sir Edmund H. H. Allenby, G.C.B., G.C.M.G. July 1917 to October 1918* (London: His Majesty's Stationery Office, 1919)，第25—36页；James Kitchen, *The British Imperial Army in the Middle East* (London: Bloomsbury, 2014)。

45. Ryan Gingeras, *Fall of the Sultanate: The Great War and the End of the Ottoman*

Empire, 1908—1922（Oxford and New York: Oxford University Press, 2016），第248页；Gwynne Dyer, "The Turkish Armistice of 1918. 2: A Lost Opportunity: The Armistice Negotiations of Moudros", *Middle Eastern Studies* 3（1972），第313—348页。

46. Eugene Rogan, *The Fall of the Ottomans: The Great War in the Middle East, 1914—1920*（London: Allen Lane, 2015），第285—287、359—360页。

47. "Turquie: Convention d'armistice 30 Octobre 1918", *Guerre Européenne: Documents 1918: Conventions d'armistice passées avec la Turquie, la Bulgarie, l'Autricbe-Hongrie et l'Allemagne par les puissances Alliées et associées*（Paris: Ministère des Affaires Étrangères, 1919），第7—9页。亦可参见Gingeras, *Fall of the Sultanate*，第249页。

48. Dyer, "The Turkish Armistice of 1918", 第319页。

49. 引自Patrick Kinross, *Atatürk: A Biography of Mustafa Kemal, Father of Modern Turkey*（London: Weidenfeld and Nicolson, 1964），第15页。

50. Ryan Gingeras, *Mustafa Kemal Atatürk: Heir to an Empire*（Oxford and New York: Oxford University Press, 2015）; Irfan Orga & Margarete Orga, *Atatürk*（London: Michael Joseph, 1962），第164页。

51. Elie Kedourie, "The End of the Ottoman Empire", *Journal of Contemporary History of the Ottoman Empire* 2（1968），第19—28页，此处见第19页。关于这段历史的综述，参见Caroline Finkel, *Osman's Dream: The Story of the Ottoman Empire, 1300—1923*（London: John Murray, 2005）。

52. Albrecht von Thaer, *Generalstabsdienst an der Front und in der OHL: Aus Briefen und Tagebuchaufzeichnungen, 1915—1919*（Göttingen: Vandenhoeck and Ruprecht, 1958），第234页（1918年10月1日的日记）。

53. 出处同上

54. Herbert Michaelis, Ernst Schraepler & Günter Scheel编, *Ursachen und Folgen*，第2卷: *Der militärische Zusammenbruch und das Ende des Kaiserreichs*（Berlin: Verlag Herbert Wendler, 1959），第319—320页。

55. Harry Rudolph Rudin, *Armistice 1918*（New Haven, CT and London: Yale University Press, 1944），第53—54页。

56. Lothar Machtan, *Prinz Max von Baden: Der letzte Kanzler des Kaisers*（Berlin: Suhrkamp, 2013）。

57. Heinrich August Winkler, *The Age of Catastrophe: A History of the West 1914—1945*（New Haven, CT and London: Yale University Press, 2015），第61—62页。关于10月改革的最新著作，参见Anthony McElligott, *Rethinking the Weimar Republic: Authority and Authoritarianism, 1916—1936*（London: Bloomsbury, 2014），第19—26页。

58. Rudin, *Armistice 1918*, 第53、56—80页；Watson, *Ring of Steel*，第547—548页。

59. 引自Rudin, *Armistice 1918*, 第173页; Watson, *Ring of Steel*, 第550—551页。

60. Nebelin, *Ludendorff*, 第493页。

61. 出处同上, 第497—498页; Watson, *Ring of Steel*, 第551页。

62. Martin Kitchen, *The Silent Dictatorship: The Politics of the German High Command under Hindenburg and Ludendorff, 1916—1918*（New York: Holmes and Meier, 1976）; Richard Bessel, "Revolution", Jay Winter编, *The Cambridge History of the First World War*, 第2卷（Cambridge and New York: Cambridge University Press, 2014）, 第126—144页。

63. 西德的历史学家对在德国建立士兵委员会很感兴趣, 多年来一直在争论这些委员会是否有可能成为德国政治命运走上"第三条道路"的基础, 而有别于魏玛共和国（与旧式贵族达成了致命的妥协）和另一种极端的布尔什维克式政权。Reinhard Rürup, "Demokratische Revolution und der 'dritte Weg': Die deutsche Revolution von 1918/19 in der neueren wissenschaftlichen Diskussion", *Geschichte und Gesellschaft* 9（1983）, 第278—301页。

64. Wilhelm Deist, "Die Politik der Seekriegsleitung und die Rebellion der Flotte Ende Oktober 1918", *Vierteljahrshefte für Zeitgeschichte* 14（1966）, 第341—368页; 英文文本引自Watson, *Ring of Steel*, 第552页。

65. Gerhard Groß, "Eine Frage der Ehre? Die Marineführung und der letzte Flottenvorstoß? 1918", Jörg Duppler & Gerhard P. Groß编, *Kriegsende 1918: Ereignis, Wirkung, Nachwirkung*（Munich: Oldenbourg, 1999）, 第349—365页, 此处见第354—365页; Watson, *Ring of Steel*, 第552页。

66. Holger Herwig, *"Luxury Fleet": The Imperial German Navy 1888—1918*（London: Ashfield Press, 1987, 修订版）, 第247、250页; Watson, *Ring of Steel*, 第552页。

67. Hannes Leidinger, "Der Kieler Aufstand und die deutsche Revolution", Hannes Leidinger and Verena Moritz编, *Die Nacht des Kirpitschnikow. Eineandere Geschichte des Ersten Weltkriegs*（Vienna: Deuticke, 2006）, 第220—235页; Daniel Horn, *Mutiny on the High Seas: Imperial German Naval Mutinies of World War One*（London: Leslie Frewin, 1973）, 第234—246页; Watson, *Ring of Steel*, 第553页。

68. Watson, *Ring of Steel*, 第554页。

69. Ulrich Kluge, "Militärrevolte und Staatsumsturz. Ausbreitung und Konsolidierung der Räteorganisation im rheinisch-westfälischen Industriegebiet", Reinhard Rürup编, *Arbeiter- und Soldatenräte im rheinisch-west-fälischen Industriegebiet*（Wuppertal: Hammer, 1975）, 第39—82页。

70. Ulrich Kluge, *Soldatenräte und Revolution: Studien zur Militärpolitik in Deutschland 1918/19*（Göttingen: Vandenhoeck and Ruprecht, 1975）, 第48—56页。

71. Harry Graf Kessler, *Das Tagebuch 1880—1937*, Roland Kamzelak & Günter Riederer编, 第6卷: *1916—1918*（Stuttgart: Klett-Cotta, 2006）, 第616页。

72. 关于德意志各王朝终结的细节，参见Lothar Machtan, *Die Abdankung: Wie Deutschlands gekrönte Häupter ausder Geschichte fielen*（Berlin: Propyläen Verlag, 2008）。

73. Rudin, *Armistice 1918*，第327—329、349—351页。

74. Stephenson, *The Final Battle*，第83—90页。

75. Rudin, *Armistice 1918*，第345—359页；Kluge, *Soldatenräte*，第82—87页。

76. Manfred Jessen-Klingenberg, "Die Ausrufung der Republik durch Philipp Scheidemann am 9. November 1918", *Geschichte in Wissenschaft und Unterricht* 19（1968），第649—656页，此处见第653页。

77. Winkler, *Age of Catastrophe*，第67页。

78. Watson, *Ring of Steel*，第55页及以下。

79. Rudin, *Armistice 1918*，第427—432页；Watson, *Ring of Steel*，第556页。

第二部分　革命与反革命

6　战争没有结束

1. Annemarie H. Sammartino, *The Impossible Border: Germany and the East, 1914—1922*（Ithaca, NY and London: Cornell University Press, 2010），第二章；Timothy Snyder, *The Reconstruction of Nations: Poland, Ukraine, Lithuania, Belarus, 1569—1999*（New Haven, CT and London, 2004），第62—63页；Vejas Gabriel Liulevicius, *War Land on the Eastern Front: Culture, National Identity and German Occupation in World War I*（Cambridge and New York: Cambridge University Press, 2000），第228页及以下。关于波罗的海地方武装争取独立的斗争，参见Tomas Balkelis, "Turning Citizens into Soldiers: Baltic Paramilitary Movements after the Great War"，见Robert Gerwarth & John Horne编, *War in Peace: Paramilitary Violence after the Great War*（Oxford and New York: Oxford University Press, 2012），第126—144页。

2. 对爱沙尼亚和拉脱维亚来说，这一点尤为严重。James D. White, "National Communism and World Revolution: The Political Consequences of German Military Withdrawal from the Baltic Area in 1918—1919", *Europe-Asia Studies* 8（1994），第1349—1369页。关于波罗的海国家较好的通史，参见Andres Kasekamp, *A History of the Baltic States*（New York: Palgrave Macmillan, 2010）；Andrejs Plakans, *A Concise History of the Baltic States*（Cambridge and New York: Cambridge University Press, 2011）；Georg von Rauch, *The Baltic States: The Years of Independence: Estonia, Latvia, Lithuania, 1917—1940*（Berkeley, CA: University of California Press, 1974）。

3. 关于比朔夫和"钢铁师团"，参见Tanja Bührer, *Die Kaiserliche Schutztruppe für Deutsch-Ostafrika: Koloniale Sicherheitspolitik und transkulturelle Kriegführung, 1885 bis 1918* (Munich: Oldenbourg, 2011)，第211页；Bernhard Sauer, "Vom 'Mythos eines ewigen Soldatentums'. Der Feldzug deutscher Freikorps im Baltikum im Jahre 1919", *Zeitschrift für Geschichtswissenschaft* 43 (1995)，第869—902页；Josef Bischoff, *Die letzte Front: Geschichte der Eisernen Division im Baltikum 1919* (Berlin: Buch- und Tiefdruck Gesellschaft, 1935)。

4. Liulevicius, *War Land on the Eastern Front*，第56页及以下。

5. John Hiden, *The Baltic States and Weimar Ostpolitik* (Cambridge and New York: Cambridge University Press, 1987)，第16页；Sammartino, *The Impossible Border*，第48页。

6. Rüdiger von der Goltz, *Meine Sendung in Finnland und im Baltikum* (Leipzig: Koehler, 1920)，第156页（关于这些数字）。

7. Hagen Schulze, *Freikorps und Republik, 1918—1920* (Boppard am Rhein: Boldt, 1969)，第143页。

8. Sammartino, *The Impossible Border*，第53页。

9. Alfred von Samson-Himmelstjerna, "Meine Erinnerungen an die Landwehrzeit", Herder Institut, Marburg, DSHI 120 BR BLW 9，第20页。

10. Rudolf Höss, *Death Dealer: The Memoirs of the SS Kommandant at Auschwitz*, Steven Paskuly编（Buffalo, NY: Prometheus Books, 1992)，第60页。

11. Robert G. L. Waite, *Vanguard of Nazism: The Free Corps Movement in Postwar Germany, 1918—1923* (Cambridge, MA: Harvard University Press, 1952)，第118—119页。

12. Erich Balla, *Landsknechte wurden wir: Abenteuer aus dem Baltikum* (Berlin: W. Kolk, 1932)，第111—112页。巴拉耸人听闻的修辞是专为暴力报复辩解的。

13. 出处同上。

14. John Hiden & Martyn Housden, *Neighbours or Enemies? Germans, the Baltic, and Beyond* (Amsterdam and New York: Editions Rodopi, 2008)，第21页。

15. Sammartino, *The Impossible Border*，第55页。

16. Plakans, *The Latvians*，第108页。

17. Julien Gueslin, "Riga, de la métropole russe à la capitale de la Lettonie 1915—1919", Philippe Chassaigne & Jean-Marc Largeaud编, *Villes en guerre (1914—1945)* (Paris: Amand Colin, 2004)，第185—195页；Suzanne Pourchier-Plasseraud, "Riga 1905—2005: A City with Conflicting Identities", *Nordost-Archiv* 15 (2006)，第175—194页，此处见第181页。

18. Uldis Ģērmanis, *Oberst Vācietis und die lettischen Schützen im Weltkrieg und in der Oktoberrevolution* (Stockholm: Almqvist and Wiksell, 1974)，第147、155页。

19. Balla, *Landsknechte*，第180—181页。

20. Marguerite Yourcenar, *Coup de Grâce*（Paris: Éditions Gallimard, 1939）.

21. Waite, *Vanguard of Nazism*，第118—119页。

22. Sammartino, *The Impossible Border*，第59页。

23. Charles L. Sullivan, "The 1919 German Campaign in the Baltic: The Final Phase", Stanley Vardys & Romuald Misiunas, *The Baltic States in Peace and War, 1917—1945*（London: Pennsylvania State University Press, 1978），第31—42页。

24. Schulze, *Freikorps und Republik*，第184页；Liulevicius, *War Land on the Eastern Front*，第232页；Sammartino, *Impossible Border*，第63页。

25. 关于波罗的海地区战斗的结束，参见马堡的赫尔德研究所整理的广泛的新闻报道，DSHI 120 BLW/BR 1/2。

26. Friedrich Wilhelm Heinz, *Sprengstoff*（Berlin: Frundsberg Verlag, 1930），第8—9页。

27. Ernst von Salomon, *Die Geächteten*（Berlin: Rowohlt, 1923），第144—145页。

28. 关于为这些事件负责的组织"执政官团"，尤其参见慕尼黑当代史研究所的文件，Fa 163/1和MA 14412。亦可参见Martin Sabrow, *Die verdrängte Verschwörung: Der Rathenau-Mord und die deutsche Gegenrevolution*（Frankfurt am Main: Fischer, 1999）。

7 俄国内战

1. Evan Mawdsley, *The Russian Civil War*（Boston, MA and London: Allen and Unwin, 1987），第45页及以下（第四章："The Allies in Russia, October 1917—November 1918, Archangelsk/Murmansk"）；Alexandre Sumpf, "Russian Civil War", Ute Daniel, Peter Gatrell, Oliver Janz, Heather Jones, Jennifer Keene, Alan Kramer & Bill Nasson 编，*1914—1918 online. International Encyclopedia of the First World War*；Jonathan D. Smele, *The "Russian" Civil Wars 1916—1926: Ten Years that Shook the World*（Oxford: Oxford University Press, 2015）；Peter Holquist, *Making War, Forging Revolution: Russia's Continuum of Crisis, 1914—1921*（Cambridge, MA: Harvard University Press, 2002）。

2. 关于赤卫队，参见Rex Wade, *Red Guards and Workers' Militias in the Russian Revolution*（Palo Alto, CA: Stanford University Press, 1984）；关于新兴的红军，参见Mark von Hagen, *Soldiers in the Proletarian Dictatorship: The Red Army and the Soviet Socialist State, 1917—1930*（Ithaca, NY: Cornell University Press, 1990）。

3. William G. Rosenberg, "Paramilitary Violence in Russia's Civil Wars, 1918—1920", Robert Gerwarth & John Horne 编，*War in Peace: Paramilitary Violence after the Great War*（Oxford and New York: Oxford University Press, 2012），第21—39页，此处见第37页。

4. Nikolaus Katzer, "Der weiße Mythos: Russischer Antibolschewismus im europäischen Nachkrieg", Robert Gerwarth & John Horne编，*Krieg im Frieden. Paramilitärische*

Gewalt in Europa nach dem Ersten Weltkrieg（Göttingen: Wallstein, 2013），第57—93页，以及 *Die weiße Bewegung: Herrschaftsbildung, praktische Politik und politische Programmatik im Bürgerkrieg*（Cologne, Weimar and Vienna: Böhlau, 1999）。

5. Viktor P. Danilov, Viktor V. Kondrashin & Teodor Shanin编，*Nestor Makhno: M. Kubanin, Makhnovshchina. Krestyanskoe dvizhenie na Ukraine 1918—1921 gg. Dokumenty i Materialy*（Moscow: ROSSPEN, 2006）；Felix Schnell, *Räume des Schreckens. Gewalt und Gruppenmilitanz in der Ukraine 1905—1933*（Hamburg: Hamburger Edition, HIS Verlag, 2012），第325—331页；Serhy Yekelchyk, "Bands of Nation-Builders? Insurgency and Ideology in the Ukrainian Civil War", Gerwarth & Horne编，*War in Peace*，第107—125页，此处见第120页。关于1918年至1920年间乌克兰农民暴动的调查，参见 Andrea Graziosi, *The Great Soviet Peasant War: Bolsheviks and Peasants, 1917—1933*（Cambridge, MA: Harvard University Press, 1996），第11—37页。

6. Sumpf, "Russian Civil War", *1914—1918 online.*

7. 列宁，"The Chief Task of Our Day"，1918年3月12日，*Collected Works*,45卷本（Moscow: Progress Publishers, 1964—1974），第27卷，第15页。

8. Geoffrey Swain, "Trotsky and the Russian Civil War", Ian D. Thatcher编，*Reinterpreting Revolutionary Russia: Essays in Honour of James D. White*（Basingstoke: Palgrave, 2006），第86—104页。

9. Evan Mawdsley, "International Responses to the Russian Civil War（Russian Empire）", *1914—1918 online. International Encyclopedia of the First World War.*

10. Mark Levene, *The Crisis of Genocide*，第1卷，第203页。

11. Edward Hallett Carr, "The Origins and Status of the Cheka", *Soviet Studies* 10（1958），第1—11页；George Leggert, *The Cheka: Lenin's Political Police, the All-Russian Extraordinary Commission for Combating Counter-Revolution and Sabotage（December 1917 to February 1922）*（Oxford: Clarendon Press, 1981）；Semen S. Chromow, *Feliks Dzierzynski: Biographie*（East Berlin: Dietz, 1989，第三版）。

12. Edward Hallett Carr, *The Bolshevik Revolution 1917—1923*（London: Macmillan, 1950），第1卷，第七章（"Consolidating the Dictatorship"）。

13. 引自Julie Fedor, *Russia and the Cult of State Security: The Chekist Tradition, from Lenin to Putin*（London: Routledge, 2011），第186页，注释12。

14. Douglas Smith, *Former People: The Final Days of the Russian Aristocracy*（London: Macmillan, 2012），第143页。

15. 出处同上；W. Bruce Lincoln, *Red Victory: A History of the Russian Civil War*（New York: Simon and Schuster, 1989），第159—161页；Vladimir Petrovich Anichkov, *Ekaterinburg—Vladivostok, 1917—1922*（Moscow: Russkiĭ put', 1998），第155页。

16. Orlando Figes, *Peasant Russia, Civil War: The Volga Countryside in Revolution, 1917—1921*（Oxford and New York: Oxford University Press, 1989），第332、351—353页；Jonathan Aves, *Workers against Lenin: Labour Protest and Bolshevik Dictatorship*（London: Tauris Publishers, 1996）；Felix Schnell, *"Der Sinn der Gewalt: Der Ataman Volynec und der Dauerpogrom von Gajsyn im russischen Bürgerkrieg"*, *Zeithistorische Forschung* 5（2008），第18—39页，以及 *Räume des Schreckens*，第245—365页。

17. Arno J. Mayer, *The Furies: Violence and Terror in the French and Russian Revolutions*（Princeton, NJ: Princeton University Press, 2000），第135、272—274、279—280页。

18. 引自 Bertrand M. Patenaude, *The Big Show in Bololand: The American Relief Expedition to Soviet Russia in the Famine of 1921*（Stanford, CA: Stanford University Press, 2002），第20页。

19. Katzer, *Die weiße Bewegung*，第269—270页；Martin, *"Für ein freies Russland..."*: *Die Bauernaufstände in den Gouvernements Tambov und Tjumen 1920—1922*（Heidelberg: Winter, 2010），第168页；James E. Mace, *Communism and the Dilemmas of National Liberation: National Communism in Soviet Ukraine 1918—1933*（Cambridge, MA: Harvard University Press, 1983），第65页及以下。

20. Bruno Cabanes, *The Great War and the Origins of Humanitarianism 1918—1924*（Cambridge and New York: Cambridge University Press, 2014），第197页。关于伏尔加南部地区征粮队的情况，参见 Figes, *Peasant Russia*，第262—267页。

21. 列宁给 V. V. Kuraev, E. B. Bosh & A. E. Minkin 的信，1918年8月11日，引自 Ronald Grigor Suny, *The Structure of Soviet History: Essays and Documents*（Oxford and New York: Oxford University Press, 2014），第83页。

22. Taisia Osipova, "Peasant Rebellions: Origins, Scope, Dynamics, and Consequences", Vladimir N. Brovkin 编, *The Bolsheviks in Russian Society*（New Haven, CT and London: Yale University Press, 1997），第154—176页。

23. Dietrich Beyrau, "Brutalization Revisited: The Case of Bolshevik Russia", *Journal of Contemporary History* 50（2015），第36页；Figes, *Peasant Russia*，第319—328、333—346页；Krispin, *"Für ein freies Russland ..."*，第181—197、400—402页；Vladimir N. Brovkin, *Behind the Front Lines of the Civil War: Political Parties and Social Movements in Russia, 1918—1922*（Princeton, NJ: Princeton University Press, 1994），第82—85页；Holquist, *Making War*，第166—205页；Orlando Figes, *A People's Tragedy: The Russian Revolution, 1891—1924*（London: Jonathan Cape, 1996），第757页。

24. Maxim Gorky, "On the Russian Peasantry", Robert E. F. Smith 编, *The Russian Peasant, 1920 and 1984*（London: Routledge, 1977），第11—27页，此处见第16页及以下。

25. Rudolph Joseph Rummel, *Lethal Politics: Soviet Genocide and Mass Murder since 1917*（Piscataway, NJ: Transaction Publishers, 1990），第38页。关于使用毒气，参见Richard Pipes, *Russia under the Bolshevik Regime*（New York: Knopf, 1993），第387—401页。Nicolas Werth, "L'exEmpire russe, 1918—1921: Les mutations d'une guerre prolongée", Stéphane Audoin-Rouzeau & Christophe Prochasson编, *Sortir de la Grande Guerre: Le monde et l'après-1918*（Paris: Tallandier, 2008），第285—306页。

26. David Bullock, *The Czech Legion, 1914—1920*（Oxford: Osprey, 2008），第17—24页；John F. N. Bradley, *The Czechoslovak Legion in Russia, 1914—1920*（Boulder, CO: East European Monographs, 1991），第156页；Gerburg Thunig-Nittner, *Die Tschechoslowakische Legion in Rußland: Ihre Geschichte und Bedeutung bei der Entstehung der 1. Tschecho-slowakischen Republik*（Wiesbaden: Harrassowitz, 1970），第73页及以下；Victor M. Fic, *The Bolsheviks and the Czechoslovak Legion: The Origins of their Armed Conflict（March—May 1918）*（New Delhi: Shakti Malik, 1978）。

27. Thunig-Nittner, *Tschechoslowakische Legion*，第61—90页。关于两次世界大战之间他们在捷克斯洛伐克的英雄事迹，参见Natali Stegmann, *Kriegsdeutungen, Staatsgründungen, Sozialpolitik: Der Helden- und Opferdiskurs in der Tschechoslowakei, 1918—1948*（Munich: Oldenbourg, 2010），第69—70页。

28. Fic, *The Bolsheviks and the Czechoslovak Legion*，第284页及以下。

29. Gustav Habrman, *Mé vzpomínky z války*（Prague: Svěcený, 1928），第46—47页。关于不断增长的对俘虏和非武装平民施以无限制暴力的意愿，参见Thunig-Nittner, *Tschechoslowakische Legion*，第46—57页。

30. Manfred Hildermeier, *Geschichte der Sowjetunion 1917—1991: Entstehung und Niedergang des ersten sozialistischen Staates*（Munich: C. H.Beck, 1998），第137—139页；Heinrich August Winkler, *The Age of Catastrophe: A History of the West 1914—1945*（New Haven, CT London: Yale University Press, 2015），第59页。

31. John Channon, "Siberia in Revolution and Civil War, 1917—1921", Alan Wood编, *The History of Siberia: From Russian Conquest to Revolution*（London and New York: Routledge, 1991），第158—180页，此处见第165—166页；Brovkin, *Behind the Front Lines of the Civil War*，第300页及以下。

32. Thunig-Nittner, *Tschechoslowakische Legion*，第57页及以下；Jonathan D. Smele, *Civil War in Siberia: The Anti-Bolshevik Government of Admiral Kolchak, 1918—1920*（Cambridge: Cambridge University Press, 1996），第33页及以下；Norman G. O. Pereira, *White Siberia: The Politics of Civil War*（Montreal: McGill-Queen's University Press, 1996），第67页及以下。

33. Hélène Carrère d'Encausse, Nikolaus II: Das Drama des letzten Zaren（Vienna: Zsolnay, 1998），第471页；Edvard Radzinsky, The Last Tsar: The Life and Death

of Nicholas II（New York: Doubleday, 1992），第304页。

34. Dominic Lieven, *Nicholas II: Emperor of all the Russians*（London: Pimlico, 1994），第244—246页。

35. Mawdsley, *The Russian Civil War*，第70页。

36. 芬利森的报告，引自Catherine Margaret Boylan, "The North Russia Relief Force: A Study of Military Morale and Motivation in the Post-First World War World"，未出版的博士论文，King's College London, 2015，第252页。

37. Sumpf, "Russian Civil War", *1914—1918 online*.

38. Winfried Baumgart, *Deutsche Ostpolitik 1918: Von Brest-Litovsk bis zum Ende des Ersten Weltkriegs*（Vienna and Munich: Oldenbourg, 1966），第140页及以下；Mawdsley, "International Responses", *1914—1918 online*。

39. 关于邓尼金，参见Dimitry V. Lehovich, *White against Red: The Life of General Anton Denikin*（New York: W. W. Norton, 1974）；Yu. N. Gordeev, *General Denikin: Voenno-istoricheski ocherk*（Moscow: TPF "Arkaiur", 1993）。

40. Mawdsley, "International Responses", *1914—1918 online*；Peter Flemming, *The Fate of Admiral Kolchak*（London: Hart-Davis, 1964）；K. Bogdanov, *Admiral Kolchak: Biograficheskaia povest-khronika*（St Petersburg: Sudostroenie, 1993）.

41. 除了有关协约国干涉的旧有著作外，还有一系列研究英国干涉的博士论文，参见Lauri Kopisto, "The British Intervention in South Russia 1918—1920"，未出版的博士论文，University of Helsinki, 2011；Boylan, "North Russia Relief Force"；Steven Balbirnie, "British Imperialism in the Arctic: The British Occupation of Archangel and Murmansk, 1918—1919"，未出版的博士论文，University College Dublin, 2015。

42. Margaret MacMillan, *Peacemakers: The Paris Conference of 1919 and its Attempt to End War*（London: John Murray, 2001），第81页。

43. John Keep, "1917: The Tyranny of Paris over Petrograd", *Soviet Studies* 20（1968），第22—35页。

44. "Can 'Jacobinism' Frighten the Working Class?"（1917年7月7日），*Collected Works*，第25卷，第121—122页。

45. Winkler, *Age of Catastrophe*，第165页。

46. Rosenberg, "Paramilitary Violence in Russia's Civil Wars", Gerwarth & Horne 编，*War in Peace*，第21—39页。有关概述和具体的例子，参见Figes, *People's Tragedy*。有几个关于不同地区的杰出研究，如关于外高加索，参见Jörg Baberowski, *Der Feind ist überall: Stalinismus im Kaukasus*（Munich: Deutsche Verlags-Anstalt, 2003）；关于中亚地区，参见Hélène Carrère d'Encausse, *Islam and the Russian Empire: Reform and Revolution in Central Asia*（Berkeley, CA, and London: University of California Press, 1988）；关于俄国西部和乌克兰，参见Christoph Mick, "Vielerlei Kriege: Osteuropa 1918—1921", Dietrich Beyrau et al. 编，*Formen des Krieges von*

der Antike bis zur Gegenwart（Paderborn: Schöningh, 2007），第311—326页；Piotr J. Wróbel, "The Seeds of Violence: The Brutalization of an East European Region 1917—1921", *Journal of Modern European History* 1（2003），第125—149页；Schnell, *Räume des Schreckens*。

47. Williard Sunderland, *The Baron's Cloak: A History of the Russian Empire in War and Revolution*（Ithaca, NY and London: Cornell University Press, 2014），第133页及以下。

48. Katzer, *Die weiße Bewegung*，第285页；Anthony Reid, *The World on Fire: 1919 and the Battle with Bolshevism*（London: Pimlico, 2009），第23页。

49. James Palmer, *The Bloody White Baron: The Extraordinary Story of the Russian Nobleman who Became the Last Khan of Mongolia*（New York: Basic Books, 2014），第153—157页（关于征服库伦），第179页（关于蒙古脱离中国独立），以及第196页（对恩琴的态度逆转）。

50. D. D. Aleshin, "Aziatskaya Odisseya", S. L. Kuz'min编, *Baron Ungern v dokumentach i memuarach*（Moscow: Tovariščestvo *Naučnych* Izd. KMK, 2004），第421页。

51. Udo B. Barkmann, *Geschichte der Mongolei oder Die "Mongolische Frage": Die Mongolen auf ihrem Weg zum eigenen Nationalstaat*（Bonn: Bouvier Verlag, 1999），第192—196、202—205页；Canfield F. Smith, "The Ungernovščina—How and Why?", *Jahrbücher für Geschichte Osteuropas* 28（1980），第590—595页。

52. Hiroaki Kuromiya, *Freedom and Terror in the Donbas: A Ukrainian-Russian Borderland 1870s—1990s*（Cambridge and New York: Cambridge University Press, 1998），第95—114页；Katzer, *Die weiße Bewegung*，第284—291页；Oleg Budnitskii, *Russian Jews between the Reds and Whites, 1917—1920*（Philadelphia, PA: University of Pennsylvania Press, 2011），第123页及以下。

53. Budnitskii, *Russian Jews between the Reds and Whites*.

54. Greg King & Penny Wilson, *The Fate of the Romanovs*（Hoboken, NJ: John Wiley and Sons, 2003），第352—353页；Léon Poliakov, *The History of Anti-Semitism*，第4卷：*Suicidal Europe, 1870—1933*（Philadelphia, PA: University of Pennsylvania Press, 2003），第182页；Mark Levene, *Crisis of Genocide*，第1卷：*The European Rimlands 1912—1938*（Oxford and New York: Oxford University Press, 2014），第191页。

55. Norman Cohn, *Warrant for Genocide: The Myth of the Jewish World Conspiracy and the Protocols of the Elders of Zion*（London: Serif, 1996）.

56. Tomas Balkelis, "Turning Citizens into Soldiers: Baltic Paramilitary Movements after the Great War", Gerwarth & Horne编, *War in Peace*，第136页；Aivars Stranga, "Communist Dictatorship in Latvia: December 1918—January 1920: Ethnic Policy", *Lithuanian Historical Studies* 13（2008），第161—178页，此处见

第171页及以下。

57. Levene, *Crisis of Genocide*，第1卷，第187—188页。

58. 关于声名狼藉的利沃夫大屠杀，例如参见Hagen, "The Moral Economy of Ethnic Violence"; Wehrhahn, *Die Westukrainische Volksrepublik*，第154—156页; Mroczka, "Przyczynek do kwestii żydowskiej w Galicji"，第300页及以下。亦可参见Christoph Mick, *Lemberg—Lwów—L'viv, 1914—1947: Violence and Ethnicity in a Contested City*（West Lafayette, IN: Purdue University Press, 2015）。Mark Mazower, "Minorities and the League of Nations in Interwar Europe", *Daedulus* 126（1997），第47—63页，此处见第50页。Frank Golczewski, *Polnisch-jüdische Beziehungen, 1881—1922: Eine Studie zur Geschichte des Antisemitismus in Osteuropa*（Wiesbaden: Steiner, 1981），第205—213页。

59. 在国际红十字会主持下，"全乌克兰大屠杀遇难者救济委员会"对普罗斯库罗夫以及其他几次屠杀进行了研究。该委员会在1919年进行了实地调查，并为美国犹太人人民救济委员会提供了报告，参见Elias Heifetz, *The Slaughter of the Jews in the Ukraine in 1919*（New York: Thomas Seltzer, 1921）。他们也有个人的报告存世，这里引用的目击者描述摘自犹太人代表委员会成员A. I. 希勒森的报告, *The Pogroms in the Ukraine under the Ukrainian Governments*（1917—1920），I. B. Schlechtmann编（London: Bale, 1927），第176—180页。

60. Hillerson, *The Pogroms in the Ukraine*，第176—180页。

61. 出处同上（"evidence of Joseph Aptman, restaurant keeper at Felshtin"），第30号附件，第193页及以下。

62. Mayer, *The Furies*，第524页。

63. 参见Leonard Schapiro, "The Role of Jews in the Russian Revolutionary Movement", *The Slavonic and East European Review* 40: 94（1961），第148—167页; Zvi Y. Gitelman, *Jewish Nationality and Soviet Politics: The Jewish Sections of the CPSU 1917—1930*（Princeton, NJ: Princeton University Press, 1972），第114—119、163—168页。

64. Budnitskii, *Russian Jews between the Reds and Whites*，第397页。

65. Baberowski, *Der Feind ist überall*，第158—160页。

66. Mawdsley, "International Responses", *1914—1918 online*.

67. Beyrau, "Brutalization Revisited"，第33页。

68. Sumpf, "Russian Civil War", *1914—1918 online*.

69. Mawdsley, "International Responses", *1914—1918 online*.

70. Sumpf, "Russian Civil War", *1914—1918 online*.

71. Mawdsley, "International Responses", *1914—1918 online*.

72. Mawdsley, *The Russian Civil War*，第377—386页; Sumpf, "Russian Civil War", *1914—1918 online*; MacMillan, *Peacemakers*，第90页。

73. 关于俄国的饥荒，参见Patenaude, *The Big Show in Bololand*。亦可参见Robert

Conquest, *The Harvest of Sorrows: Soviet Collectivization and the Terror-Famine* (Oxford and New York: Oxford University Press, 1986); Mary McAuley, *Bread and Justice: State and Society in Petrograd, 1917—1922* (Oxford: Clarendon Press, 1991), 第397页。关于人口统计，参见 Sergueï Adamets, *Guerre civile et famine en Russie: Le pouvoir bolchevique et la population face à la catastrophe démographique, 1917—1923* (Paris: Institut d'études slaves, 2003)。

74. 关于这些估算，参见 Dietrich Beyrau, "Post-War Societies (Russian Empire)", *1914—1918 online. International Encyclopedia of the First World War*; Jurij Aleksandrovič Poljakov et al., *Naselenie Rossii v XX veke: istoričeskie očerki* (Moscow: ROSSPEN, 2000), 第1卷，第94—95页。

75. Conquest, *Harvest of Sorrows*, 第54页及以下。

76. *American Relief Administration Bulletin*, 1923年12月，引自 Cabanes, *Origins of Humanitarianism*, 第202页及以下。

77. Mawdsley, *The Russian Civil War*, 第399—400页; Nicholas Riasanovsky & Mark Steinberg, *A History of Russia* (Oxford and New York: Oxford University Press, 2005), 第474—475页; Donald J. Raleigh, "The Russian Civil War 1917—1922", Ronald Grigor Suny 编, *The Cambridge History of Russia* (Cambridge: Cambridge University Press, 2006), 第3卷，第140—167页; Alan Ball, "Building a New State and Society: NEP, 1921—1928", Ronald Grigor Suny 编, *The Cambridge History of Russia* (Cambridge: Cambridge University Press, 2006), 第3卷，第168—191页; Smith, *Former People*, 第213页。

78. 难民人数的确切估计有所不同，参见 Poljakov et al., *Naselenie*, 第1卷，第134页; Boris Raymond & David R. Jones, *The Russian Diaspora 1917—1941* (Lanham, MD: Scarecrow, 2000), 第7—10页; Michael Glenny & Norman Stone 编, *The Other Russia: The Experience of Exile* (London: Faber and Faber, 1990), 第20页; Raleigh, "The Russian Civil War", 第166页。

79. 关于战时的难民，尤其参见 Peter Gatrell, *A Whole Empire Walking: Refugees in Russia during World War I* (Bloomington, IN: Indiana University Press, 1999); Nick Baron & Peter Gatrell, "Population Displacement, State-Building and Social Identity in the Lands of the Former Russian Empire, 1917—1923", *Kritika: Explorations in Russian and Eurasian History* 4 (2003), 第51—100页; Alan Kramer, "Deportationen", Gerhard Hirschfeld, Gerd Krumeich & Irina Renz 编, *Enzyklopädie Erster Weltkrieg* (Paderborn: Schöningh, 2009), 第434—435页; Joshua A. Sanborn, "Unsettling the Empire: Violent Migrations and Social Disaster in Russia during World War I", *The Journal of Modern History* 77 (2005), 第290—324页; Mark von Hagen, *War in a European Borderland: Occupations and Occupation Plans in Galicia and Ukraine, 1914—1918* (Seattle, WA: University of Washington Press, 2007)。关于西线的迁移，参见 Philippe Nivet, *Les réfugiés*

français de la Grande Guerre, 1914—1920: Les "boches du nord"（Paris: Institut de stratégie comparée, 2004）; Pierre Purseigle, "'A Wave on to Our Shores': The Exile and Resettlement of Refugees from the Western Front, 1914—1918", *Contemporary European History* 16（2007），第427—444页。

80. Catherine Goussef, *L'Exil russe: La fabrique du réfugié apatride*（1920—1939）（Paris: CNRS Editions, 2008），第60—63页。

81. 关于伯林，参见 Michael Ignatieff, *Isaiah Berlin: A Life*（London: Chatto and Windus, 1998）。

82. Marc Raef, *Russia Abroad: A Cultural History of the Russian Emigration, 1919—1939*（Oxford and New York: Oxford University Press, 1990）。关于法国，参见 Goussef, *L'Exil russe*。关于布拉格，参见 Catherine Andreyev & Ivan Savicky, *Russia Abroad: Prague and the Russian Diaspora 1918—1938*（New Haven, CT and London: Yale University Press, 2004）。

83. Robert C. Williams, *Culture in Exile: Russian Emigrés in Germany, 1881—1941*（Ithaca, NY: Cornell University Press, 1972），第114页; Fritz Mierau, *Russen in Berlin, 1918—1933*（Berlin: Quadriga, 1988），第298页; Karl Schlögel 编, *Chronik russischen Lebens in Deutschland, 1918 bis 1941*（Berlin: Akademie Verlag, 1999）。

84. 参见 Viktor Petrov, "The Town on the Sungari", Stone & Glenny 编, *The Other Russia*，第205—221页。

85. Paul Robinson, *The White Russian Army in Exile, 1920—1941*（Oxford and New York: Oxford University Press, 2002），第41页; Cabanes, *Origins of Humanitarianism*，第141页及以下。

86. 国际红十字会关于伊斯坦布尔俄国难民的报告，引自 Cabanes, *Origins of Humanitarianism*，第142页。

87. 出处同上，155页及以下。关于南森，参见 Roland Huntford, *Nansen: The Explorer as Hero*（New York: Barnes and Noble Books, 1998）; Martyn Housden, "When the Baltic Sea was a Bridge for Humanitarian Action: The League of Nations, the Red Cross and the Repatriation of Prisoners of War between Russia and Central Europe, 1920—1922", *Journal of Baltic Studies* 38（2007），第61—83页。

88. Michael Kellogg, *The Russian Roots of Nazism: White Russians and the Making of National Socialism, 1917—1945*（Cambridge and New York: Cambridge University Press, 2005）.

89. Robert Gerwarth & John Horne 编, "Vectors of Violence: Paramilitarism in Europe after the Great War, 1917—1923", *The Journal of Modern History* 83（2011），第497页。

90. Robert Gerwarth & John Horne, "Bolshevism as Fantasy: Fear of Revolution and Counter-Revolutionary Violence, 1917—1923", Gerwarth & Horne 编, *War in Peace*，第40页及以下。

91. 丘吉尔的话，引自 MacMillan, *Peacemakers*, 第75页。

92. 关于暴行报告的全部目录，参见 George Pitt-Rivers, *The World Significance of the Russian Revolution* (London: Blackwell, 1920); Read, *The World on Fire*, 第23页。

93. 引自 David Mitchell, *1919: Red Mirage* (London: Jonathan Cape, 1970), 第20页及以下。

94. 引自 Mark William Jones, "Violence and Politics in the German Revolution, 1918—1919", 未出版的博士论文, European University Institute, 2011, 第89—90页。

95. Gerwarth & Horne, "Bolshevism as Fantasy", 第46—48页。

96. Robert Gerwarth & Martin Conway, "Revolution and Counter-Revolution", Donald Bloxham & Robert Gerwarth编, *Political Violence in Twentieth-Century Europe* (Cambridge and New York: Cambridge University Press, 2011), 第140—175页。

97. David Kirby, *A Concise History of Finland* (Cambridge and New York: Cambridge University Press, 2006), 第152页及以下。

98. Pertti Haapala & Marko Tikka, "Revolution, Civil War and Terror in Finland in 1918", Gerwarth & Horne编, *War in Peace*, 第71—83页。

99. 英文版关于芬兰内战的著作，参见 Anthony Upton, *The Finnish Revolution, 1917—1918* (Minneapolis, MN: University of Minnesota Press, 1980); Risto Alapuro, *State and Revolution in Finland* (Berkeley, CA: University of California Press, 1988); Tuomas Hoppu & Pertti Haapala编, *Tampere 1918: A Town in the Civil War* (Tampere: Tampere Museums, 2010); Jason Lavery, "Finland 1917—1919: Three Conflicts, One Country", *Scandinavian Review* 94 (2006), 第6—14页; Mawdsley, *The Russian Civil War*, 第27—29页。

100. 出处同上。

8　民主的大胜

1. *Berliner Tageblatt*, 1918年11月10日。

2. Adam Seipp, *The Ordeal of Demobilization and the Urban Experience in Britain and Germany, 1917—1921* (Farnham: Ashgate, 2009); Scott Stephenson, *The Final Battle: Soldiers of the Western Front and the German Revolution of 1918* (Cambridge and New York: Cambridge University Press, 2009), 第187页; Richard Bessel, *Germany after the First World War* (Oxford and New York: Oxford University Press, 1993)。

3. Ian Kershaw, *Hitler*, 第1卷: *Hubris, 1889—1936* (London: Allen Lane, 1998), 第102页。

4. Karl Hampe, *Kriegstagebuch 1914—1919*, Folker Reichert & Eike Wolgast编 (Munich: Oldenbourg, 2007, 第二版), 第775页 (1918年11月10日条目)。

5. Elard von Oldenburg-Januschau, *Erinnerungen* (Berlin: Loehler and Amelang,

1936），第208页；亦可参见 Elard von Oldenburg-Januschau，引自 Stephan Malinowski, *Vom König zum Führer: Sozialer Niedergang und politische Radikalisierung im deutschen Adel zwischen Kaiserreich und NS-Staat*（Frankfurt am Main: Fischer, 2003），第207页。

6. Bernhard von Bülow, *Denkwürdigkeiten*（Berlin: Ullstein, 1931），第305—312页。

7. Eberhard Straub, *Albert Ballin: Der Reeder des Kaisers*（Berlin: Siedler, 2001），第257—261页。

8. Heinrich August Winkler, *Weimar 1918—1933: Die Geschichte der ersten deutschen Demokratie*（Munich: C. H. Beck, 1993），第25页及以下和第87页及以下。

9. Walter Mühlhausen, *Friedrich Ebert, 1871—1925: Reichspräsident der Weimarer Republik*（Bonn: Dietz Verlag, 2006），第42页及以下。亦可参见 Dieter Dowe & Peter-Christian Witt, *Friedrich Ebert 1871—1925: Vom Arbeiterführer zum Reichspräsidenten*（Bonn: Friedrich-Ebert-Stiftung, 1987）。

10. Dieter Engelmann & Horst Naumann, *Hugo Haase: Lebensweg und politisches Vermächtnis eines streitbaren Sozialisten*（Berlin: Edition Neue Wege, 1999）.

11. 引自 Heinrich Winkler, *Von der Revolution zur Stabilisierung: Arbeiter und Arbeiterbewegung in der Weimarer Republik, 1918 bis 1924*（Berlin: Dietz, 1984），第39页。关于埃伯特的生平，参见 Dowe & Witt, *Friedrich Ebert*; Mühlhausen, *Friedrich Ebert*。

12. 参见 Bernd Braun, "Die 'Generation Ebert'", Bernd Braccm and Klaus Schönhoven 编, *Generationen in der Arbeiterbewegung*（Munich: Oldenbourg, 2005），第69—86页。

13. Klaus Hock, *Die Gesetzgebung des Rates der Volksbeauftragten*（Pfaffenweiler: Centaurus, 1987）; Friedrich-Carl Wachs, *Das Verordnungswerk des Reichsdemobilmachungsamtes*（Frankfurt am Main: Peter Lang, 1991）; Bessel, *Germany after the First World War*.

14. 关于这一观点，参见 Wolfgang Schivelbusch, *The Culture of Defeat: On National Trauma, Mourning and Recovery*（New York: Holt, 2003）。关于失败的创伤和集体记忆，参见 Jay Winter, *Sites of Memory, Sites of Mourning: The Great War in European Cultural History*（Cambridge and New York: Cambridge University Press, 1995）; Stefan Goebel, "Re-Membered and Re-Mobilized: The 'Sleeping Dead' in Interwar Germany and Britain", *Journal of Contemporary History* 39（2004），第487—501页; Benjamin Ziemann, *Contested Commemorations: Republican War Veterans and Weimar Political Culture*（Cambridge and New York: Cambridge University Press, 2013）; Claudia Siebrecht, *The Aesthetics of Loss: German Women's Art of the First World War*（Oxford and New York: Oxford University Press, 2013）。

15. Heinz Hürten 编, *Zwischen Revolution & Kapp-Putsch: Militaer und Innenpolitik, 1918—1920*（Düsseldorf: Droste, 1977）。

16. Gerald D. Feldman, "Das deutsche Unternehmertum zwischen Krieg und Revolution: Die Entstehung des Stinnes-Legien-Abkommens", 见他的 *Vom Weltkrieg zur Weltwirtschaftskrise: Studien zur deutschen Wirtschafts- und Sozialgeschichte 1914—1932*（Göttingen: Vandenhoeck and Ruprecht, 1984），第100—127页；Gerald D. Feldman & Irmgard Steinisch, *Industrie und Gewerkschaften 1918—1924: Die überforderte Zentralarbeitsgemeinschaft*（Stuttgart: DVA, 1985），第135—137页。

17. Winkler, *Weimar*, 第69页。

18. 关于奥匈帝国的末世和革命，参见Holger Herwig, *The First World War: Germany and Austria-Hungary, 1914—1918*（London: Bloomsbury, 1996）; Alexander Watson, *Ring of Steel: Germany and Austria-Hungary at War, 1914—1918*（London: Allen Lane, 2014）。还可以在以下著作中找到详细的经典描述：Richard G. Plaschka, Horst Haselsteiner & Arnold Suppan, *Innere Front. Militärassistenz, Widerstand und Umsturz in der Donaumonarchie 1918*, 2卷本（Vienna: Verlag für Geschichte und Politik, 1974）; Manfried Rauchensteiner, *Der Tod des Doppeladlers: Österreich-Ungarn und der Erste Weltkrieg*（Graz: Styria, 1993）。关于战争对维也纳的影响，参见Maureen Healy, *Vienna and the Fall of the Habsburg Empire: Total War and Everyday Life in World War I*（Cambridge and New York: Cambridge University Press, 2004）; 亦可参见Günther Bischof, Fritz Plasser & Peter Berger编, *From Empire to Republic: Post-World War I Austria*（Innsbruck: Innsbruck University Press, 2010）。

19. 对这一观点的精辟讨论和解构，参见Clifford F. Wargelin, "A High Price for Bread: The First Treaty of Brest-Litovsk and the Break-up of Austria-Hungary, 1917—1918", *The International History Review* 19（1997），第757—788页。

20. 出处同上

21. 出处同上，第762页。

22. Reinhard J. Sieder, "Behind the Lines: Working-Class Family Life in Wartime Vienna", Richard Wall & Jay Winter编, *The Upheaval of War: Family, Work and Welfare in Europe, 1914—1918*（Cambridge and New York: Cambridge University Press, 1988），第125—128页；Wargelin, "A High Price for Bread", 第777页。关于罢工，参见Plaschka et al., *Innere Front*, 第1卷，第59—106、251—274页。

23. Otto Bauer, *Die österreichische Revolution*（Vienna: Wiener Volksbuch-handlung, 1923），第66页；Plaschka et al., *Innere Front*, 第1卷，第107—148页；Wargelin, "A High Price for Bread", 第783页。

24. Bauer, *Die österreichische Revolution*, 第71—72页；Plaschka et al., *Innere Front*, 第1卷，第62—103页。关于哈布斯堡军队的表现更为积极的观点，参见István Deák, *Beyond Nationalism: A Social and Political History of the Habsburg Officer Corps, 1848—1918*（Oxford and New York: Oxford University Press, 1990）;

Greyton A. Tunstall, *Blood on the Snow: The Carpathian Winter War of 1915* (Lawrence, KS: University Press of Kansas, 2010)。

25. Karel Pichlík, "Der militärische Zusammenbruch der Mittelmächte im Jahre 1918", Richard Georg Plaschka & Karlheinz Mack编, *Die Auflösung des Habsburgerreiches: Zusammenbruch und Neuorientierung im Donauraum* (Munich: Verlag für Geschichte und Politik, 1970), 第249—265页。

26. Bauer, *Die österreichische Revolution*, 第79、82、90—92、97页; Rauchensteiner, *Tod des Doppeladlers*, 第612—614页。

27. Patrick J. Houlihan, "Was There an Austrian Stab-in-the-Back Myth? Interwar Military Interpretations of Defeat", Bischof et al.编, *From Empire to Republic*, 第67—89页, 此处见第72页。其他关于奥地利独裁运动和反犹主义的史籍只是简要提到了奥地利"刀刺在背"的传说, 但未涉及细节, 参见Steven Beller, *A Concise History of Austria* (Cambridge: Cambridge University Press, 2006), 第209页; 亦可参见Francis L. Carsten, *Fascist Movements in Austria: From Schönerer to Hitler* (London: Sage, 1977), 第95页; Bruce F. Pauley, *From Prejudice to Persecution: A History of Austrian Anti-Semitism* (Chapel Hill, NC: University of North Carolina Press, 1992), 第159页。关于这一传说是如何通过前军官日记传播的更为深入的分析, 参见Gergely Romsics, *Myth and Remembrance: The Dissolution of the Habsburg Empire in the Memoir Literature of the Austro-Hungarian Political Elite* (New York: Columbia University Press, 2006), 第37—43页。

28. Wolfgang Maderthaner, "Utopian Perspectives and Political Restraint: The Austrian Revolution in the Context of Central European Conflicts", Bischof et al.编, *From Empire to Republic*, 第52—66页; Francis L. Carsten, *Die Erste Österreichische Republik im Spiegel zeitgenössischer Quellen* (Vienna: Böhlau, 1988), 第11页及以下。

29. 关于阿德勒, 参见Douglas D. Alder, "Friedrich Adler: Evolution of a Revolutionary", *German Studies Review* 1 (1978), 第260—284页; John Zimmermann, *"Von der Bluttat eines Unseligen": Das Attentat Friedrich Adlers und seine Rezeption in der sozialdemokratischen Presse* (Hamburg: Verlag Dr. Kovač, Hamburg, 2000); 关于他和爱因斯坦的友谊, 参见Michaela Maier & Wolfgang Maderthaner 编, *Physik und Revolution: Friedrich Adler—Albert Einstein: Briefe, Dokumente, Stellungnahmen* (Vienna: Locker, 2006)。

30. *Neues Wiener Tagblatt*, 1918年11月3日, 引自Maderthaner, "Utopian Perspectives and Political Restraint", 第52页及以下。

31. Bauer, *Die österreichische Revolution*, 第121页。

32. Maderthaner, "Utopian Perspectives and Political Restraint", 第55页。

33. Netherlands Institute for War, Holocaust and Genocide Studies, Amsterdam: Rauter Papers, Doc I 1380, H, 第2页。

34. Oberösterreichisches Landesarchiv（Linz），Ernst Rüdiger Starhemberg Papers, Aufzeichnungen，第20—22页。

35. Franz Brandl, *Kaiser, Politiker, und Menschen: Erinnerungen eines Wiener Polizeipräsidenten*（Vienna and Leipzig: Günther, 1936），第265—266页。

36. Maderthaner,"Utopian Perspectives and Political Restraint"，第61页。

37. Peter Broucek, *Karl I.（IV.）: Der politische Weg des letzten Herrschers der Donaumonarchie*（Vienna: Böhlau, 1997）；Pieter M. Judson, *The Habsburg Empire: A New History*（Cambridge, MA: Harvard University Press, 2016），第338—442页。

38. Margaret MacMillan, *Peacemakers: The Paris Conference of 1919 and Its Attempt to End War*（London: John Murray, 2001），第261页。

39. Maderthaner,"Utopian Perspectives and Political Restraint"，第57页。

40. Lyubomir Ognyanov, *Voynishkoto vastanie 1918*［*The Soldiers' Uprising*］（Sofia: Nauka i izkustvo, 1988），第74页。

41. Nikolai Vukov, "The Aftermaths of Defeat: The Fallen, the Catastrophe, and the Public Response of Women to the End of the First World War in Bulgaria", Ingrid Sharp & Matthew Stibbe编, *Aftermaths of War: Women's Movements and Female Activists, 1918—1923*（Leiden: Brill, 2011），第29—47页。

42. 信件引自Ognyanov, *Voynishkoto vastanie 1918*，第84、89页。

43. 关于士兵起义和保加利亚战后的暴力事件，参见Ognyanov, *Voynishkoto vastanie 1918*；Boyan Kastelov, *Ot fronta do Vladaya: Dokumentalen ocherk*（Sofia: BZNS, 1978）；作者同前, *Bulgaria—ot voyna kam vastanie*（Sofia: Voenno izdatelstvo, 1988）；Ivan Draev, *Bulgarskata 1918: Istoricheski ocherk za Vladay-skoto vastanie*（Sofia: Narodna prosveta, 1970）；Tsvetan Grozev, *Voynishkoto vastanie, 1918: Sbornik dokumenti i spomeni*（Sofia: BKP, 1967）。

44. 关于在共产党执政期和1989年以后史学界的这些解释，参见Georgi Georgiev, *Propusnata pobeda—Voynishkoto vastanie, 1918*（Sofia: Partizdat, 1989）；Nikolay Mizov, *Vliyanieto na Velikata oktomvriyska sotsialisticheska revolyutsia varhu Vladayskoto vaorazheno vastanie na voynishkite masi u nas prez septembri 1918 godina*（Sofia: NS OF, 1957）；Kanyu Kozhuharov, *Radomirskata republika, 1918—1948*（Sofia: BZNS, 1948）；Kosta Nikolov, *Kletvoprestapnitsite: Vladayskite sabitiya prez septemvri 1918*（Sofia: AngoBoy, 2002）。

45. Richard C. Hall, "Bulgaria in the First World War", www.russiasgreatwar.org.

46. Ryan Gingeras, *Fall of the Sultanate: The Great War and the End of the Ottoman Empire, 1908—1922*（Oxford and New York: Oxford University Press, 2016），第236页及以下。

47. 出处同上，第253页。

48. Edward J. Erickson, *Ordered to Die: A History of the Ottoman Army in the First World War*（Westport, CT and London: Greenwood Press, 2001），第237—243页。

关于因病死亡的士兵数目，参见 Erik J. Zürcher, "The Ottoman Soldier in World War I"，见他的 *The Young Turk Legacy and Nation Building: From the Ottoman Empire to Atatürk's Turkey*（London: I. B. Tauris, 2010），第167—187页。

49. Mustafa Aksakal, "The Ottoman Empire", Robert Gerwarth & Erez Manela编，*Empires at War, 1911—1923*（Oxford and New York: Oxford University Press, 2014），第17—33页。关于亚美尼亚种族灭绝，参见Donald Bloxham, "The First World War and the Development of the Armenian Genocide", Ronald Grigor Suny, Fatma Müge Göçek & Norman M. Naimark编，*A Question of Genocide: Armenians and Turks at the End of the Ottoman Empire*（Oxford and New York: Oxford University Press, 2011），第260—275页；Ronald Grigor Suny, "Explaining Genocide: The Fate of the Armenians in the Late Ottoman Empire", Richard Bessel & Claudia Haake编，*Removing Peoples: Forced Removal in the Modern World*（Oxford and New York: Oxford University Press, 2009），第209—253页，此处见第220页。关于中东地区的战时伤亡、蝗灾及其可怕的后果，参见Salim Tamari编，*Year of the Locust: A Soldier's Diary and the Erasure of Palestine's Ottoman Past*（Berkeley, CA: University of California Press, 2011）；Elizabeth F. Thompson, *Colonial Citizens: Republican Rights, Paternal Privilege, and Gender in French Syria and Lebanon*（New York: Columbia University Press, 2000）。

50. James Sheehan, *Where Have All the Soldiers Gone? The Transformation of Modern Europe*（New York: Houghton Mifflin, 2008），第94页。

51. 关于德国的情形，参见Kathleen Canning, "The Politics of Symbols, Semantics, and Sentiments in the Weimar Republic", *Central European History* 43（2010），第567—580页。关于奥地利，参见Wolfgang Maderthaner, "Die eigenartige Größe der Beschränkung. Österreichs Revolution im mitteleuropäischen Spannungsfeld", Helmut Konrad & Wolfgang Maderthaner编，*...der Rest ist Österreich: Das Werden der Ersten Republik*（Vienna: Gerold's Sohn, 2008），第1卷，第187—206页，此处见第192页。

9　激进化

1. Heinrich August Winkler, *Von der Revolution zur Stabilisierung: Arbeiter und Arbeiterbewegung in der Weimarer Republik, 1918 bis 1924*（Berlin: Dietz, 1984），第122—123页，以及他的 *Weimar 1918—1933. Die Geschichte der ersten deutschen Demokratie*（Munich: C. H. Beck, 1993），第58页。

2. 关于卡尔·李卜克内西，参见Helmut Trotnow, *Karl Liebknecht: Eine Politische Biographie*（Cologne: Kiepenheuer and Witsch, 1980）；Heinz Wohlgemuth, *Karl Liebknecht: Eine Biographie*（East Berlin: Dietz, 1975）；Annelies Laschitza & Elke Keller, *Karl Liebknecht: Eine Biographie in Dokumenten*（East Berlin: Dietz,

1982）；Annelies Laschitza, *Die Liebknechts: Karl und Sophie, Politik und Familie*（Berlin: Aufbau, 2009）；Anthony Read, *The World on Fire: 1919 and the Battle with Bolshevism*（London: Pimlico, 2009），第29页。

3. Read, *World on Fire*，第29页；Mark William Jones, "Violence and Politics in the German Revolution, 1918—1919"，未出版的博士论文，European University Institute, 2011，第91页。

4. Peter Nettl, *Rosa Luxemburg*（Frankfurt am Main: Büchergilde Gutenberg, 1968），第67页（关于她的缺陷）；Annelies Laschitza, *Im Lebensrausch, trotz alledem. Rosa Luxemburg: Eine Biographie*（Berlin: Aufbau, 1996/2002），第25页；Jason Schulman编, *Rosa Luxemburg: Her Life and Legacy*（New York: Palgrave Macmillan, 2013）；Mathilde Jacob, *Rosa Luxemburg: An Intimate Portrait*（London: Lawrence and Wishart, 2000）；Read, *World on Fire*，第29页及以下。

5. Laschitza, *Rosa Luxemburg*，第584页。

6. Rosa Luxemburg, *Gesammelte Werke*，第4卷: *August 1914—Januar 1919*（East Berlin: Dietz, 1974），第399页；Karl Egon Lönne编, *Die Weimarer Republik, 1918—1933: Quellen zum politischen Denken der Deutschen im 19. und 20. Jahrhundert*（Darmstadt: Wissenschaftliche Buchgesellschaft, 2002），第79—82页。

7. Ulrich Kluge, *Soldatenräte und Revolution: Studien zur Militärpolitik in Deutschland 1918/19*（Göttingen: Vandenhoeck and Ruprecht, 1975），第241—243页；Winkler, *Von der Revolution*，第109—110页；Scott Stephenson, *The Final Battle: Soldiers of the Western Front and the German Revolution of 1918*（Cambridge and New York: Cambridge University Press, 2009），第262—271页。关于这一阶段革命中的暴力行为，参见 Jones, "Violence and Politics"，第177—196页。

8. Eduard Bernstein, *Die deutsche Revolution*，第1卷: *Ihr Ursprung, ihr Verlauf und ihr Werk*（Berlin: Verlag Gesellschaft und Erziehung, 1921），第131—135页；Winkler, *Von der Revolution*，第120页。

9. Winkler, *Weimar*，第58页。

10. Winkler, *Von der Revolution*，第122页。

11. Andreas Wirsching, *Vom Weltkrieg zum Bürgerkrieg: Politischer Extremismus in Deutschland und Frankreich 1918—1933/39. Berlin und Paris im Vergleich*（Munich: Oldenbourg, 1999），第134页；Winkler, *Von der Revolution*，第124页；Gustav Noske, *Von Kiel bis Kapp: Zur Geschichte der deutschen Revolution*（Berlin: Verlag für Politik und Wirtschaft, 1920），第68页。

12. 关于"自由军团"，参见 Hagen Schulze, *Freikorps und Republik, 1918—1920*（Boppard am Rhein: Boldt, 1969）；Hannsjoachim W. Koch, *Der deutsche Bürgerkrieg: Eine Geschichte der deutschen und österreichischen Freikorps 1918—1923*（Berlin: Ullstein, 1978）；Wolfram Wette, *Gustav Noske: Eine politische Biographie*（Düsseldorf: Droste, 1987）；Bernhard Sauer, "Freikorps und Antisemitismus"，

Zeitschrift für Geschichtswissenschaft 56（2008），第5—29页；Klaus Theweleit, *Male Fantasies*, 2卷本（Minneapolis, MN: University of Minnesota Press, 1987）; Rüdiger Bergien, "Republikschützer oder Terroristen? Die Freikorpsbewegung in Deutschland nach dem Ersten Weltkrieg", *Militärgeschichte*（2008），第14—17页，以及他的 *Die bellizistische Republik: Wehrkonsens und Wehrhaftmachung in Deutschland, 1918—1933*（Munich: Oldenbourg, 2012），第64—69页。

13. Starhemberg, "Aufzeichnungen", Starhemberg Papers, Oberösterreichisches Landesarchiv，第26页。

14. Robert Gerwarth, "The Central European Counter-Revolution: Paramilitary Violence in Germany, Austria and Hungary after the Great War", *Past & Present* 200（2008），第175—209页。

15. 出处同上。

16. Jürgen Reulecke, *"Ich möchte einer werden so wie die ...": Männerbünde im 20. Jahrhundert*（Frankfurt am Main: Campus, 2001），第89页及以下。

17. Ernst von Salomon, *Die Geächteten*（Berlin: Rowohlt, 1923），第10—11页。关于"自由军团"的自传体文学，参见 Matthias Sprenger, *Landsknechte auf dem Weg ins Dritte Reich? Zu Geneseund Wandel des Freikorps-Mythos*（Paderborn: Schöningh, 2008）。

18. Joseph Roth, *Das Spinnennetz*（1923年首次连载，成书出版于Cologne and Berlin: Kiepenheuer and Witsch, 1967），第6页。

19. Friedrich Wilhelm Heinz, *Sprengstoff*（Berlin: Frundsberg Verlag, 1930），第7页。

20. Boris Barth, *Dolchstoßlegenden und politische Disintegration: Das Trauma der deutschen Niederlage im Ersten Weltkrieg*（Düsseldorf: Droste, 2003）；亦可参见 Gerd Krumeich, "Die Dolchstoß-Legende", Etienne François & Hagen Schulze编, *Deutsche Erinnerungsorte*（Munich: C. H. Beck, 2001），第1卷，第585—599页；Wolfgang Schivelbusch, *The Culture of Defeat: On National Trauma, Mourning and Recovery*（New York: Holt, 2003），第203—247页。

21. Manfred von Killinger, *Der Klabautermann: Eine Lebensgeschichte*（Munich: Eher, 1936，第三版），第263页。关于基林格，参见 Bert Wawrzinek, *Manfred von Killinger（1886—1944）: Ein politischer Soldat zwischen Freikorps und Auswärtigem Amt*（Preussisch Oldendorf: DVG, 2004）。

22. 普鲁士议会的报告，参见 *Sammlung der Drucksachen der Verfassunggebenden Preußischen Landesversammlung, Tagung 1919/21*（Berlin: Preußische Verlagsanstalt, 1921），第15卷，第7705页；亦可参见Dieter Baudis and Hermann Roth, "Berliner Opfer der November-revolution 1918/19", *Jahrbuch für Wirtschaftsgeschichte*（1968），第73—149页，此处见第79页。

23. Karl Liebknecht, *Ausgewählte Reden, Briefe und Aufsätze*（East Berlin: Dietz, 1952），第505—520页。

24. Rosa Luxemburg, *Politische Schriften*, Ossip K. Flechtheim编（Frankfurt am Main: Europäische Verlags-Anstalt, 1975），第3卷，第203—209页，此处见第209页。

25. 关于他们被发现和逮捕，参见Klaus Gietinger, *Eine Leiche im Landwehrkanal: Die Ermordnung Rosa Luxemburgs*（Hamburg: Edition Nautilus, 2008），第18页。关于帕布斯特，参见Klaus Gietinger, *Der Konter-revolutionär: Waldemar Pabst—eine deutsche Karriere*（Hamburg: Edition Nautilus, 2009）。

26. 关于李卜克内西的遭遇，参见汇总的证据，BA-MA PH8 v/2 Bl.，第206—220页："Schriftsatz in der Untersuchungsache gegen von Pflugk-Harttung und Genossen. Berlin, den 15 März 1919"；更多的内容在Bl.，第221—227页。

27. 关于卢森堡在蒂尔加滕公园遇害的描述（即普夫卢克—哈通次日告诉魏茨泽克的内容），参见Leonidas E. Hill 编, *Die Weizsäcker-Papiere 1900—1934*（Berlin: Propyläen, 1982），第325页；亦可参见Klaus Gietinger, Eine *Leiche im Landwehrkanal: Die Ermordung Rosa Luxemburgs*（Hamburg: Edition Nautilus, 2008），第37、134页（附件1）。更多的文献，参见BA-MA PH8 v/10, 尤其是Bl.，第1—3页，"Das Geständnis. Otto Runge, 22 Jan. 1921"。

28. Winkler, *Von der Revolution*，第171—182页；Jones, "Violence and Politics"，第313—350页，尤其是第339—340页。

29. 关于艾斯纳，参见Bernhard Grau, *Kurt Eisner, 1867—1919: Eine Biografie*（Munich: C. H. Beck, 2001）；Allan Mitchell, *Revolution in Bavaria 1918—1919: The Eisner Regime and the Soviet Republic*（Princeton, NJ: Princeton University Press, 1965），第66—67页；Read, *World on Fire*，第33—37页。

30. Heinrich Hillmayr, "München und die Revolution 1918/1919", Karl Bosl编, *Bayern im Umbruch. Die Revolution von 1918, ihre Voraus-setzungen, ihr Verlauf und ihre Folgen*（Munich and Vienna: Oldenbourg, 1969），第453—504页；Grau, *Eisner*，第344页；Mitchell, *Revolution in Bavaria*，第100页；David Clay Large, *Where Ghosts Walked: Munich's Road to the Third Reich*（New York: W. W. Norton, 1997），第78—79页；Read, *World on Fire*，第35页。

31. Holger Herwig, "Clio Deceived: Patriotic Self-Censorship in Germany after the Great War", *International Security* 12（1987），第5—22页，此处的引用见第9页。

32. Grau, *Eisner*，第397页及以下。

33. Susanne Miller, *Die Bürde der Macht: Die deutsche Sozialdemokratie 1918—1920*（Düsseldorf: Droste, 1978），第457页；Grau, *Eisner*，第439页；Hans von Pranckh, *Der Prozeß gegen den Grafen Anton Arco-Valley, der den bayerischen Ministerpräsidenten Kurt Eisner erschossen hat*（Munich: Lehmann, 1920）。

34. Mitchell, *Revolution in Bavaria*，第271页；Winkler, *Weimar*，第77页；Pranckh, *Der Prozeß gegen den Grafen Anton Arco-Valley*。

35. Wilhelm Böhm, *Im Kreuzfeuer zweier Revolutionen*（Munich: Verlag für Kulturpolitik, 1924），第297页；Maderthaner, "Utopian Perspectives and Political

Restraint: The Austrian Revolution in the Context of Central European Conflicts", Günter Bischof, Fritz Plasser & Peter Berger编, *From Empire to Republic: Post-World War I Austria*（New Orleans, LA and Innsbruck: UNO Press and Innsbruck University Press, 2010），第58页。

36. 米萨姆的话，引自 Read, *World on Fire*。

37. Read, *World on Fire*，第152页。

38. 季诺维也夫的话，引自 David Mitchell, *1919: Red Mirage*（London: Jonathan Cape, 1970），第165页。

39. Thomas Mann, *Diaries 1919—1939,* Richard and Clare Winston 译（London: André Deutsch, 1983），第44页。

40. 兰辛的话，引自 Alan Sharp, "The New Diplomacy and the New Europe", Nicholas Doumanis编, *The Oxford Handbook of Europe 1914—1945*（Oxford and New York: Oxford University Press, 2016）。

41. 关于逃往班贝格，参见 Wette, *Noske*，第431页。关于棕树节事件，参见 Heinrich Hillmayr, *Roter und Weißer Terror in Bayern nach 1918*（Munich: Nusser, 1974），第43页；Wette, *Noske*，第434页；Mitchell, *Revolution in Bavaria*，第316—317页。

42. Mitchell, *Revolution in Bavaria*，第304—331页。

43. Ernst Toller, *I Was a German: The Autobiography of Ernst Toller*（New York: Paragon House, 1934），第180—189页；Mitchell, *Revolution in Bavaria*，第320页。

44. Wolfgang Zorn, *Geschichte Bayerns im 20. Jahrhundert*（Munich: C. H. Beck, 1986），第194页。

45. Read, *World on Fire*，第154页；Mitchell, *Revolution in Bavaria*，第322页。

46. Mitchell, *Revolution in Bavaria*，第322页；Read, *World on Fire*，第155页。

47. 关于这些谣言，参见 Jones, "Violence and Politics"，第377—378页；Hillmayr, *Roter und Weißer Terror in Bayern*，第136—137页。

48. 引自 Wette, *Noske*，第440页。

49. Hillmayr, *Roter und Weißer Terror in Bayern*，第108—110页。

50. Victor Klemperer, *Man möchte immer weinen und lachen in einem: Revolutionstagebuch 1919*（Berlin: Aufbau, 2015）.

51. Mitchell, *Revolution in Bavaria*，第331页，注释51。

52. Thomas Mann, *Thomas Mann: Tagebücher 1918—1921*, Peter de Mendelsohn编（Frankfurt am Main: S. Fischer, 1979），第218页。

53. György Borsányi, *The Life of a Communist Revolutionary: Béla Kun*（Boulder, CO: Social Science Monographs, 1993），第45页（从战俘营被释放）和第77页（回到布达佩斯）。

54. 关于战争期间粮食短缺和政局激化，参见 Péter Bihari, *Lövészárkok a hátországban. Középosztály, zsidókérdés, Antiszemitizmus az első világháború Magyarországán*（Budapest: Napvilág Kiadó, 2008），尤其是第94—95页。

55. 关于卡罗伊推行的土地改革的失败，参见József Sipos, *A pártok és a földrefom 1918—1919*（Budapest: Gondolat, 2009），第200—209页。

56. *The New York Times*, 1919年1月5日，引自 Read, *World on Fire*，第157页。

57. Miklós Molnár, *From Béla Kun to János Kádár: Seventy Years of Hungarian Communism*（New York: St Martin's Press, 1990），第2—4页。

58. 关于苏维埃共和国在匈牙利和欧洲历史上的地位，参见Tamás Krausz & Judit Vértes编，*1919. A Magyarországi Tanácsköztársaság és a kelet-európai forradalmak*（Budapest: L'Harmattan-ELTE BTK Kelet-Európa Története Tanszék, 2010）。

59. *Vörös Újság*, 1919年2月11日。

60. 关于当时检察官起诉共产主义者的报告，参见Albert Váry, *A Vörös Uralom Áldozatai Magyarországon*（Szeged: Szegedi Nyomda, 1993）。报告于1922年首次出版。亦可参见Gusztáv Gratz编，*A Bolsevizmus Magyarországon*（Budapest: Franklin-Társulat, 1921）；Ladislaus Bizony, *133 Tage Ungarischer Bolschewismus. Die Herrschaft Béla Kuns und Tibor Szamuellys: Die Blutigen Ereignisse in Ungarn*（Leipzig and Vienna: Waldheim-Eberle, 1920）。关于最近的研究，参见Konrád Salamon, "Proletárditarúra és a Terror", *Rubicon*（2011），第24—35页。

61. Wolfgang Maderthaner, "The Austrian Revolution", 第59页。

62. 关于农民反抗最好的研究，参见Ignác Romsics, *A Duna-Tisza Köze Hatalmi Viszonyai 1918—1919-ben*（Budapest: Akadémiai Kiadó, 1982）。

63. Thomas Sakmyster, *A Communist Odyssey: The Life of József Pogány*（Budapest and New York: Central European University Press, 2012），第44—46页。

64. 参见Peter Pastor, *Hungary between Wilson and Lenin: The Hungarian Revolution of 1918—1919 and the Big Three*（New York: Columbia University Press, East European Monograph, 1976）。

65. Julius Braunthal, *Geschichte der Internationale*（Hanover: J. H. W. Dietz, 1963），第2卷，第160页。

66. Maderthaner, "The Austrian Revolution", 第60页及以下。

67. 出处同上，第61页。

68. 有关细节，参见Hans Hautmann, *Die Geschichte der Rätebewegung in Österreich 1918—1924*（Vienna: Europaverlag, 1987），第329页及以下。

69. 关于天主教会对库恩政权的排斥，参见Gabriel Adriányi, *Fünfzig Jahre Ungarische Kirchengeschichte, 1895—1945*（Mainz: v. Hase and Koehler Verlag, 1974），第53—59页。

70. Frank Eckelt, "The Internal Policies of the Hungarian Soviet Republic", Iván Völgyes编, *Hungary in Revolution, 1918—1919*（Lincoln, NB: University of Nebraska Press, 1971），第61—88页。

71. Thomas Sakmyster, *Hungary's Admiral on Horseback: Miklós Horthy, 1918—1944*（Boulder, CO: Eastern European Monographs, 1994）。

72. Béla Kelemen, *Adatok a szegedi ellenforradalom és a szegedi kormány történetéhez*（Szeged: Szerzö Kiadása, 1923），第495—496页。

73. Miklós Kozma, *Makensens Ungarische Husaren: Tagebuch eines Front-offiziers, 1914—1918*（Berlin and Vienna: Verlag für Kulturpolitik, 1933），第459页。关于在布达佩斯的反革命活动，亦可参见Eliza Ablovatski, " 'Cleansing the Red Nest' : Counter-Revolution and White Terror in Munich and Budapest, 1919", 未出版的博士论文, New York, 2004。

74. Kozma, *Makensens Ungarische Husaren*, 第461页。关于"红色亚马孙", 亦可参见*Innsbrucker Nachrichten*, 1919年3月23日, 第2页。

75. Starhemberg, "Aufzeichnungen", 第16—17页。亦可参见Emil Fey, *Schwertbrüder des Deutschen Ordens*（Vienna: Lichtner, 1937），第218—220页。

76. Harold Nicolson, *Peacemaking, 1919*（London: Grosset and Dunlap, 1933），第298页（1919年4月的日记）。

77. 出处同上, 第293页。

78. Francis Deák, *Hungary at the Peace Conference: The Diplomatic History of the Treaty of Trianon*（New York: Columbia University Press, 1942），第78页。

79. Read, *World on Fire,* 第192—193页。

80. Deák, *Hungary at the Peace Conference*, 第78页。

81. Rudolf Tokes, "Bela Kun: The Man and Revolutionary", Ivan Völgyes 编, *Hungary in Revolution*（Lincoln, NB: University of Nebraska Press），第170—207页, 此处见第202—203页。

82. Deák, *Hungary at the Peace Conference*, 第112—128页。

83. 关于罗马尼亚士兵的表现以及对城市的掠夺, 参见Krisztián Ungváry, "Sacco di Budapest, 1919. Gheorghe Mârdârescu tábornok válasza Harry Hill Bandholtz vezérőrnagy nem diplomatikus naplójára", *Budapesti Negyed* 3—4（2000），第173—203页。

84. Miklós Lackó, "The Role of Budapest in Hungarian Literature 1890—1935", Tom Bender编, *Budapest and New York: Studies in Metropolitan Transformation, 1870—1930*（New York: Russell Sage Foundation, 1994），第352—366页。

85. Miklós Kozma, *Az összeomlás 1918—1919*（Budapest: Athenaeum, 1933），第380页。关于科兹马的参战过程, 参见Kozma, *Makensens Ungarische Husaren*。关于白色恐怖的普遍情形, 参见Béla Bodó, "The White Terror in Hungary, 1919—1921: The Social Worlds of Paramilitary Groups", *Austrian History Yearbook* 42（2011），第133—163页；Gerwarth, "The Central European Counter-Revolution", 第175—209页。

86. 关于对绍莫吉和巴斯科被暗杀, 参见Ernő Gergely & Pál Schönwald, *A Somogyi-Bacsó-Gyilkosság*（Budapest: Kossuth, 1978）。

87. 参 见Rolf Fischer, "Anti-Semitism in Hungary 1882—1932", Herbert A.Strauss编,

Hostages of Modernization: Studies of Modern Antisemitism 1870—1933/39，第 2卷：*Austria, Hungary, Poland, Russia*（Berlin and New York: de Gruyter, 1993），第863—892页；Nathaniel Katzburg, *Zsidópolitika Magyarországon, 1919—1943*（Budapest: Bábel, 2002），第36—39页。

88. Rudolf Tokes, *Béla Kun and the Hungarian Soviet Republic: The Origins and Role of the Communist Party of Hungary in the Revolutions of 1918—1919*（New York and Stanford, CA: Praeger, 1967），第159页。亦可参见Borsányi, *The Life of a Communist Revolutionary*。

89. Pál Prónay, *A határban a halál kaszál: fejezetek Prónay Pál feljegyzéseiből*, Ágnes Szabó & Ervin Pamlényi编（Budapest: Kossuth, 1963），第90页。关于他自己，参见Béla Bodó, *Pál Prónay: Paramilitary Violence and Anti-Semitism in Hungary, 1919—1921*（Pittsburgh, PA: University of Pittsburgh Press, 2011）。

90. Gerwarth, "Central European Counter-Revolution"，第175—209页。关于这一背景，亦可参见Bruno Thoss, *Der Ludendorff-Kreis: München als Zentrum der mitteleuropäischen Gegenrevolution zwischen Revolution und Hitler-Putsch*（Munich: Wölfle, 1978）；Lajos Kerekes, "Die 'weiße' Allianz: Bayerisch-österreichisch-ungarische Projekte gegen die Regierung Renner im Jahre 1920"，*Österreichische Osthefte* 7（1965），第353—366页；Ludger Rape, *Die österreichischen Heimwehren und die bayerische Rechte 1920—1923*（Vienna: Europa-Verlag, 1977）；Horst G. Nusser, *Konservative Wehrverbände in Bayern, Preussen und Österreich mit einer Biographie von Georg Escherich 1870—1941*, 2卷本（Munich: Nusser, 1973）。

91. 参见Hans Jürgen Kuron, "Freikorps und Bund Oberland"，未出版的博士论文，Munich, 1960，第134页；Sabine Falch, "Zwischen Heimatwehr und Nationalsozialismus. Der 'Bund Oberland' in Tirol"，*Geschichte und Region* 6（1997），第51—86页；Verena Lösch, "Die Geschichte der Tiroler Heimatwehr von ihren Anfängen bis zum Korneuburger Eid（1920—1930）"，未出版的博士论文，Innsbruck, 1986，第162页。

92. 关于安东·莱哈尔的生平，参见Anton Broucek编，*Anton Lehár. Erinnerungen. Gegenrevolution und Restaurationsversuche in Ungarn 1918—1921*（Munich: Oldenbourg, 1973）。关于弗朗茨·莱哈尔，参见Norbert Linke, *Franz Lehár*（Reinbek bei Hamburg: Rowohlt, 2001）。

93. Österreichisches Staatsarchiv（ÖStA）, B 1477:"Die Politik des deutschen Widerstands"（1931）.

94. Bundesarchiv（Berlin）, Pabst Papers, NY4035/6，第37—39页。关于帕布斯特，亦可参见Doris Kachulle, *Waldemar Pabst und die Gegenrevolution*（Berlin: Organon, 2007）。

95. Alfred Krauss, *Unser Deutschtum!*（Salzburg: Eitel, 1921），第7—13页。

96. Alfred Rosenberg, "Die russisch-jüdische Revolution"，*Auf gut Deutsch*, 1919年

5月24日。

97. Léon Poliakov, *The History of Anti-Semitism,* 第4卷: *Suicidal Europe, 1870—1933*(Philadelphia, PA: University of Pennsylvania Press, 2003),第274—276页。

98. Mark Levene, *War, Jews, and the New Europe: The Diplomacy of Lucien Wolf, 1914—1919*(Oxford and New York: Oxford University Press, 1992),第212页，以及他的 *Crisis of Genocide*, 第1卷: *The European Rimlands 1912—1938*(Oxford and New York: Oxford University Press, 2014),引自第184页。

99. Winston Churchill, "Zionism versus Bolshevism", *Illustrated Sunday Herald*, 1920年2月8日。

100. Norman Cohn, *Warrant for Genocide: The Myth of the Jewish World Conspiracy and the Protocols of the Elders of Zion*(London: Serif, 1996)。

101. 关于1918年后匈牙利的反犹活动，参见Robert M. Bigler, "Heil Hitler and Heil Horthy! The Nature of Hungarian Racist Nationalism and its Impact on German-Hungarian Relations 1919—1945", *East European Quarterly* 8(1974), 第251—272页; Béla Bodó, "'White Terror', the Hungarian Press and the Evolution of Hungarian Anti-Semitism after World War I", *Yad Vashem Studies* 34(2006), 第45—86页; Nathaniel Katzburg, *Hungary and the Jews: Policy and Legislation, 1920—1943*(Ramat-Gan: Bar-Ilan University Press, 1981); Rolf Fischer, *Entwicklungsstufen des Antisemitismus in Ungarn, 1867—1939: Die Zerstörung der magyarisch-jüdischen Symbiose*(Munich: Oldenbourg, 1998)。

102. Josef Halmi, "Akten über die Pogrome in Ungarn", Jakob Krausz, *Martyrium. Ein jüdisches Jahrbuch*(Vienna: self-published, 1922),第59—66页。亦可参见Oszkár Jászi, *Magyariens Schuld: Ungarns Sühne.Revolution und Gegenrevolution in Ungarn*(Munich: Verlag für Kulturpolitik, 1923), 第168—179页; Josef Pogány, *Der Weiße Terror in Ungarn*(Vienna: Neue Erde, 1920); British Joint Labour Delegation to Hungary, *The White Terror in Hungary. Report of the British Joint Labour Delegation to Hungary*(London: Trade Union Congress and Labour Party, 1920); The National Archives(TNA), London: FO 371/3558/206720: "The Jews in Hungary: Correspondence with His Majesty's Government, presented to the Jewish Board of Deputies and the Council of the Anglo-Jewish Association", 1920年10月。

103. Halmi, "Akten über die Pogrome in Ungarn",第64页。

104. 关于第一次世界大战前的反犹主义历史，参见Peter Pulzer, *The Rise of Political Anti-Semitism in Germany and Austria*(Cambridge, MA: Harvard University Press, 1988, 第二版); John W. Boyer, "Karl Lueger and the Viennese Jews", *Yearbook of the Leo Baeck Institute* 26(1981),第125—144页。关于第一次世界大战时维也纳"犹太奸商"的形象，参见Maureen Healy, *Vienna and the Fall of the Habsburg Empire: Total War and Everyday Life in World War I*(Cambridge and

New York: Cambridge University Press, 2004）。关于奥地利大学中的反犹主义，参见 Michael Gehler, *Studenten und Politik: Der Kampf um die Vorherrschaft an der Universität Innsbruck 1919—1938*（Innsbruck: Haymon-Verlag, 1990），第93—98页。

105. Bruce F. Pauley, "Politischer Antisemitismus im Wien der Zwischenkriegszeit", Gerhard Botz et al.编, *Eine zerstörte Kultur: Jüdisches Leben und Antisemitismus in Wien seit dem 19. Jahrhundert*（Buchloe: Obermayer, 1990），第221—223页。

106. Steven E. Aschheim, *Brothers and Strangers: The East European Jew in German and German-Jewish Consciousness, 1800—1923*（Madison, WI and London: University of Wisconsin Press, 1982）。

107. Lina Heydrich, *Leben mit einem Kriegsverbrecher*（Pfaffenhofen: Ludwig, 1976），第42页及以下。

108. Krauss, *Unser Deutschtum!*, 第20页。

109. 出处同上，第16—17页。

110. 例如参见有关"The Racial-Political Causes of the Collapse"的系列文章, *Neue Tiroler Stimmen*, 1918年12月9、10、30日, 1919年1月2日, 转引自 F. L. Carsten, *Revolution in Central Europe, 1918—1919*（London: Temple Smith, 1972），第261页。亦可参见 *Innsbrucker Nachrichten*, 1919年4月8日。关于更多的背景资料，参见 Paul Rena, "Der christlichsoziale Antisemitismus in Wien 1848—1938", 未出版的博士论文, Vienna, 1991；Christine Sagoschen, "Judenbilder im Wandel der Zeit: die Entwicklung des katholischen Antisemitismus am Beispiel jüdischer Stereotypen unter besonderer Berücksichtigung der Entwicklung in der ersten Republik", 未出版的博士论文, Vienna, 1998。

111. *Tagespost*（Graz）, 1919年5月27日。

112. Thomas Lorman, "The Right-Radical Ideology in the Hungarian Army, 1921—1923", *Central Europe* 3（2005），第67—81页, 尤其是第76页。

113. Oszkár Szőllősy, "The Criminals of the Dictatorship of the Proletariat", 引自 Cecile Tormay, *An Outlaw's Diary*, 2卷本（London: Allan, 1923），第2卷, 第226页。

114. Thomas Sakmyster, "Gyula Gömbös and the Hungarian Jews, 1918—1936", *Hungarian Studies Review* 8（2006），第156—168页, 此处见第161页。

115. Bodó, *Paramilitary Violence*, 第134页。

116. Bundesarchiv（Koblenz）, Bauer Papers, NL 22/69: memoirs of Max Bauer's secretary, 第33页。

117. NIOD, Rauter Papers, Doc I-1380 Pr 6-12-97, 第46—47页；Oberösterreichisches Landesarchiv（OÖLA）, Starhemberg Papers: Starhemberg, "Meine Stellungnahme zur Judenfrage"。

118. 关于斯坦博利耶斯基和农业党，例如参见 Kanyu Kozhuharov, *Reformatorskoto delo na Aleksandar Stambolijski*（Sofia: Fond 'Aleksandar Stambolijski', 1948）；

Mihail Genovski, *Aleksandar Stambolijski—otblizo i daleko: dokumentalni spomeni* （Sofia: BZNS, 1982）; Evgeni Tanchev, *Darzhavno-pravnite vazgledi na Alexandar Stambolijski*（Sofia: BZNS, 1984）。

119. Richard J. Crampton,"The Balkans",第251页; Stephane Groueff, *Crown of Thorns: The Reign of King Boris III of Bulgaria, 1918—1943*（Lanham, MD: Madison Books, 1987）,第61页及以下。

120. Margaret Fitzherbert, *The Man Who Was Greenmantle: A Biography of Aubrey Herbert*（London: John Murray, 1983）,第235页; Margaret MacMillan, *Peacemakers: The Paris Conference of 1919 and its Attempt to End War*（London: John Murray, 2001）,第148页。

121. Groueff, *Crown of Thorns*,第75页; MacMillan, *Peacemakers*,第148页。

122. Crampton,"The Balkans",第251页; Tsocho Bilyarski, *BZNS, Aleksandar Stambolijski i VMRO: nepoznatata voyna*（Sofia: Aniko, 2009）。

123. Stefan Troebst, *Das makedonische Jahrhundert: Von den Anfängen der nationalrevolutionären Bewegung zum Abkommen von Ohrid 1893—2001*（Munich: Oldenbourg, 2007）,第85—110页。

124. Richard Crampton,"Bulgaria", Robert Gerwarth编, *Twisted Paths: Europe, 1914—1945*（Oxford and New York: Oxford University Press, 2007）,第237—270页,此处见第251页。

125. Doncho Daskalov, *1923—Sadbonosni resheniya i sabitiya*（Sofia: BZNS, 1983）,第24页。

126. 出处同上,第18页。

127. John D. Bell, *Peasants in Power: Alexander Stamboliski and the Bulgarian Agrarian National Union 1899—1923*（Princeton, NJ: Princeton University Press, 1977）,第149页。

128. Daskalov, *1923*,第25页。

129. 关于政变和农业党垮台的细节,参见Yono Mitev, *Fashistkiyat prevrat na deveti yuni 1923 godina i Yunskoto anti-fashistko vastanie*（Sofia: BZNS, 1973）; Nedyu Nedev, *Aleksandar Stambolijski i zagovorat*（Sofia: BZNS, 1984）; Daskalov, *1923*。

130. *Izvestia na darzhavnite arhivi* 15（1968）,第99页。

131. Richard J. Crampton, *Bulgaria*（Oxford and New York: Oxford University Press, 2007）,第96—98页; John Paul Newman,"The Origins, Attributes, and Legacies of Paramilitary Violence in the Balkans", Gerwarth & Horne编, *War in Peace*,第145—163页,此处见第153页。

132. Simeon Damyanov,"Dokumenti za devetoyunskia prevrat i Septemvriyskoto vastanie prez 1923 g. vav Frenskia diplomaticheski arhiv", *Izvestia na darzhavnite arhivi* 30（1975）,第167—182页,此处见第172页。

133. Andreya Iliev, *Atentatat v 'Sveta Nedelya' i teroristite*（Sofia: Ciela, 2011）。

10 对布尔什维克主义的恐惧与法西斯主义的兴起

1. 关于第一次世界大战对西班牙的文化影响，参见Maximiliano Fuentes Codera, *España en la Primera Guerra Mundial: Una movilización cultural*（Madrid: Akal, 2014）; Francisco J. Romero, *Sal-vadó, Spain, 1914—1918: Between War and Revolution*（London: Routledge, 1999）。关于劳资纠纷，参见Edward E. Malefakis, *Agrarian Reform and Peasant Revolution in Spain: Origins of the Civil War*（New Haven, CT and London: Yale University Press, 1970）; Gerald H. Meaker, *The Revolutionary Left in Spain 1914—1923*（Stanford, CA: Stanford University Press, 1974）; Fernando del Rey Reguillo, "El empresario, el sindicalista y el miedo", Manuel Pérez Ledesma & Rafael Cruz编, *Cultura y movilización en la España contemporánea*（Madrid: Alianza, 1997），第235—272页; Rafael Cruz, "¡Luzbel vuelve al mundo!: las imágenes de la Rusia soviética y la acción colectiva en España", Ledesma & Cruz编, *Cultura y movilización*，第273—303页。

2. Anthony Read, *The World on Fire: 1919 and the Battle with Bolshevism*（London: Pimlico, 2009），第166页及以下。关于西班牙迎来布尔什维克革命，参见Juan Avilés Farré, *La fe que vino de Rusia. La revolución bolchevique y los españoles（1917—1931）*（Madrid: Biblioteca Nueva, 2009）; Francisco J. Romero Salvadó, *The Foundations of Civil War: Revolution, Social Conflict and Reaction in Liberal Spain, 1916—1923*（London: Routledge, 2008）。

3. *La Voz del Cantero*, 1918年3月11日，转引自Meaker, *The Revolutionary Left*，第137页。亦可参见Juan Díaz del Moral, *Historia de las agitaciones campesinas andaluzas. Córdoba. Antecedentes para una reforma agraria*（Madrid: Alianza, 1995），以及他的"Historia de las agitaciones campesinas andaluzas", Isidoro Moreno Navarro编, *La identidad cultural de Andalucía, aproximaciones, mixtificaciones, negacionismo y evidencias*（Seville: Fundación Pública Andaluza Centro de Estudios Andaluces, 2008）。

4. Del Rey Reguillo, "El empresario"，第235—272页; Cruz, "¡Luzbel vuelve al mundo!"，第273—303页。

5. 关于驱逐事件的背景，参见Mikel Aizpuru, "La expulsión de refugiados extranjeros desde España en 1919: exiliados rusos y de otros países", *Migraciones y Exilios* 11（2010），第107—126页; James Matthews, "Battling Bolshevik Bogeymen", *Journal of Military History* 80（2016），第725—755页。

6. 关于普里莫·德里维拉，参见Shlomo Ben-Ami, *Fascism from Above: The Dictatorship of Primo de Rivera in Spain 1923—1930*（Oxford: Clarendon Press, 1983）; Alejandro Quiroga, *Making Spaniards: Primo de Rivera and the Nationalization of the Masses, 1923—*

1930 (London and New York: Palgrave Macmillan, 2007)。更为一般的介绍，参见 Raymond Carr, *Modern Spain, 1875—1980* (Oxford: Clarendon Press, 1980); Julián Casanova, *Twentieth-Century Spain: A History* (Cambridge and New York: Cambridge University Press, 2014)。

7. Guy Pedroncini, *Les Mutineries de 1917* (Paris: Presses universitaires de France, 1996，第三版); Leonard V. Smith, *Stéphane Audoin-Rouzeau and Annette Becker, France and the Great War, 1914—1918* (Cambridge and New York: Cambridge University Press, 2003)，第113—145页。

8. John Horne, "Defending Victory: Paramilitary Politics in France, 1918—1926", Robert Gerwarth & John Horne 编，*War in Peace: Paramilitary Violence after the Great War* (Oxford and New York: Oxford University Press, 2012)。

9. Beatrice Potter Webb, *Diaries 1912—1924*, Margaret Cole 编 (London: Longmans, Green and Company, 1952)，第136页 (1918年11月11日条目)。

10. Lloyd George, 引自 Margaret MacMillan, *Peacemakers: The Paris Conference of 1919 and its Attempt to End War* (London: John Murray, 2001)，第208页。

11. John Buchan, *The Three Hostages* (London: Nelson, 1948)，第210页。

12. Read, *World on Fire*，第317页; Beverly Gage, *The Day Wall Street Exploded: A Story of America in its First Age of Terror* (Oxford and New York: Oxford University Press, 2008)。

13. Richard Bessel, "Revolution", Jay Winter 编，*The Cambridge History of the First World War* (Cambridge and New York: Cambridge University Press, 2014)，第2卷，第135页。

14. Antonio Gibelli, *La Grande Guerra degli italiani 1915—1918* (Milan: Sansoni, 1998)，第221页。关于维托里奥威尼托战役，参见 Piero del Negro, "Vittorio Veneto e l'armistizio sul fronte italiano", Stéphane Audoin-Rouzeau & Jean-Jacques Becker 编，*La prima guerra mondiale* (Torino: Einaudi, 2007)，第2卷，第333—343页。

15. Rino Alessi, *La luminosa visione di Trieste redenta*, "Il Secolo", 1918年11月6日，重印于 Franco Contorbia 编，*Giornalismo italiano*，第2卷: *1901—1939* (Milan: Arnoldo Mondadori, 2007)，第908—909页。

16. Benedetto Croce, *Pagine sulla guerra* (Napoli: Ricciardi, 1919)，第295页。

17. Mark Thompson, *The White War: Life and Death on the Italian Front 1915—1919* (London: Faber and Faber, 2009); Fulvio Cammarano 编，*Abbasso la Guerra. Neutralisti in Piazza alla vigilia della Prima Guerra mondiale* (Florence: Le Monnier, 2015)。

18. Giovanna Procacci, *Warfare-welfare: Intervento dello Stato e diritti dei cittadini 1914—1918* (Rome: Carocci, 2013)，第128—129页; Andrea Fava, "Il 'fronte interno' in Italia. Forme politiche della mobilitazione patriottica e delegittimazione

della classe dirigente liberale", *Ricerche storiche* 27（1997），第503—532页。关于第一次世界大战期间"极权主义诱惑"的起源，可参考意大利的情形，参见Angelo Ventrone, *La seduzione totalitaria. Guerra, modernità, violenza politica*（*1914—1918*）（Rome: Donzelli, 2003）。关于这场宣传运动，参见Gian Luigi Gatti, *Dopo Caporetto. Gli ufficiali P nella Grande Guerra: propaganda, assistenza, vigilanza*（Gorizia: LEG, 2000）；Barbara Bracco, "L'Italia e l'Europa da Caporetto alla vittoria nella riflessione degli storici italiani", Giampietro Berti & Piero Del Negro编, *Al di qua e al di là del Piave. L'ultimo anno della Grande Guerra*（Milan: Franco Angeli, 2001），第531—532页；Fava, "Il 'fronte interno' in Italia"，第509—521页。

19. Giovanna Procacci, *Dalla rassegnazione alla rivolta. Mentalità e comportamenti popolari nella Grande Guerra*（Rome: Bulzoni, 1999）。

20. Mussolini, 引自MacGregor Knox, *To the Threshold of Power, 1922/23: Origins and Dynamics of the Fascist and National Socialist Dictatorship*（New York: Cambridge University Press, 2007），第222页。

21. 参见Emilio Gentile, *Fascismo e antifascismo: I partiti italiani fra le due guerre*（Florence: Le Monnier, 2000），第40—46页；Simonetta Ortaggi, "Mutamenti sociali e radicalizzazione dei conflitti in Italia tra guerra e dopoguerra", *Ricerche storiche* 27（1997），第673—689页；Elio Giovannini, *L'Italia massimalista: Socialismo e lotta sociale e politica nel primo Dopoguerra*（Rome: Ediesse, 2001）；Roberto Bianchi, *Pace, pane, terra. Il 1919 in Italia*（Rome: Odradek, 2006）。

22. Guido Crainz, *Padania. Il mondo dei braccianti dall'Ottocento alla fuga dalle campagne*（Rome: Donzelli, 1994），第159页。

23. Fabio Fabbri, *Le origini della Guerra civile: L'Italia dalla Grande Guerra al fascismo*（*1918—1921*）（Turin: Utet, 2009），第191—192页。

24. 关于墨索里尼的"转型"，参见Renzo de Felice, *Mussolini il rivoluzionario, 1883—1920*（Turin: Einaudi, 1965）；Zeev Sternhell, *Naissance de l'idéologie fasciste*（Paris: Fayard, 1989）。最新的研究，参见Richard Bosworth, *Mussolini*（London: Arnold, 2002），第100—122页。

25. Paul O'Brien, *Mussolini in the First World War: The Journalist, the Soldier, the Fascist*（London: Bloomsbury, 2005）。

26. 墨索里尼，"Col ferro e col fuoco"，*Il Popolo d'Italia*, 1917年11月22日。

27. 墨索里尼，"Una politica"，*Il Popolo d'Italia*, 1918年2月23日。

28. 关于墨索里尼思想的调整，参见Sternhell, *Naissance de l'idéologie fasciste*；*Emilio Gentile, The Origins of Fascist Ideology, 1918—1925*（New York: Enigma, 2005）。

29. 关于它的社会成分，参见Emilio Gentile, *The Sacralization of Politics in Fascist Italy*（Cambridge, MA: Harvard University Press, 1996），第364—366、556—558页；Roberta Suzzi Valli, "The Myth of Squadrismo in the Fascist Regime", *Journal for*

Contemporary History 35（2000），第131—150页。

30. 参见 Alberto Aquarone，"Violenza e consenso nel fascismo Italiano"，*Storia contemporanea* 10（1979），第145—155页；Adrian Lyttleton，"Fascism and Violence in Post-War Italy: Political Strategy and Social Conflict"，Wolfgang J. Mommsen & Gerhard Hirschfeld编，*Social Protest, Violence and Terror*（London: Palgrave Macmillan, 1982），第257—274页；Jens Petersen，"Il problema della violenza nel fascismo italiano"，*Storia contemporanea* 13（1982），第985—1008页；Paolo Nello，"La rivoluzione fascista ovvero dello squadrismo nazional rivoluzionario"，*Storia contemporanea* 13（1982），第1009—1025页。

31. 例如参见黑衫军成员马里奥·皮亚泽西的日记，*Diario di uno Squadrista Toscano: 1919—1922*（Rome: Bonacci, 1981），第73—74、77—78页。Salvatore Lupo，*Il fascismo: La politica in un regime totalitario*（Rome: Donzelli, 2000），第85页；Antonio Gibelli，*Il popolo bambino. Infanzia e nazione dalla Grande Guerra a Salò*（Turin: Einaudi, 2005），第187—190页。关于其背景，参见 Sven Reichardt，*Faschistische Kampfbünde: Gewalt und Gemeinschaft im italienischen Squadrismus und in der deutschen SA*（Cologne, Weimar and Vienna: Böhlau Verlag, 2002）。

32. 墨索里尼在1920年4月于费拉拉的著名演说中使用了这些比喻。*Opera Omnia*，第16卷，第239—246页。亦可参见 Francesca Rigotti，"Il medico-chirurgo dello Stato nel linguaggio metaforico di Mussolini"，Civiche Raccolte Storiche Milano编，*Cultura e società negli anni del fascismo*（Milan: Cordani, 1987）；David Forgacs，"Fascism, Violence and Modernity"，Jana Howlett & Rod Mengham编，*The Violent Muse: Violence and the Artistic Imagination in Europe, 1910—1939*（Manchester: Manchester University Press, 1994），第5—6页。

33. Brunella Dalla Casa，"La Bologna di Palazzo d'Accursio"，Mario Isnenghi & Giulia Albanese编，*Gli Italiani in guerra: Conflitti, identità, memorie dal Risorgimento ai nostri giorni*，第4/1卷：*Il ventennio fascista: Dall'impresa di Fiume alla Seconda Guerra mondiale*（1919—1940）（Turin: Utet, 2008），第332—338页。

34. Fabbri，*Le origini della Guerra civile*，第349—358页，以及他的"Paramilitary Violence in Italy: The Rationale of Fascism and the Origins of Totalitarianism"，Gerwarth & Horne编，*War in Peace*，第85—106页，此处见第92页。

35. 统计数字，参见 Emilio Gentile，*Storia del partito fascista*，第1卷：*1919—1922, movimento e milizia*（Rome: Laterza, 1989），第472—475页。

36. Lupo，*Il fascismo*，第86—98页。

37. 例如参见墨索里尼，"Il 'Pus' a congresso"，*Il Popolo d'Italia*，1921年1月14日，重印于他的 *Opera Omnia*（Florence: La Fenice, 1955），第16卷，第116—117页。

38. Richard Bosworth & Giuseppe Finaldi，"The Italian Empire"，Robert Gerwarth & Erez Manela编，*Empires at War 1911—1923*（Oxford: Oxford University Press,

2014），第 34—51 页。

39. 关于"进军罗马"，参见 Giulia Albanese, *La marcia su Roma*（Rome and Bari: Laterza, 2006）。

40. Adrian Lyttelton, *The Seizure of Power: Fascism in Italy 1919—1929*（London: Weidenfeld and Nicolson, 1973）；Phillip Morgan, *Italian Fascism, 1919—1945*（London: Macmillan, 1995），第 51 页。

41. 参见 Emilio Gentile, *E fu subito regime: Il fascismo e la marcia su Roma*（Rome and Bari: Laterza, 2012），导言。

42. Gentile,"Paramilitary Violence"，第 98 页。

43. 亦可参见 Matteo Millan, *Squadrismo e squadristi nella dittatura fascista*（Rome: Viella, 2014）；Emilio Gentile, "Fascism in Power: the Totalitarian Experiment", Adrian Lyttelton 编, *Liberal and Fascist Italy 1900—1945*（Oxford and New York: Oxford University Press, 2002），第 139—142 页。

44. Harry Graf Kessler, *Das Tagebuch 1880—1937*, Roland Kamzelak & Günter Riederer 编，第 7 卷：*1919—1923*（Stuttgart: Klett-Cotta, 2007），第 564 页（1922 年 10 月 29 日的日记）。

45. Ernst Deuerlein 编, *Der Hitler-Putsch: Bayerische Dokumente zum 8./9. November 1923*（Stuttgart: DVA, 1962）；Hans Mommsen, "Adolf Hitler und der 9. November 1923", Johannes Willms 编, *Der 9. November. Fünf Essays zur deutschen Geschichte*（Munich: C. H. Beck, 1995，第二版），第 33—48 页。

46. Thomas Weber, *Hitler's First War: Adolf Hitler, the Men of the List Regiment, and the First World War*（Oxford and New York: Oxford University Press, 2010）。

47. Othmar Plöckinger, *Unter Soldaten und Agitatoren. Hitlers prägende Jahre im deutschen Militär 1918—1920*（Paderborn: Schöningh, 2013）。

48. Peter Longerich, *Hitler: Biographie*（Munich: Siedler, 2015）；Plöckinger, *Hitlers prägende Jahre*。

49. Johannes Erger, *Der Kapp-Lüttwitz-Putsch: Ein Beitrag zur deutschen Innenpolitik, 1919—1920*（Düsseldorf: Droste, 1967）；Erwin Könnemann & Gerhard Schulze 编, *Der Kapp-Lüttwitz-Putsch: Dokumente*（Munich: Olzog, 2002）；Read, *World on Fire*，第 319 页及以下。

50. Read, *World on Fire*，第 320 页。

51. 出处同上，第 321 页。

52. Kessler, *Tagebuch*，第 7 卷：*1919—1923*，第 294 页（1920 年 3 月 19 日的日记）。

53. 出处同上，第 295 页（1920 年 3 月 20 日的日记）。

54. Deuerlein 编, *Hitler-Putsch*；Mommsen, "Adolf Hitler und der 9. November 1923", 第 33—48 页。

55. 这是一种可以追溯到 20 世纪 30 年代的解释，支持这一观点的包括安吉洛·塔斯卡在流亡法国期间出版的名著, *La Naissance du fascisme*（Paris: Gallimard, 1938）。

关于这一主题更近的研究，参见Roberto Vivarelli, *Storia delle origini del fascismo: L'Italia dalla Grande Guerra alla marcia su Roma*（Bologna: il Mulino, 2012）。

第三部分　帝国的崩溃

11　潘多拉的魔盒：巴黎和帝国的问题

1. David Lloyd George, *The Truth About the Peace Treaties*, 2卷本（London: Gollancz, 1938），第1卷，第565页；Margaret MacMillan, *Peacemakers: The Paris Conference of 1919 and its Attempt to End War*（London: John Murray, 2001），第5页；Bruno Cabanes, "1919: Aftermath"，Jay Winter编，*Cambridge History of the First World War*（Cambridge and New York: Cambridge University Press, 2014），第1卷，第172—197页。

2. MacMillan, *Peacemakers*，第7页；关于阜姆危机，参见出处同上，第302—321页。

3. Bruno Cabanes, *La victoire endeuillée: La sortie de guerre des soldats français（1918—1920）*（Paris: Éditions du Seuil, 2004）。

4. Robert E. Bunselmeyer, *The Cost of War 1914—1919: British Economic War Aims and the Origins of Reparation*（Hamden, CT: Archon Books, 1975），第141页；MacMillan, *Peacemakers*，第100页；David Reynolds, *The Long Shadow: The Great War and the Twentieth Century*（London: Simon and Schuster, 2013），第93页；Heinrich August Winkler, *The Age of Catastrophe: A History of the West 1914—1945*（New Haven, CT and London: Yale University Press, 2015），第125页。

5. Leonard V. Smith, "The Wilsonian Challenge to International Law"，*The Journal of the History of International Law* 13（2011），第179—208页；亦可参见他的"Les États-Unis et l'échec d'une seconde mobilization"，Stéphane Audoin-Rouzeau & Christophe Prochasson编，*Sortir de la Guerre de 14—18*（Paris: Tallandier, 2008），第69—91页；Manfred F. Boemeke, "Woodrow Wilson's Image of Germany, the War-Guilt Question and the Treaty of Versailles"，Manfreol F. Boemeke, Gerald D. Feldman & Elisabeth Glaser编，*The Treaty of Versailles: A Reassessment after 75 Years*（Cambridge and New York: Cambridge University Press, 1998），第603—614页。亦可参见Alexander Sedlmaier, *Deutschlandbilder und Deutschlandpolitik Studien zur Wilson-Administration（1913—1921）*（Stuttgart: Steiner, 2003）。

6. Leonard V. Smith, "Empires at the Paris Peace Conference"，Robert Gerwarth & Erez Manela编，*Empires at War, 1911—1923*（Oxford and New York: Oxford University Press, 2014），第254—276页。

7. Adam Tooze, *The Deluge: The Great War and the Re-Making of Global Order*

（London: Allen Lane, 2014）。

8. 尤其参见Boemeke, Feldman & Glaser编，*The Treaty of Versailles*；David A. Andelman, *A Shattered Peace: Versailles 1919 and the Price We Pay Today*（Hoboken, NJ: Wiley, 2008）；MacMillan, *Peacemakers*；Alan Sharp, *The Versailles Settlement: Peacemaking after the First World War, 1919—1923*（London: Palgrave, 2008, 第二版）。

9. Boemeke, Feldman & Glaser编，*The Treaty of Versailles*，第11—20页；Zara Steiner, "The Treaty of Versailles Revisited"，Michael Dockrill & John Fisher编，*The Paris Peace Conference 1919: Peace without Victory?*（Basingstoke: Palgrave Macmillan, 2001），第13—33页；Mark Mazower, "Two Cheers for Versailles", *History Today* 49（1999）；Alan Sharp, *Consequences of the Peace: The Versailles Settlement—Aftermath and Legacy 1919—2010*（London: Haus, 2010），第1—40页；Sally Marks, "Mistakes and Myths: The Allies, Germany and the Versailles Treaty, 1918—1921", *Journal of Modern History* 85（2013），第632—659页。

10. 例如参见Andelman, *A Shattered Peace*；Norman Graebner and Edward Bennett, *The Versailles Treaty and Its Legacy: The Failure of the Wilsonian Vision*（Cambridge and New York: Cambridge University Press, 2011）。

11. Aviel Roshwald, *Ethnic Nationalism and the Fall of Empires: Central Europe, Russia and the Middle East, 1914—1923*（London: Routledge, 2001）。

12. 关于这一点，参见Gerwarth & Manela编，*Empires at War, 1911—1923*，导言；有关德国的情况，参见 Annemarie H. Sammartino, *The Impossible Border: Germany and the East, 1914—1922*（Ithaca, NY and London: Cornell University Press, 2010）；Vejas G. Liulevicius, "Der Osten als apokalyptischer Raum: Deutsche Fronterfahrungen im und nach dem Ersten Weltkrieg"，Gregor Thum编，*Traumland Osten: Deutsche Bilder vom östlichen Europa im 20. Jahrhundert*（Göttingen: Vandenhoeck and Ruprecht, 2006），第47—65页。

13. 关于爱尔兰的情况，参见Diarmaid Ferriter, *A Nation and not a Rabble: The Irish Revolution 1913—1923*（London: Profile Books, 2015）；Charles Townshend, *The Republic: The Fight for Irish Independence 1918—1923*（London: Allen Lane, 2013）。

14. Erez Manela, *The Wilsonian Moment: Self-Determination and the International Origins of Anticolonial Nationalism*（Oxford and New York: Oxford University Press, 2007），第37—43页；Woodrow Wilson, "Fourteen Points, January 8 1918", Michael Beschloss编，*Our Documents: 100 Milestone Documents from the National Archives*（Oxford and New York: Oxford University Press, 2006），第149—151页。关于列宁和威尔逊的不同视角，亦可参见Arno Mayer, *Wilson vs. Lenin: Political Origins of the New Democracy, 1917—1918*（Cleveland, OH: World, 1964）；Eric D. Weitz, "From the Vienna to the Paris System: International

Politics and the Entangled Histories of Human Rights, Forced Deportations, and Civilizing Missions", *The American Historical Review* 113（2008），第313—343页。

15. MacMillan, *Peacemakers*，第67页；Sharp, *The Versailles Settlement*。

16. 关于研究的状况，参见Gerwarth & Manela编，*Empires at War*；David M. Anderson & David Killingray编，*Policing and Decolonisation: Politics, Nationalism and the Police, 1917—1965*（Manchester: Manchester University Press, 1992）；Derek Sayer, "British Reaction to the Amritsar Massacre, 1919—1920", *Past & Present* 131（1991），第130—164页；Jon Lawrence, "Forging a Peaceable Kingdom: War, Violence and Fear of Brutalization in Post-First World War Britain", *Journal of Modern History* 75（2003），第557—589页；Susan Kingsley Kent, *Aftershocks: Politics and Trauma in Britain, 1918—1931*（Basingstoke and New York: Palgrave Macmillan, 2009），第64—90页。

17. Ian Kershaw, *To Hell and Back: Europe, 1914—1949*（London: Allen Lane, 2015），第122页。

18. 参见下面著作中的一系列文章，Gerwarth & Manela编，*Empires at War*，尤其是Leonard Smith, "Empires at the Paris Peace Conference"，第254—276页；Christopher Capozzo, "The United States Empire"，第235—253页；Frederick R. Dickinson, "The Japanese Empire"，第197—213页。

19. 墨索里尼的话，引自Richard J. B. Bosworth, *Mussolini*（London: Arnold, 2002），第121页。

20. 参见Béla Király, "East Central European Society and Warfare in the Era of the Balkan Wars"，Béla Király and Dimitrije Đorđević, *East Central European Society and the Balkan Wars*（Boulder, CO: Social Science Monographs, 1987），第3—13页；Peter Bartl, *Albanci, od Srednjeg veka do danas*（Belgrade: CLIO, 2001），第124—138页。

21. Richard C. Hall, *The Balkan Wars, 1912—1913: Prelude to the First World War*（London and New York: Routledge, 2000）。

22. Uğur Ümit Üngör, "Mass Violence against Civilians during the Balkan Wars"，Dominik Geppert, William Mulligan & Andreas Rose编，*The Wars Before the Great War: Conflict and International Politics Before the Outbreak of the First World War*（Cambridge and New York: Cambridge University Press, 2015）。

23. Richard Bessel, "Revolution"，Winter编，*The Cambridge History of the First World War*，第2卷，第127页。亦可参见Jeffrey R. Smith, A *People's War: Germany's Political Revolution, 1913—1918*（Lanham, MD: University Press of America, 2007），第25—49页。

24. Robert A. Kann, *Geschichte des Habsburgerreiches 1526 bis 1918*（Vienna and Cologne: Böhlau, 1990），第581页；Peter Haslinger, "Austria-Hungary"，Gerwarth & Manela编，*Empires at War*，第73—90页。

25. Haslinger, "Austria-Hungary", 第74页。

26. Andrej Mitrović, *Serbia's Great War: 1914—1918* (London: Hurst, 2007), 第96页。关于一般性的背景材料, 亦可参见 Frédéric Le Moal, *La Serbie: Du martyre à la victoire 1914—1918* (Paris: Soteca, 2008)。

27. 参见 Bela K. Király & Nandor F. Dreisiger 编, *East Central European Society in World War I* (New York: East European Monographs, 1985), 第305—306页; Jonathan E. Gumz, *The Resurrection and Collapse of Empire in Habsburg Serbia, 1914—1918* (Cambridge and New York: Cambridge University Press, 2009)。亦可参见 Pieter M. Judson, *The Habsburg Empire: A New History* (Cambridge, MA: Harvard University Press, 2016), 第406页。

28. Miklós Bánffy, *The Phoenix Land: The Memoirs of Count Miklós Bánffy* (London: Arcadia Books, 2003), 第3—4页。

29. Maureen Healy, *Vienna and the Fall of the Habsburg Empire: Total War and Everyday Life in World War I* (Cambridge and New York: Cambridge University Press, 2004), 第279—299页; Mark Cornwall, "Morale and Patriotism in the Austro-Hungarian Army, 1914—1918", John Horne 编, *State, Society, and Mobilization in Europe during the First World War* (Cambridge: Cambridge University Press, 1997), 第173—191页。亦可参见 John W. Boyer, *Culture and Political Crisis in Vienna: Christian Socialism in Power, 1897—1918* (Chicago, IL: University of Chicago Press, 1995), 第369—443页; Laurence Cole & Daniel L. Unowsky 编, *The Limits of Loyalty: Imperial Symbolism, Popular Allegiances and State Patriotism in the Late Habsburg Monarchy* (New York and Oxford: Berghahn Books, 2007)。

30. Mark Cornwall, *The Undermining of Austria-Hungary: The Battle for Hearts and Minds* (Basingstoke: Macmillan, 2000)。亦可参见 Kenneth J. Calder, *Britain and the Origins of the New Europe, 1914—1918* (Cambridge and New York: Cambridge University Press, 1976)。20世纪的中欧史学（英语）长期以这种战时宣传为立足点。有历史学者在这些历史学家的著作基础上认为, 在1914年8月战争开始前, 民族矛盾已经使得哈布斯堡王朝虚弱不堪, 参见 Oszkár Jászi, *The Dissolution of the Habsburg Monarchy* (Chicago, IL: University of Chicago Press, 1929); Carlile A. Macartney, *The Habsburg Empire, 1790—1918* (London: Weidenfeld and Nicolson, 1969)。他们之后的下一代历史学家认为, 战争仅仅是帝国崩溃的催化剂, 例如 Robert A. Kann, *The Multinational Empire: Nationalism and National Reform in the Habsburg Monarchy, 1848—1918*, 2卷本 (New York: Columbia University Press, 1950); A. J. P. Taylor, *The Habsburg Monarchy, 1809—1918: A History of the Austrian Empire and Austria-Hungary* (London: Hamish Hamilton, 1948)。

31. Reynolds, *The Long Shadow*, 第15页。

32. Andrea Orzoff, *Battle for the Castle* (Oxford and New York: Oxford University

Press, 2009），第24页。

33. Haslinger, "Austria-Hungary"。

34. Mark Levene, *War, Jews, and the New Europe: The Diplomacy of Lucien Wolf, 1914—1919*（Oxford and New York: Oxford University Press, 1992），第181页。亦可参见Alan Sharp, "'The Genie that Would Not Go Back into the Bottle': National Self-Determination and the Legacy of the First World War and the Peace Settlement", Seamus Dunn & T. G. Fraser编, *Europe and Ethnicity: The First World War and Contemporary Ethnic Conflict*（London and New York: Routledge, 1996），第10—29页。

35. 1919年2月7日，美国正式承认了这个新国家，法国和英国则要到6月《凡尔赛条约》定稿时，参见Andrej Mitrović, *Jugoslavija na Konferenciji mira 1919—1920*（Belgrade: Zavod za izdavanje udžbenike SR Srbije, 1969），第62—63页。

36. 引自Mark Mazower, *Dark Continent: Europe's Twentieth Century*（New York: Vintage Books, 1998），第46页。

37. 关于这一宣言的背景，参见Manfried Rauchensteiner, *Der Tod des Doppeladlers: Österreich-Ungarn und der Erste Weltkrieg*（Graz: Styria, 1993），第603—608页；Edmund Glaise-Horstenau, *The Collapse of the Austro-Hungarian Empire*（London and Toronto: J. M. Dent, 1930），第107—109页；Judson, *The Habsburg Empire*，第432页；Alexander Watson, *Ring of Steel: Germany and Austria-Hungary at War, 1914—1918*（London: Allen Lane, 2014），第541页。

38. Jörn Leonhard, *Die Büchse der Pandora: Geschichte des Ersten Weltkriegs*（Munich: C. H. Beck, 2014），第896页及以下。

39. Jan Křen, *Die Konfliktgemeinscbaft: Tschechen und Deutsche, 1780—1918*（Munich: Oldenbourg, 1996），第371—372页。

40. Macartney, *The Habsburg Empire*，第831页。

41. 关于更大的背景，参见Eugene Rogan, *The Fall of the Ottomans: The Great War in the Middle East, 1914—1920*（London: Allen Lane, 2015）。

42. 关于当时法国垂涎这一地区的解释，参见Comte Roger de Gontaut-Biron, *Comment la France s'est installée en Syrie, 1918—1919*（Paris: Plon, 1922），尤其是第1—10页。

43. 关于《赛克斯—皮科协议》，参见David Fromkin, *A Peace to End All Peace: The Fall of the Ottoman Empire and the Creation of the Modern Middle East*（New York: Henry Holt and Company, 1989），第188—199页；David Stevenson, *The First World War and International Politics*（Oxford: Oxford University Press, 1988），第129—130页。

44. Gudrun Krämer, *A History of Palestine: From the Ottoman Conquest to the Founding of the State of Israel*（Princeton, NJ: Princeton University Press, 2008），第146页；Malcolm E. Yapp, *The Making of the Modern Near East: 1792—1923*

（London: Longman, 1987），第281—286页。

45. 关于费萨尔，参见Ali A. Allawi, *Faisal I of Iraq*（New Haven, CT and London: Yale University Press, 2014）；关于劳伦斯，参见Scott Anderson, *Lawrence in Arabia: War, Deceit, Imperial Folly and the Making of the Modern Middle East*（New York: Doubleday, 2013）。

46. Jonathan Schneer, *The Balfour Declaration: The Origins of Arab-Israeli Conflict*（London and Basingstoke: Macmillan, 2014）。亦可参见John Darwin, *Britain, Egypt and the Middle East: Imperial Policy in the Aftermath of War, 1918—1922*（London and Basingstoke: Macmillan, 1981），第156页。

47. 关于魏茨曼，参见Jehuda Reinharz, *Chaim Weizmann: The Making of a Statesman*（Oxford and New York: Oxford University Press, 1993，第二版）。

48. 关于进一步的细节，参见Schneer, *The Balfour Declaration*。

49. Malcolm E. Yapp, *The Near East Since the First World War: A History to 1995*（London: Longman, 1996），第116页。

50. *ha-Herut*, 转引自 Mustafa Aksakal, "The Ottoman Empire", Winter编, *The Cambridge History of the First World War*，第1卷，第459—478页，此处见第477页。亦可参见Abigail Jacobson, *From Empire to Empire: Jerusalem between Ottoman and British Rule*（Syracuse, NY: Syracuse University Press, 2011），第27页。

51. 关于本—古里安，参见Shabtai Teveth, *Ben-Gurion and the Palestinian Arabs: From Peace to War*（Oxford and New York: Oxford University Press, 1985），以及他的 *The Burning Ground: A Biography of David Ben-Gurion*（Tel Aviv: Schoken, 1997）；Anita Shapira, *Ben-Gurion: Father of Modern Israel*（New Haven, CT and London: Yale University Press, 2014）。关于犹太军团，参见Martin Watts, *The Jewish Legion and the First World War*（London and New York: Palgrave, 2004）。

52. Ryan Gingeras, *Fall of the Sultanate: The Great War and the End of the Ottoman Empire, 1908—1922*（Oxford and New York: Oxford University Press, 2016），第230页。

53. 引自Jacobson, *From Empire to Empire*，第145页；Aksakal, "Ottoman Empire", Winter编, *First World War*，第477页。

54. United States Department of State, *Papers relating to the Foreign Relations of the United States. The Paris Peace Conference, 1919*（U.S. Government Printing Office, 1919），第12卷，第793—795页。

55. Bernard Wasserstein, *The British in Palestine: The Mandatory Government and the Arab-Jewish Conflict 1917—1929*（Oxford: Blackwell, 1991）。

12　重塑中东欧

1. Thomas Sakmyster, *Hungary's Admiral on Horseback: Miklós Horthy, 1918—1944*（Boulder, CO: Eastern European Monographs, 1994），第11页。

2.　Alexander Watson, *Ring of Steel: Germany and Austria-Hungary at War, 1914—1918*（London: Allen Lane, 2014），第542页；Pieter M. Judson, *The Habsburg Empire: A New History*（Cambridge, MA: Harvard University Press, 2016），第437页。

3.　József Galántai, *Hungary in the First World War*（Budapest: Akad.Kiadó, 1989），第315—322页；Judson, *The Habsburg Empire*，第438—439页；Watson, *Ring of Steel*，第542页。

4.　Richard G. Plaschka, *Horst Haselsteiner and Arnold Suppan, Innere Front: Militärassistenz, Widerstand und Umsturz in der Donaumonarchie 1918*, 2卷本（Vienna: Verlag für Geschichte und Politik, 1974），第2卷，第247—259页；Watson, *Ring of Steel*，第543页。

5.　关于蒂萨的被害，参见Ferenc Pölöskei, *A rejtélyes Tisza-gyilko-sság*（Budapest: Helikon Kiadó, 1988）。

6.　Plaschka, *Haselsteiner and Suppan, Innere Front*，第2卷，第260—277页。关于蒂萨的死，参见Arthur May, *The Passing of the Habsburg Monarchy*（Philadelphia, PA: University of Pennsylvania Press, 1966），第2卷，第789页；Watson, *Ring of Steel*，第543页。

7.　Manfried Rauchensteiner, *Der Tod des Doppeladlers: Österreich-Ungarn und der Erste Weltkrieg*（Graz: Styria, 1993），第614—615页；Watson, *Ring of Steel*，第543页。

8.　Zbyněk Zeman, *The Masaryks: The Making of Czechoslovakia*（London: I. B. Tauris, 1976），第115页。

9.　Plaschka, Haselsteiner & Suppan, *Innere Front*，第2卷，第143—158、184—185、217页；Watson, *Ring of Steel*，第544页。

10.　Ante Pavelić, *Doživljaji*（Zagreb: Naklada Starčević, 1996，重印版），第459页。关于他在1918年的职务和他随后在"乌斯塔沙"中的角色，参见Fikreta Jelić-Butić, *Ustaše i Nezavisna država Hrvatska 1941—1945*（Zagreb: Školska Knjiga, 1977），第13—14页；Mario Jareb, *Ustaško-domobranski pokret od nastanka do travnja 1941*（Zagreb: Hrvatski institut za povijest—Školska Knjiga, 2006），第33—34页。

11.　Watson, *Ring of Steel*，第544页；Alexander V. Prusin, *The Lands Between: Conflict in the East European Borderlands, 1870—1992*（Oxford and New York: Oxford University Press, 2010），第72—97页；Piotr J. Wróbel, "The Seeds of Violence: The Brutalization of an East European Region 1917—1921", *Journal of Modern European History* 1（2003），第125—149页。

12.　Timothy Snyder, *The Reconstruction of Nations: Poland, Ukraine, Lithuania, Belarus 1569—1999*（New Haven, CT and London: Yale University Press, 2003），第137—141页；Judson, *Habsburg Empire*，第438页。

13.　Margaret MacMillan, *Peacemakers: The Paris Conference of 1919 and its Attempt to End War*（London: John Murray, 2001），第217页。

14. Włodzimierz Borodziej, *Geschichte Polens im 20. Jahrhundert*（Munich: C. H. Beck, 2010），第97页；关于美国救济管理局在波兰的情况，参见Matthew Lloyd Adams, "When Cadillacs Crossed Poland: The American Relief Administration in Poland, 1919—1922"，未出版的博士论文，Armstrong Atlantic State University, 2005；Paul Niebrzydowski, *The American Relief Administration in Poland after the First World War, 1918—1923*（Washington DC: IARO Scholar Research Brief, 2015）；William Remsburgh Grove, *War's Aftermath: Polish Relief in 1919*（New York: House of Field, 1940）。

15. Piotr Stefan Wandycz, *The Lands of Partitioned Poland, 1795—1918*（Seattle, WA: University of Washington Press, 1974），第291—293页；Norman Davies, *God's Playground*，第2卷：*1795 to the Present*（Oxford and New York: Oxford University Press, 2005），第52—53页；MacMillan, *Peacemakers*，第219页及以下。亦可参见Jochen Böhler, "Generals and Warlords, Revolutionaries and Nation State Builders: The First World War and its Aftermath in Central and Eastern Europe"，Jochen Böhler, Włodzimierz Borodziej and Joachim von Puttkamer 编，*Legacies of Violence: Eastern Europe's First World War*（Munich: Oldenbourg, 2014），第51—66页。

16. 关于毕苏斯基，参见Peter Hetherington, *Unvanquished: Joseph Pilsudski, Resurrected Poland, and the Struggle for Eastern Europe*（Houston, TX: Pingora Press, 2012，第二版）；Wacław Jędrzejewicz, *Pilsudski: A Life for Poland*（New York: Hippocrene Books, 1990）；Holger Michael, *Marschall Józef Piłsudski 1867—1935: Schöpfer des modernen Polens*（Bonn: Pahl-Rugenstein, 2010）。

17. Davies, *God's Playground*，第2卷，第385页。

18. 出处同上，第5页及以下。

19. Jochen Böhler, "Enduring Violence. The Post-War Struggles in East-Central Europe 1917—1921"，*Journal of Contemporary History* 50（2015），第58—77页，以及他的"Generals and Warlords, Revolutionaries and Nation State Builders"。

20. 关于波兰和乌克兰的冲突，参见Torsten Wehrhahn, *Die West-ukrainische Volksrepublik: Zu den polnisch-ukrainischen Beziehungen und dem Problem der ukrainischen Staatlichkeit in den Jahren 1918 bis 1923*（Berlin: Weißensee Verlag, 2004），第102—112页；Mykola Lytvyn, *Ukrayins'ko-pol's'ka viyna 1918—1919rr*（L'viv: Inst. Ukraïnoznavstva Im. I. Krypjakevyča NAN Ukraïny; Inst. Schidno-Centralnoï Jevropy, 1998）；Michał Klimecki, *Polsko-ukraińska wojna o Lwów i Wschodnią Galicję 1918—1919 r. Aspekty polityczne I wojskowe*（Warsaw: Wojskowy Instytut Historyczny, 1997）。

21. MacMillan, *Peacemakers*, 235.

22. Kay Lundgreen-Nielsen, *The Polish Problem at the Paris Peace Conference: A*

Study in the Policies of Great Powers and the Poles, 1918—1919（Odense: Odense University Press, 1979），第222—223、279—288页。

23. 关于上西里西亚，参见 Timothy Wilson, *Frontiers of Violence: Conflict and Identity in Ulster and Upper Silesia 1918—1922*（Oxford and New York: Oxford University Press, 2010）。关于波兰和立陶宛的冲突，参见 Andrzej Nowak, "Reborn Poland or Reconstructed Empire? Questions on the Course and Results of Polish Eastern Policy（1918—1921）", *Lithuanian Historical Studies* 13（2008），第134—142 页；Snyder, *Reconstruction of Nations*，第57—65页。

24. Norman Davies, *White Eagle, Red Star: The Polish-Soviet War, 1919—1920 and "the Miracle on the Vistula"*（London: Pimlico, 2003），第152—159页；Jerzy Borzęcki, *The Soviet-Polish Peace of 1921 and the Creation of Interwar Europe*（New Haven, CT and London: Yale University Press, 2008），第92页。

25. Adam Zamoyski, *Warsaw 1920: Lenin's Failed Conquest of Europe*（London: Harper Press, 2008），第67页；Davies, *White Eagle, Red Star*，第141页和第152页及以下。关于暴行，参见 Jerzy Borzęcki, "German Anti-Semitism à la Polonaise: A Report on Poznanian Troops' Abuse of Belarusian Jews in 1919", *East European Politics and Cultures* 26（2012），第693—707页。

26. Arnold Zweig, *Das ostjüdische Antlitz*（Berlin: Welt Verlag, 1920），第9—11页。

27. 关于法国卷入这场战争的情况，参见 Frédéric Guelton, "La France et la guerre polono-bolchevique", *Annales: Académie Polonaise des Sciences, Centre Scientifique à Paris* 13（2010），第89—124页，以及他的 "Le Capitaine de Gaulle et la Pologne（1919—1921）", Bernard Michel & Józef Łaptos 编, *Les Relations entre la France et la Pologne au XXe siècle*（Cracow: Eventus, 2002），第113—127页。

28. Davies, *White Eagle, Red Star*，第261页及以下；Borzęcki, *The Soviet-Polish Peace of 1921*。

29. 参见 Piotr Stefan Wandycz, *France and her Eastern Allies, 1919—1925: French-Czechoslovak-Polish Relations from the Paris Peace Conference to Locarno*（Minneapolis, MN: University of Minnesota Press, 1962），第75—91页。

30. Robert Howard Lord, "Poland", Edward M. House & Charles Seymour 编, *What Really Happened at Paris: The Story of the Peace Conference by American Delegates*（London: Hodder and Stoughton, 1921），第67—86页；关于争议，参见 Harold Temperley 编, *A History of the Peace Conference of Paris*, 6卷本（London: Frowde and Hodder and Stoughton, 1921—1924），第4卷，第348—363页。

31. 关于两次世界大战之间初期德国和捷克的冲突，参见 Karl Braun, "Der 4. *März 1919. Zur Herausbildung Sudetendeutscher Identität*", *Bohemia* 37（1996），第353—380页；Johann Wolfgang Brügel, *Tschechen und Deutsche 1918—1938*（Munich: Nymphenburger Verlagshandlung, 1967），第75—78页；Rudolf Kučera, "Exploiting Victory, Sinking into Defeat: Uniformed Violence in the Creation of

the New Order in Czechoslovakia and Austria 1918—1922", *Journal of Modern History*（即将发表）。

32. 关于这场战争的国际背景，参见Miklos Lojko, *Meddling in Middle Europe: Britain and the "Lands Between", 1918—1925*（Budapest and New York: Central European University Press, 2006），第13—38页；Dagmar Perman, *The Shaping of the Czechoslovak State: Diplomatic History of the Boundaries of Czechoslovakia*（Leiden: Brill, 1962）；Wandycz, *France and Her Eastern Allies*，第49—74页。

33. 关于这些返乡的士兵，参见Gerburg Thunig-Nittner, *Die Tschechoslowakische Legion in Rußland: Ihre Geschichte und Bedeutung bei der Entstehung der 1. Tschechoslowakischen Republik*（Wiesbaden: Harrassowitz, 1970），第112—123页。关于捷克斯洛伐克军团成员在捷克斯洛伐克共和国中的特殊地位，参见Natalie Stegmann, *Kriegsdeutungen, Staatsgründungen, Sozialpolitik: Der Helden- und Opferdiskurs in der Tschechoslowakei, 1918—1948*（Munich: Oldenbourg, 2010），第63—116页。

34. Ivan Šedivý, "Zur Loyalität der Legionäre in der ersten Tschecho- slowakischen Republik", Martin Schulze Wessel编, *Loyalitäten in der Tschechoslowakischen Republik 1918—1938: Politische, nationale und kulturelle Zugehörigkeiten*（Munich: Oldenbourg, 2004），第141—152页；Kučera, "Exploiting Victory, Sinking into Defeat"。关于对阿尔萨斯—洛林地区和捷克斯洛伐克边界地区所进行的比较，参见Tara Zahra, "The 'Minority Problem': National Classification in the French and Czechoslovak Borderlands", *Contemporary European Review* 17（2008），第137—165页。

35. Kučera, "Exploiting Victory, Sinking into Defeat".

36. Peter A. Toma, "The Slovak Soviet Republic of 1919", *American Slavic and East European Review* 17（1958），第203—215页；Ladislav Lipscher, "Die Lage der Juden in der Tschechoslowakei nach deren Gründung 1918 bis zu den Parlamentswahlen 1920", *East Central Europe* 1（1989），第1—38页。关于更为广泛的中欧背景，参见Eliza Ablovatski, "The 1919 Central European Revolutions and the Judeo- Bolshevik Myth", *European Review of History* 17（2010），第473—449页；Paul Hanebrink, "Transnational Culture War: Christianity, Nation and the Judeo- Bolshevik Myth in Hungary 1890—1920", *Journal of Modern History*（2008），第55—80页；Kučera, "Exploiting Victory, Sinking into Defeat"。

37. Kučera, "Exploiting Victory, Sinking into Defeat".

38. *Andrej Mitrović, Serbia's Great War: 1914—1918*（London: Hurst, 2007），第320页；Mile Bjelajac, *Vojska Kraljevine Srba, Hrvata i Slovenaca 1918—1921*（Belgrade: Narodna knjiga, 1988），第28—29页。

39. *Milorad Ekmečić, Stvaranje Jugoslavije 1790—1918*（Belgrade: Prosveta, 1989），

第2卷，第838页；Holm Sundhaussen, *Geschichte Serbiens: 19.—21. Jahrhundert* （Vienna: Böhlau, 2007）。

40. John Paul Newman, *Yugoslavia in the Shadow of War: Veterans and the Limits of State Building, 1903—1945* （Cambridge and New York: Cambridge University Press, 2015），第189页。

41. Mile Bjelajac, "1918: oslobođenje ili okupacija nesrpskih krajeva?", Milan *Terzić, Prvi svetski rat i Balkan—90 godina* （Belgrade: Institut za strategijska *istraživanja*, 2010），第201—223页。

42. 关于克恩滕州，参见Bjelajac, *Vojska Kraljevine Srba*，第56页；Siegmund Knaus, *Darstellungen aus den Nachkriegskämpfen deutscher Truppen und Freikorps* （Berlin: Mittler and Sohn, 1941—1942），第7、8卷；Wilhelm Neumann, *Abwehrkampf und Volksabstimmung in Kärnten, 1918—1920: Legenden und Tatsachen* （Klagenfurt: *Kärntner Landesarchiv*, 1985, 第二版）；以及Jaromir Diakow 的自传体报告，见 *ÖStA*, Kriegsarchiv, B727, Diakow Papers。

43. 关于克恩滕州和这首诗歌的单行本，参见无名氏，"Der Sturm auf Völkermarkt am 2. Mai 1919"，见 *ÖStA*, Kriegsarchiv, B694, Knaus Papers，第31页。

44. MacMillan, *Peacemakers*，第125页。

45. Christopher Clark, *Sleepwalkers: How Europe Went to War in 1914* （London: Allen Lane, 2012），第7、367—376页；MacMillan, *Peacemakers*，第120页及以下。

46. 关于南斯拉夫草创时期领导塞尔维亚和克罗地亚的政治家以及他们之间的关系，参见 *Dejan Djokić, Pašić and Trumbić: The Kingdom of Serbs, Croats, and Slovenes* （London: Haus, 2010）。

47. 出处同上

48. 出处同上

49. *Trumbić*, 引自 MacMillan, *Peacemakers*，第123页。

50. *Mitrović, Serbia's Great War*，第94—95页；Branko *Petranović, Istorija Jugoslavije* （Belgrade: Nolit, 1988），第1卷，第12页。

51. MacMillan, *Peacemakers*，第124页。

52. Srdja *Pavlović, Balkan Anschluss: The Annexation of Montenegro and the Creation of a Common South Slav State* （West Lafayette, IN: Purdue University Press, 2008），第153页；Novica *Rakočević, Crna Gora u Prvom svetskom ratu 1914—1918* （Cetinje: Obod, 1969），第428—429页。

53. Djordje *Stanković, "Kako je Jugoslavija počela"*, Milan *Terzić, Prvi svetski rat i Balkan—90 godina kasnije* （Belgrade: Institut za strategijska istraživanj*a, 2010），第242页。

54. Newman, *Yugoslavia*。

55. Dejan Djokić, *Elusive Compromise: A History of Interwar Yugoslavia* （Oxford and New York: Oxford University Press, 2007）。

13　败者遭殃

1.　Bruno Cabanes, "1919: Aftermath", Jay Winter 编, *Cambridge History of the First World War*（Cambridge: Cambridge University Press, 2014），第1卷，第172—198页，此处见第174页。

2.　Stéphane Audoin-Rouzeau, "Die Delegation der 'Gueules *cassées*' in Versailles am 28. Juni 1919", Gerd Krumeich et al. 编, *Versailles 1919: Ziele, Wirkung, Wahrnehmung*（Essen: Klartext Verlag, 2001），第280—287页。

3.　Edward M. House, *The Intimate Papers of Colonel House Arranged as a Narrative by Charles Seymour*（Boston, MA and New York: Houghton Mifflin, 1926—1928），第4卷，第487页。

4.　引自 Cabanes, "1919: Aftermath", 第172—198页。

5.　Laird Boswell, "From Liberation to Purge Trials in the 'Mythic Provinces': Recasting French Identities in Alsace and Lorraine, 1918—1920", *French Historical Studies* 23（2000），第129—162页，此处见第141页。

6.　Alan Sharp, "The Paris Peace Conference and its Consequences", *1914—1918 online. International Encyclopedia of the First World War*。

7.　Gotthold Rhode, "Das Deutschtum in Posen und Pommerellen in der Zeit der Weimarer Republik", Senatskommission für das Studium des Deutschtums im Osten an der Rheinischen Friedrich-Wilhelms-Universität Bonn 编, *Studien zum Deutschtum im Osten*（Cologne and Graz: Böhlau, 1966），第99页。其他估计的数字更高，参见 Richard Blanke, *Orphans of Versailles: The Germans in Western Poland, 1918—1939*（Lexington, KY: University Press of Kentucky, 1993），第32—34页。

8.　关于决定上西里西亚归属的戏剧性而又充满深刻矛盾性的完整故事，参见 James E. Bjork, *Neither German Nor Pole: Catholicism and National Indifference in a Central European Borderland, 1890—1922*（Ann Arbor, MI: University of Michigan Press, 2008）; T. Hunt Tooley, "German Political Violence and the Border Plebiscite in Upper Silesia, 1919—1921", *Central European History* 21（1988），第56—98页，以及他的 *National Identity and Weimar Germany: Upper Silesia and the Eastern Border, 1918—1922*（Lincoln, NB and London: University of Nebraska Press, 1997）。亦可参见 Tim K. Wilson, "The Polish-German Ethnic Dispute in Upper Silesia, 1918—1922: A Reply to Tooley", *Canadian Review of Studies in Nationalism* 32（2005），第1—26页。

9.　Margaret MacMillan, *Peacemakers: The Paris Conference of 1919 and its Attempt to End War*（London: John Murray, 2001），第230页。

10. Waldemar Grosch, *Deutsche und polnische Propaganda während der Volksabstimmung in Oberschlesien 1919—1921*（Dortmund: Forschungsstelle Ostmitteleuropa, 2003）。

11. 英、法两国瓜分了德属喀麦隆和多哥兰，比利时攫取了德属东非西北部的卢旺达—乌隆迪，德属西南非洲（纳米比亚）被置于南非托管统治下。在太平洋，日本占领了赤道以北的德属岛屿（马绍尔群岛、加罗林群岛、马里亚纳群岛、帕劳群岛）以及中国的胶州湾。德属萨摩亚给了新西兰，德属新几内亚、俾斯麦群岛和瑙鲁给了澳大利亚。参见 Alan Sharp, *The Versailles Settlement: Peacemaking after the First World War, 1919—1923*（London: Palgrave, 2008，第二版），第109—138页。

12. Wolfgang Elz, "Versailles und Weimar", *Aus Politik und Zeitgeschichte* 50/51（2008），第31—38页。

13. Sally Marks, "The Myths of Reparations", *Central European History* 11（1978），第231—239页；Niall Ferguson, *The Pity of War: Explaining World War I*（London: Allen Lane, 1998），第399—432页。伦敦赔款计划也被修改了两次，一次是在1924年（道威斯计划），另一次是在1929年（扬格计划），在大萧条之前暂停。希特勒掌权后，中止了所有付款。在1919年至1932年间，德国共支付了（1921年商定的A和B债券的500亿金马克中的）200多亿金马克赔款。参见 Manfred F. Boemeke, Gerald D. Feldman & Elisabeth Glaser 编, *The Treaty of Versailles: A Reassessment after 75 Years*（Cambridge and New York: Cambridge University Press, 1998），第424页。

14. Richard J. Evans, *The Coming of the Third Reich*（London: Penguin, 2004），第65页；Alan Sharp, "The Paris Peace Conference and its Consequences", *1914—1918 online. International Encyclopedia of the First World War*；MacMillan, *Peacemakers*，第186页。

15. Andreas Krause, *Scapa Flow: Die Selbstversenkung der Wilhelminischen Flotte*（Berlin: Ullstein, 1999）。

16. *Verhandlungen der verfassunggebenden Deutschen Nationalversammlung. Stenographische Berichte*（Berlin: Norddeutsche Buchdruckerei u. Verlagsanstalt, 1920），第327卷，第1082页及以下。

17. Alexander Watson, *Ring of Steel: Germany and Austria-Hungary at War, 1914—1918*（London: Allen Lane, 2014），第561页；MacMillan, *Peacemakers*，第475—481页。关于1918年10月23日威尔逊的记录，参见 Harry Rudolph Rudin, *Armistice 1918*（New Haven, CT and London: Yale University Press, 1944），第173页。

18. Sharp, *Versailles*，第37—39页。

19. Evans, *Coming of the Third Reich*，第66页。

20. Heinrich August Winkler, *The Age of Catastrophe: A History of the West 1914—1945*（New Haven, CT and London: Yale University Press, 2015），第888页。

21. John Maynard Keynes, *The Economic Consequences of the Peace*（London: Macmillan, 1919）。

22. Elz, "Versailles und Weimar"，第33页。

23. 关于《圣日耳曼条约》，参见Nina Almond & Ralph Haswell Lutz编，*The Treaty of St. Germain: A Documentary History of its Territorial and Political Clauses*（Stanford, CA: Stanford University Press, 1935）；Isabella Ackerl & Rudolf Neck编，*Saint-Germain 1919: Protokoll des Symposiums am 29. und 30. Mai 1979 in Wien*（Vienna: Verlag für Geschichte und Politik, 1989）；Fritz Fellner, "Der Vertrag von St. Germain", Erika Weinzierl & Kurt Skalnik编，*Österreich 1918—1938*（Vienna: Böhlau, 1983），第1卷，第85—106页；Lorenz Mikoletzky, "Saint-Germain und Karl Renner: Eine Republik wird diktiert", Helmut Konrad & Wolfgang Maderthaner编，*Das Werden der Ersten Republik ... der Rest ist Österreich*（Vienna: Carl Gerald's Sohn, 2008），第1卷，第179—186页；Erich Zöllner, *Geschichte Österreichs: Von den Anfängen bis zur Gegenwart*（Vienna: Verlag für Geschichte und Politik, 1990，第八版），第499页。

24. S. W. Gould, "Austrian Attitudes toward Anschluss: October 1918—September 1919", *Journal of Modern History* 22（1950），第220—231页；Walter Rauscher, "Die Republikgründungen 1918 und 1945", Klaus Koch, Walter Rauscher, Arnold Suppan & Elisabeth Vyslonzil编，*Außenpolitische Dokumente der Republik Österreich 1918—1938. Sonderband: Von Saint-Germain zum Belvedere: Österreich und Europa 1919—1955*（Vienna and Munich: Verlag für Geschichte und Politik, 2007），第9—24页。关于德国人对合并的争论，参见Robert Gerwarth, "Republik und Reichsgründung: Bismarcks kleindeutsche Lösung im Meinungsstreit der ersten deutschen Demokratie", Heinrich August Winkler编，*Griff nach der Deutungsmacht: Zur Geschichte der Geschichtspolitik in Deutschland*（Göttingen: Wallstein, 2004），第115—133页。

25. Ivan T. Berend, *Decades of Crisis: Central and Eastern Europe before World War II*（Berkeley, CA: University of California Press, 1998），第224—226页。

26. Maureen Healy, *Vienna and the Fall of the Habsburg Empire: Total War and Everyday Life in World War I*（Cambridge and New York: Cambridge University Press, 2004），第309页；Manfried Rauchensteiner, "L'Autriche entre confiance et résignation, 1918—1920", Stéphane Audoin-Rouzeau & Christophe Prochasson编，*Sortir de la Grande Guerre*（Paris: Tallandier, 2008），第165—185页。

27. Francesca M. Wilson, *Rebel Daughter of a Country House: The Life of Eglantyne Jebb, Founder of the Save the Children Fund*（Boston, MA and London: Allen and Unwin, 1967），第198页。

28. Ethel Snowden, 引自Ian Kershaw, *To Hell and Back: Europe, 1914—1949*（London: Allen Lane, 2015），第99页。

29. Almond & Lutz编，*St. Germain*，第92页。

30. Karl Rudolf Stadler, *Birth of the Austrian Republic 1918—1921*（Leyden: Sijthoff, 1966），第41—42页。

31. 引自MacMillan, *Peacemakers*，第258页。

32. Stadler, *Birth of the Austrian Republic*，第48页。

33. MacMillan, *Peacemakers*，第261页。

34. Bauer，引自出处同上，第259页。

35. Evans, *Coming of the Third Reich*，第62页及以下；Gerwarth, "Republik und Reichsgründung"。

36. MacMillan, *Peacemakers*，第264页；Stadler, *Birth of the Austrian Republic*，第136—141页；József Botlik, *Nyugat-Magyarország sorsa, 1918—1921*（Vasszilvány: Magyar Nyugat Könyvkiadó, 2008）；Jon Dale Berlin, "The Burgenland Question 1918—1920: From the Collapse of Austria-Hungary to the Treaty of Trianon"，未出版的博士论文，Madison, WI, 1974；Gerald Schlag, "Die Grenzziehung Österreich-Ungarn 1922/23"，Burgenländisches Landesarchiv 编，*Burgenland in seiner pannonischen Umwelt: Festgabe für August Ernst*（Eisenstadt: *Burgenländisches Landesarchiv*, 1984），第333—346页。

37. 关于《特里亚农条约》影响的一般性论述，参见 Robert Evans, "The Successor States"，Robert Gerwarth 编，*Twisted Paths: Europe 1914—1945*（Oxford and New York: Oxford University Press, 2007），第210—236页；Raymond Pearson, "Hungary: A State Truncated, a Nation Dismembered"，Seamus Dunn & T. G. Fraser 编，*Europe and Ethnicity: World War I and Contemporary Ethnic Conflict*（London and New York: Routledge, 1996），第88—109页，此处见第95—96页。Ignác Romsics, *A trianoni békeszerződés*（Budapest: Osiris, 2008）；Dániel Ballabás, *Trianon 90 év távlatából: Konferenciák, műhelybeszélgetések*（Eger: Líceum Kiadó, 2011）。

38. Berend, *Decades of Crisis*，第224—226页。

39. MacMillan, *Peacemakers*，第277页；Francis Deák, *Hungary at the Peace Conference: The Diplomatic History of the Treaty of Trianon*（New York: Columbia University Press, 1942），第539—549页。

40. Jörg K. Hoensch, *A History of Modern Hungary, 1867—1994*（London and New York: Longman, 1995），第103—104页。

41. Georgi P. Genov, *Bulgaria and the Treaty of Neuilly*（Sofia: H. G. Danov and Co., 1935），第31页；MacMillan, *Peacemakers*，第248—250页。

42. Genov, *Neuilly*，第25、49页；MacMillan, *Peacemakers*，第150页。

43. Harold Nicolson, *Peacemaking, 1919*（London: Grosset and Dunlap, 1933），第34页。

44. 特奥多尔·特奥多罗夫给巴黎和会秘书杜塔斯特的信，Neuilly sur Seine, 1919年9月2日；Tsocho Bilyarski & Nikola Grigorov 编，*Nyoiskiyat pogrom i terorat na bulgarite: Sbornik dokumenti i materiali*（Sofia: Aniko, 2009），第90页。

45. Richard J. Crampton, *Aleksandur Stamboliiski: Bulgaria*（Chicago, IL: Haus Publishing and University of Chicago Press, 2009），第75—109页；Nejiski Mir,

Vojna enciklopedija（Belgrade: Vojno-izdavački zavod, 1973），第19页。

46. MacMillan, *Peacemakers*，第151页。

47. 出处同上

48. Doncho Daskalov, *1923—Sadbonosni resheniya i sabitiya*（Sofia: BZNS, 1983），第23页。

49. Theodora Dragostinova, "Competing Priorities, Ambiguous Loyalties: Challenges of Socioeconomic Adaptation and National Inclusion of the Interwar Bulgarian Refugees", *Nationalities Papers* 34（2006），第549—574页，此处见第553页。关于两次世界大战之间保加利亚难民危机的详细分析和精辟解读，参见Dimitar Popnikolov, *Balgarite ot Trakiya i spogodbite na Bulgaria s Gartsia I Turtsia*（Sofia: n.p., 1928）。

50. 关于第一次世界大战后保加利亚在收容难民上遇到的经济和社会困难的详细情况，参见Georgi Dimitrov, *Nastanyavane i ozemlyavane na balgarskite bezhantsi*（Blagoevgrad: n.p., 1985）；Karl Hitilov, *Selskostopanskoto nastanyavane na bezhantsite 1927—1932*（Sofia: Glavna direktsiya na bezhantsite, 1932）。

51. 1919年11月22日斯坦博利耶斯基给克列孟梭的信。参见Bilyarski & Grigorov 编, *Nyoiskiyat pogrom*，第312页。

52. Richard J. Crampton, "The Balkans", Gerwarth编, *Twisted Paths*，此处见第250—252页。

53. MacMillan, *Peacemakers*，第386—387页。

54. Erik Jan Zürcher, "The Ottoman Empire and the Armistice of Moudros", Hugh Cecil & Peter H. Liddle编, *At the Eleventh Hour: Reflections, Hopes, and Anxieties at the Closing of the Great War, 1918*（London: Leo Cooper, 1998），第266—275页。

55. 引自George Goldberg, *The Peace to End Peace: The Paris Peace Conference of 1919*（London: Pitman, 1970），第196页。

56. Michael A. Reynolds, "Ottoman-Russian Struggle for Eastern Anatolia and the Caucasus, 1908—1918: Identity, Ideology and the Geopolitics of World Order", 未出版的博士论文, Princeton University, 2003，第377页。从民族主义者的视角，参见Justin McCarthy, *Death and Exile: The Ethnic Cleansing of Ottoman Muslims 1821—1922*（Princeton, NJ: Darwin Press, 2004），第198—200页；Salahi Sonyel, *The Great War and the Tragedy of Anatolia: Turks and Armenians in the Maelstrom of Major Powers*（Ankara: Turkish Historical Society, 2000），第161—163页。

57. Ryan Gingeras, *Fall of the Sultanate: The Great War and the End of the Ottoman Empire, 1908—1922*（Oxford and New York: Oxford University Press, 2016），第255页。

58. Hasan Kayali, "The Struggle for Independence", Reşat Kasaba编, *The Cambridge History of Turkey, vol. 4: Turkey in the Modern World*（Cambridge and New York:

Cambridge University Press, 2008），第118页及以下。

59. Gerd Krumeich编，*Versailles 1919: Ziele, Wirkung, Wahrnehmung*（Essen: Klartext Verlag, 2001）。

60. Henryk Batowski, "Nationale Konflikte bei der Entstehung der Nachfolgestaaten", Richard Georg Plaschka & Karlheinz Mack 编, *Die Auflösung des Habsburgerreiches: Zusammenbruch und Neuorientierung im Donauraum*（Munich: Oldenbourg, 1970），第338—349页。

61. Dudley Kirk, *Europe's Population in the Interwar Years*（Geneva and New York: League of Nations, 1946）；Pearson, "Hungary"，第98—99页；István I. Mócsy, *The Effects of World War I: The Uprooted: Hungarian Refugees and their Impact on Hungary's Domestic Politics, 1918—1921*（New York: Columbia University Press, 1983），第10页。

62. Hannah Arendt, *The Origins of Totalitarianism*（New York: Harcourt, Brace and Company, 1951），第260页；关于这个一般性的主题，亦可参见Karen Barkey & Mark von Hagen编，*After Empires: Multiethnic Societies and Nation-Building: The Soviet Union, and the Russian, Ottoman, and Habsburg Empires*（Boulder, CO: Westview Press, 1997）；Leonard V. Smith, "Empires at the Paris Peace Conference"，Gerwarth & Manela编，*Empires at War*，第254—276页。

63. Norman Davies, *Microcosm: A Portrait of a Central European City*（London: Pimlico, 2003），第337页。

64. 出处同上，第389—390页。

65. 正如迈克尔·曼已经指出的那样，在大屠杀的凶手当中，那些在冲突结束后的边界变动中失去家园的人占了绝大多数。Michael Mann, *The Dark Side of Democracy: Explaining Ethnic Cleansing*（Cambridge and New York: Cambridge University Press, 2005），第223—228页。

66. 参见Mark Mazower, *Hitler's Empire: How the Nazis Ruled Europe*（New York: Penguin Press, 2008）。

67. 参见M. C. Kaser & E. A. Radice编，*The Economic History of Eastern Europe, 1919—1975*，第1卷：*Economic Structure and Performance Between the Two Wars*（Oxford: Clarendon Press, 1985），第25页。关于这一问题的细节，亦可参见Alexander V. Prusin, *The Lands Between: Conflict in the East European Borderlands, 1870—1992*（Oxford and New York: Oxford University Press, 2010），第11—124页。

68. Erez Manela, *The Wilsonian Moment: Self-Determination and the International Origins of Anticolonial Nationalism*（Oxford and New York: Oxford University Press, 2007），尤其是第60—61、145—147页。关于中国的五四运动，参见Rana Mitter, *A Bitter Revolution: China's Struggle with the Modern World*（Oxford and New York: Oxford University Press, 2004）。

69. Eric Yellin, *Racism in the Nation's Service: Government Workers and the Color*

Line in Woodrow Wilson's America（Chapel Hill, NC: University of North Carolina Press, 2016）。关于威尔逊更为感性的生活，参见John Milton Cooper, *Woodrow Wilson: A Biography*（New York: Random House, 2009）。

70. Leonard V. Smith, "The Wilsonian Challenge to International Law", *The Journal of the History of International Law* 13（2011），第179—208页。亦可参见他的 "*Les États-Unis et l'échec* d'une seconde mobilisation", *Stéphane Audoin-Rouzeau & Christophe Prochasson*编, *Sortir de la Guerre de 14—18*（Paris: Tallandier, 2008），第69—91页。

71. Smith, "Empires at the Paris Peace Conference"。

72. 关于托管体系，参见Susan Pedersen, "The Meaning of the Mandates System: An Argument", *Geschichte und Gesellschaft* 32（2006），第1—23页；Susan Pedersen, *The Guardians: The League of Nations and the Crisis of Empire*（Oxford and New York: Oxford University Press, 2015），第17—44页。亦可参见Nadine *Méouchy* & Peter Sluglett编, *The British and French Mandates in Comparative Perspective*（Leiden: Brill, 2004）; David K. Fieldhouse, *Western Imperialism in the Middle East, 1914—1958*（Oxford and New York: Oxford University Press, 2006），第3—20页；Lutz Raphael, *Imperiale Gewalt und Mobilisierte Nation: Europa 1914—1945*（Munich: C. H. Beck, 2011），第74—75页。

73. Alan Sharp, "'The Genie that Would Not Go Back into the Bottle': National Self-Determination and the Legacy of the First World War and the Peace Settlement", Seamus Dunn & T. G. Fraser编, *Europe and Ethnicity: The First World War and Contemporary Ethnic Conflict*（London and New York: Routledge, 1996），第25页；Raymond Pearson, *National Minorities in Eastern Europe: 1848—1945*（London: Macmillan, 1983），第136页。

74. Mark Levene, *Crisis of Genocide*，第1卷：*The European Rimlands 1912—1938*（Oxford and New York: Oxford University Press, 2014），第230—240页。

75. 关于条约文本，参见 "Treaty of Peace between the United States of America, the British Empire, France, Italy, and Japan and Poland", *American Journal of International Law* 13, 增刊, 公文（1919），第423—440页。Carole Fink, "The Minorities Question at the Paris Peace Conference: The Polish Minority Treaty, June 28, 1919", Manfred Boemeke, Gerald Feldman & Elisabeth Glaser编, *The Treaty of Versailles: A Reassessment after 75 Years*（Cambridge: Cambridge University Press, 1998），第249—274页。

76. 出处同上。

77. Jaroslav Kucera, *Minderheit im Nationalstaat: Die Sprachenfrage in den tschechisch-deutschen Beziehungen 1918—1938*（Munich: Oldenbourg, 1999），第307页。

78. Carole Fink, *Defending the Rights of Others: The Great Powers, the Jews, and International Minority Protection*（Cambridge and New York: Cambridge

University Press, 2004），第260页；Zara Steiner, *The Lights that Failed: European International History 1919—1933*（Oxford and New York: Oxford University Press, 2005），第86页。

79. Joseph Roth, *The Radetzky March*（New York: Viking Press, 1933），第148—149 页。关于文化背景，参见Adam Kozuchowski, *The Afterlife of Austria-Hungary: The Image of the Habsburg Monarchy in Interwar Europe*（Pittsburgh, PA: University of Pittsburgh Press, 2013）。

80. Levene, *Crisis of Genocide*，第1卷。

81. Mary Heimann, *Czechoslovakia: The State that Failed*（New Haven, CT and London: Yale University Press, 2009），第33—34页（《匹兹堡协议》）和第61—62页（关于违背诺言）。

82. 关于土地改革，参见Daniel E. Miller, "Colonizing the Hungarian and German Border Areas during the Czechoslovak Land Reform, 1918—1938", *Austrian History Yearbook* 34（2003），第303—317页。

83. 引自Mark Cornwall, "National Reparation? The Czech Land Reform and the Sudeten Germans 1918—1938", *Slavonic and East European Review* 75（1997），第280页。关于两次世界大战之间在捷克斯洛伐克国内的捷克人与德意志人的关系，参见Jaroslav Kucera, *Minderheit im Nationalstaat*；Jörg Hoensch & Dusan Kovac编, *Das Scheitern der Verständigung: Tschechen, Deutsche und Slowaken in der Ersten Republik（1918—1938）*（Essen: Klartext, 1994）。

84. 对于修约主义，参见Marina Cattaruzza, Stefan Dyroff & Dieter Langewiesche编, *Territorial Revisionism and the Allies of Germany in the Second World War: Goals, Expectations, Practices*（New York and Oxford: Berghahn Books, 2012）。

14 阜 姆

1. 关于日本与第一次世界大战、战后和谈与日本对种族平等的追求，参见 Frederick R. Dickinson, *War and National Reinvention: Japan in the Great War, 1914—1919*（Cambridge, MA and London: Harvard University Press, 1999）; Thomas W. Burkman, *Japan and the League of Nations: Empire and World Order, 1914—1938*（Honolulu: University of Hawai'i Press, 2008）; Naoko Shimazu, *Japan, Race and Equality: The Racial Equality Proposal of 1919*（London: Routledge, 1998），第117—136页。

2. Glenda Sluga, *The Problem of Trieste and the Italo-Yugoslav Border: Difference, Identity, and Sovereignty in Twentieth-Century Europe*（Albany, NY: SUNY Press, 2001）。

3. Misha Glenny, *The Balkans, 1804—1999*（London: Granta Books, 1999），第307—392页，尤其是第370—377页。

4. 参见Mario Isenghi, *L'Italia in piazza. I luoghi della vita pubblica dal 1848 ai giorni nostri*（Milan: Arnoldo Mondadori, 1994），第231—236页。

5. 关于意大利扩张野心的连续性，参见Claudio G. *Segré*, "Il colonialismo e la politica estera: variazioni liberali e fasciste", Richard J. B. Bosworth & Sergio Romano编, *La politica estera italiana 1860—1985*（Bologna: il Mulino, 1991），第121—146页。

6. 例如参见Giuseppe Piazza, *La nostra terra promessa: lettere dalla Tripolitania marzo-maggio 1911*（Rome: Lux, 1911）。关于其背景，参见R. J. B. Bosworth, *Italy: The Least of the Great Powers: Italian Foreign Policy before the First World War*（Cambridge: Cambridge University Press, 1979）; Gianpaolo Ferraioli, *Politica e diplomazia in Italia tra XIX e XX secolo: vita di Antonino di San Giuliano（1852—1914）*（Soveria Mannelli: Rubbettino, 2007）。

7. Richard J. B. Bosworth & Giuseppe Finaldi, "The Italian Empire", Robert Gerwarth & Erez Manela编, *Empires at War, 1911—1923*（Oxford: Oxford University Press, 2014），第34—51页; Claudio G. *Segré*, "Il colonialismo e la politica estera: variazioni liberali e fasciste", Richard Bosworth & Romano编, *La politica estera italiana 1860—1985*，第123页。亦可参见Nicola Labanca, *Oltremare*（Bologna: il Mulino, 2002），以及他的*La guerra italiana per la Libia, 1911—1931*（Bologna: il Mulino, 2012）。

8. Angelo Del Boca, *Gli Italiani in Libia, Tripoli bel Suol d'Amore*（Milan: Arnoldo Mondadori, 1993），第110页; William Stead, *Tripoli and the Treaties*（London: Bank Buildings, 1911），第59—81页; Rachel Simon, *Libya Between Ottomanism and Nationalism*（Berlin: Klaus Schwarz, 1987）。

9. Labanca, *Oltremare*，第121页; Angelo del Boca, *A un passo dalla forca*（Milan: Baldini Castoli Dalai, 2007），第80页。

10. Labanca, *La guerra italiana per la Libia*。

11. Glenny, *The Balkans*，第370页。

12. Gian Enrico Rusconi, *L'azzardo del 1915: Come l'Italia decide la sua guerra*（Bologna: il Mulino, 2005）; Luca Riccardi, *Alleati non amici: le relazioni politiche tra l'Italia e l'Intesa durante la prima guerra mondiale*（Brescia: Morcelliana, 1992）。

13. 关于这一问题的论述，参见Antonio Gibelli, "L'Italia dalla neutralità al Maggio Radioso", Stéphane Audoin-Rouzeau & Jean-Jacques Becker编, *La prima guerra mondiale*（Turin: Einaudi, 2007），第1卷，第185—195页。

14. 参见Matteo Pasetti, *Tra classe e nazione. Rappresentazioni e organizzazione del movimento nazional-sindacalista, 1918—1922*（Rome: Carocci, 2008）。

15. 参见Emilio Gentile, *La Grande Italia: Ascesa e declino del mito della nazione nel ventesimo secolo*（Milan: Arnoldo Mondadori, 1997）; Angelo Ventrone, *La seduzione totalitaria: Guerra, modernità, violenza politica, 1914—1918*（Rome:

Donzelli, 2003），第233—255页。

16. Michael A. Ledeen, *The First Duce: D'Annunzio at Fiume*（Baltimore, MD and London: Johns Hopkins University Press, 1977），第13页；Glenny, *The Balkans*, 第371页。

17. 参见Claudia Salaris, *Alla festa della rivoluzione. Artisti e libertari con D'Annunzio a Fiume*（Bologna: il Mulino, 2002）。关于阿尔切斯特·德·阿姆布里斯，参见Renzo De Felice编, *La Carta del Carnaro nei testi di Alceste De Ambris e di Gabriele D'Annunzio*（Bologna: il Mulino, 1973）。

18. Glenny, *The Balkans*, 第371—372页。

19. 引自George Goldberg, *The Peace to End Peace: The Paris Peace Conference of 1919*（London: Pitman, 1970），第170页。

20. Lucy Hughes-Hallett, *The Pike: Gabrielle D'Annunzio: Poet, Seducer and Preacher of War*（New York: Fourth Estate, 2013），第267页。

21. 出处同上，第369页。

22. Ledeen, *The First Duce*, 第2页；Glenny, *The Balkans*, 第372—373页。

23. 关于尼蒂，参见Francesco Barbagallo, *Francesco Saverio Nitti*（Turin: Utet, 1994）。

24. Glenny, *The Balkans*, 第374页。

25. 奇怪的是，近期没有关于阿尔迪蒂的研究，最好的"经典"研究仍然是Giorgio Rochat, *Gli arditi della grande guerra: origini, battaglie e miti*（Milan: Feltrinelli, 1981）。

26. Hughes-Hallett, *The Pike*, 第4、546页。

27. Leeden, *The First Duce*, 第七章。有人认为，阜姆在十五个月的被占期内成了一个政治实验（例如《卡尔纳罗纲领》）和文化艺术创新的地区，"作秀政治"也是在那里诞生的。参见Salaris, *Alla festa della rivoluzione*。

28. Glenny, *The Balkans*, 第376页。

15 从士麦那到洛桑

1. Margaret MacMillan, *Peacemakers: The Paris Conference of 1919 and its Attempt to End War*（London: John Murray, 2001），第298页及以下。

2. 出处同上，第364页及以下。

3. 关于韦尼泽洛斯，参见Thanos Veremis & Elias Nikolakopoulos编, *O Eleftherios Venizelos ke I epochi tou*（Athens: Ellinika Grammata, 2005）。

4. Misha Glenny, *The Balkans, 1804—1999*（London: Granta Books, 1999），第380页；MacMillan, *Peacemakers*, 第443、449页。

5. Glenny, *The Balkans*, 第380页；Alexandros A. Pallis, *Greece's Anatolian Venture—and After: A Survey of the Diplomatic and Political Aspects of the Greek Expedition to Asia Minor*（*1915—1922*）（London: Methuen & Company, 1937），第22—25页。

6. 参见Dimitris Stamatopoulos, "I mikrasiatiki ekstratia. I anthropogheografia tis katastrofis", Antonis Liakos编, *To 1922 ke i prosfighes, mia nea matia*（Athens: Nefeli, 2011），第57页。

7. 出处同上，第58页。

8. Dimitri Pentzopoulos, *The Balkan Exchange of Minorities*（Paris & The Hague: Mouton, 1962），第29—30页。

9. Michalis Rodas, *I Ellada sti Mikran Asia*（Athens: n.p., 1950），第60—61页，他曾在士麦那专员团担任新闻和审查办公室负责人。亦可参见Evangelia Achladi, "De la guerre à l'administration grecque: la fin de la Smyrne cosmopolite", Marie-Carmen Smyrnelis编, *Smyrne, la ville oubliée? 1830—1930: Mémoires d'un grand port ottoman*（Paris: Éditions Autrement, 2006），第180—195页。

10. Michael Llewellyn Smith, *Ionian Vision: Greece in Asia Minor 1919—1922*（London: Allen Lane, 1973），第89—91页。哈桑·塔赫辛在随后的交火中死亡，他的雕像至今竖立在伊兹密尔，被称为"第一枪纪念碑"。

11. 转引自Llewellyn Smith, *Ionian Vision*，第89页；Glenny, *The Balkans*，第382—383页。

12. 关于受害者人数，不同来源的数据有所出入。根据到士麦那深入调查事件的联合调查委员会的报告，希腊士兵2人死亡，6人受伤，希腊平民有60人受伤。报告没有区分土耳其的死亡和受伤人数，仅提到了有300到400名土耳其遇害者。Llewellyn Smith, *Ionian Vision*，第180页。

13. Tasos Kostopoulos, *Polemos ke ethnokatharsi, I ksehasmeni plevra mias dekaetous ethnikis eksormisis, 1912—1922*（Athens: Vivliorama, 2007），第99页。

14. 摘自Epaminondas Kaliontzis 未出版的日记，载于*Kathimerini*, 2007年5月20日。亦可参见Ioannis A. Gatzolis, *Ghioulbaxes. Vourlas. Erithrea. Anamnisis. Perigrafes. Laografika. Katastrofi 1922*（Chalkidiki: Nea Syllata, 1988），第45—46页。

15. 转引自Harold M. V. Temperley编, *A History of the Peace Conference of Paris*（London: Frowde, Hodder and Stoughton, 1921—1924），第6卷，第72页。

16. Giorgos Giannakopoulos, "I Ellada sti Mikra Asia: To chroniko tis Mikrasiatikis peripetias", Vassilis Panagiotopoulos编, *Istoria tou Neou Ellinismou, 1770—2000*, 第6卷， 第84—86页；Efi Allamani and Christa Panagiotopoulou, "Ellada sti Mikra Asia", *Istoria tou ellinikou ethnous*（Athens: Ekdotiki Athinon, 1978），第15卷，第118—132页。

17. 联合调查委员会的报告，参见Rodas, *I Ellada sti Mikran Asia*，第152页。

18. 希腊军队指挥官认为有1000人遇害，被送往小亚细亚腹地的有500人。与之相比，土耳其的消息来源认为有4000名穆斯林被杀，基督徒死亡400人。参见Kostopoulos, *Polemos ke ethnokatharsi*，第100页。

19. 摘自Christos Karagiannis, *I istoria enos stratioti（1918—1922）*, Filippos Drakontaeidis编（Athens: Kedros 2013），第117—121页。

20. Llewellyn Smith, *Ionian Vision*, 第111—114页。

21. Ryan Gingeras, *Fall of the Sultanate: The Great War and the End of the Ottoman Empire, 1908—1922*（Oxford and New York: Oxford University Press, 2016），第262页。

22. Vamik D. Voltan & Norman Itzkowitz, *The Immortal Atatürk: A Psychobiography*（Chicago, IL: Chicago University Press, 1984），第152页。

23. Victor Rudenno, *Gallipoli: Attack from the Sea*（New Haven, CT and London: Yale University Press, 2008），第162页及以下。

24. M. Sükrü Hanioğlu, *Atatürk: An Intellectual Biography*（Princeton, NJ: Princeton University Press, 2011），第77页。

25. 出处同上，第82页。

26. Gingeras, *Fall of the Sultanate*, 第249页。

27. Ryan Gingeras, *Sorrowful Shores: Violence, Ethnicity, and the End of the Ottoman Empire 1912—1923*（Oxford and New York: Oxford University Press, 2009），第68页及以下。

28. Hanioğlu, *Atatürk*, 第97页及以下。亦可参见 Ryan Gingeras, *Mustafa Kemal Atatürk: Heir to an Empire*（Oxford and New York: Oxford University Press, 2015）。

29. Hanioğlu, *Atatürk*, 第95—97页。

30. 出处同上。

31. 出处同上。

32. A. E. Montgomery, "The Making of the Treaty of Sèvres of 10 August 1920", *The Historical Journal* 15（1972），第775—787页。

33. Leonard V. Smith, "Empires at the Paris Peace Conference", Robert Gerwarth & Erez Manela 编, *Empires at War, 1911—1923*（Oxford and New York: Oxford University Press, 2014）。亦可参见 Paul C. Helmreich, *From Paris to Sèvres: The Partition of the Ottoman Empire at the Paris Peace Conference of 1919—1920*（Columbus, OH: Ohio State University Press, 1974）。

34. Briton Cooper Busch, *Madras to Lausanne: Britain's Frontier in West Asia, 1918—1923*（Albany, NY: State University of New York Press, 1976），第207页。

35. Christopher J. Walker, *Armenia: The Survival of a Nation*（London: Routledge, 1990, 第二版），第315—316页。

36. Gingeras, *Fall of the Sultanate*, 第279页。

37. *Vahé Tachjian, La France en Cilicie et en Haute-Mésopotamie: aux confins de la Turquie, de la Syrie et de l'Irak, 1919—1933*（Paris: Éditions Karthala, 2004）。

38. 关于目击者的报告，参见 Stanley E. Kerr, *The Lions of Marash: Personal Experiences with American Near East Relief, 1919—1922*（Albany, NY: State University of New York Press, 1973），第99—142页。

39. Erik Jan Zürcher, *Turkey: A Modern History*（London and New York: I. B. Tauris, 2004），第154页。

40. Peter Kincaid Jensen, "The Greco-Turkish War, 1920—1922", *International Journal of Middle East Studies* 10（1979），第553—565页。

41. Giorgos Mitrofanis, "Ta dimosia ikonomika. Ikonomiki anorthossi ke polemi, 1909—1922", Vassilis Panagiotopoulos编, *Istoria tou Neou Ellinismou, 1770—2000*（Athens: Ellinika Grammata, 2003），第6卷，第124—127页。

42. 引自 Arnold J. Toynbee, *The Western Question in Greece and Turkey: A Study in the Contact of Civilisations*（Boston, MA: Constable, 1922），第285页。

43. Konstantinos Fotiadis, "Der Völkermord an den Griechen des Pontos", Tessa Hofmann编, *Verfolgung, Vertreibung und Vernichtung der Christen im Osmanischen Reich 1912—1922*（Berlin: LIT-Verlag, 2010，第二版），第193—228页。

44. Stylianos Savvides的证词，参见Paschalis M. Kitromilides 编, *Exodos*（Athens: Centre for Asia Minor Studies, 2013），第3卷，第220—223页。

45. Nicholas Doumanis, *Before the Nation: Muslim-Christian Coexistence and its Destruction in Late Ottoman Anatolia*（Oxford and New York: Oxford University Press, 2013），第161页。

46. Kostopoulos, *Polemos ke ethnokatharsi*, 第241页。

47. 出处同上，第240页。

48. Savvas Papadopoulos的证词，参见Kitromilides编, *Exodos*, 第3卷，第206—207页。

49. Stylianos Savvides的证词，参见*Exodos*, 第3卷，第220—223页。

50. 摘自 Karagiannis, *I istoria enos stratioti*, 第215页。

51. Giorgos Margaritis, "I polemi", Christos Hadjiiosif编, *Istoria tis Elladas tou Ikostou eona*（Athens: Vivliorama, 2002），第1卷，第149—187页，此处见第182页，注释26。

52. Glenny, *The Balkans*, 第388页。

53. 引自Doumanis, *Before the Nation*, 第162页。

54. Margaritis, "I polemi", 第186页。

55. Kostopoulos, *Polemos ke ethnokatharsi*, 第138页。

56. Victoria Solomonidis, "Greece in Asia Minor: The Greek Administration of the Vilayet of Aidin, 1919—1922", 未出版的博士论文, King's College, University of London, 1984，第248—249页；Llewellyn Smith, *Ionian Vision*, 第520页。

57. George Mavrogordatos, "Metaxi dio polemon. Politiki Istoria 1922—1940", Vassilis Panagiotopoulos 编, *Istoria tou Neou Ellinismou*（Athens: Ellinika Grammata, 2003），第7卷，第9—10页。

58. Yiannis Yianoulopoulos, "Exoteriki politiki", Christos Chatziiosif编, *Istoria tis Elladas tou Ikostou eona*, 第2卷，第140—141页。

59. *Toronto Star*, 1922年10月22日。

60. Zara Steiner, *The Lights that Failed: European International History 1919—1933*（Oxford and New York: Oxford University Press, 2005），第114—119页。

61. MacMillan, *Peacemakers*, 第464页。

62. Mark Mazower, *Dark Continent: Europe's Twentieth Century*（New York: Vintage Books, 1998），第53页；Mark Levene, *Crisis of Genocide*, 第1卷：*The European Rimlands 1912—1938*（Oxford and New York: Oxford University Press, 2014），第230—240页。亦可参见Theodora Dragostinova, *Between Two Motherlands: Nationality and Emigration among the Greeks of Bulgaria, 1900—1949*（Ithaca, NY: Cornell University Press, 2011）。

63. Levene, *Crisis of Genocide*，第1卷，第230—240页。

64. Evripides Lafazanis的证词，参见F. D. Apostolopoulos编，*Exodos*（Athens: Centre for Asia Minor Studies, 1980），第1卷，第131—136。希腊著名的小说家伊利亚斯·维尼吉斯在希土战争结束时是个十八岁的年轻人，他被强迫投入一个有3000人的劳动营，是仅有的23名幸存者之一。维尼吉斯的小说《第31328号》讲述了他在劳动营的经历，但有趣的是，就像其他著名的希腊被驱逐者的小说一样，故事中并没有民族主义或反对土耳其的情绪，关注的是曾经有着良好社交关系的平民的悲剧。Elias Venezis, *To noumero 31328*（1931），以及他的关于小亚细亚来的难民受到冷遇的小说, *Galini*（1939）。

65. 引自Mark Mazower, *Salonica, City of Ghosts: Christians, Muslims and Jews, 1430—1950*（New York: Harper Perennial, 2005），第335页。

66. 莱恩·罗斯·希尔从雅典发给美国红十字会总部的报告（1922年11月8日）。国务院关于希腊内部事务的记录（1910—1929），美国国家档案和记录管理局，（NARA）M 44, 868.48/297。我很感激艾汉·阿克塔尔为我提供了这一参考资料。

67. Henry Morgenthau, *I Was Sent to Athens*（Garden City, NY: Doubleday, 1929），第50页。亦可参见Bruce Clark, *Twice a Stranger: How Mass Expulsion Forged Greece and Turkey*（London: Granta Books, 2006）。

68. Anastasia Karakasidou, *Fields of Wheat, Hills of Blood: Passages to Nationhood in Greek Macedonia, 1870—1990*（Chicago, IL: University of Chicago Press, 1997），第147页；Nikos Marantzidis, "Ethnic Identity, Memory and Political Behavior: The Case of Turkish-Speaking Pontian Greeks", *South European Society and Politics* 5（2000），第56—79页，此处见第62—64页。

69. Stathis Gauntlett, "The Contribution of Asia Minor Refugees to Greek Popular Song, and its Reception", Renée Hirschon编, *Crossing the Aegean: An Appraisal of the 1923 Compulsory Population Exchange between Greece and Turkey*（New York: Berghahn Books, 2003），第247—260页。

70. Renée Hirschon, "Consequences of the Lausanne Convention: An Overview", Renée Hirschon编, *Crossing the Aegean: An Appraisal of the 1923 Compulsory Population Exchange between Greece and Turkey*（New York: Berghahn Books, 2003），第14—15页；Justin McCarthy, *Death and Exile: The Ethnic Cleansing of Ottoman Muslims 1821—1922*（Princeton, NJ: Darwin Press, 2004），第302页。

71. Levene, *Crisis of Genocide*，第1卷，第236页及以下。

72. 出处同上

73. 出处同上，第233页及以下。亦可参见Norman M. Naimark, *Fires of Hatred: Ethnic Cleansing in Twentieth-Century Europe*（Cambridge, MA: Harvard University Press, 2002），尤其是第一章："The Armenians and Greeks of Anatolia"，第17—56页。

74. Stefan Ihrig, *Atatürk in the Nazi Imagination*（Cambridge, MA: Harvard University Press, 2014）。

结语："战后时期"与欧洲20世纪中叶的危机

1. 关于这一主题，参见Robert Gerwarth编, *Twisted Paths: Europe 1914—1945*（Oxford and New York: Oxford University Press, 2007）。关于在美国金融霸权和英国政治影响力共同作用下的经济复苏和国际政治稳定，亦可参见Patrick Cohrs, *The Unfinished Peace after World War I: America, Britain and the Stabilisation of Europe, 1919—1932*（Cambridge and New York: Cambridge University Press, 2006）。

2. Zara Steiner, *The Lights that Failed: European International History 1919—1933*（Oxford and New York: Oxford University Press, 2005）。

3. Paschalis M. Kitromilides编, *Eleftherios Venizelos: The Trials of Statesmanship*（Edinburgh: Edinburgh University Press, 2008），第223页。

4. Patricia Clavin, "Europe and the League of Nations", Gerwarth编, *Twisted Paths*，第325—354页；Pedersen, *The Guardians*；Steiner, *The Lights that Failed*。亦可参见Alan Sharp, *Consequences of the Peace: The Versailles Settlement—Aftermath and Legacy 1919—2010*（London: Haus, 2010），第217页。

5. 对于大萧条及其影响的全面调查，参见Patricia Clavin, *The Great Depression in Europe, 1929—1939*（Basingstoke and New York: Palgrave, 2000）。对于德国的影响，参见Harold James, *The German Slump: Politics and Economics 1924—1936*（Oxford and New York: Oxford University Press, 1986）。

6. 关于奥地利，参见*Eduard März, "Die große Depression in Österreich 1930—1933"*, *Wirtschaft und Gesellschaft* 16（1990），第409—438页。关于保加利亚和匈牙利，参见M. C. Kaser & E. A. Radice编, *The Economic History of Eastern Europe 1919—1975*, 第2卷: *Interwar Policy, the War and Reconstruction*（Oxford: Clarendon Press, 1986）；Richard J. Crampton, *Eastern Europe in the Twentieth Century and After*（London and New York: Routledge, 1997）。

7. 关于两次世界大战之间欧洲在政治和经济上的双重危机，参见Robert Boyce, *The Great Interwar Crisis and the Collapse of Globalization*（Basingstoke: Palgrave Macmillan, 2009）。

8. Richard J. Evans, *The Coming of the Third Reich*（London: Penguin, 2004），第232—308页。

9. Richard J. Overy, *The Interwar Crisis, 1919—1939*（Harlow: Pearson, 1994），第44页及以下；伍德罗·威尔逊的用语摘自他1917年4月2日对国会的演讲：http://wwi.lib.byu.edu/index.php/Wilson%27s_War_Message_to_Congress, 2016年1月9日最后一次访问。

10. Dimitrina Petrova, *Aleksandar Tzankov i negovata partia: 1932—1944*（Sofia: Dio Mira, 2011）；Georgi Naumov, *Aleksandar Tzankov i Andrey Lyapchev v politikata na darzhavnoto upravlenie*（Sofia: IF 94, 2004）。

11. 参见 Valentina Zadgorska, *Kragat "Zveno"（1927—1934）*（Sofia: "Sv. Kliment Ohridski", 2008），第8页。

12. 关于鲍里斯三世和他的统治，参见 Georgi Andreev, *Koburgite i katastrofite na Bulgaria*（Sofia: Agato, 2005）；Nedyu Nedev, *Tsar Boris III: Dvoretsat i tayniyat cabinet*（Plovdiv: IK "Hermes", 2009）；Stefan Gruev, *Korona ot trani*（Sofia: Balgarski pisatel, 2009）。

13. 关于这一时期的奥地利，参见 Emmerich Tálos, *Das austrofaschistische Herrschaftssystem: Österreich 1933—1938*（Berlin, Münster and Vienna: LIT, 2013）；Jill Lewis, "Austria: Heimwehr, NSDAP and the Christian Social State", Aristotle A. Kalis 编，*The Fascism Reader*（London and New York: Routledge, 2003），第212—222页。关于这一时期的暴力活动，参见 Gerhard Botz: *Gewalt in der Politik: Attentate, Zusammenstöße, Putschversuche, Unruhen in Österreich 1918 bis 1938*（Munich: Fink, 1983）。

14. Mark Mazower, *Dark Continent: Europe's Twentieth Century*（New York: Vintage Books, 1998），第140—141页。亦可参见 Charles S. Maier, *Leviathan 2.0: Inventing Modern Statehood*（Cambridge, MA: Harvard University Press, 2014），第273页。

15. Christoph Kotowski, *Die "moralische Diktatur'" in Polen 1926 bis 1939: Faschismus oder autoritäres Militärregime?*（Munich: Grin, 2011）；关于对他的个人崇拜，参见 Heidi Hein-Kircher, *Der Pilsudski-Kult und seine Bedeutung für den polnischen Staat 1926—1939*（Marburg: Herder-Institut, 2001）。

16. Dmitar Tasić, "The Assassination of King Alexander: The Swan Song of the Internal Macedonian Revolutionary Organization", *Donau. Tijdschrift over Zuidost-Europa*（2008），第30—39页。

17. Gerhard Botz, "Gewaltkonjunkturen, Arbeitslosigkeit und gesellschaftliche Krisen: Formen politischer Gewalt und Gewaltstrategien in der ersten Republik", Helmut Konrad & Wolfgang Maderthaner 编，*Das Werden der ersten Republik ... der Rest ist Österreich*（Vienna: Carl Gerold's Sohn, 2008），第1卷，第229—362页，此处见第341页。

18. 南斯拉夫的档案（贝尔格莱德），37（Milan Stojadinović 首相的文件），22/326。

有关背景，参见Stefan Troebst, *Mussolini, Makedonien und die Mächte 1922—1930. Die"Innere Makedonische Revolutionäre Organisation", in der Südosteuropapolitik des faschistischen Italien*（Cologne and Vienna: Böhlau, 1987）。

19. Filipe de Meneses, *Salazar: A Political Biography*（New York: Enigma Books, 2009）。

20. 关于这一主题的文献种类繁多，最新的研究，参见Julián Casanova & Martin Douch, *The Spanish Republic and Civil War*（Cambridge and New York: Cambridge University Press, 2010）；Nigel Townson, *The Crisis of Democracy in Spain: Centrist Politics under the Second Republic, 1931—1936*（Brighton: Sussex University Press, 2000）；Helen Graham, *The Spanish Civil War: A Very Short Introduction*（Oxford and New York: Oxford University Press, 2005）；Stanley Payne, *Franco and Hitler: Spain, Germany, and World War II*（New Haven, CT and London: Yale University Press, 2008）；Paul Preston, *The Spanish Civil War: Reaction, Revolution, and Revenge*（New York: W. W. Norton and Company, 2006）。

21. Chad Bryant, *Prague in Black: Nazi Rule and Czech Nationalism*（Cambridge, MA: Harvard University Press, 2007）。

22. Robert Edwards, *White Death: Russia's War on Finland 1939—1940*（London: Weidenfeld and Nicolson, 2006）。

23. Andrzej Olechnowicz, "Liberal Anti-Fascism in the 1930s: The Case of Sir Ernest Barker", *Albion: A Quarterly Journal Concerned with British Studies* 36（2004），第636—660页，此处见第643页。关于英国法西斯联盟的更多内容，参见Martin Pugh, *"Hurrah for the Blackshirts!": Fascists and Fascism in Britain between the Wars*（London: Pimlico, 2006）。

24. Philippe Bernard & Henri Dubief, *The Decline of the Third Republic, 1914—1958*（Cambridge and New York: Cambridge University Press, 1985），第290页。

25. Christian Gerlach, *Krieg, Ernährung, Völkermord: Deutsche Vernichtungspolitik im Zweiten Weltkrieg*（Zürich and Munich: Pendo, 1998），第11—53页。

26. Jörn Leonhard, *Die Büchse der Pandora: Geschichte des Ersten Weltkriegs*（Munich: C. H. Beck, 2014），第955页；David Reynolds, *The Long Shadow: The Great War and the Twentieth Century*（London: Simon and Schuster, 2013）。

27. Robert Conquest, *The Great Terror: A Reassessment*（Oxford and New York: Oxford University Press, 1990）；Nicolas Werth, "The NKVD Mass Secret Operation no. 00447（August 1937—November 1938）", *Online Encyclopedia of Mass Violence*, 2010年5月24日发布，2016年1月22日最后一次访问，http: //www.massviolence. org/The-NKVD-Mass-Secret-Operation-no-00447-August-1937。

28. Hans-Christof Kraus, *Versailles und die Folgen: Außenpolitik zwischen Revisionismus und Verständigung 1919—1933*（Berlin: be.bra, 2013），第15—33页。

29. Michael Geyer, "'Endkampf' 1918 and 1945: German Nationalism, Annihilation, and Self-Destruction", Richard Bessel、Alf Lüdtke & Bernd Weisbrod编, *No Man's Land of Violence: Extreme Wars of the 20th Century*（Göttingen: Wallstein, 2006），第37—67页。亦可参见Ian Kershaw, *The End: The Defiance and Destruction of Hitler's Germany, 1944—1945*（London and New York: Allen Lane, 2011）。

30. Christopher Duggan, *Fascist Voices: An Intimate History of Mussolini's Italy*（London: The Bodley Head, 2012），第151页及以下。

31. Christian Gerlach & Götz Aly, *Das letzte Kapitel: Der Mord an den ungarischen Juden 1944—1945*（Frankfurt am Main: Fischer, 2004）。

32. 关于维也纳的犹太人生活以及反犹主义的优秀历史调查，参见Gerhard Botz, Nina Scholz, Michael Pollak & Ivar Oxaal编, *Eine zerstörte Kultur. Jüdisches Leben und Antisemitismus in Wien seit dem 19. Jahrhundert*（Vienna: Czernin, 2002）。

33. Matteo Millan, "The Institutionalization of Squadrismo: Disciplining Paramilitary Violence in the Fascist Dictatorship", *Contemporary European History* 22（2013）。

34. 关于普罗内在布达佩斯防御战中发挥的作用，参见Krisztián Ungváry, *A magyar honvédség a második világháborúban*（Budapest: Osiris *Kiadó*, 2004），第418—420页；*Béla Bodó, Pál Prónay: Paramilitary Violence and Anti-Semitism in Hungary, 1919—1921*（Pittsburgh, PA: University of Pittsburgh Press, 2011）。

35. 在20世纪30年代，施塔尔亨贝格称，关于犹太人世界阴谋的神话是"一派胡言"，称"科学的"种族主义是宣传的"谎言"。Ernst Rüdiger Starhemberg, "Aufzeichnungen des Fürsten Ernst Rüdiger Starhemberg im Winter 1938/39 in Saint Gervais in Frankreich", Starhemberg Papers, Oberösterreichisches Landesarchiv Linz。

36. 参见盖世太保关于布里安的档案，*ÖStA*, B 1394, Burian Papers。

37. James Bjork & Robert Gerwarth, "The Annaberg as a German-Polish lieu de mémoire", *German History* 25（2007），第372—400页。

38. Elizabeth Wiskemann, *The Rome-Berlin Axis: A History of the Relations between Hitler and Mussolini*（New York and London: Oxford University Press, 1949），第68页。亦可参见Jens Petersen, *Hitler-Mussolini: Die Entstehung der Achse Berlin-Rom 1933—1936*（Tübingen: De Gruyter Niemeyer, 1973），第60页。

39. Ian Kershaw, *Hitler*，第2卷: *Nemesis, 1936—1945*（London: Penguin, 2001），第26页。

40. Robert Gerwarth, "The Axis: Germany, Japan and Italy on the Road to War", Richard J. B. Bosworth & Joe Maiolo编, *The Cambridge History of the Second World War*，第2卷: *Politics and Ideology*（Cambridge and New York: Cambridge University Press, 2015），第21—42页。

41. Naoko Shimazu, *Japan, Race and Equality: The Racial Equality Proposal of 1919*（London: Routledge, 1998）；Frederick R. Dickinson, "Commemorating the War in Post-Versailles Japan", John W. Steinberg, Bruce W. Menning, David

Schimmelpenninck van der Oye, David Wolff & Shinji Yokote编，*The Russo-Japanese War in Global Perspective: World War Zero*（Leiden and Boston, MA: Brill, 2005），第523—543页。亦可参见Mark Mazower, *Governing the World: The History of an Idea*（London: Penguin, 2013），第252—255页；Frederick R. Dickinson, *War and National Reinvention: Japan in the Great War, 1914—1919*（Cambridge, MA and London: Harvard University Press, 1999）。

42. 关于轴心国，参见Shelley Baranowski, "Making the Nation: Axis Imperialism in the Second World War", Nicholas Doumanis, *The Oxford Handbook of Europe 1914—1945*（Oxford and New York: Oxford University Press, 2016）; MacGregor Knox, *Common Destiny: Dictatorship, Foreign Policy, and War in Fascist Italy and Nazi Germany*（Cambridge and New York: Cambridge University Press, 2000）; Lutz Klinkhammer, Amedeo Osto Guerrazzi & Thomas Schlemmer编，*Die "Achse" im Krieg: Politik, Ideologie und Kriegführung 1939—1945*（Paderborn, Munich, Vienna and Zürich: Schöningh, 2010）。

43. Knox, *Common Destiny*，第124页。

44. Marshall Lee Miller, *Bulgaria during the Second World War*（Stanford, CA: Stanford University Press, 1975）。

45. 关于德国的情况，参见Mark Mazower, *Hitler's Empire: How the Nazis Ruled Europe*（New York and London: Allen Lane, 2008）。

46. Timothy Snyder, *Bloodlands: Europe between Hitler and Stalin*（New York: Basic Books, 2010）。

47. Rana Mitter, *China's War with Japan, 1937—1945: The Struggle for Survival*（London: Allen Lane, 2014）; Edward L. Dreyer, *China at War, 1901—1949*（London: Longman, 1995）; Louise Young, *Japan's Total Empire: Manchuria and the Culture of Wartime Imperialism*（Berkeley, CA: University of California Press, 1998）; Prasenjit Duara, *Sovereignty and Authenticity: Manchukuo and the East Asian Modern*（Lanham, MD: Rowman and Littlefield, 2003）。关于伪满洲国，亦可参见Yoshihisa Tak Matsusaka, *The Making of Japanese Manchuria, 1904—1932*（Cambridge, MA: Harvard University Press, 2001）。

48. Dennis Mack Smith, *Mussolini's Roman Empire*（London: Longman, 1976）。关于这一时期的国际政治，参见Zara Steiner, *The Triumph of the Dark: European International History, 1933—1939*（Oxford and New York: Oxford University Press, 2011）; Anthony D'Agostino, *The Rise of Global Powers: International Politics in the Era of the World Wars*（Cambridge: Cambridge University Press, 2012），第295—302页。

49. Alberto Sbacchi, *Ethiopia under Mussolini: Fascism and the Colonial Experience*（London: Zed Books, 1985）; Angelo Del Boca, *The Ethiopian War 1935—1941*（Chicago, IL: University of Chicago Press, 1969）; David Nicolle, *The Italian*

Invasion of Abyssinia 1935—1936 (Westminster, MD: Osprey, 1997); George W. Baer, *The Coming of the Italo-Ethiopian War* (Cambridge, MA: Harvard University Press, 1967), 以及他的 *Test Case: Italy, Ethiopia and the League of Nations* (Stanford, CA: Hoover Institution Press, 1976); H. James Burgwyn, *Italian Foreign Policy in the Interwar Period 1918—1940* (Westport, CT: Praeger, 1997)。

50. Knox, *Common Destiny*; Davide Rodogno, *Fascism's European Empire: Italian Occupation during the Second World War* (Cambridge: Cambridge University Press, 2008); Gustavo Corni, "Impero e spazio vitale nella visione e nella prassi delle dittature (1919—1945)", *Ricerche di Storia Politica* 3 (2006), 第345—357页; Aristotle Kallis, *Fascist Ideology: Territory and Expansionism in Italy and Germany, 1922—1945* (London: Routledge, 2000)。

51. Philipp Ther, "Deutsche Geschichte als imperiale Geschichte: Polen, slawophone Minderheiten und das Kaiserreich als kontinentales Empire", Sebastian Conrad & Jürgen Osterhammel 编, *Das Kaiserreich transnational: Deutschland in der Welt 1871—1914* (Göttingen: Vandenhoeck and Ruprecht, 2004), 第129—148页。

52. Vejas Gabriel Liulevicius, *War Land on the Eastern Front: Culture, National Identity and German Occupation in World War I* (Cambridge and New York: Cambridge University Press, 2000); Gregor Thum 编, *Traumland Osten: Deutsche Bilder vom östlichen Europa im 20. Jahrhundert* (Göttingen: Vandenhoeck and Ruprecht, 2006)。

53. Peter Duus, Ramon H. Myers & Mark R. Peattie, *The Japanese Wartime Empire, 1931—1945* (Princeton, NJ: Princeton University Press, 1996)。关于朝鲜，参见 Alexis Dudden, *Japan's Colonization of Korea: Discourse and Power* (Honolulu: University of Hawai 'i Press, 2005)。

54. Paul Brooker, *The Faces of Fraternalism: Nazi Germany, Fascist Italy, and Imperial Japan* (Oxford and New York: Oxford University Press, 1991)。关于日本的种族偏见，参见 John Dower, *War Without Mercy: Race and Power in the Pacific War* (New York: Pantheon, 1986)。

55. Steiner, *The Lights that Failed*, 尤其是第五章 (The Primacy of Nationalism: Reconstruction in Eastern and Central Europe)。

56. Terry Martin, *The Affirmative Action Empire: Nations and Nationalism in the Soviet Union, 1923—1939* (Ithaca, NY: Cornell University Press, 2001)。

57. Joshua Sanborn, *Imperial Apocalypse: The Great War and the Destruction of the Russian Empire* (Oxford and New York: Oxford University Press, 2014)。

58. Benito Mussolini, *Opera omnia* (Florence: La Fenice, 1955—1959), 第29卷，第249—250页。

59. 出处同上，第404页。

60. 引自 Eyal Lewin, *National Resilience during War: Refining the Decision-Making*

Model（Lanham, MD, Boulder, CO and New York: Lexington Books, 2012），第
166页。关于曼纳海姆的生平事迹，参见 *Stig Jägerskiöld, Mannerheim: Marshal
of Finland*（London: Hurst, 1986）。

61. Erez Manela, *The Wilsonian Moment: Self-Determination and the International
Origins of Anticolonial Nationalism*（Oxford and New York: Oxford University
Press, 2007）; Robert Gerwarth & Erez Manela 编，*Empires at War, 1911—1923*
（Oxford and New York: Oxford University Press, 2014）。

"方尖碑"书系

1914：世界终结之年

［澳大利亚］保罗·哈姆

刺杀斐迪南：1914年的萨拉热窝与一桩改变世界的罗曼史

［美国］格雷格·金　［英国］休·伍尔曼斯

极北之地：西伯利亚史诗

［瑞士］埃里克·厄斯利

空中花园：追踪一座扑朔迷离的世界奇迹

［英国］斯蒂芬妮·达利

俄罗斯帝国史：从留里克到尼古拉二世

［法国］米歇尔·埃莱尔

魏玛共和国的兴亡：1918—1933

［德国］汉斯·蒙森

独立战争与世界重启：一部新的十八世纪晚期全球史

［美国］马修·洛克伍德

港口城市与解锁世界：一部新的蒸汽时代全球史

［英国］约翰·达尔文

战败者：1917—1923年欧洲的革命与暴力

［德国］罗伯特·格瓦特

（更多资讯请关注新浪微博@译林方尖碑，
微信公众号"方尖碑书系"）

方尖碑微博

方尖碑微信